KB213977

석가모니가 시현한 부처의 일생

THE LIFE OF THE BUDDHA

ACCORDING TO THE PĀLI CANON

Translation from the Pāli Canon,
selection of material
and arrangement by

BHIKKHU ÑĀṆAMOLI

BPS PARIYATI EDITIONS

BPS 초판 1972, 3판 1992

빠알리 경전에 의거하여 엮은

붓다의 일생

비구 냐아나몰리 편역 | 부희령 옮김

고요한소리

일러두기

* 《붓다의 일생 The Life of the Buddha》은 BPS에서 1972년에 처음 출간되었고, 본 역서는 BPS의 Pariyatti Edition 2001년 판을 저본으로 했다.
* 저자 비구 냐아나몰리가 붙인 주는 별도로 이름을 표기하지 않았고, 편집자 냐나뽀니까 테라Nyanaponika Thera의 주와 비구 보디Bhikkhu Bodhi의 주는 각각 이름을 표기했다. 역자의 주는 역주로 표기했다.
* 저자는 주를 미주로 처리했으나 본 한글 번역본에서는 각주로 했다.
* 저자가 인용한 경전은 PTS본을 따른 것이다. 다만 한글 번역본에서 《여시어경》은 미얀마 6차 결집본(VRI본, 인도 Vipassana Research Institute 간행)을 참조했다.

Namo Tassa Bhagavato Arahato
Sammā Sambuddhassa!

그분 세존 응공 정등각께 예경 올립니다!

Sabba-pāpassa akaraṇaṁ,
Kusalassa upasampadā,
Sacitta-pariyodāpanaṁ,
Etaṁ Buddhānaṁ sāsanaṁ

일체의 악을 짓지 말고,
모든 선을 받들어 행하고,
스스로 그 마음을 맑게 하라,
이것이 모든 붓다들의 핵심 가르침이다.

《장부》 14경 〈대전기경〉, II. 49.

차 례

편집자 서문

이 책은 비구 냐아나몰리의 유고 가운데서 편집 출간한 것이며 저자의 생애에 대한 소개는 책의 끝부분에 간략하게 실었다. 책의 내용은 대부분 저자 자신이 직접 구성했으며 타자기로 신중하고 정갈하게 손수 정리해 놓았다. 그렇지만 머리말은 초고 상태였고, 원고에 부록으로 언급되었던 글은 유고에서 따로 발견되지 않았다. 이 책의 절반 이상이 격주로 발간되던 불교 잡지 《붓다 자얀티*Buddha Jayanthi*》(Colombo)에 1954년부터 1956년까지 연재되었던 글인데 몇 군데 번역은 표현에 차이가 보인다. 현재의 판본은 고인이 된 저자가 자신이 번역했던 경전의 원문을 수정하고 꽤 많은 부분을 부연 설명한 것이며 경전 외의 출처에서 풍부한 자료를 가져와 통합하여 정교하게 구성한 것이다. 서두 부분의 '목소리들'에서 책의 이러한 배열 방식에 대해 설명하고 있다.

또한 저자는 많은 교리 용어와 그 밖의 용어도 새롭게 표현하려고 시도했었다. 하지만 그같이 새롭게 표현한 용어 가운데 다섯 군데는 《붓다 자얀티》에 연재된 글과 《청정도론》의 영어 번역에서 사용한 초기 표현으로 돌아가는 게 합당하다는 것이 편집자의 생각이다. 이 경우에는 각주에서 수정한 사정을 밝혔다. 타자한 원고에 저자가 육필로 고친 부분들에서 나타나듯이 몇몇 새로운 표현은 모든 문맥에서 일관되게 적용되기는 힘들다는 점을 자신도 알고 있었던 것이다. 그래서 몇몇 사례에서는 저자의 초기 표현을 쓰기로 했다.

냐나뽀니까 테라

포레스트 허미티지
실론, 캔디

1971년 9월

3판에 붙여

비구 냐아나몰리의 《붓다의 일생》은 이제 고전이 되었다. 여기 3판에서는 사소하지만 이전 판에서 다르게 번역된 빠알리 용어를 일치시켰고 어색한 문장 몇 군데를 손보았다. 덧붙여 저자가 영어로 번역한 교리에 관한 빠알리*Pāli* 용어 몇몇은 빠알리 원어를 그대로 쓰기로 했다. 불교 문헌을 읽는 독자들에게는 이미 충분히 친숙해진 용어들이고, 영어에서도 기본적인 불교 용어로 쓰이고 있다. 예를 들면, 붓다*Buddha*, 담마*Dhamma*, 상가*Saṅgha*, 닙바아나*Nibbāna* 같은 용어들이다. 저자는 "붓다"를 "깨달은 자The Enlightened One"로 표현했는데, 3판에서도 몇 군데에서 특별한 효과를 위해 "깨달은 자"로 두었다. 또한 저자는 "담마*Dhamma*"를 "법Law"으로, "상가*Saṅgha*"를 "공동체 Community"로 표현했다. "닙바아나*Nibbāna*"는 초판에서 종종 "소멸Extinction"로 표현했다.

본문에 대한 주註는 모두 책의 뒷부분에 붙였다.(그러나 우리는 독자가 읽기 편하게 주註는 해당 쪽의 아래에 붙였다). 냐나뽀니까 테라가 붙인 것과 내가 붙인 것은 각각 이름으로 표시했고, 표시되지 않은 나머지는 저자 비구 냐아나몰리가 붙인 주이다.

이번 판에서는 경전의 출처 목록을 새로 덧붙였다. 이 목록을 보면 빠알리 경전을 공부하는 연구자들이 잘 알려진 경전과 여타 자료들을 쉽게 찾을 수 있을 것이다. 이 목록의 기초는 몇 해 전에 비구 냐아나지와꼬가 처음으로 작성했고, 이후 누락된 부분이 없도록 최대한 포함하여 증보하였다.

비구 보디

머리말

18세기 말 유럽 사람들이 붓다와 그의 가르침에 대해 얼마나 무지했는지는 기번Gibbon의 《로마제국 쇠망사》 64장의 각주를 보면 분명하게 드러난다. 그는 다음과 같이 말한다. "사람들이 우상으로 떠받드는 포Fo[1]는 인도인이며 힌두스탄과 시암, 티베트, 중국, 일본 등지에서 널리 숭배되고 있다. 그런데 이 신비스러운 인물은 여전히 구름 속에 가려져 있는데 그 구름은 아마도 우리 왕립 아시아 사회연구소의 연구원들이 차차 걷어낼 것이다." 실은 신뢰할 만한 많은 문헌들이 동양에서 유럽으로 건너갔지만 출간되지 않고 원고 상태로 도서관 깊숙이 묻혀 있었다. 예컨대 예수회 선교사인 필리포 데시데리Filippo Desideri는 18세기 초에 티베트에서 붓다의 일생과 그의 교리에 관한 꽤 길고 정확한 문헌들과 관련 자료들을 가져왔지만 2백 년이 되도록 출간되지 않았다.

1 [역주] '붓다'의 중국식 표현으로서 '불佛'의 발음이다.

그런데 19세기 연구자들에 의해 붓다에 관한 '신비'는 걷혔으나 학자들 사이에 논쟁이 무성해졌다. 그러는 사이에 새로 발견된 역사상 실존 인물로서의 붓다는 다시 사라지는 듯했다. 하지만 논쟁이 수그러들면서 19세기에서 20세기로 넘어갈 무렵에는 붓다가 역사상 실존했다는 사실은 더 이상 의문의 여지가 없게 되었으며, 수많은 문헌들이 검토되고 붓다의 말씀은 체계적으로 정리되었다. 방대한 수의 문헌 가운데 삼장*Tipiṭaka*이라 불리는 빠알리어*Pāli* 경전이 과거에도 그랬고 지금도 일반적으로 가장 오래되었다고 여겨지고 있다. 일부 산스크리트어 학자들은 동의하지 않지만, 빠알리어 경전이 각각 상응하는 산스크리트 경전보다 더 오래된 것으로 본다. 그래서 기번으로부터 한 세기가 좀 지난 후 빠알리어 학자인 리스 데이비즈T. W. Rhys Davids는 다음과 같이 쓸 수 있었다. "고따마 붓다의 많은 심오하고 간명한 가르침들은 제자들이 후에 이러저러한 체계를 만든 것이 아니라, 붓다 당신이 몸소 세세한 부분까지 교리 전체를 정밀하게 다듬어 놓은 것이다. 심지어 근본적인 부분은 담마를 펴기 전에 잘 마련해 두었던 것이다. 그리고 오랜 세월 가르침을 펴면서도 충분한 시간을 가지고 그 체계의 원리들과 세부 사항들을 몇 번이고 되풀이해서 제자들에게 설명했고, 또 제자들이 정확히 알고 있는지 시험해 보았다. 마침내 뛰어난 제자들도 붓다와 마찬가지로 아주 미세한 형이상학적인 차이들을 구분하는 데

익숙해졌으며, 당시 인도 수행자들은 그들의 놀라운 기억력을 발휘하도록 훈련을 받았다. 이러한 사실들로 보아 그 후에 기록된 다른 종교의 기록들보다는 불교 경전의 교리 부분을 신뢰하는 편이 훨씬 합리적일 것이다."

이제 유럽 문헌들은 불교의 역사뿐만 아니라 불교 문헌과 교리에 관해서 폭넓게 다루고 있다. 불교의 역사와 문헌 분야에서는 상당 부분 의견이 일치되었지만, 교리 분야에서는 여전히 그렇지 못하다. 불교의 가르침이 어떤 것인지 증명하려는 다양한 시도들은 수도 없이 있었고, 지금도 계속되고 있다. 불교는 단멸론을 가르친다느니 영원주의를 가르친다느니 하거나, 불교를 두고 부정론이니 긍정론이니 무신론이니 유신론이니 말하기도 한다. 일관성이 없다거나 베단타를 개편한 것이라고도 한다. 인본주의, 염세주의, 절대주의, 다원론, 일원론 따위로 규정하기도 하고, 불교가 철학이니 종교니 윤리 체계니 하며 참으로 제 입맛대로인 말들이 많다. 그럼에도 1920년대 후반 러시아 학자 테오도르 쩨르바츠키Theodore Stcherbatsky가 한 말은 오늘날에도 유효하다. "유럽에서 불교에 대한 과학적 연구가 시작된 지 1백 년이 흘렀음에도, 이 종교의 근본적인 가르침과 철학은 여전히 어둠 속에 있다. 명확하게 정의하기가 이토록 힘든 종교는 일찍이 없었다."

역사적 사건과 가르침이 실려 있는 빠알리 삼장*Pāli Tipiṭaka*은 모두 선집選集의 형태로 구성되어 있다. 《율장*Vinaya Piṭaka*》은 승가의 규율을 모아놓은 것으로, 저마다의 규율을 선포하게 된 전후 사정과 관련한 배경 설명도 함께 들어있다. 배경이 되는 사례들은 때로 아주 길기도 하다. 《경장*Sutta Piṭaka*》은 다양한 여러 표제 아래 관련 있는 내용들을 묶어 놓은 것인데, 시대적 순서를 따르고 있지는 않다. 인도에서는 어느 시대에도 역사를 기록으로 남기는 데에 그다지 관심을 갖지 않았다. 따라서 붓다의 일생을 연대기적으로 이야기하려면 율장과 경장 전체에 흩어져 있는 자료들을 모아 이어 맞출 수밖에 없다. 이 이야기들은 그 자체로 완성된 그림을 담고 있으며, 그 간결함에 있어서는 후대에 기록된 복잡하고 화려한 문헌들과는 뚜렷하게 대비된다. 예를 들어 에드윈 아놀드 경의 저서 《아시아의 등불》에 영감을 준 산스크리트어 책 《방광대장엄경*Lalita Vistara*》이나 이보다 덜 알려진 아아짜리야 붓다고사 스님의 《본생경》 주석서인 《본생경 인연 이야기*Jātaka Nidāna*》에 있는 빠알리어로 된 탄생 설화 소개 같은 문헌들 말이다. 이들 문헌과 비교해 보자면, 율장과 경장에 나오는 깨달음에 이르기까지의 기간을 다룬 이야기는 날카로운 칼이나 촛불 혹은 조각하지 않은 상아 마냥 군더더기 없고 매끄러워 보인다.

이 이야기를 편집하면서 붓다의 마지막 생의 탄생부터 깨달음을 얻은 후 2년 동안의 기간 그리고 마지막 해를 연대기적으로 기록한 경(《불종성경*Buddhavaṁsa*》은 제외) 등 경전 자료들을 포함하였다. 경장에 나오는 연대기적 이야기들을 우선하여 채택했다. 얼마나 신뢰할 수 있을지 말하기는 어렵지만, 그다음으로 권위 있는 빠알리어 자료가 아아짜리야 붓다고사 스님의 주석서(6세기)이다. 이 주석서에는 경에 있는 것보다 훨씬 많은 이야기가 들어있고, 붓다가 깨달음을 이룬 후 20년의 세월이 순서대로 자세한 설명을 덧붙여 기록되어 있다. 여기에는 데와닷따 이야기도 들어있다. 경전에 나오지 않는 사례들도 많지만, 이 책에 다 싣지는 않았다. 마지막으로, 더 나중에 미얀마에서 나온 저작인 《마알라아랑까아라왓투*Mālālaṅkāravatthu*》[2](15세기? 비숍 비간뎃트Bishop Bigandet가 《미얀마의 붓다 이야기》라는 제목으로 영역)에는 경전에 나오는 몇몇 일화들의 시기를 밝히고 있다. 하지만 역사적 사실면에서 권위가 있는 것은 전혀 아닌 듯하며 단지 믿을 만한 다른 지침이 없어서 따랐던 것 같다. 이것들이 삼장에 실려 있는 일화들의 배열에 근거가 되는 세 가지 출전이다. 시기가 불분명하지만 경전에 나오는 특별히 흥미로운 다른 사건들

2 [역주] 마알라아랑까아라왓투*Mālālaṅkāravatthu*: 붓다가 깨달음을 얻기 전 보살 시절과 깨달음을 얻은 후의 삶을 미얀마어로 기록한 책이다. 1850년대에 번역 출판된 이 책은 역사적으로 서양에서 불교학 연구의 중대한 전환점이 되었다.

도 이 책 여기저기에 실었는데, 대체로 10장 '중기'가 그러하다. 빔비사아라 왕과 빠세나디 왕의 죽음과 같은 알려진 사건 한두 가지는 오직 주석서에만 나와 있는데, 그 사건들도 추가했으며 출처는 명확히 밝혀 놓았다. 그 사건들이 붓다 일생의 몇몇 장면을 나타내고 있기 때문이다. 이 책은 붓다가 깨달음을 이룬 후 스무 해 동안과 마지막 해에 일어난 모든 중요한 사건들을 전부 포함시키는 데 편집의 주안점을 두었다. 9장과 10장은 여러 일화들로 이루어져 있다. 11장은 붓다의 성품을 묘사하는 데 충실했다. 하지만 '성품'은 불교 교리에서 중요한 핵심 주제이므로 12장 '교리'에도 당연히 담겨 있다. 12장에서는 교리의 주된 요소들을 경전에 제시된 순서에 따라 대략적으로 모아놓았다. 그리고 해설하지는 않았으나 독자들이 이해하는 데 도움이 되도록 자료를 모아놓았다. 상투적인 해설은 형이상학적인 그릇된 견해로 빠지게 할 위험이 있다. 그러한 그릇된 견해의 위험에 대해서 붓다는 매우 자세하게 설명했다. 12장이 만족스럽지 않을 수도 있으나, 이 책의 6장 마지막에 나오는 아나아타삔디까의 간곡한 말에서 보듯이 '교리' 부분을 12장에 별도로 마련하는 것이 합당하다.

빠알리어로 쓰여진 문헌은 매우 방대하다. 하지만 빠알리어는 오로지 붓다의 가르침만을 위한 언어이다. 그래서 불교 문헌에 사용된 산스크리트어나 교회에서 사용하는 라틴어와는 달리 빠알리어에는 유럽에서는 그 예를 찾을 수 없는 특유의 명료함이 있다. 빠알리어는 인도유럽어족에 속하며 산스크리트어와 같은 어족이지만 그 풍미는 다르다. 경전의 문체는 군더더기 없이 간결하면서도 관용구가 풍부하다. 때문에 매우 세련된 전달 수단이면서도 적절하게 번역하기가 어렵다. 그것이 가장 큰 문제이다. 그런데 또 다른 문제도 있다. 구절·문장·어구가 똑같이 반복되는 특징적 형태가 여러 번 되풀이된다는 점이다. 이 '경전들'이 원래는 암송을 위한 것이었기 때문에 이렇듯 독특한 형태가 되었을 것이다. 유럽에서는 공연장에서 연주되는 교향곡이나 시의 후렴구에서 나타나는 형식적인 반복에 익숙하지만 산문에서는 낯선 일이다. 이러한 반복에 익숙하지 않은 독자들에게는 인쇄된 책자에서 빠알리 경전처럼 구절이 자주 반복되는 것이 불편하게 보일 수 있다. 그래서 반복되는 부분은 번역하면서 다양한 장치를 써서 최대한 생략했다. 하지만 붓다 설법의 가장 두드러진 특징인 독창적이고 구조적인 형식을 그대로 지키는 데 줄곧 각별한 주의를 기울였다. 그래서 일부 반복되는 구절들은 '익숙한 것을 발견하기 위한' 소중한 방법으로 활용하기 위해 그대로 두기도 했다. 빠알리어에서 반복되면 영어 번역에서도 그대로 반복했다. 번역하면서 글자 그대로 옮길 것, 옮겨진 상태에서 자연스러울 것, 이 두 가지에 주안점을 두었는데, 둘을 모두 만족시키기는 쉽지 않다. 어떤 번역도 왜

곡되기 마련이다. 따라서 전문용어는 동의어의 남용을 피하며 일관되게 번역하도록 유의했고, 이러한 빠알리어 용어를 옮긴 번역어는 '찾아보기'에 실었다. 번역어는 심사숙고하며 골랐고, 경전에 담겨 있는 말씀 가운데 존재론 및 인식과 인지 이론을 연구하는 데 도움이 되는 자료로서 그 번역어가 적합한지도 조리 있게 따져보았다.

빠알리어 단어와 이름의 발음은 아래 간단한 규칙을 따르면 매우 쉽다.

a는 countryman의 ou처럼 발음한다.

ā는 father의 a처럼 발음한다.

e는 whey의 e처럼 발음한다.

i는 chip의 i처럼 발음한다.

ī는 machine의 i처럼 발음한다.

u는 put의 u처럼 발음한다.

ū는 rude의 u처럼 발음한다.

g는 항상 girl의 g처럼 발음한다.

c는 항상 church의 ch처럼 발음한다.

j는 항상 judge의 j처럼 발음한다.

ñ는 onion의 앞의 n처럼 발음한다.

ṭ, ḍ, ṇ, ḷ은 혀끝을 경구개에 닿게 하여 발음한다.

t, d, n, l은 혀끝을 윗니에 닿게 하여 발음한다.

ṃ은 sing의 ng처럼 발음한다.

h는 항상 끊어서 발음한다. 예를 들어, ch는 which house처럼. th는 hot-house처럼, ph는 upholstery처럼 발음한다.

이중 자음은 항상 이탈리아어처럼 끊어서 발음한다. 예를 들어, dd는 mad dog처럼(madder가 아님).

gg는 big gun처럼(bigger가 아님) 발음한다.

그 밖의 것들은 영어와 마찬가지로 발음한다.

모음 o와 e에는 항상 강세가 붙는다. 예를 들어, Pasénadi of Kósala로 읽는다.

그 밖에는 항상 ā, ī, ū 같은 장모음에 강세가 붙거나, 모음이 연속되어도 이중 자음이나 ṃ 앞에 오는 모음에 강세가 붙는다.

마지막으로 이 책의 편집 형식에 대해 덧붙인다. 이 책의 주요 자료인 경전 자체는 '방송 스타일'로 쓰여졌다. 앞서 말했듯 경전은 처음부터 구술된 것이기 때문이다. 율장 자체에 '목소리들Voices'이 등장하는데(16장과 1장 앞에 나오는 '목소리들'의 목록을 볼 것), 이들은 결집할 때마다 삼장을 '구술했던' 사람들이다. 말하자면 두 명의 '해설자'는 '목소리들'과 도반이다. '목소리들'이

하는 말과 달리, '해설자'가 맡은 부분은 길이를 최소한으로 유지했을 뿐만 아니라 일부러 건조체로 서술했다.

비구 냐아나몰리

인도의 중부, 동부 지도

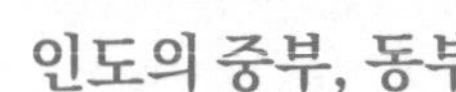

80
85
90
30
30
25
25
Kelāsa - pabbata
(Mt. Kailas)
(TIBET)
(Lake Rakastal)
(Lake Manosarovar)
(Brahmaputra)
HIMAVANTA
(HIMALAYA MTS.)
KURU
(Delhi)
Sāvatthi
SAKKA
Kapilavatthu
KOLIYA
Madhurā
Kusinārā
SURA-
SENA
(Agrā)
KOSALA
Ganga
Ayodhya
MALLA
(Oudh)
Yamunā
(Jumna)
(Ganges)
VAMSA
KĀSI
VIDEHA & VAJJI
(Brahmaputra)
Vesāli
Pātaliputta (Patna)
Kosambi
Payāga
(Allahabad)
Bārānasi
(Benares)
Gangā
Campā
ANGA
Uruvelā
Rājagaha
Nerañjarā
Gayā
MAGADHA
AVANTI
(Buddhgaya)
Ujjenī (Ujjain)
VANGA

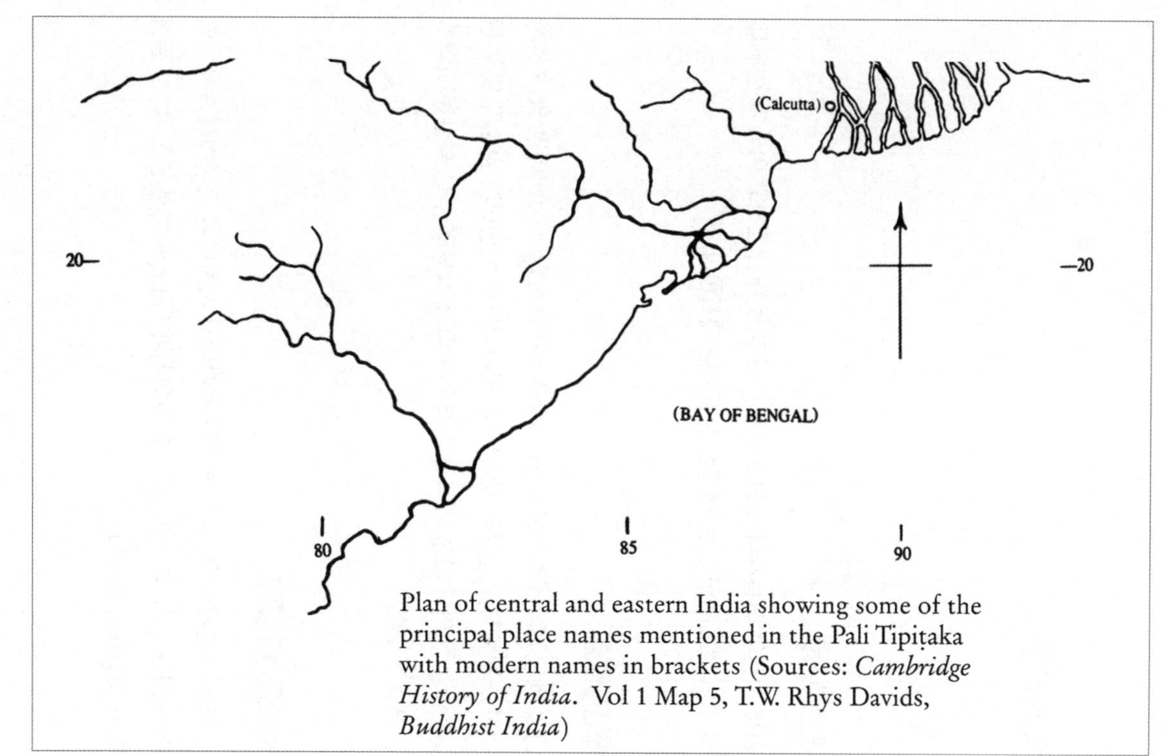

Plan of central and eastern India showing some of the principal place names mentioned in the Pali Tipiṭaka with modern names in brackets (Sources: *Cambridge History of India*. Vol 1 Map 5, T.W. Rhys Davids, *Buddhist India*)

목소리들

해설자 1

현재 시점의 해설자나 도반으로서 다른 이들을 소개하고 여러 사건에 대해 어느 정도 알고 있는 냉철한 관찰자를 대표한다.

해설자 2

중기 빠알리어 주석서(주로 붓다고사 장로가 쓴 5세기 문헌들)에만 있는 역사적이고 전통적인 내용을 해설한다. 역사적으로 분명하게 밝히기 위해 필요한 최소한의 자료를 제공하고 경우에 따라 삼장의 부분 부분을 요약하는 역할을 한다.

첫 번째 목소리

아아난다 존자의 목소리. 붓다의 제자이자 시자이며 붓다께서 무여열반에 드시고 나서 석 달이 지난 후 라아자가하[王舍城]에서 열린 제1차 결집에서 경장을 구술했다.

두 번째 목소리

우빠알리 존자의 목소리. 붓다의 제자이며 제1차 결집에서 율장을 구술했다.

세 번째 목소리

제1차 결집 동안과 그 후에 일어난 일들을 구술하는 목소리. 16장에서만 나타나며 붓다께서 무여열반에 드신 지 1백 년이 지난 후에 열린 제2차 결집의 참가자를 대표한다.

낭송자

아아난다 존자가 전통적으로 "이와 같이 나는 들었다."라는 말로 경전을 소개하는데, 아아난다 존자가 소개하지 않는 경전이나 율장에 들어있는 짧은 서사시 형식의 시구절이나 게송을 낭송한다.

1. 탄생 그리고 어린 시절

2. 깨달음을 향한 노력

3. 깨달으신 후

4. 담마를 펼치시다

5. 두 상수제자

6. 아나아타삔디까

7. 비구니 승단을 세우시다

8. 꼬삼비 분쟁에서 비구들을 교화하시다

9. 깨달으신 후 초기 이십 년

10. 중기

11. 인간 붓다

12. 교리

13. 데와닷따

14. 노년기

15. 마지막 해

16. 제1차 결집

1. 탄생 그리고 어린 시절

해설자 1 인도의 역사는 사실상 고따마 붓다의 일생 이야기로 시작된다. 좀 더 정확히 말하자면 붓다의 일생은 기록된 이야기로서 인도의 역사가 고고학과 전설을 대체하는 지점이라 할 수 있다. 역사적으로 의미가 있는 인도 최초의 문헌이기도 한 붓다의 일생과 가르침에 대한 문헌들에서 이미 오랜 세월 동안 무르익어 안정되고 고도로 발달한 문명을 엿볼 수 있기 때문이다. 붓다께서는 인도의 '중부 지역'인 갠지스 평원의 우루웰라에서 완전한 깨달음을 얻으셨다. 인도에서의 거리 감각으로 우루웰라는 성스러운 도시 바아라아나시와 그리 멀지 않은 곳이다. 붓다께서는 6년 동안 정진한 끝에 깨달음을 이루셨고 그때 그분의 나이는 서른다섯 살이셨다. 그 후로 45년 동안 붓다께서는 중부 인도 이곳저곳을 다니며 깨달으신 네 가지 성스러운 진리[四聖諦]에 대해 끊임없이 설법하셨다. 그리고 유럽식 역법으로 따지면 기원전 483년에 마침내 붓다께서는 반열반般涅槃에 드셨다. 전해지는 바에 의하면 오월 보름날이라고 한다. 붓다께서 살아계시던 시기에는 그 이전이나 그 이후와 대조적으로 정부

제도는 잘 조직되어 있었고 사회는 무척 조용하고 안정되어 있었다.

해설자 2 붓다께서 무여열반無餘涅槃에 드시고 나서 석 달이 지났을 때, 장로 제자 5백 명이 장로 비구 회의[제1차 결집]를 소집했다. 스승의 가르침을 후세에 어떻게 전해야 할지 의견을 모으기 위해서였다. 깨달음을 얻은 5백 명의 비구 가운데 우빠알리 존자는 승가와 교단의 행동 규범인 '율律'에 관해서 그 권위를 인정받았다. 이발사였던 그는 붓다의 사촌 아아난다를 비롯한 다른 이들과 함께 출가하였다. 1차 결집이 열리기 전에 우빠알리 존자는 행동 규범들과 규범들이 정해진 배경을 구술하도록 지목을 받았다. 율장의 주요 부분은 그가 구술한 내용을 바탕으로 구성되었다.

우빠알리 존자의 구술이 끝났을 때 아아난다 존자가 지목받아 붓다의 설법을 구술했다. 아아난다 존자는 붓다 곁에서 24년 동안 시봉을 들며 붓다의 일생 끝까지 함께했는데, 그는 천부적으로 비상한 기억력을 지녔다. 경장에 속한 붓다의 설법 대부분은 아아난다 존자가 구술한 내용으로 이루어져 있다. 우빠알리 존자는 율장을 "이런 일이 있었다."라는 말로 시작했으나, 아아난다 존자는 "이와 같이 나는 들었다."라고 말문을 열고는 언제 누구에게 설해진 가르침인지 먼저 밝혔다.

해설자 1 붓다의 일생 이야기는 '경장과 율장'이라는 두 개의 '바구니[藏]'에서 인용하였다. 경장과 율장이 오늘날까지 어떻게 보존되어 왔는가에 대한 이야기는 나중에 나온다. 우선 여기서는 붓다께서 몸소 밝히셨으며 나중에 아아난다 존자가 1차 결집에서 들려주기도 했던 그분의 마지막 탄생에 관한 이야기로 시작한다. 이것은 오늘날 빠알리어라고 알려진 붓다 당신의 언어로 실제 말씀하신 것이다.

첫 번째 목소리 이와 같이 나는 들었다. 세존[1]께서 사아왓티의 제따 숲속 아나아타삔디까 승원에 머무실 때의 일이다. 비구[2] 몇 명이 탁발 공양을 마치고 함께 강당에서 세존을 기다리고 있었다. 기다리는 동안 그들은 이런 말을 하고 있었다. "놀랍지 않은가, 도반들이여. 세존의 신통력은 참으로 경탄스럽지 않은가! 번뇌를 완전히 소멸했고, 얽힌 혼란을 끊었으며, 재생의 고리를 끊었고, 윤회를 끝냈으며, 모든 고苦에서 벗어난 과거의 붓다들에 대해 알고 계시지 않은가. 과거 붓다들의 태어남이 어떠하며,

---

1 bhagavant라는 낱말을 세존the Blessed One으로 옮겼다. 빠알리어 낱말의 의미 그대로 옮기는 것은 무리가 있다. 아아짜리야 붓다고사의 《청정도론》에서는 여러 가지로 설명한다.

2 비구는 빠알리어로 bhikkhu이고 산스크리트어로 bhikṣu인데 여기서는 비구라 한다. 어원학에 따르면 이 말은 bhikkhā(탁발, 걸식)에서 비롯되었다. 그런데 더 오래된 '의미론적' 어원도 있다.("saṁsāre bhayaṃ ikkhatī ti bhikkhu. 그는 윤회 속에서 두려움을 본다. 그래서 '두려움을 보는 자*bhikkhu*'이다"). 비구는 구족계를 받았으며 승가*saṅgha*의 일원이다. 그렇다고 구족계를 받은 것이 영원히 변경할 수 없는 서약을 뜻하는 것은 아니다.

그분들의 이름이 무엇이며, 그분들의 가문이 어떠하며, 그분들의 덕성이 어떠하며, 그분들의 선정禪定이 어떠하며, 그분들의 지혜가 어떠하며, 그분들이 어떤 경지에 머무셨으며, 그분들이 어떻게 해탈했는지를 다 알고 계시는구나!" 이 말을 들었을 때, 아아난다 존자가 비구들에게 말했다. "세존께서는 놀라운 분이십니다. 도반들이여, 그분이 지닌 능력은 참으로 놀랍습니다. 세존께서는 경탄할 만한 분이십니다. 그분이 지닌 능력은 참으로 경탄할 만합니다."

하지만 그러는 동안 그들의 대화는 마무리를 짓지 못한 채 끝났다. 이미 저녁이 되었고 세존께서는 선정에서 일어나 강당으로 오셔서 마련된 자리에 앉으셨기 때문이다. 세존께서는 비구들에게 물으셨다. "비구들이여, 무슨 이야기를 하려고 지금·여기에 모여 있는가? 그리고 하다가 만 이야기는 무엇인가?"

그들은 비구들과 아아난다 존자가 나누었던 이야기를 말씀드렸다. 그리고 덧붙였다. "세존이시여, 저희가 나눈 대화는 이러한데, 세존께서 오셨기에 대화를 그쳤습니다." 세존께서는 아아난다를 돌아보셨다. "그렇다면, 아아난다여, 여래의 놀랍고도 경탄할 만한 자질에 대해 좀 더 충분히 설명해 보라."

"세존이시여, 저는 세존께서 '마음챙김[正念]하며 분명히 알아차림[正知]하여, 깨달음을 얻고자 전념한 보살이 도솔천[3]에 출현했다.'라고 친히 말씀하시는 것을 듣고 알게 되었습니다. 그리고 저는 그것을 세존의 놀랍고도 경탄할 만한 자질로 기억하고 있습니다."

"세존이시여, 저는 세존께서 다음과 같이 친히 말씀하시는 것을 듣고 알게 되었습니다. '마음챙김하고 분명히 알아차림하는 보살이 도솔천에 머물렀다.'"

"그곳에서의 생명이 다하는 동안 보살이 도솔천에 머물렀다."

"마음챙김하며 분명히 알아차림하여 보살이 도솔천에서의 수명壽命이 다한 후 어머니의 자궁으로 내려왔다."

"도솔천에서 수명이 다한 보살이 어머니의 자궁으로 내려왔을 때, 신의 광채보다 훨씬 더 밝은 한량없는 빛이 천신들, 마아라와 범천들이 있는 세상에 그리고 사문과 바라문, 왕자들과

---

3 도솔천*Tusita*: 지족하는 이들의 천상 세계. 불교에서는 많은 천상계를 묘사하고 있다. 특히 모든 감각적 쾌락을 즐길 수 있는 욕계가 여섯 단계이고, 그 위로 브라흐마 천상계[梵天]가 있다. 이곳에서는 식識이 정화되어 현재의 욕망은 꽤 많이 가라앉혔지만 미래에 욕망을 일으킬 잠재성은 남아 있다. 주석서에 의하면 냄새, 맛, 몸의 촉각, 이 세 가지 감각이 없고 성sex의 구별도 없으므로 물질적인 형상은 거의 남아 있지 않다. 이 상태는 색계 사선四禪에 든 인간이 얻는 상태와 같다. 색계 사선에서 더 나아가 물질과 차이에 대한 모든 인식을 초월한 경지인 무색계에는 사처四處인 공무변처, 식무변처, 무소유처, 비상비비상처가 있다. 이 모든 단계에서 재생은 영속하지 않으며, 열반을 얻기 전까지는 새로운 재생이 거듭 뒤따른다.

인간들이 있는[4] 세상에 나타났다. 그리고 텅 비었으며 암울하고 깜깜한 우주의 심연, 강력한 해와 달조차 그 빛으로 밝히지 못하는 그곳에도 신의 광채보다 훨씬 더 밝은 한량없는 빛이 나타났다. 그곳에 태어난 존재들이 그 빛으로 서로를 알아보았다. '아, 나 말고 또 누가 있는 것 같네!' 그리고 여기저기 수만 겹의 우주가 흔들리고 진동하고 요동쳤다. 그곳에도 신의 광채보다 훨씬 더 밝은 한량없는 빛이 나타났다."

"보살이 어머니의 자궁으로 내려왔을 때, 네 천신이 사방에서 그를 보호하려고 왔으므로 사람이든 사람이 아니든 그 누구도 그와 그의 어머니를 전혀 해칠 수 없었다."

"보살이 어머니의 자궁으로 내려왔을 때, 그의 어머니는 속속들이 청정을 갖추고 있었다. 생명을 죽이는 것을 삼가고, 주지 않은 것을 취하지 않고, 삿된 음행을 삼가고, 거짓말을 삼가고, 과실주와 곡주, 발효주를 즐기는 것을 삼갔다."

"보살이 어머니의 자궁으로 내려왔을 때, 그의 어머니에게는 다섯 가닥의 감각적 욕구로 인한 남자에 대한 생각이 전혀 일어나지 않았고 욕정을 품은 그 누구도 그의 어머니에게 접근할 수 없었다."

---

4 주석서에 나오는 'sadevamanussānaṃ'을 '왕자들과 인간들이 있는'으로 번역했다. 전체적인 의미로 볼 때 그렇게 볼 수 있으며, 데와*deva*는 왕에게 붙이는 일반적인 호칭이다.

"보살이 어머니의 자궁으로 내려왔을 때, 그의 어머니는 눈, 귀 등 다섯 가닥의 감각적 욕구를 모두 지니고 있었다. 그의 어머니는 그러한 감각적 욕구가 있었고 그 욕구를 갖추었고 그 욕구를 누렸다."

"보살이 어머니의 자궁으로 내려왔을 때, 그의 어머니에게는 그 어떤 아픔도 없었다. 그의 어머니는 어떤 육체적 피로도 느끼지 않았기에 더없이 행복했다. 그것은 마치 여덟 면으로 잘 다듬어진 맑디맑은 물빛의 훌륭한 녹주석에 파랑, 노랑, 빨강, 하양, 갈색의 실이 꿰어져 있는 것 같았다. 그래서 눈 밝은 사람이 그것을 손에 올려놓고 이렇게 평할 만했다. '이것은 맑디맑은 물빛의 훌륭한 녹주석이며 여덟 면으로 잘 다듬어져 있구나. 그리고 파랑, 노랑, 빨강, 하양, 갈색의 실이 꿰어져 있구나.' 이처럼 보살의 어머니는 자신의 자궁에 있는, 어느 하나 부족함이 없는 건강한 몸의 보살을 보았다."

"보살이 태어나고 이레 후, 보살의 어머니는 돌아 가셨고 도솔천에 다시 태어났다."

"여느 여인들은 아기를 아홉 달이나 열 달을 배고 있다가 출산한다. 그러나 보살의 어머니는 그렇지 않았다. 보살의 어머니는 정확히 열 달이 지나 보살을 낳았다."

"여느 여인들은 앉거나 누워서 출산한다. 그러나 보살의 어머니는 그렇지 않았다. 보살의 어머니는 선 채로 보살을 낳았다."

"보살이 어머니에게서 태어났을 때, 처음에는 신들이 그를 받았고 그다음에 인간들이 그를 받았다."

"보살이 어머니에게서 태어났을 때, 그가 땅에 닿기 전에 네 천신이 그를 받아서 어머니에게 보이며 말했다. '기뻐하십시오! 왕비여, 위대한 힘을 지닌 아들이 태어났습니다.'"

"보살이 어머니에게서 태어났을 때 마치 바아라아나시 산産 옷감에 보석이 놓여 있듯이 보석은 옷감을 더럽히지 않고 옷감도 보석을 더럽히지 않았다. 왜 그럴까? 둘 다 청정하기 때문이다. 마찬가지로 보살은 양수나 체액, 혈액이나 어떠한 불순물도 묻지 않고 자궁에서 청정하고 깨끗하게 태어났다."

"보살이 어머니에게서 태어났을 때, 하늘에서 두 줄기의 물이 쏟아져 내렸다. 보살과 그의 어머니를 씻기기 위한 시원한 물과 따뜻한 물이었다."

"보살은 태어나자마자 바닥에 두 발로 우뚝 섰다. 그러고 나서 북쪽으로 일곱 발자국을 걸은 다음, 흰색 양산 아래에서 동서남북 사방을 살펴보았다. 그는 모든 중생의 스승다운 말씀을 하셨다. '나는 이 세상에서 으뜸이요, 나는 이 세상에서 가장 수승하다. 나는 이 세상에서 가장 앞선 자이다. 이번이 나의 마지막 생이다. 더이상 어떤 존재로도 다시 태어나지 않을 것이다.'"

"보살이 어머니에게서 태어났을때, 신의 광채보다 훨씬 더 밝은 한량없는 빛이 천신들, 마아라와 범천들이 있는 세상에 그리고 사문과 바라문, 왕자들과 인간들이 있는 세상에 나타났다. 그리고 텅 비었으며 암울하고 깜깜한 우주의 심연, 강력한 해와 달조차 그 빛으로 밝히지 못하는 그곳에도 신의 광채보다 훨씬 더 밝은 한량없는 빛이 나타났다. 그곳에 태어난 존재들이 그 빛으로 서로를 알아보았다. '아, 나 말고 또 누가 있는 것 같네!' 그리고 1만 세계가 흔들리고 진동하고 요동쳤다. 그곳에도 신의 광채보다 훨씬 더 밝은 한량없는 빛이 나타났다."

"저는 세존께서 이 모든 것을 친히 말씀하시는 것을 듣고 알게 되었습니다. 그리고 저는 그것을 세존의 놀랍고도 경탄할 만한 일로 여기고 있습니다."

"그렇다면 아아난다여, 이것 또한 여래의 놀랍고도 경탄할 만한 자질로 기억하라. 여래는 즐거운 느낌[受], 괴로운 느낌, 즐겁지도 괴롭지도 않은 느낌이 일어나면 일어나는 그대로 알고, 그 느낌이 지속되면 지속되는 그대로 알고, 그 느낌이 사라지면 사라지는 그대로 안다. 인식[想]이 일어나면 일어나는 그대로 알고, 인식이 지속되면 지속되는 그대로 알고, 인식이 사라지면 사라지는 그대로 안다. 생각이 일어나면 일어나는 그대로 알고, 생각이 지속되면 지속되는 그대로 알고, 생각이 사라지면 사라지는 그대로 안다."

"세존이시여, 또한 저는 그것을 세존의 놀랍고도 경이로운 일로 여기고 있습니다."

아아난다 존자의 말은 이러했고, 세존께서는 인정하셨다. 비구들은 아아난다 존자의 말에 만족했고 기뻐했다.

《중부》 123 ; 《장부》 14

해설자 1 바라문 계급의 예언자는 깨달은 자[覺者]의 출현을 이렇게 게송으로 읊었다.

낭송자

아시따 선인仙人은 낮 동안의 선정에서
도리천 신들을 보았다.
그들은 모두 깨끗한 옷을 입고,
행복해하고 기뻐하며 깃발을 흔들면서
그들의 왕인 제석천을 열렬히 환호하고 있었다.
환호하며 기뻐하는 신들을 본 아시따는
신들에게 정중하게 인사하고 물었다.

"신들은 왜 그리 기뻐합니까?
깃발을 들고 나와 왜 저리 흔듭니까?
악마들과의 전투가 끝난 후
신들이 승리하고 악마들이 패배했다고 해도
이렇게까지 축하한 적은 없었습니다.
얼마나 경이로운 일을 보았기에 저리도 기뻐합니까?

보십시오, 신들은 노래하고 환호하며
악기를 연주하고 박수치며 춤을 춥니다.
수미산의 높은 정상에 사는 신들이여
부디 저의 의혹을 풀어주시기를.”

“사끼야족의 땅 룸비니에 그분이 오셨으니,
깨달은 이가 될 분[보살], 귀하디 귀한 보배로운 분
인간 세상에 안녕과 행복을 위해 오셨으니,
그리하여 우리가 굉장한 환희를 느끼는 것이오.
위없는 분, 가장 숭고한 분,
살아있는 모든 존재를 이끄는 분, 인간 가운데 으뜸인 그분은
옛 선인의 숲에서 담마의 바퀴를 굴릴 것이오.
백수의 왕 사자가 사자후를 토하듯.”

이 이야기를 들은 선인은 서둘러
숫도다나왕[淨飯王]의 거처로 찾아가
자리 잡고 앉아 사끼야족 사람들에게 청하였다.
“아기는 어디 있습니까? 저도 보고 싶습니다.”

사끼야족이 아시따에게 아기를 보여주었다.
아기의 피부 빛은 맑았고
투명하게 빛나기가 도가니에서 잘 정련된

황금이 내뿜는 찬란한 빛살 같았다.
하늘에 떠 있는 별들 가운데 으뜸별 같고
구름 한 점 없는 가을 하늘의 눈부신 해님같이
맑고 밝게 빛나는 아기 얼굴을 보는 아시따,
그의 가슴에 황홀한 기쁨이 흘러넘쳤다.
하늘에 있는 신들이
아기에게 수많은 살과 천 개의 테가 있는 양산을 씌워주고
황금 자루의 불자拂子[5]를 흔들었다.
비록 그 누구도 양산이나 불자를 들고 있는 이를 보지 못했지만.

상투를 튼[6] 선인 깡하시리,[7]
하얀 양산이 머리 위에 드리워진
양단 위의 황금 보화 같은 왕자를 보고는
기쁨과 행복에 넘쳐 받아 안았다.
사끼야족 왕자를 받아 안자마자
표식과 상징을 읽어내는 데 능한 선인은
가슴 깊이 우러나는 확신에 차서 환호하니
"위없는 분, 이분은 두 발 가진 이들 중 유일무이합니다."

---

5 불자拂子: 빠알리 원문은 cāmara이다. 야크의 꼬리털로 만들었고 벌레 따위를 쫓는 데 썼다.

6 [역주] 상투를 튼: 빠알리 원문은 jaṭi, 영어 원문은 matted hair. 땋은 머리를 한 결발행자라는 의미이다.

7 깡하시리*Kaṇhasiri*: '어두운 광휘'를 뜻하며 선인 아시따의 다른 이름이다.

그러고 나서 선인은 자신의 운명을 내다본 것을 기억하고는
슬픔의 눈물을 흘렸다.
그의 울음을 본 사끼야족이 물었다.
"우리의 왕자에게 불행이 닥쳐오나요?"

불안해하는 사끼야족에게 선인이 대답했다.
"예언하건대, 어떤 해악도 아기를 건드리지 못할 것이고
어떤 위험도 왕자에게 닥치지 않을 것이오.
이분은 결코 두 번째 자리에 있을 수 없습니다.
이분은 최고의 진리에 도달할 것이기 때문입니다.
비할 데 없는 순수함을 보는 이,
그분은 수많은 중생을 향한 자비심으로
법륜을 굴리고 청정한 삶을 널리 펼칠 것입니다.
허나 이제 살날이 얼마 없어
그러는 사이 나는 죽게 됩니다.
견줄 이 없는 영웅이 가르치는 선한 담마를 들을 수 없는 운명이지요.
하여 슬프고 그 상실감으로 괴롭습니다."

사끼야족에게 무한한 기쁨을 주고는
청정한 삶을 살아온 선인은 궁실을 떠났다.
연민심이 일어난 그는 누이의 아들에게 가서
담마를 펼치실 분, 비할 데 없는 영웅의 미래를 일러주었다.
"그분이 깨달았고 그 올바른 깨달음을 이루어

진리의 길을 걸어간다는 소식이 너에게 닿으면
그때 그분께 가서 가르침을 구하고
그분 세존 곁에서 청정한 삶을 살아라."

하여 많은 공덕을 쌓아온 나알라까[8]는
그가 잘 되기를 바라는 생각을 품은 사람이
최고의 존재, 완전한 순수함을 얻은 존재가
앞으로 나타나리라고 예언했기에
감관을 다스리며 승리자[9]를 기다렸다.

'고귀한 승리자'가 법륜을 굴리기 시작했다는 소식을 듣자마자
나알라까는 그분께 갔다.
성자 가운데 으뜸가는 그분을 뵙고는
바로 그분을 신뢰하게 되었다.
아시따의 간청을 이행하여
나알라까는 '성자 중의 성자'께
'최상의 고요함'[10]에 대해 여쭈었다.

《숫따니빠아따》 3:11

---

8 [역주] 나알라까*Nālaka*: 선인 아시따의 조카로 누이의 아들이다.

9 [역주] 승리자: 붓다를 가리킨다.

10 [역주] 최상의 고요함: 영어 원문은 the Silentness Supreme이다. 빠알리 원문은 moneyyaseṭṭhaṃ인데, 주석서에 따르면 '수승한 지혜', '길에 대한 지혜'를 뜻한다. 법륜이 처음 굴려지고 나서 이레 후 나알라까는 붓다를 찾아가 나알라까의 실천*Nālakapaṭipadā*으로 알려진 '성자 삶의 실천*moneyyapaṭipadā*'에 대해 여쭈었다. 이때의 일이 담긴 것이 《나알라까 경*Nālaka sutta*》이다.

해설자 1 보살의 어린 시절에 대해 훗날의 문헌에는 세세하게 많이 서술되어 있지만 빠알리 삼장에는 쓰여 있는 것이 거의 없다. 실제로 두 가지 사례만을 언급하고 있을 뿐이다. 하나는 보살의 아버지인 왕이 농경제農耕祭 행사로 쟁기질하는 동안 어린 보살은 갯복숭아나무 아래서 정定에 들었던 일을 회상한 이야기다. 주석서에 의하면 씨 뿌리는 계절이 시작되면 공식 행사로 왕이 쟁기질을 했다고 한다. 이 이야기는 나중에 다시 언급할 것이다. 다른 하나는 '세 가지 숙고'에 대한 설명이다. 이것은 과거불인 위빳시 붓다가 목격한 세 명의 '사자使者(노인, 병자, 죽은 자)'와 관련 있다.[11]

《장부》 14경

첫 번째 목소리 "나는 귀하고, 귀하고, 참으로 귀하게 자랐다. 내 아버지의 궁전에는 오직 나만을 위해 가꾸어놓은 연못들이 있었다. 청련이 피어 있는 연못도 있었고, 백련이 피어 있는 연못도 있었으며, 홍련이 피어 있는 다른 연못도 있었다. 나는 바아라아나시 산産 백단향만을 썼다. 나의 두건과 윗옷, 아래옷과

---

11 모든 과거불이 보살일 때 마지막 생애는 이와 같은 상황이 있었음이 다른 경전에서도 언급되고 있는데 《장부》 14경을 보면 네 명의 사자使者 이야기는 오직 위빳시 붓다 일대기에서만 나오고 고따마 붓다 일대기에서는 나오지 않는다. 노인, 병자, 죽은 자, 사문의 네 사자 이야기는 빠알리 삼장*Tipiṭaka*에서 언급되고 있고, 후대 문헌에서는 고따마 붓다 일대기에도 이 이야기가 나온다고 본다.

겉옷 모두 바아라아나시 산産 옷감으로 지었다. 밤이나 낮이나 하얀 일산으로 가려주어 나는 너무 춥지도 덥지도 않았으며 먼지나 모래,[12] 이슬 때문에 불편하지도 않았다."

"나에게는 궁전이 세 군데 있었다. 하나는 겨울을 나는 곳, 다른 하나는 여름을 나는 곳, 또 하나는 우기에 지내는 곳이었다. 우기의 궁전에서는 가수와 악사들이 나를 즐겁게 해주었는데 그들 가운데 남자는 하나도 없었다. 비가 내리는 우기 넉 달 동안 더 낮은 지대에 있는 궁전으로는 한 번도 내려가지 않았다. 여느 집에서는 하인과 일꾼들에게 쌀을 갈아 섞은 렌틸콩 수프를 끼니로 주지만, 내 아버지의 집에서는 흰 쌀밥과 고기를 주었다."

"이렇듯 나는 풍족하고 권력도 있었다. 하지만 나는 생각했다. '배우지 못한 범부는 그 자신도 늙어갈 수밖에 없고 늙어감에서 자유롭지 않음에도 늙은 사람을 보면 충격을 받고 수치스러워하며 혐오를 느낀다. 자신도 예외는 아니라는 사실을 잊고 있기 때문이다. 그런데 나 또한 늙을 수밖에 없고 늙음에서 자유롭지 않다. 그러니 내가 늙은 사람을 보고 충격을 받고 수치스러워하며 혐오를 느끼는 것도 합당치 않다.' 이렇듯 곰곰이 생각했을 때 내게서 젊음에 대한 자만[青春慢]이 완전히 사라졌다."

---

12 [역주] 모래: 빠알리 원문에는 tiṇa(풀)로 기록되어 있는데, 저자는 grit(모래)라고 썼다.

"또한 나는 생각했다. '배우지 못한 범부는 그 자신도 병들 수밖에 없고 병에서 자유롭지 않음에도 병든 사람을 보면 충격을 받고 수치스러워하며 혐오를 느낀다. 자신도 예외는 아니라는 사실을 잊고 있기 때문이다. 그런데 나 또한 병들 수밖에 없고 병에서 자유롭지 않다. 그러니 내가 병든 사람을 보고 충격을 받고 수치스러워하며 혐오를 느끼는 것도 합당치 않다.' 이렇듯 곰곰이 생각했을 때 내게서 건강에 대한 자만[健康慢]이 완전히 사라졌다."

"또한 나는 생각했다. '배우지 못한 범부는 그 자신도 죽을 수밖에 없고 죽음에서 자유롭지 않음에도 죽은 사람을 보면 충격을 받고 수치스러워하며 혐오를 느낀다. 자신도 예외는 아니라는 사실을 잊고 있기 때문이다. 그런데 나 또한 죽을 수밖에 없고 죽음에서 자유롭지 않다. 그러니 내가 죽은 사람을 보고 충격을 받고 수치스러워하며 혐오를 느끼는 것도 합당치 않다.' 이렇듯 곰곰이 생각했을 때 내게서 수명에 대한 자만[壽命慢]이 완전히 사라졌다."

《증지부》 3:38

- 1. 탄생 그리고 어린 시절
- **2. 깨달음을 향한 노력**
- 3. 깨달으신 후
- 4. 담마를 펼치시다
- 5. 두 상수제자
- 6. 아나아타삔디까
- 7. 비구니 승단을 세우시다
- 8. 꼬삼비 분쟁에서 비구들을 교화하시다
- 9. 깨달으신 후 초기 이십 년
- 10. 중기
- 11. 인간 붓다
- 12. 교리
- 13. 데와닷따
- 14. 노년기
- 15. 마지막 해
- 16. 제1차 결집

2. 깨달음을 향한 노력

해설자 1 빠알리 삼장에 기록된 붓다의 출가에 대한 설명은 놀라울 정도로 매우 꾸밈없고 간결하다. 보살의 탄생과 어린 시절에 대한 가장 오래된 판본인 삼장에는 후대의 판본에 등장하는 정교한 세부 사항이 나와 있지 않다. 다양한 사람들에게 행하신 몇 가지 말씀을 옮기면 다음과 같다.

첫 번째 목소리 "내가 깨달음을 이루기 전 아직 깨닫지 못한 보살이었을 때, 나 자신이 태어남·늙음·병듦·죽음·슬픔·고뇌를 겪을 수밖에 없었지만 나는 그럴 수밖에 없는 길을 추구했다. 그때 이런 생각이 들었다. '나 자신이 태어남·늙음·병듦·죽음·슬픔·고뇌를 겪어야 한다면 왜 나는 이러한 길을 따라가고 있는가? 나 자신이 이러한 일들을 겪을 수밖에 없다면 그 일들 속에 있는 위험을 보고서 태어나지 않고 늙지 않고 병들지 않고 죽지 않고 슬프지 않고 고뇌에 물들지 않으며 위없는 굴레에서 완전히 벗어남, 즉 열반을 추구하리라.'"

《중부》 26

"내가 깨달음을 이루기 전 아직 깨닫지 못한 보살이었을 때, 나는 이런 생각이 들었다. '세속의 삶은 번잡하고 먼지투성이다. 출가의 삶은 넓게 열려 있다. 세속에 살면서 잘 닦인 조개껍질처럼 지극히 완전하고 순수한 청정범행을 닦기는 쉽지 않다. 머리카락과 수염을 깎고 황색 가사를 입고 집을 떠나 집 없는 삶으로 출가를 하면 어떨까?'"

《중부》 36 ; 《중부》 100

"그 후 한창 젊은 나이에 머리가 검고 축복받은 젊음을 간직한 인생의 초년기에 내 어머니와 아버지가 눈물 젖은 얼굴로 슬퍼하면서 반대했지만 나는 머리카락과 수염을 깎았다. 그리고 황색 가사를 입고 집을 떠나 출가했다."

《중부》 26 ; 《중부》 36 ; 《중부》 85 ; 《중부》 100

낭송자

이제 나(아아난다)는 출가에 대해,
위대한 성자께서 어떻게 출가하셨는지
그분이 어떤 질문을 받았고
어떻게 설명하셨는지 말할 것이다.

'재가의 삶은 번잡하고
먼지투성이이다.

그러나 출가의 삶은 탁 트여있다.'
그분은 이와 같이 보시고 출가하셨다.

출가하고 나서 그분은
몸으로 짓는 모든 불선한 행위를 삼갔고
입으로 짓는 불선한 행위를 버렸고
그리고 청정한 삶을 사셨다.

그분은 라아자가하
마가다인들의 성읍으로 가셨다.
뛰어난 이의 많은 특상特相을 지닌
그분 붓다께서는 그곳에서 탁발을 다니셨다.
빔비사아라 왕이 궁전에서
그분이 지나가시는 것을 보았다.
그리고 뛰어남을 드러내는 그분의 모든 특상을 보고 말했다.

"경들은 보라.
아름답고 건장하고 청정하고
걸음걸이도 우아할 뿐 아니라
눈길을 내리고 마음챙김을 확립하여
오직 멍에의 길이만큼 보며 걷고 있구나.
그분은 천한 가문 출신일 리가 없다.

당장 나의 사신들이
저 비구가 가는 길을 따라가게 하라."

사신들이 파견되어
그분의 뒤를 따라갔다.
"저 비구는 어디로 가실 것인가?
어디서 머무실까?
그분은 아주 신중하게 감관을 단속하면서
온전히 알아차리고 마음챙김하면서
집집마다 차례로 탁발을 하시는구나.
얼마 지나지 않아 그분의 발우는 가득 차네.
탁발을 마치고 그분은 도시를 떠나,
빤다와로 가는 길로 접어들고 계시네.
그분은 빤다와 언덕에서 살고 계시는 게 틀림없구나."

한편, 그분이 거처에 도착하셨을 때
사신들이 그분께 다가갔다.
그중 한 명은 돌아가
왕에게 보고했다.

"대왕이시여, 저 비구는 호랑이처럼
혹은 황소처럼 혹은 사자처럼

빤다와 언덕의 동쪽 비탈에 있는
산속 동굴에 앉아 계십니다."

왕은 사신의 이야기를 들었다.
그는 마차를 대령시키더니
그것을 타고 서둘러 도시를 빠져나가
빤다와 언덕으로 향했다.
그리고 마차가 갈 수 있는 길이 끊기자
그는 마차에서 내려
그분이 계신 곳까지 걸어갔다.
왕은 앉았다.
안부를 물으며 인사를 나누었다.
인사의 예를 올린 후
왕이 다음과 같이 여쭈었다.

"당신은 청년이며 아직 젊고
인생의 초년기에 있습니다.
당신은 외모가 출중하며 높은 계급의 전사이자
귀족 태생으로 보입니다.
코끼리 부대를 이끌고
최고의 군대를 빛낼 만한 분이니
그런 부대를 당신에게 선물로 드리겠으니 받으십시오.
여쭙건대, 당신의 태생을 말씀해 주십시오."

"대왕이시여, 히말라야 산자락 바로 아래에

꼬살라 사람들이 살고 있는

활기차고 번성한 나라가 있습니다.

그 씨족은 태양의 후예이고

종족은 사끼야족이라 합니다.

저는 감각적 욕망을 구하지 않고 출가한 것입니다.

감각적 욕망 속에 있는 위험을 보았고,

떠남[出離]을 안온으로 보고

정진하고자 합니다.

떠남 안에서 진정한 기쁨을 느낍니다."

《숫따니빠아따》 3:1

첫 번째 목소리 "나는 집을 떠나 출가하였다. 그리고 위없는 고요한 경지[寂靜]를 얻기 위해서는 무엇이 유익한지[13] 알아내고자 하였다. 그래서 나는 아알라아라 까알라아마에게 가서 청했다. '까알라아마 존자시여, 저는 이 담마와 율에서 청정범행을 닦고자 합니다.'"

"이 말을 듣고서 아알라아라 까알라아마는 말했다. '존자여, 여기 머무시오. 이 가르침은 현명한 사람이라면 그 경지에 들어 머물 수 있게 되기까지 오랜 시간이 걸리지 않으며 스승이 알고

---

13 유익한: 빠알리어로 kusala인데 '선한, 건전한, 유익한'이라는 뜻이다.

있는 것을 수승한 지혜로 직접 실현할 수 있는 그런 가르침입니다.'"

"나는 그 가르침을 이내 다 배웠다. 그 가르침을 그저 암송하고 반복하기만 하면 지혜와 확신을 가지고 말할 수 있었고 그래서 여래는 알았고 보았다고 선언했다. 그리고 그렇게 한 다른 사람들도 있었다."

"나에게 이런 생각이 들었다. '아알라아라 까알라아마가 단지 믿음만으로 그의 가르침을 분명히 말한 것은 아니다. 수승한 지혜로 직접 깨닫고 나서 그 안에 들어 머물고 있기 때문이다. 그가 이 가르침을 알고 보면서 그 안에 머물고 있음은 확실하다.'"

"그래서 나는 아알라아라 까알라아마에게 가서 말했다. '친애하는 까알라아마여, 당신은 수승한 지혜로 직접 깨달은 이 가르침에 얼마나 깊이 들어 머물고 있다고 분명히 말할 수 있습니까?'"

"이 말을 듣고서 아알라아라 까알라아마는 무소유처無所有處라고 분명히 말했다. 그러자 나에게 이런 생각이 떠올랐다. '믿음·정진·마음챙김·집중·통찰지는 아알라아라 까알라아마만 지니고 있는 기능[根]이 아니라 나에게도 있는 것이다. 아알라아라 까알라아마가 수승한 지혜로 직접 깨닫고 들어 머물고 있다고 주장하는 그 가르침을 증득하기 위해 나도 온 힘을 다해 애써

보면 어떨까?'"

"나는 곧 그 담마의 경지에 올랐다. 그러고 나서는 아알라아라 까알라아마에게 가서 물었다. '까알라아마여, 당신이 수승한 지혜로 직접 깨닫고 들어 머물고 있다고 분명히 말하는 그 가르침은 이 정도까지입니까?' 그가 그렇다고 답했다."

"나도 그 정도까지의 가르침은 수승한 지혜로 직접 깨달아서 그 가르침에 들어 머물고 있습니다."

"'도반이여, 우리의 청정한 수행처에 존자 같은 수행자가 있다는 것은 참으로 이득이고 축복입니다. 내가 수승한 지혜로 직접 깨달아 그 안에 들었다고 분명히 말하는 그 가르침을 그대도 수승한 지혜로 스스로 깨달아 들어 머물고 있습니다. 그리고 존자가 수승한 지혜로 직접 깨달아 그 안에 들어 머물고 있는 그 가르침을 나 또한 수승한 지혜로 직접 깨달아 그 안에 들었노라 분명히 말합니다. 그러므로 내가 아는 가르침을 존자도 알고 있습니다. 존자가 아는 가르침을 나도 알고 있습니다. 내가 그러하듯이 존자도 그러합니다. 존자가 그러하듯이 나도 그러합니다. 자, 벗이여, 우리가 이 대중을 함께 이끌어 갑시다.' 나의 스승 아알라아라 까알라아마는 제자인 나를 그와 동등하게 가장 영광스러운 자리에 올려놓았다."

"나는 생각했다. '이 가르침은 싫어하여 떠남[厭離], 탐욕이 사라짐[離欲], 그침[滅], 고요[寂靜], 수승한 지혜[神通智], 완전한 깨달음[正等覺], 열반에 이르게 하지 않고, 단지 무소유처無所有處로 이르게 할 뿐이다.' 그러한 가르침에 만족하지 않았으므로 나는 찾고자 하는 바를 구하기 위해 떠났다."

"여전히 열반의 위없는 고요한 경지를 얻기 위해 무엇이 선善인지 찾고자 나는 웃다까 라아마뿟따에게 갔다. 그에게 말했다. '존자여, 저는 이 담마와 율에서 청정범행을 닦고자 합니다.'"

《중부》 26 ; 《중부》 36 ; 《중부》 85 ; 《중부》 100

해설자 1 웃다까 라아마뿟따의 지도 아래 붓다가 경험한 것은 앞서의 이야기와 같이 전개되고 있다. 다른 점은 비상비비상처非想非非想處라는 더 높은 성취를 얻었다는 것과 웃다까 라아마뿟따가 그에게 그 무리의 유일한 지도자 자리를 주겠다고 제의했다는 것이다. 그러나 결과는 같았다.

첫 번째 목소리 "나는 생각했다. '이 가르침은 비상비비상처에 이르게 할 뿐, 싫어하여 떠남[厭離], 탐욕이 사라짐[離欲], 그침[滅], 고요[寂靜], 수승한 지혜[神通智], 완전한 깨달음[正等覺], 열반에 이르게 하지 못한다.' 그러한 가르침에 만족하지 않았으므로 나는 찾고자 하는 바를 구하기 위해 떠났다."

"여전히 열반의 위없는 고요한 경지를 얻기 위해 무엇이 선善인지 찾고자 마가다 지방을 유행하다가 마침내 우루웰라 근처의 세나아니가아마에 다다랐다. 그곳에서 나는 상쾌한 숲과 맑은 물이 흐르는 강 옆에 완만하고 기분 좋은 둑이 있는 쾌적한 장소를 보았다. 게다가 근처에는 탁발을 할 수 있는 마을도 있었다. 나는 생각했다. '여기는 열심히 정진하는 훌륭한 가문의 아들이 노력하기에 적절한 곳이다.'"

《중부》 26 ; 《중부》 36 ; 《중부》 85 ; 《중부》 100

"내가 깨달음을 얻기 전, 아직 깨닫지 못한 보살이었을 때 나는 생각했다. '깊은 밀림 외진 숲속에 거주하면 견디기 힘들고, 완전히 떠남을 행하기 어렵고, 혼자됨을 즐기기 힘들다. 비구가 삼매三昧에 들지 못하면 비구가 숲에 마음이 빼앗겼음이 분명하다고 할 수 있다.'"

"나는 생각했다. '어떤 사문이나 바라문이 몸·말·마음으로 짓는 행위나 생계가 청정하지 못하면, 감각적 욕망을 탐하고 격렬하게 갈망한다면, 증오심에 찬 악의가 있다면, 또는 무기력과 나른함에 사로잡혀 있다면, 마음이 흔들리고 고요하지 않다면, 의심하고 머뭇거린다면, 자기를 높이고 남을 낮춘다면, 놀라고 겁이 난다면, 이익과 존경 명성을 바란다면, 게으르고 활력이 부족하다면, 마음챙김이 확립되지 못하고 알아차림이 없다면, 마음이 집중되지 못하고 산란하다면, 지혜가 부족하고 어리석다면, 그런 사문이나 바라문은 멀리 떨어진 밀림 숲속 외딴

곳에 머물 때 이러한 결함 때문에 불선한[14] 두려움과 공포를 느끼게 된다. 하지만 나는 멀리 떨어진 밀림 숲속 외딴곳에서 그런 사문이나 바라문처럼 머물고 있는 게 아니다. 나에게는 이러한 결함들이 전혀 없다. 나는 멀리 떨어진 밀림 숲속 외딴곳에서 그런 결함에서 벗어난 고귀한 이로서 머물고 있는 것이다.' 나 자신이 그러한 것들을 모두 떨쳐냈음을 알고 있기에 나는 비할 수 없는 편안한 마음으로 숲속에 머물고 있다."

"나는 생각했다. '그러나 열네 번째 날이나 열다섯 번째 날 반달이 뜨는 날 밤이나 그리고 여덟 번째 날[15] 상현달 하현달이 뜨는 날 밤은 특히 상서로운 밤이다. 만약 머리카락을 쭈뼛 서게 하는 과수원이나 숲이나 나무가 무성한 탑묘에서 그런 특별한 밤을 보낸다면 나는 두려움이나 공포를 느끼게 될까?'"

"그리고 나중에 열네 번째 날이나 열다섯 번째 날 그리고 여덟 번째 날의 밤에 나는 머리카락이 쭈뼛 서는 과수원이나 숲이나 나무가 무성한 탑묘처럼 두려움을 일으키는 곳에 머물고 있었다. 그런데 내가 그곳에 머물고 있는 동안 사슴이 다가오거나 공작이 나뭇가지를 쪼거나 바람에 나뭇잎이 흔들리곤 했다.

---

14 불선한: 빠알리어 akusala를 unprofitable(이롭지 못한), unwholesome(불선한)으로 번역했다(냐나뽀니까 테라 주).

15 [역주] 여덟 번째 날: 당시의 인도 역법은 보름을 기준으로 삼기 때문에 이렇게 표현되었다.

그러면서 나는 생각했다. '이게 바로 두려움과 공포로구나.'"

"나는 생각했다. '왜 나는 끊임없이 두려움과 공포를 생각하며 머물고 있는가? 왜 두려움과 공포가 일어날 때 내가 정진하고 있던 그 자세로 그 두려움과 공포를 없애려 하지 않는가?'"

"그리고 내가 걷고 있는 동안 두려움과 공포가 일어났다. 그러나 나는 두려움과 공포가 없어질 때까지 서거나 앉거나 눕지 않았다. 내가 서 있는 동안 두려움과 공포가 일어났다. 그러나 나는 두려움과 공포가 없어질 때까지 걷거나 앉거나 눕지 않았다. 내가 앉아 있는 동안 두려움과 공포가 일어났다. 그러나 나는 두려움과 공포가 없어질 때까지 걷거나 서거나 눕지 않았다. 내가 누워있는 동안 두려움과 공포가 일어났다. 그러나 나는 두려움과 공포가 없어질 때까지 걷거나 서거나 앉지 않았다."

《중부》 4

"나에게 이제껏 들어보지 못한 세 가지 비유가 자연스럽게 떠올랐다."

"젖어서 축축한 나무 조각이 물 위에 떠 있다고 하자. 어떤 사람이 '불을 피우고 열을 내야지.'라고 생각하면서 부시나무 막대를 들고 왔다. 그 사람은 물에 떠 있는 푹 젖은 그 나무 조각에 부시나무 막대를 문질러 불을 피워 열을 낼 수 있겠는가?" "고따마 존자시여, 할 수 없습니다. 왜냐고요? 젖어서 축축해진 나무 조각이기 때문입니다. 게다가 물 위에 떠 있습니다. 따라서 그 사람은 지쳐버리고 결국 실망할 것입니다." "그와 같이 어떤 사문이나 바라문이 육체적으로나 정신적으로 여전히 감각적 욕망으로부터 멀어져 있지 않고 감각적 욕망에 대한 욕구, 감각적 욕망에 대한 애착, 감각적 욕망에 대한 열정, 감각적 욕망에 대한 목마름, 감각적 욕망에 대한 갈망을 완전히 제거하거나 가라앉히지 못했을 때는 그 수행하는 사문이나 바라문이 열심히 정진하여 고통스럽고 괴롭고 쓰라린 아픔을 느끼든 느끼지 않든, 그는 지견知見이나 위없는 깨달음, 어느 것도 얻을 수 없다. 이것이 나에게 자연스럽게 떠오른 이제껏 들어보지 못한 첫 번째 비유이다."

"이제 물가에서 멀리 떨어진 마른 땅 위에 푹 젖은 나무 조각이 놓여 있다고 하자. 어떤 사람이 '불을 피우고 열을 내야지.'라고 생각하면서 부시나무 막대를 들고 왔다. 그 사람은 물가에서 멀리 떨어진 마른 땅 위에 있는 푹 젖은 그 나무 조각에 부시나무 막대를 문질러 불을 피워 열을 낼 수 있겠는가?" "존자시여, 할 수 없습니다. 왜냐고요? 비록 물가에서 멀리 떨어진 마른 땅 위에 놓여 있지만, 그것은 푹 젖은 나무 조각이기 때문입니다. 따라서 그 사람은 헛되이 피곤하기만 하고 실망할 것입니다." "그와 같이 어떤 사문이나 바라문이 단지 육체적으로는 감각적 욕망으로부터 멀어져 있지만 감각적 욕망에 대한 욕구, 애착, 열정, 목마름과 갈망을 완전히 제거하거나 가라앉히지 못했을 때는 그 수행하는 사문이나 바라문이 열심히 정진하여 고통스럽고 괴롭고 쓰라린 아픔을 느끼든 느끼지 않든, 그는 지견知見이나 위없는 깨달음, 어느 것도 얻을 수 없다. 이것이 나에게 자연스럽게 떠오른 이제껏 들어보지 못한 두 번째 비유이다."

"이번에는 물가에서 멀리 떨어진 마른 땅 위에 바짝 마른 나무 조각이 놓여 있다고 하자. 어떤 사람이 '불을 피우고 열을 내야지.'라고 생각하면서 부시나무 막대를 들고 왔다. 그 사람은 부시나무 막대로 물가에서 멀리 떨어진 마른 땅 위에 놓인 바짝 마른 나무 조각에 문질러 불을 피워 열을 낼 수 있겠는가?" "존자시여, 할 수 있습니다. 왜냐고요? 그것은 바짝 마른 나무 조각이기 때문입니다. 게다가 그것은 물가에서 멀리 떨어진 마른 땅 위에 놓여 있기 때문입니다." "그와 같이 어떤 사문이나 바라문이 육체적으로나 정신적으로 감각적 욕망으로부터 멀어져 있고 감각적 욕망에 대한 욕구, 애착, 열정, 목마름과 갈망을 완전히 제거하거나 가라앉혔을 때는 수행하는 그 사문이나 바라문이 열심히 정진하여 고통스럽고 괴롭고 쓰라린 아픔을 느끼든 느끼지 않든, 그는 지견知見이나 위없는 깨달음, 어느 것이나 얻을 수 있다. 이것이 나에게 자연스럽게 떠오른 이제껏 들어보지 못한 세 번째 비유이다."

"나는 생각했다. '이를 지그시 맞물고 혀를 입천장에 붙인 채 마음으로 마음을 제압하고 억누르고 항복시킨다면 어떨까?' 그러고는 마치 힘센 사람이 약한 사람의 머리나 어깨를 움켜잡아 제압하고 억누르고 항복시키는 것처럼 나는 이를 지그시 맞물고 혀를 입천장에 붙인 채 마음으로 마음을 제압하고 억누르고 항복시켰다. 그렇게 하는 동안 나의 겨드랑이에서는 땀이 났다."

"지칠 줄 모르는 정진력이 내 안에서 솟아났고 마음챙김이 확고해졌음에도 여전히 내 몸은 잔뜩 긴장했고 평온하지 못했다. 고통스러운 분투와 노력으로 인해 지쳤기 때문이었다. 그러나 내 안에서 일어나는 고통의 느낌은 내 마음을 흔들지는 못했다."

"나는 생각했다. '만약 내가 숨을 쉬지 않는 수행을 한다면 어떨까?' 나는 입과 코로 들이쉬는 숨과 내쉬는 숨을 멈췄다. 그러자 귓속으로 바람이 큰 소리를 내면서 들어왔다. 대장장이가 풀무질할 때 나는 큰 소리와 같았다."

"나는 입과 코와 귀로 들이쉬는 숨과 내쉬는 숨을 멈췄다. 그러자 거센 바람으로 머리가 몹시 아팠다. 마치 힘센 사람이 날카로운 칼로 내 머리를 쪼개는 것 같았다. 머리에 극심한 고통이 느껴졌다. 힘센 사람이 내 머리를 거친 가죽끈으로 두르고 힘껏 조이는 것 같았다. 그러고 나서 격렬한 바람이 배를 도려내는 듯했다. 숙련된 도살업자나 그의 조수가 날카로운 칼로 황소의 배를 저미는 것 같았다. 그다음에는 배가 타는 것처럼 화끈거렸다. 힘센 두 사람이 약한 사람의 양쪽 팔을 잡고 활활 타고 있는 석탄 구덩이 위에 올려놓은 것 같았다."

"그럴 때마다 지칠 줄 모르는 정진력이 내 안에서 솟아나고 마음챙김이 확고해졌음에도 여전히 내 몸은 잔뜩 긴장한 상태였고 평온하지 못했다. 고통스러운 노력으로 인해 지쳤기 때문이었다. 그러나 내 안에서 일어나는 고통의 느낌은 내 마음을 흔들지는 못했다."

"그때 신들이 나를 보고 말했다. '사문 고따마는 죽었다.' 다른 신들은 이렇게 말했다. '사문 고따마는 죽지 않았고 죽어가고 있다.' 또 다른 신들도 말했다. '사문 고따마는 죽은 것도 죽어가는 것도 아니다. 사문 고따마는 아라한, 성자가 되었다. 성자가 되는 길은 그러하니까.'"

"나는 생각했다. '음식을 완전히 끊어버리면 어떨까?' 그러자 신들이 나에게 다가와 말했다. '존자시여, 음식을 완전히 끊지는 마십시오. 만약 당신이 그렇게 한다면 우리가 당신의 모공으로 천상의 음식을 넣을 겁니다. 그러면 당신은 그것으로 살게 될 것입니다.' 나는 생각했다. '만약 내가 완전히 금식하겠다고 고집하면 여기 신들이 천상의 음식을 나의 모공으로 넣을 것이고 그러면 나는 그것으로 살게 될 테니 나는 거짓말을 한 셈이 된다.' 나는 '그럴 필요 없습니다.'라고 말하며 그들을 보냈다."

"나는 생각했다. '음식을 아주 조금만 먹으면 어떨까? 끼니 때마다 콩죽이나 렌틸콩죽 또는 완두콩죽 한 술만 먹으면 어떨까?' 나는 그렇게 했다. 그렇게 하자 내 몸은 극도로 여위었다. 아주 적은 양만을 먹었기 때문에 팔다리는 포도나무나 대나무 마디처럼 변했고 뼈만 남은 엉덩이는 낙타의 발굽처럼 되었다. 척추뼈는 실에 꿰인 구슬처럼 드러났고 갈비뼈는 지붕이 날아간 낡은 헛간의 쓰러져가는 서까래들처럼 앙상하게 튀어나왔다. 눈은 푹 꺼지고 눈빛은 깊은 우물 밑바닥의 물빛처럼 흐릿했고 두피는 덜 익은 박이 오그라들어 바람과 햇볕에 시든 것처럼 쪼글쪼글해졌다. 배를 만지면 등뼈도 만져졌고 등뼈를 만지면 배도 만져졌다. 내 뱃가죽과 등뼈가 착 달라붙어 있었기 때문이다. 대소변을 볼 때면 앞으로 고꾸라졌다. 몸을 편안하게 하기 위해 손바닥으로 팔다리를 문지르면 몸에 나 있던 털이 뿌리가 상해서 부서져 내렸다. 너무 적게 먹었기 때문이다."

"사람들은 이런 나를 보고 말했다. '사문 고따마는 피부가 검다.' 또 어떤 이들은 말했다. '사문 고따마는 피부가 검은 게 아니라 갈색이다.' 또 다른 이들은 말했다. '사문 고따마는 검은색도 아니고 갈색도 아니고 황금빛 피부다.' 매우 깨끗하고 밝던 피부 빛이 너무 적게 먹어서 나빠졌던 것이다."

《중부》 36 ; 《중부》 85 ; 《중부》 100

낭송자

"드넓은 네란자라 강가에서
나 자신을 조복調伏받으려 애쓰며
속박에서 완전히 벗어나고자
열심히 정진하고 있을 때
나무찌[마아라][16]가 다가와
연민에 가득 찬 말투로 나에게 말했다.

'오, 당신은 야위었고 핏기가 없소.
죽음이 코앞에 와 있소.
당신의 죽음을 예고하는 것들이 수없이 많소.
그럼에도 생명은 아직도 당신의 한 부분을 붙들고 있소.
살아야 하오. 존자여! 삶이 더 나은 길이오.
살아야 공덕도 쌓을 수 있지 않겠소.
청정한 삶을 살면 되오.
그리고 불[聖火]에 헌공하시오.
그러면 많은 공덕을 쌓을 것이오.
열심히 정진한들 무슨 소용이겠소?

---

16 [역주] 나무찌*Namuci*: 마아라의 다른 이름이다. 나무찌는 '빠져나가지 못하게 하는 자' 즉 '해탈을 방해하는 자'라는 뜻으로 아무도 그의 손아귀로부터 빠져나갈 수 없다는 의미이다. 법륜·열아홉 《마아라의 편지》 (아잔 뿐나담모 지음, 김한상 옮김, 〈고요한소리〉) 참조.

견디기 힘들고 고되고도 험난한 길인 것을.'"

마아라는 이 말을 하면서
붓다 가까이 가서 곁에 섰다.
곁에 선 마아라에게 세존께서는 이렇게 대답하셨다.
"오, 사악한 자여,
오, 방일放逸의 친척이여,
네가 여기에 온 목적은 따로 있구나.
이제 나는 공덕을 쌓을 필요는 전혀 없다.
공덕에 대해서는
그것을 필요로 하는 이들에게 말하라.
나에게는 믿음과 정진력이 있다.
지혜 또한 있다.
내가 나 자신을 조복 받으려는데
어찌 나에게 삶을 말하는가?
흐르는 강줄기마저 말려버릴
그런 바람이 있다.
내가 나 자신을 조복 받는 동안
어찌 그 바람이
내 피인들 말려버리지 않겠는가?
피가 마르면 담즙과 가래도 마르고
수척한 몸은 마음을 평온하게 만든다.

나는 더 깊은 마음챙김과 지혜를 얻을 것이고
더 깊은 삼매에 들 것이다.
이러한 삶을 살기에
나는 최상의 느낌을 누린다.
나의 마음은 감각적 욕망을 향하지 않는다.
보라, 존재의 청정함을!
나무찌여, 너의 첫 번째 전투부대는 감각적 욕망이고,
두 번째는 권태이며,
굶주림과 목마름이 세 번째이며,
갈애가 이 대열의 네 번째이며,
다섯 번째는 해태와 혼침이고,
공포가 여섯 번째를 차지하며,
의혹이 일곱 번째이고,
여덟 번째는 완고함과 그에 짝하는 적의敵意이다.
나무찌여, 바르지 못하게 얻은 이익, 명성, 존경, 명예,
그리고 자화자찬과 남을 헐뜯음,
이들이 너의 전투부대이다.
이들이 사악한 자의 전투부대이다.
누구도 아닌 참으로 용감한 자만이 그들을 무찔러
승리가 주는 지복至福을 누릴 것이다.

나는 결코 물러서지 않겠다는 결의의 깃발[17]을 올리겠노라.
이 세상의 삶은 얼마나 부끄러운 것인가!
패배한 삶을 사느니
싸우다 죽는 편을 택하겠다.
이 세상에 무릎을 꿇은
고행자들과 바라문들이 있었다.
그런데 그들은 더 이상 보이지 않는다.
그들은 고귀한 서원을 한 이들이 가는 길을 알지 못한다.
그러니 마아라의 군대들이 지금 코끼리 부대들과 함께
사방에 진을 치고 있는 것을 보면서
나는 결연히 싸우겠노라.
이 자리에서 물러서지 않으리!
온갖 신들이 있는 이 세상도
빽빽이 들어찬 너의 군대를 쳐부수지 못하지만
이제 나는 지혜로 쳐부술 것이다.
돌멩이 하나로
굽지 않은 진흙 항아리를 깨부수듯이.[18]"

《숫따니빠아따》 3:2

---

17 [역주] 깃발: 영어 원문에는 the ribbon이라고 표현했는데 빠알리 경에는 문자풀 *muñja*로 되어 있다. 주석서에 따르면 전쟁터에서 물러서지 않겠다는 결의로 머리나 깃발 또는 무기에 문자풀을 두르는 풍습이 있었다고 한다.

18 이 게송의 마지막 몇 연은 생략한다. 대신 4장에 실었다. 주석서에 의하면 이 부분은 다른 게송보다 1년 늦게 일어난 일이라고 한다.

첫 번째 목소리 "나는 생각했다. '어떤 사문이나 바라문이 과거나 미래 그리고 현재에 열심히 정진하면서 고통스럽고 괴롭고 쓰라린 아픔을 느끼겠지만 지금 여래처럼 아플 수는 있어도 더하지는 않을 것이다. 그런데 이렇게 극심한 고행으로도 나는 인간의 차원보다 더 높고 탁월한, 성자들의 지견知見에 견줄 만한 경지를 얻지 못했다. 깨달음으로 가는 다른 방법이 있지 않을까?'"

"사끼야족인 나의 아버지가 농경제 의식을 거행하고 있고 나는 갯복숭아나무 아래 서늘한 그늘에 앉아 있던 때를 떠올렸다. 그때 나는 감각적 욕망과 불선不善에서 완전히 떠나 생각의 일어남[尋]과 생각 지속[伺]이 있으며, 완전히 떠남[遠離]에서 온 희열과 행복감이 있는 초선에 들어 머물고 있었다. 나는 생각했다. '그것이 깨달음으로 가는 길이 아닐까?' 그래서 그 기억을 되살려 들어가 보고는 그것이 깨달음으로 가는 길임을 알았다."

"그래서 나는 생각했다. '나는 왜 그러한 행복을 두려워하는가? 그것은 감각적 욕망이나 불선과 아무 상관도 없는 행복이다.' 그래서 나는 생각했다. '나는 감각적 욕망이나 불선과 상관없기 때문에 그러한 행복을 두려워하지 않는다.'"

"나는 생각했다. '육체가 극도로 쇠약해진 상태에서는 그러한 행복을 얻는 것이 불가능하다. 내가 쌀밥이나 빵[19] 같은 단

---

19 빵: PTS 사전에는 kummāsa를 응유식품junket으로 풀이하고 있지만, 주석서에서는 보리, 밀*yava*로 만든 음식으로 설명하고 있다. [역주] 저자는 bread로 표현하고 있어 빵으로 옮겼다. 빠알리 원문에는 쌀죽이나 응유죽으로 표현되어 있다.

단한 음식을 조금 먹는다면 어떨까?'"

"그 당시 비구 다섯이 나를 시중들고 있었는데 그들은 이렇게 생각했다. '사문 고따마가 무엇인가를 성취하면 우리에게 말해줄 것이다.' 그런데 내가 쌀밥이나 빵 같은 단단한 음식을 먹자 다섯 비구는 역겨워하면서 나를 떠났다. '사문 고따마는 방종에 빠졌다. 그는 열심히 정진하기를 포기하고 안락함으로 돌아갔다.'라고 그들은 생각했다."

《중부》 36 ; 《중부》 85 ; 《중부》 100

해설자 1 보살에게 다섯 가지 꿈이 나타났다.

해설자 2 그분이 깨달음을 이루시기 바로 전날 밤이었다. 그 꿈들은 그분이 이제 머지않아 목적한 바를 성취하게 되리라는 전조였다.

첫 번째 목소리 완전한 분[如來], 할 일을 다 해 마치신 분[阿羅漢], 완전히 깨달으신 분[正等覺者]이 되시기 바로 직전 그분은 다섯 가지 중요한 꿈을 꾸셨다. 어떤 꿈이었을까? 그분이 아직 깨달음을 이루지 못한 보살이셨을 때 위대한 대지는 그분의 침상이었다. 산들의 왕, 히말라야는 그분의 베개였다. 그분의 왼손은 동쪽 바다에, 오른손은 서쪽 바다에, 발은 남쪽 바다에 놓여 있었다. 이것이 처음으로 꾸신 꿈이고 그분이 최상의 완전한 깨달음을 성취하시리라는 예언이었다. 그분이 아직 깨달음을 이루지 못한 보살이셨을 때 덩굴 식물이 그의 배꼽에서 자라나 곧게 뻗어 구름에 닿았다. 이것이 두 번째로 꾸신 꿈이고 그분이 성스러운 여덟 요소의 길, 팔정도八正道를 발견하시리라는 예언이었다. 그분이 아직 깨달음을 이루지 못한 보살이셨을 때 검은 머리의 하얀 땅벌레들이 그분의 두 발에서 무릎까지 기어 올라와 뒤덮었다. 이것이 세 번째로 꾸신 꿈이고 그의 일생 동안 하얀 옷을 입은 재가자들이 여래를 귀의처로 삼고 찾아오리라는 예언이었다. 그분이 아직 깨달음을 이루지 못한 보살이셨을 때 네 방향에서 서로 색깔이 다른 네 마리 새가 날아왔다. 새들은 그분의 발에 내려앉자 모두 하얀색으로 변했다. 이것이 네 번째로 꾼 꿈이고 여래가 담마와 율을 선포하셨을 때 네 가지 카스트, 즉 크샤트리아, 바라문, 바이샤, 수드라들이 최상의 해탈을 실현하게 되리라는 예언이었다. 그분이 아직 깨달음을 이루지 못한 보살이셨을 때 거대한 오물투성이 산에서 거니셨지만 더럽혀지지 않으셨다. 이것이 다섯 번째로 꾸신 꿈이고 여래가 옷, 탁발 음식, 거주처, 약 등 필수품을 얻으시겠지만, 그것들의 위험을 꿰뚫어 보시고 사용 목적을 잘 아시기 때문에 탐욕이나 어리석음이나 취착 없이 그것을 사용하시리라는 예언이었다.

《증지부》 5:196

해설자 1 깨달음에 대해서는 많은 경에서 여러 각도로 설명하고 있다. 이는 마치 나무를 위나 아래 그리고 여러 측면에서 묘사하고 여행을 육로로 배로 비행기로 묘사하는 것과 같다.[20]

해설자 2 깨달음은 깊은 선정에 들어서 삼명三明을 증득하는 것이라고 설하고 있다. 그리고 깨달음은 존재가 인과적으로 변화한다는 연기법緣起法을 알아내는 것이라고 설하고 있다. 또 깨달음은 견해와 업業과 대상에 대한 개연성과 확실성이 뒤섞인 세상에서 미혹되지 않고 진실한 가치를 추구하는 것이라고 설하고 있다. 또한 깨달음은 사성제를 꿰뚫어 아는 선정수행이라고 설하고 있다.

첫 번째 목소리 "이제 내가 단단한 음식을 먹고 기운을 다시 차렸을 때, 감각적 욕망과 불선한 것들에서 완전히 떠나 생각의 일어남[尋]과 생각 지속[伺]이 있으며, 완전히 떠남[遠離]에서 온 희열과 행복감이 있는 초선初禪에 들어 머물고 있었다. 하지만 내 안에서 일어난 그러한 즐거운 느낌이 마음을 지배하도록 두지 않았다. 생각의 일어남과 생각 지속이 가라앉아 내면의 고요함

---

20 경에서는 깨달음을 여러 다른 측면에서 기술하고 있다. 연기의 관점(《상응부》 12:10, 65; 《장부》 14경 참조), 세 가지 지혜[三明]의 관점(《중부》 4경, 100경), 오온의 달콤함, 불만족, 벗어남의 관점(《상응부》 22:26), 요소의 관점(《상응부》 14:31), 감각적 욕망의 관점(《상응부》 35:117; 《중부》 14경), 느낌의 관점(《상응부》 36:24), 세상의 관점(《증지부》 3:101), 사정근四正勤의 관점(《증지부》 4:13), 네 가지 마음챙김의 토대[四念處]의 관점(《상응부》 47:31), 네 가지 성취 기반[四如意足]의 관점(《상응부》 51:9), 불선한 생각을 버림의 관점(《중부》 19경) 등에서 깨달음을 기술하고 있다.

[寂靜]과 심일경성心一境性이 있고 생각의 일어남과 생각 지속이 그친 삼매에서 생긴 희열과 행복감이 있는 이선二禪에 들어 머물렀다. 내 안에서 일어난 그러한 즐거운 느낌이 마음을 지배하도록 두지 않았다. 희열 역시 사라지고 마음챙김하고 알아차림하면서 평온[捨]에 머물렀다. 몸으로는 여전히 행복감을 경험하면서 '평온함을 이루어 마음챙김하며 행복하게 머문다.'고 성자들이 일컫는 삼선三禪에 들어 머물렀다. 하지만 내 안에서 일어난 그러한 즐거운 느낌이 마음을 지배하도록 두지 않았다. 행복감[樂]도 버리고 괴로움[苦]도 버리고, 그 이전에 이미 기쁨과 슬픔은 사라져서 불고불락不苦不樂인 그리고 평온에 기인한 마음챙김의 청정함이 있는 사선四禪에 들어 머물렀다. 하지만 나는 내 안에서 일어난 그러한 즐거운 느낌이 마음을 지배하도록 두지 않았다."

"내 마음이 집중되어 깨끗해지고 정화되고 흠이 없어지면서 오염원이 사라졌을 때, 마음이 유순해지고 다루기 쉬워지고 안정되고 흔들림이 없는 상태에 이르렀을 때, 나는 내 마음이 전생들을 기억하는 지혜[宿命通]로 향하도록 했다. 나는 수많은 나의 전생들, 즉 한 생, 두 생, 세 생, 네 생, 다섯 생, 열 생, 스무 생, 서른 생, 마흔 생, 쉰 생, 백 생, 천 생, 십만 생, 세계가 수축하는 여러 겁, 세계가 팽창하는 여러 겁, 세계가 수축하고 팽창하는 여러 겁을 기억했다. '나는 그곳에서 그러한 이름을 지닌,

그러한 종족으로, 그러한 모습을 지닌 채, 그러한 음식을 먹고, 그러한 행복과 고통을 경험하며 그런 한평생을 살았다. 그리고 그곳에서 죽고 난 후 다른 곳에 다시 태어났다. 그곳에서 그러한 이름을 지니고, 그러한 종족으로, 그러한 모습을 지닌 채, 그러한 음식을 먹고, 그러한 행복과 고통을 경험하며 그런 한평생을 살았다. 그리고 그곳에서 죽고 난 후 다른 곳에 다시 태어났다.' 그렇게 나는 수많은 전생들을 세밀하고 구체적으로 기억했다. 이것이 초야初夜에 얻은 첫 번째 명지明智였다. 방일하지 않고 열심히 스스로 정진하는 자에게 어둠이 제거되고 광명이 일어나듯이 무명이 제거되고 명지가 일어났다. 하지만 나는 내 안에서 일어난 그러한 즐거운 느낌이 마음을 지배하도록 두지 않았다."

"내 마음이 집중되어 깨끗해지고 … 흔들림이 없는 상태에 이르렀을 때, 나는 내 마음이 중생의 죽음과 다시 태어남에 대한 지혜[天眼通]로 향하도록 했다. 인간을 초월한 순수하고 신성한 눈으로 중생들이 사라졌다가 그 업에 따라 열등하거나 우월하게 잘생기거나 못생기게 행복하거나 불행하게 다시 태어나는 것을 보았다. 나는 중생들이 그들의 업業에 따라 어떻게 과보를 받는지 알았다. '몸으로 말로 마음으로 처신을 잘못했고 존귀한 이를 비방했고 그릇된 견해를 가졌고 그릇된 견해를 행동에 옮겼던 그런 존재들은 몸이 무너져 죽은 후에 비참한 상태로 불행한 곳으로 파멸처로 심지어는 지옥에 다시 태어났다. 그러나 몸으로 말로 마음으로 처신을 잘했고 존귀한 이들을 비방하지 않았고 바른 견해를 가졌고 바른 견해를 행동에 옮겼던 그런 중생들은 몸이 무너져 죽은 후에 행복한 곳에 천상에까지도 다시 태어났다.' 이와 같이 인간을 초월한 순수하고 신성한 눈으로 중생들이 사라졌다가 그 업에 따라 열등하거나 우월하게 잘생기거나 못생기게 행복하거나 불행하게 다시 태어나는 것을 보았다. 나는 중생들이 그들의 행위에 따라 어떻게 과보를 받는지 알았다. 이것이 중야中夜에 내가 얻은 두 번째 명지였다. 방일하지 않고 열심히 스스로 정진하는 자에게 어둠이 제거되고 광명이 일어나듯이 무명이 제거되고 명지가 일어났다. 하지만 나는 내 안에서 일어난 그러한 즐거운 느낌이 마음을 지배하도록 두지 않았다."

"내 마음이 집중되어 순일해졌을 때, 나는 마음이 번뇌[漏]의 소멸에 대한 지혜[漏盡通]로 향하도록 했다. 나는 '이것이 고苦이다.' '이것이 고의 원인[集起]이다.' '이것이 고의 멸滅이다.' 그리고 '이것이 고의 멸에 이르는 길[道]이다.'라는 것을 있는 그대로 수승한 지혜[神通智]로 알았다. 나는 '이것이 번뇌이다.' '이것이 번뇌의 원인이다.' '이것이 번뇌의 멸이다.' 그리고 '이것이 번뇌의 멸에 이르는 길이다.'라는 것을 있는 그대로 수승한 지혜로 알았으므로 내 마음은 감각적 욕망의 번뇌[慾漏]로부터, 존재의 번뇌[有漏]로부터, 무명의 번뇌[無明漏]로부터 벗어났다. 해탈했을 때, '해탈했다.'라는 앎이 생겼다. '태어남은 다했다, 청정한 삶이 완성되었고 해야 할 일을 다 해 마쳤다, 이제 어떤 상태의 존재로도 다시 돌아오지 않는다.' 이것이 후야後夜에 얻은 세 번째 명지였다. 방일하지 않고 열심히 스스로 정진하는 자에게 어둠이 제거되고 광명이 일어나듯이 무명이 제거되고 명지가 일어났다. 하지만 내 안에서 일어난 그러한 즐거운 느낌이 마음을 지배하도록 두지 않았다."

《중부》 36

해설자 2 여기서 인과법칙, 즉 연기법緣起法[21]을 언급하는데 나중에 이 주제를 다시 다룰 것이다.

첫 번째 목소리 "깨달음을 이루기 전 아직 깨닫지 못한 보살이었을 때, 나는 생각했다. '인간은 헤어나기 힘든 구렁텅이에 빠져 있다. 태어나고 늙고 죽고 다시 태어나고, 그러면서도 여전히 이러한 괴로움[苦]에서 벗어나는 길을 알지 못한다. 언제 이러한 괴로움에서 벗어나는 길을 알게 될까?'"

"나는 생각했다. '무엇이 있어 늙음과 죽음이 있게 되는가? 무엇이 늙음과 죽음의 필연적 조건인가?' 그때 나는 지혜로운

21 '의존하여 생겨남[緣起]'에 대해서는 본서 12장 참조.

주의 기울임[22]으로 통찰지를 얻게 되었다. '태어남이 있어 늙음과 죽음이 있다. 태어남이 늙음과 죽음의 필연적 조건이다.'"

"나는 생각했다. '무엇이 있어 태어남이 있게 되는가? 무엇이 태어남의 필연적 조건인가?' 그때 나는 지혜로운 주의 기울임으로 통찰지를 얻게 되었다. '존재 가능성[有][23]이 있어 태어남이 있게 된다. 존재 가능성은 태어남의 필연적 조건이다.'"

"나는 생각했다. '무엇이 있어 존재 가능성이 있게 되는가? 무엇이 존재 가능성의 필연적 조건인가?' 그때 나는 지혜로운 주의 기울임으로 통찰지를 얻게 되었다. '취착[取]이 있어 존재 가능성이 있게 된다. 취착은 존재 가능성의 필연적 조건이다.'"

"… 갈애[愛]가 있어 취착이 있게 된다 …."

"… 느낌[受](즐겁거나 괴롭거나 즐겁지도 괴롭지도 않거나)이 있어 갈애가 있게 된다 …."

"… 접촉[觸]이 있어 느낌이 있게 된다 …."

"… 육처六處가 있어 접촉이 있게 된다 …."

"나는 생각했다. '무엇이 있어 육처, 여섯 감각기관이 있게 되는가? 육처의 필연적 조건은 무엇인가?' 그때 나는 지혜로운 주

22 지혜로운 주의 기울임: 빠알리어로 yoniso manasikāra인데 철저한 숙고, 지혜로운 주의 기울임으로 번역할 수 있다.

23 존재 가능성: 원문의 'being'은 경우에 따라 '존재'나 '존재 가능성'으로 옮긴다. [역주] 〈고요한소리〉에서 출간한 법륜·넷 《존재의 세 가지 속성》(오 에이치 드 에이 위제세께라 지음, 이지수 옮김)에서는 '존재짓기'로 변역하고 있다.

의 기울임으로 통찰지를 얻게 되었다. '명색名色이 있어 육처가 있게 된다. 명색은 육처의 필연적 조건이다.'"

"나는 생각했다. '무엇이 있어 명색이 있게 되는가? 명색의 필연적 조건은 무엇인가?' 그때 나는 지혜로운 주의 기울임으로 통찰지를 얻게 되었다. '식識이 있어 명색이 있게 된다. 식은 명색의 필연적 조건이다.'"

"나는 생각했다. '무엇이 있어 식이 있게 되는가? 식의 필연적 조건은 무엇인가?' 그때 나는 지혜로운 주의 기울임으로 통찰지를 얻게 되었다. '명색이 있어 식이 있게 된다. 명색은 식의 필연적 조건이다.'"

"나는 생각했다. '이 식은 명색을 조건으로 다시 식[再生識]으로 돌아온다. 이렇게 해서 사람이 태어나 늙고 죽고 다시 태어나게 된다. 즉 명색은 식이 있게 되는 조건으로 작용하며, 식은 명색이 있게 되는 조건으로 작용한다. 명색은 접촉이 있게 되는 육처의 조건으로 작용하며, 육처는 접촉의 조건으로 작용한다. 접촉은 느낌의 조건으로 작용하며, 느낌은 갈애의 조건으로 작용한다. 갈애는 취착의 조건으로 작용하며, 취착은 존재 가능성의 조건으로 작용한다. 존재 가능성은 태어남의 조건으로 작용하며, 태어남은 늙음과 죽음이 있게 되는 조건으로 작용한다. 그리고 슬픔[愁]·비탄[悲]·고통[苦]·근심[憂]·고뇌[惱]도 마찬가지다. 그러한 모든 괴로움의 쌓임[苦蘊]의 일어남은 이렇게 있게 된다.' 일어남, 일어남[生起]이라는 이전에 들은 적이 없는 담마에 대하여 나에게 눈[眼]이, 앎[智]이, 통찰지[慧]가, 명지[明]가, 광명[光]이 생겼다."

"나는 생각했다. '무엇이 없으면 늙음과 죽음이 없게 되는가? 무엇이 사라져야 늙음과 죽음이 사라지게 되는가?' 그때 나는 지혜로운 주의 기울임으로 통찰지를 얻게 되었다. '태어남이 없으면 늙음과 죽음도 없게 된다. 태어남이 사라지면 늙음과 죽음이 사라지게 된다.'"

"… 존재 가능성이 없으면 태어남이 없게 된다 …."

"… 취착이 없으면 존재 가능성이 없게 된다 …."

"… 갈애가 없으면 취착이 없게 된다 …."

"… 느낌이 없으면 갈애가 없게 된다 …."

"… 접촉이 없으면 느낌이 없게 된다 …."

"… 육처가 없으면 접촉이 없게 된다 …."

"… 명색이 없으면 육처가 없게 된다 …."

"… 식이 없으면 명색이 없게 된다 …."

"나는 생각했다. '무엇이 없으면 식이 없게 되는가? 무엇이 사라져야 식이 사라지게 되는가?' 그때 나는 지혜로운 주의 기울임으로 통찰지를 얻게 되었다. '명색이 없으면 식이 없게 된다. 명색이 사라지면 식이 사라진다.'"

"나는 생각했다. '이것이 내가 이제 도달한 깨달음에 이르는

길이다. 즉,

명색이 사라지면 식이 사라진다.

식이 사라지면 명색이 사라진다.

명색이 사라지면 육처가 사라진다.

육처가 사라지면 접촉이 사라진다.

접촉이 사라지면 느낌이 사라진다.

느낌이 사라지면 갈애가 사라진다.

갈애가 사라지면 취착이 사라진다.

취착이 사라지면 존재 가능성이 사라진다.

존재 가능성이 사라지면 태어남이 사라진다.

태어남이 없으면 늙음과 죽음이 없다. 또한 슬픔·비탄·고통·근심·고뇌도 없다. 그러한 모든 괴로움의 쌓임[苦蘊]의 사라짐이 이렇게 있게 된다.' 사라짐, 사라짐[止滅]이라는 이전에 들은 적이 없는 담마에 대하여 나에게 눈[眼]이, 앎[智]이, 통찰지[慧]가, 명지[明]가, 광명[光]이 생겼다."

"잡초로 덮힌 숲속을 헤매고 있는 어떤 사람이 옛날 사람들이 밟아간 아주 오래된 길, 그 옛길을 찾았다면 그는 그 길을 따라갈 것이고, 그렇게 가서 옛 도시, 옛 수도를 발견할 것이다. 옛날 사람들이 살던 그 도시는 공원과 숲, 호수가 있으며 성벽으로 둘러싸인 아름다운 곳이었으리라. 나 또한 아주 오래된 길, 완전한 깨달음을 얻은 분[正等覺者]들이 밟아간 옛길을 찾아냈다."

“그러면 옛날 정등각자들이 밟아간 그 오래된 길, 옛길은 무엇인가? 바로 팔정도이다. 즉 바른 견해, 바른 사유, 바른 말, 바른 행위, 바른 생계, 바른 노력, 바른 마음챙김, 바른 집중을 말한다.”

“나는 그 길을 따라갔다. 그렇게 해서 늙음과 죽음, 늙음과 죽음의 일어남, 늙음과 죽음의 그침 그리고 늙음과 죽음의 그침에 이르는 길을 수승한 지혜로 알았다. 태어남, 태어남의 일어남, 태어남의 그침, 태어남의 그침에 이르는 길을 수승한 지혜로 알았다. 존재 가능성 … 취착 … 갈애 … 느낌 … 접촉 … 육처 … 명색 … 식 … 제행諸行, 제행의 일어남, 제행의 그침, 제행의 그침에 이르는 길을 수승한 지혜로 알았다.”

《상응부》 12:65 ; 《장부》 14 (참조)

해설자 2 이제 드디어 붓다께서는 조건지어진 행위와 생각으로 이루어진 것이 인간이라고 설하신다. 이 설법에서는 인간이 오온五蘊으로 구성되어 있다고 본다. 인간을 분석해 보면 모든 조건지어진 경험들은 오온으로 분류될 수 있다.

첫 번째 목소리 “내가 깨닫기 전 아직 깨닫지 못한 보살이었을 때, 나는 생각했다. ‘물질적 형상[色], 즐거운 느낌, 괴로운 느낌, 즐겁지도 괴롭지도 않은 느낌[受], 인식[想], 형성작용[行], 식識, 즉 오온五蘊에서 ‘달콤함’은 무엇이고 ‘위험함’은 무엇이고 ‘벗어남’

은 무엇인가?' 그때 나는 생각했다. '이 오온에 의존하여 일어나는 육체적 즐거움과 정신적 기쁨이 '달콤함'이다. 이러한 현상들은 모두 일시적이며 고통스럽고 변화하는 것이라는 사실이 '위험함'이다. 그것들에 대한 욕구와 탐심을 절제하고 버리는 것이 '벗어남'이다.'"

"취착에 근거한 다섯 쌓임인 오취온五取蘊에 관해서 그 '달콤함'과 '위험함'과 '벗어남'이 있는 그대로 그러하다는 것을 수승한 지혜로 알지 못했다면, 나는 신들과 마아라들, 범천들이 있는 세상에서 그리고 사문과 바라문, 왕자들과 인간들을 포함한 중생들 가운데서 위없는 완전한 깨달음[無上正等覺]을 얻었다고 선언하지 못했을 것이다. 그러나 내가 오취온에 관해서 그 '달콤함'과 '위험함'과 '벗어남'이 있는 그대로 그러하다는 것을 수승한 지혜로 알게 되자마자, 나는 신들과 마아라들, 범천들이 있는 세상에서 그리고 사문과 바라문, 왕자들과 인간들을 포함한 중생들 가운데서 위없는 완전한 깨달음을 얻었다고 천명했다."

《상응부》 22:26

"나 자신이 태어남·늙음·병듦·죽음·슬픔·고뇌를 겪을 수밖에 없고 그럴 수밖에 없다는 사실에서 위험함을 알고, 그래서 태어나지 않고 늙지 않고 병들지 않고 죽지 않고 슬프지 않고 고뇌에 물들지 않고, 굴레에서 완전히 벗어남, 즉 열반을 구했고 얻었다.

내 안에서 지견知見이 생겨났다. '나의 해탈은 확고부동하며 이것이 나의 마지막 태어남이고 이제 다시 태어남은 없다.'"

《중부》 26

해설자 2 이제 깨달음을 얻었다. 전통적으로 모든 붓다들이 이제 더 이상 보살이 아닌 붓다가 되어 처음으로 하신 말씀은 다음과 같았다.

낭송자

"집 짓는 자를 찾으려 했지만 찾지 못하고,
나는 수많은 태어남을 거쳤다.
오, 다시 태어나고 또 태어나는 것은 괴로운 일.

집 짓는 자여, 드디어 그대를 찾았다.
그대는 집을 다시 지을 수 없으리.
그대의 서까래는 무너지고
그대의 대들보도 내려앉았네.
내 마음은 이제 형성됨이 없는 열반에 이르렀다.
온갖 갈애를 다 끝내버렸다."

《법구경》 153~154

해설자 2 위의 게송은 이제 막 깨달은 분 붓다께서 처음으로 읊으신 것이었다. 전해오는 바에 의하면 이 게송을 소리 내어 읊지 않으셨다고 한다. 붓다께서 처음으로 소리 내어 읊으신 것은 다음의 《우다아나》 세 게송 중 첫 번째 게송이며 "열심히 수행하는 바라문에게 … "로 시작한다.

3. 깨달으신 후

첫 번째 목소리 이와 같이 나는 들었다. 세존께서는 깨달으신 직후 우루웰라의 네란자라 강둑, 깨달음의 나무 보리수 아래에 머물고 계셨다. 이레 동안[24] 보리수 아래 앉으셔서 해탈의 지복[法悅]을 누리셨다.

이레째 되는 날, 붓다께서는 선정에서 나오셨다. 그리고 초야初夜에 붓다께서는 연기를 일어나는 순서로 순관順觀하셨다. "이것이 있을 때 저것이 있게 된다. 이것이 일어나면 저것이 일어난다. 즉 무명無明은 형성작용들[諸行]이 있게 되는 조건이고, 형성작용들은 식識의 조건이다. 식은 명색名色의 조건이며, 명색은 육처六處의 조건이다. 육처는 접촉[觸]의 조건이며, 접촉은 느낌[受]의 조건이다. 느낌은 갈애[愛]의 조건이며, 갈애는 취착[取]의 조건이다. 취착은 존재 가능성[有]의 조건이며, 존재 가능성은

---

24 [역주] 이레 동안: 붓다는 깨달은 직후 1주일간 보리수 아래에서 해탈의 무상법열無上法悅을 누렸고, 이후 보리수 근처에서 일주일씩 여섯 번 자리를 옮겨가며 6주일 동안 법열을 누렸다고 한다. 법륜·하나 《부처님, 그분》 (삐야닷시 스님 지음, 김재성 옮김, 〈고요한소리〉) 참조.

태어남[生]의 조건이다. 태어남은 늙음[老]과 죽음[死]의 조건이며 또한 슬픔[愁]·비탄[悲]·고통[苦]·근심[憂]·고뇌[惱]의 조건이다. 이렇게 해서 이 모든 괴로움의 쌓임[苦蘊]이 생겨난다."

세존께서는 그 뜻을 아시고 감흥하여 읊으셨다.

"열심히 수행하는 바라문[25]에게
현상들이 분명히 드러날 때
그의 의심은 모두 사라진다.
각각의 현상에는 원인이 있기 마련이라는 것을
꿰뚫어 알았으므로."

그날 한밤중 중야中夜에 세존께서는 연기를 사라지는 순서로 역관逆觀하셨다. "이것이 없을 때 저것이 없게 된다. 이것이 사라지면 저것이 사라지게 된다. 즉, 무명이 사라지면 형성작용들이

---

25 바라문: 다음 세 단어 사이에는 동음이의同音異義에서 비롯된 헷갈리는 면이 있다. brāhmaṇa(성스러운 카스트, 은둔자, 성직자)와 brahma(성스러운, 천상의, 완전한) 그리고 Brahmā(신성, 최고의 신성, 여섯 욕계 천상의 신들보다 위에 있는 신들). 바라문교의 사제들이라는 말은 카스트제도에서 비롯된 말인데 Brahmā 신과의 특별한 관련이 있음을 암시한다. 그리고 Brahmā가 '신성한'으로 번역되는 것이 정당화된다. 보통 이 단어는 번역하지 않고 지나간다. 이러한 반복은 '자·비·희·사의 네 범주 (본서 10장 참조)'에서 brahmāvihara(신성한 삶), brahmacariya(성스러운 금욕성향에 의한 '청정한 행위'), 또는 brahmayāna(성스러운 수레) (본서 12장 참조)' 등에서 나타난다.
[역주] 우리말로는 brāhmaṇa는 바라문, brahma는 청정한, Brahmā는 범천으로 옮기기로 한다.

사라지게 된다. 형성작용들이 사라지면 식이 사라진다. 식이 사라지면 명색이 사라진다. 명색이 사라지면 육처가 사라진다. 육처가 사라지면 접촉이 사라진다. 접촉이 사라지면 느낌이 사라진다. 느낌이 사라지면 갈애가 사라진다. 갈애가 사라지면 취착이 사라진다. 취착이 사라지면 존재 가능성이 사라진다. 존재 가능성이 사라지면 태어남이 없다. 태어남이 없으면 늙음과 죽음이 없다. 또한 슬픔·비탄·고통·근심·고뇌가 없다. 이렇게 해서 이 모든 괴로움의 쌓임[苦蘊]이 없게 된다."

세존께서는 그 뜻을 아시고 감흥하여 읊으셨다.

"열심히 수행하는 바라문에게
현상들이 분명히 드러날 때
그의 의심은 모두 끝난다.
어떻게 조건이 완전히 사라지는지
꿰뚫어 알았으므로."

그날 새벽녘 후야後夜에 세존께서는 연기를 일어나는 순서대로, 사라지는 순서대로 순역관順逆觀을 하셨다. "이것이 있을 때 저것이 있게 된다. 이것이 일어나면 저것이 일어난다. 이것이 사라질 때 저것이 사라지게 된다. 이것이 없을 때 저것이 없게 된다. 즉, 무명은 형성작용들이 나타나는 조건이고, 형성작용들은 식의 조건이다. 식은 … 태어남은 늙음과 죽음의 조건이며 또한 슬픔·비탄·고통·근심·고뇌의 조건이다. 이렇게 해서 이 모든 고의 쌓임이 일어난다. 무명이 없을 때 형성작용들이 없게 된다. 형성작용들이 없을 때 식이 없게 된다. … 존재 가능성이 없을 때 태어남이 없다. 태어남이 없으면 늙음과 죽음이 없다. 또한 슬픔·비탄·고통·근심·고뇌가 없다. 이렇게 해서 이 모든 괴로움의 쌓임[苦蘊]이 없게 된다."

세존께서는 그 뜻을 아시고 감흥하여 읊으셨다.

"열심히 수행하는 바라문에게
현상들이 분명히 드러날 때,
하늘을 밝게 비추는 태양처럼
그는 마아라의 군대를 물리치고 서 있다."

《우다아나》 1:1~3 ; 《율장》 〈대품〉 1:1 (참조)

이레째 되는 날,[26] 세존께서는 선정에서 나오셔서 깨달은 이의 눈으로 세상을 둘러보셨다. 세존께서는 탐욕과 성냄과 어리

---

26 이레째 되는 날: 이 상황과 여기에 뒤따라 일어나는 상황들은 경전에 나오는 배치순서대로이다. 《마알라아랑까아라왓투*Mālālankāravatthu*, 華鬘莊嚴事》에는 마아라의 딸이 유혹하는 장면이 있지만 아짜리야 붓다고사는 마아라의 딸 관련 일화는 붓다께서 깨달으신 후 첫 해에 일어난 일로 추정하고 있다. 여기에 소개되지 않은 또 하나의 일화는 몇몇 바라문들이 붓다께서 자신들에게 존경심을 표하지 않는다고 나무라는 장면인데, 이는 《증지부》 4:22에 실려 있다.

석음에서 비롯된 엄청난 불길에 타고 있는 존재들, 탐욕과 성냄과 어리석음에서 비롯된 갖가지 열병에 사로잡혀 쇠잔해진 존재들을 보셨다.

세존께서는 이 뜻을 아시고 감흥하여 읊으셨다.

"인간은 고통에 차있다.
감각 접촉에 압도되어 있으므로.
자아가 있다고 하는 것 자체가 실은 병이다.
자아를 무엇이라고 생각하든,
사실은 자신이 생각하는 그것과는 다르다.

인간 존재는 계속해서 변하고,
인간은 존재에 매여 있고
존재에 압도되고
존재를 즐길 뿐이다.
그러나 인간이 즐기는 것, 그것이 두려움이고
인간이 두려워하는 것, 그것이 괴로움이다.
괴로움을 없애기 위해 청정범행을 실천하였다."[27]

---

27 이 두 게송은 매우 난해하다. 빠알리어 원문에 나오는 bhava라는 단어는 'becoming(되어감)'이라기보다는 좀 더 일관성 있게 'being(존재)'으로 번역할 필요가 있다. 다른 경우에는 '존재의 기반the essentials of existence'이라는 단어가 객관적 소유물에서 주관적 갈애와 태도에 이르기까지 존재의 모든 구성요소를 뜻하는 것으로 설명되고 있다.

"사문들이나 바라문들이 존재에 대한 갈애 때문에 생겨난 존재에서 벗어남에 대해 어떤 말을 했다 하더라도, 여래[28]는 존재에서 벗어난 사람은 아무도 없다고 말한다. 또한 사문들이나 바라문들이 존재하지 않음에 대한 갈애 때문에 생겨난 존재에서 벗어남에 대해 어떤 말을 했다 하더라도 존재로부터 벗어난 사람은 아무도 없다고 여래는 말한다. 존재의 기반으로 인해 괴로움[苦]이 생긴다. 따라서 모든 취착이 완전히 사라지면 더 이상의 괴로움[苦]은 없다."

"이 넓은 세상을 보라.
무명에 둘러싸인 존재들은 존재를 즐기기에
결코 존재를 벗어나지 못한다.
어떤 존재이든 어떤 상태이든 어디에서든
존재하는 것은 모두 영원하지 않으며,
고통에 시달리고, 변화하기 마련이다.

---

28 [역주] 여래如來: 여래*Tathāgata*라는 단어는 붓다가 깨달은 후 당신을 지칭하시면서 처음으로 사용했다. 그 후 이 단어는 붓다가 아라한을 지칭할 때도 사용했다. 주석서에는 이에 대해 7쪽이나 되는 많은 분량으로 여러 가지 다양한 출처를 제공한다. 다음과 같은 예들이 있다. "과거 붓다들이 그랬듯이 그분은 깨달음의 염원으로 그렇게 오신 분*Tathā āgato*이기 때문이다." "과거 붓다들과 같은 방식으로 그분은 정진과 깨달음으로 그렇게 가신 분*Tathā gato*이기 때문이다." "그분은 실재의 표상으로 그렇게 오신 분에 도달했기 때문이다*Tathā lakkhaṇaṃ āgato*."

이것을 있는 그대로 완전한 지혜로 보는 사람은
존재에 대한 갈애를 버리고
존재하지 않음[無有]을 기꺼워하지 않는다.
탐욕이 남김없이 사라짐, 그침, 곧 소멸은[29]
모든 갈애의 완전한 사라짐과 더불어 온다.

비구가 취착하지 않음으로써 열반에 이를 때,
그는 다시 태어나지 않는다.
마아라는 격퇴됐고 전쟁에 승리했으니,
그는 이렇게 모든 존재를 벗어났다."

《우다아나》 3:10

두 번째 목소리 이레째 날이 끝날 무렵 세존께서 선정에서 나와 보리수나무 아래에서 일어나 아자빠알라 반얀나무 아래로 가셨

---

29 소멸: '소멸extinction'과 '열반*Nibbāna*'은 서로 맞바꿔 쓸 수 있다. '소멸'은 탐욕·성냄·어리석음의 불꽃이 꺼진 것이고(《상응부》 35:28 ; 본서 4장 참조) 또 그 결과로 여겨진다. 그것은 '살아있는 사람의 죽음'이라는 의미로 받아들여서는 안 된다(본서 11장 참조). 근대 어원학에서는 nibbāna(Skr:nirvāṇa)라는 단어를 부정접두어 ni(r)와 어근 vā(to blow불다)가 합해진 것이라 본다. 원래의 의미는 마치 대장장이의 불처럼 풀무질이 그쳐 불꽃이 꺼지는 것이었던 것 같다. 그러다가 램프의 소등과 같이 다른 방식으로 불꽃이 꺼지다(nibbāyati)의 의미로까지 확장된 것으로 보인다.(nibbāyati: 《중부》 140경 ; nibbanti: 《숫따니빠아따》 2품 1경 14게(제235게)). 유추해 보면 열반의 의미는 욕망과 그 나머지 것들의 소진이나 아라한이 일생 동안 완벽하게 성취한 열반까지 의미가 확장된 것으로 보인다. 아라한이 육체적으로 죽으면 오온의 과정은 더 이상 재생하지 않고 해체될 것이다. 열반은 '실존하는 자아의 소멸'이나 '자아의 영속화'(본서 12장 참조)와 같이 잘못 정의되기도 한다.

다. 세존께서는 이레 동안 내내 아자빠알라 반얀나무 아래 앉아서 해탈의 지복[法悅]을 누리셨다.

그때 오만하고 젠체하는[30] 어떤 바라문이 세존께 예의를 갖춰 인사하고 나서 한쪽 옆에 서서 말씀드렸다. "고따마 존자시여, 어떤 사람을 바라문이라고 합니까? 또한 바라문을 만드는 것들은 무엇입니까?"

세존께서는 그 뜻을 아시고 감흥하여 읊으셨다.

"불선不善을 제거한 바라문,
오만하지 않으며, 정결하고 자제력이 있으며,
완전한 지혜 속에서 청정한 삶을 영위하는 바라문을
비로소 '바라문'이라고 할 수 있소.
그에게는 세상에 대한 그 어떤 오만함도 없으니까."

《율장》〈대품〉1:2 ;《우다아나》1:4 (참조)

그다음 이레째 되는 날 세존께서는 선정에서 나와 아자빠알라 반얀나무 아래에서 일어나 무짤린다나무 아래로 가셨다.

그때 철에 맞지 않게 이레 동안 폭풍우가 쏟아졌고 차가운 바람이 불면서 날이 흐려졌다. 그러자 뱀의 왕 무짤린다가 자신

30 '오만하고 젠체하는': 빠알리어로 huhunkajātika라고 하는데, 주석서에서는 '잘난 체하느라 흠흠거리는 사람'이라고 설명한다.

의 집 밖으로 나왔다. 그는 세존의 몸을 일곱 번 휘감았고 세존의 머리 위로 모가지를 우산처럼 넓게 펼치며 생각했다. '추위와 더위로부터 세존을 보호하고 바람과 태양을 막아드리자. 쇠가죽파리와 각다귀 파충류 따위가 닿지 않도록 하자.'

이레째 되는 날 무짤린다는 구름 한 점 없이 환하고 맑게 갠 하늘을 보았다. 그는 세존의 몸을 휘감았던 똬리를 풀었다. 그러자 뱀의 모습은 사라지고 젊은 바라문으로 변했다. 그는 두 손을 들어 올려 합장하고 경배드리며 세존 앞에 섰다.

세존께서는 그 뜻을 아시고 감흥하여 읊으셨다.

"완전히 떠남[遠離]은
지족하는 이, 담마를 배운 이, 지혜의 눈으로 보는 이가
누리는 행복.
세상을 향한 자애는
살아있는 존재를 포용하는 이가 누리는 행복.
세상에 대한 이욕離欲은
감각적 욕망을 극복한 이가 누리는 행복.
그러나 '내가 있다.'라는 아만을 없애버리는 것,
이것이 가장 큰 행복이다."

《율장》〈대품〉 1:3 ; 《우다아나》 2:1 (참조)

세존께서는 선정에서 나와 무짤린다나무 아래에서 일어나 라아자아야따나나무 아래로 가셨다. 그다음 이레 동안 라아자아야따나나무 아래 앉아 해탈의 지복을 누리셨다.

그때 두 상인, 따뿌사와 발루까가 욱깔라에서부터 걸어서 여행을 하고 있었다. 전생에 그들의 친척이었던 천신이 그들에게 말했다. "선한 이들이여, 근래에 깨달음을 얻은 세존께서 라아자아야따나나무 아래에 계십니다. 가서 그에게 떡과 꿀을 바치면서 경배를 드리세요. 그러면 당신들의 안녕과 행복이 오래 지속될 것입니다."

그들은 떡과 꿀을 가지고 세존께 갔다. 절을 올리고는 한쪽 옆에 섰다. 그런 다음 그들은 말씀드렸다. "세존께서 이 떡과 꿀을 받아주시기 바랍니다. 그래서 우리의 안녕과 행복이 오래도록 지속되기를 바랍니다."

세존께서는 생각하셨다. "여래들은 물건을 손으로 받지 않는다. 이 떡과 꿀을 나는 어떻게 받아야 할까?" 그때 사천왕들이 세존의 생각을 알아차리고, 각기 네 개의 수정 발우를 네 방향으로부터 가지고 왔다. "세존이시여, 이 발우에 떡과 꿀을 받으소서."

세존께서는 새 수정 발우에 떡과 꿀을 받아서 드셨다. 두 상인, 따뿌사와 발루까가 말씀드렸다. "세존이시여, 저희는 세존과 담마에 귀의합니다. 오늘부터 목숨이 붙어 있는 날까지 세존께 귀의합니다. 저희를 제자로 받아주십시오." 그들은 이 세상 최초의 제자였지만 아직 승가가 형성되지 않아서 세존과 담마, 이 둘만을 귀의처로 삼았다.

《율장》〈대품〉 1:4

이레째 되는 날 세존께서 라아자아야따나나무 아래에서 선정에서 나와 아자빠알라 반얀나무로 가셨다.

첫 번째 목소리 세존께서 홀로 앉아 정진하고 계실 때, 이런 생각이 떠올랐다. "다섯 가지 정신적 기능[五根]이 있어 이를 닦고 충분히 계발하였을 때, 불사不死에 이르고 불사와 하나가 되고 불사로 끝을 맺는다. 어떤 다섯 가지인가? 그것은 믿음[信], 정진精進, 마음챙김[念], 집중[定], 통찰지[慧]이다."

그때 범천 사함빠띠가 세존의 마음속 생각을 헤아렸다. 그는 건장한 사람이 구부렸던 팔을 펴거나 폈던 팔을 구부리는 것처럼 순식간에 범천의 세계에서 사라져 세존 앞에 나타났다. 그는 웃옷을 한쪽 어깨에 걸치고, 세존을 향해 두 손을 들어 합장한 채 말씀드렸다. "그렇습니다, 세존이시여. 그렇습니다, 선서善逝[31]시여. 다섯 가지 정신적 기능[五根]을 닦고 충분히 계발하였

31 [역주] 선서善逝 *sugata*: 여래를 부르는 열 가지 호칭의 하나로서 '피안으로 잘 가신 분, 최상의 행복인 열반에 잘 도달하신 분'이라는 뜻이다.

을 때, 불사에 이르고 불사와 하나가 되고 불사로 끝을 맺습니다. 세존이시여, 예전에 저는 깟사빠 부처님 아래서 청정한 삶[梵行]을 살았던 적이 있습니다. 저는 사하까 비구로 알려져 있었지요. 그때 제가 다섯 가지 정신적 기능을 닦고 충분히 계발하였을 때, 감각적 욕망에 대한 탐욕이 사라졌습니다. 그리고 몸이 무너져 죽은 후에 좋은 곳 범천에 다시 태어났습니다. 그곳에서 저는 범천 사함빠띠로 알려졌습니다. 그렇습니다, 세존이시여, 그렇습니다, 선서시여. 다섯 가지 정신적 기능을 닦고 충분히 계발하였을 때, 불사에 이르고 불사와 하나가 되고 불사로 끝을 맺는다는 것을 저는 압니다."

《상응부》 48:57

세존께서 홀로 앉아 정진하고 계실 때, 이런 생각이 떠올랐다. "사념처四念處의 확립이라는 이 길은 존재를 청정하게 하고, 슬픔과 비탄을 극복하고, 고통과 근심을 끝내고, 바른 길[八正道]로 들어서고, 열반의 실현으로 이어지는 한 방향으로만 향하는 길이다.[32] 사념처는 무엇인가? 비구는 세속에 얽힌 탐욕과 근심을 내려놓고 몸[身]을 있는 그대로 부지런히 분명히 알아

32 한 방향으로만 향하는: 빠알리어 ekāyana는 '한 방향으로만 향하는'이라는 의미인데 보통은 '유일한 방향'으로 번역된다. 그러나 이 복합어의 용례는《중부》 12경 참조.

차림하고 마음챙김하며 머문다. 그는 세속에 얽힌 탐욕과 근심을 내려놓고 느낌[受]을 있는 그대로 부지런히 분명히 알아차림하고 마음챙김하며 머문다. 그는 세속에 얽힌 탐욕과 근심을 내려놓고 마음[心][33]을 있는 그대로 부지런히 분명히 알아차림하고 마음챙김하며 머문다. 혹은 그는 세속에 얽힌 탐욕과 근심을 내려놓고 마음의 대상[法]을 있는 그대로 부지런히 분명히 알아차림하고 마음챙김하며 머문다."

그때 범천 사함빠띠가 나타나 앞서와 마찬가지로 동의를 표했다.

《상응부》 47:18, 43

세존께서 홀로 앉아 정진하고 계실 때, 이런 생각이 떠올랐다. "여래는 이 고행에서 해방되었다. 무익한 고행에서 완전히 해방되었다. 절대적인 확신과 마음챙김으로 여래는 깨달음을 이루었다."

그때 사악한 존재인 마아라가 세존의 마음속 생각을 헤아리고는 세존께 가서 게송을 읊었다.

---

33 [역주] 마음: 빠알리어로 citta(마음)인데 저자는 consciousness(識)로 표현하고 있다. 빠알리어 원문을 따라 '마음'으로 옮긴다.

"금욕의 길을 따름으로써 인간은 스스로를 정화시킬진대
그대는 금욕의 길을 저버렸소.
그대는 청정하지 않소, 그대는 스스로를 청정하다고 여기지만
청정의 길은 그대와 멀어졌소."

그때 세존께서 사악한 존재인 마아라를 알아보시고 게송으로 대답하셨다.

"불사를 얻기 위한 고행들, 그것이 어떤 고행이든,
그것이 헛된 것임을 여래는 안다오.
마른 땅에 놓인 배의 노와 키처럼.

계행과 선정, 지혜를 계발한 덕분에
여래는 이제 궁극의 깨달음에 이르렀소.
선업을 말살하는 자여,
그대는 이제 완전히 패했소."

사악한 존재 마아라는 깨달았다. "세존이 나의 정체를 알아버렸구나, 선서가 나의 정체를 알아버렸구나." 그러고는 괴로워하고 실망하여 마아라는 즉시 사라졌다.

《상응부》 4:1

세존께서 홀로 앉아 정진하고 계실 때, 이런 생각이 떠올랐다. "존중하고 의지할 대상이 없는 사람은 불행하게 살아간다. 그런데 여래가 사문이나 바라문을 존숭하고 존중하고 의지하며 머물러야 하겠는가?"

그때 세존께서는 생각하셨다. "완성하지 못한 계행의 쌓임[戒蘊], 완성하지 못한 선정의 쌓임[定蘊], 완성하지 못한 지혜의 쌓임[慧蘊], 완성하지 못한 해탈의 쌓임[解脫蘊], 완성하지 못한 해탈지견의 쌓임[解脫知見蘊]을 완성하기 위해 다른 사문이나 바라문을 존숭하고 존중하고 의지하며 머물러야 할 것이다. 하지만 신들과 마아라들, 범천들이 있는 세상에서 그리고 사문과 바라문, 왕자들과 인간들을 포함한 중생들 가운데서 여래보다 더 계를 잘 구족하여 여래가 존숭하고 존중하고 의지하며 머물러야 할 사문이나 바라문을 찾을 수 없다. 그러니 여래가 참으로 바르게 깨달은 바로 이 담마를 존숭하고 존중하고 의지하며 머물리라."

범천 사함빠띠는 세존의 마음속 생각을 헤아리고는 세존 앞에 나타나 말했다. "존자시여, 좋습니다. 과거의 아라한, 정등각자, 붓다들은 담마를 존숭하고 존중하고 의지하며 머물렀습니다. 미래의 붓다들 또한 그렇게 할 것입니다."

《상응부》 6:2 ; 《증지부》 4:21

두 번째 목소리 세존께서 홀로 앉아 정진하고 계실 때, 이런 생각이 떠올랐다. "여래가 깨달은 이 담마는 심오하고도 이해하기 어려우며 깨닫기 어렵다. 가장 평온하며 수승한 경지이며 단순한 추론으로 얻을 수 없고 현자들이 경험하는 미묘한 것이다. 그러나 감각적 쾌락에 의존하고 감각적 쾌락을 즐기며 감각적 쾌락을 탐닉하는 이 시대의 사람들이 이 진리, 즉 인과법칙인 연기법을 알아차리기는 어려운 일이다. 그리고 이러한 진리, 즉 모든 형성작용의 멈춤, 존재의 모든 기반을 놓아버림, 갈애의 완전한 사라짐, 탐욕의 사라짐, 그침[滅], 열반을 알아차리기는 어렵다. 만약 여래가 담마를 가르칠 때 다른 이들이 여래의 말을 이해하지 못한다면 여래는 지치고 힘들 것이다."

그러자 세존께 이전에 들어본 적이 없는 게송이 저절로 떠올랐다.

"여래가 담마를 설할 필요가 있을까.
이 담마를 어렵게 찾아 깨달았다고 해도.
탐욕과 증오 속에 사는 사람들은 알아듣기 힘들 것이다.
탐욕에 물들고 어둠[無明]의 구름에 휩싸여 있는 이들은
흐름을 거스르고 미묘하고 깊고 이해하기 어렵고 심오한
담마를 결코 이해하지 못할 것이다."

이렇게 생각하자, 세존의 마음은 아무것도 하지 않고 담마도 가르치지 않는 쪽으로 기울었다.

그때 세존의 마음속 생각을 헤아린 범천 사함빠띠에게 이러한 생각이 일어났다. "세상 사람들은 길을 잃을 것이다. 세상 사람들은 완전히 길을 잃을 것이다. 아라한, 정등각자이신 세존의 마음이 아무것도 하지 않고 담마도 가르치시지 않는 쪽으로 기울었으니."

범천 사함빠띠는 건장한 사람이 구부렸던 팔을 펴거나 폈던 팔을 구부리는 것처럼 순식간에 범천의 세계에서 나와 세존 앞에 나타났다. 그는 웃옷을 한쪽 어깨에 걸치고 오른쪽 무릎을 땅에 대고 세존을 향해 합장한 채 말씀드렸다. "세존이시여, 담마를 가르쳐 주십시오. 선서께서 담마를 펼쳐주십시오. 눈에 때가 거의 끼지 않은 중생들이 있는데, 이들은 담마를 듣지 못하면 쇠퇴할 것입니다. 그들 가운데 몇몇은 담마의 궁극적 지혜를 얻을 것입니다."

범천 사함빠띠는 그러고 나서 덧붙였다.

"이제껏 마가다국에는 여전히 번뇌에 오염된 사람들이 생각해낸
청정하지 못한 담마만 있었습니다.
불사로 가는 문을 여십시오.
완전한 분이 깨달은 담마를 사람들이 듣게 하십시오.

성자시여, 담마의 탑으로 오르십시오.
단단한 바위 더미 위에 올라선 사람이
주위의 모든 이들을 둘러보듯이,
슬픔에서 벗어나 모두를 보는 성자시여,
살펴보십시오, 늙음에 슬퍼하는 인간들을.
영웅이여, 승리자여, 지혜를 펴는 이여, 일어나십시오.
모든 빚에서 벗어난 이여, 세상을 주유하십시오.
오, 세존이시여, 담마를 선포하십시오,
이해하는 이들이 분명히 있을 것입니다."

세존께서는 범천 사함빠띠의 간청을 들으셨다. 중생들을 가엾게 여기는 마음을 품고 깨달은 이의 눈으로 세상을 둘러보셨다. 연못에 가득한 푸른 연꽃, 붉은 연꽃, 흰 연꽃들 가운데 어떤 것은 물속에서 나고 자라 밖으로 나오지 못한 채 물속에 잠겨 자라고, 어떤 것은 물속에서 나서 자랐으면서도 물 표면에 얹혀 지내고, 또 어떤 것은 물속에서 나고 자랐으되 곧바로 물 밖으로 나와 젖지 않은 채 꼿꼿하게 서 있는 것처럼, 때가 거의 끼지 않은 맑은 눈을 가진 중생, 때가 많이 낀 탁한 눈을 가진 중생, 감관 능력이 뛰어난 중생, 그렇지 못한 중생, 자질이 훌륭한 중생, 그렇지 못한 중생, 가르치기 쉬운 중생, 가르치기 힘든 중생이 있는 것을 세존께서는 보셨다. 그리고 저세상에 대한 두려움과 비난에 대한 두려움을 보며 사는 중생이 있음을 꿰뚫어

보셨다. 그러고는 게송을 읊으셨다.

"불사不死의 문이 활짝 열렸다.
듣는 이들이 믿음을 내보이게 하라.[34]
여래가 깨달은 숭고한 담마를 말하지 않으려고 했던 것은
담마는 설해도 이해하기 힘들다는 것을 알기 때문이었다."

범천 사함빠띠는 생각했다. "세존께서 담마를 가르치시도록 내가 설득했구나." 세존께 경배를 드리고 나서 자신의 오른쪽을 세존을 향하게 하고 세존을 돌아[35] 그 자리를 떠났다.

《율장》〈대품〉1:5 ;《중부》26 (참조) ;《중부》85 (참조) ;《상응부》6:1

---

34 듣는 이들이 믿음을 내보이게 하라 Let those who hear show faith(*ye sotavanto pamuñcantu saddham*): 이 구절은 학자들이 많은 논쟁을 벌이는 대목이다. 보통은 '듣는 이들이 그들의 믿음을 버리게 하라(Let those who hear renounce their faith)'로 번역한다. 그러나 이런 의미는 가르침의 정신에 어긋난다. 또한 이 번역은 (주석서에서 pamuñcantu의 의미라고 주해한) vissajjentu라는 단어를 '그들이 포기하게 하라'라는 의미로 이해하는 것에 근거하고 있다. 그러나 vissajjentu에는 '그들이 드러나게 하라', '그들이 시작하게 하라'라는 뜻도 있다. 그렇게 해석하면 '그들이 보여주게 하라, 떠올리게 하라.'라는 의미의 pamuñcantu에 부합된다. 주석서가 이 해석을 취하고 있다는 것은 주석의 다음 마지막 부분에서 확인할 수 있다. '모든 이들이 자신의 믿음의 깊이를 보여주도록 하라 *sabbo jano saddhā-bhājanam upanetu*'(《중부》26경 주석서). 이 구절에서 pamuñcantu는 upanetu로 바뀌 표현되고 있다. 이 관용구는 또한《숫따니빠아따》게송 1146에서도 나온다. 이곳에서는 안타깝게도, 또 다른 관용구 saddhāvimmuto(믿음으로 자유롭게 된 자)와 혼용되어 왔다.

35 [역주] 우요삼잡右繞三匝: 부처나 탑 등에 경의를 표할 때 자신의 오른쪽을 그 대상으로 향하게 하여 세 번 도는 예법이다.

세존께서 생각하셨다. “누구에게 제일 먼저 담마를 가르칠 것인가? 누가 이 담마를 얼른 알아들을 수 있을까?” 그래서 세존께서는 생각하셨다. “아알라아라 까알라아마는 현명하며 많이 배웠고 분별력이 있다. 그분은 오랫동안 때가 거의 끼지 않은 맑은 눈을 지니고 있었다. 그분에게 제일 먼저 담마를 설하면 어떨까? 그분은 얼른 알아들으실 것이다.”

그때 보이지 않는 신들이 나타나 세존께 말씀드렸다. “세존이시여, 아알라아라 까알라아마는 이레 전에 세상을 떠났습니다.” 그러자 세존께 지견知見이 일어났다. “아알라아라 까알라아마가 이레 전에 세상을 떠났구나.” 세존께서 생각하셨다. “아알라아라 까알라아마가 손해가 크구나. 만약 그분이 이 담마를 들었다면, 얼른 알아들었을 텐데.”

세존께서 생각하셨다. “웃다까 라아마뿟따는 현명하며 많이 배웠고 분별력이 있다. 그분은 오랫동안 때가 거의 끼지 않은 맑은 눈을 지니고 있었다. 그분에게 제일 먼저 담마를 가르치면 어떨까? 그분은 얼른 알아들을 것이다.” 그러자 눈에 보이지 않는 신들이 나타나 세존께 말씀드렸다. “세존이시여, 웃다까 라아마뿟따는 어젯밤에 세상을 떠났습니다.” 그러자 세존께 지견知見이 일어났다. “웃다까 라아마뿟따가 어젯밤에 세상을 떠났구나.” 세존께서 생각하셨다. “웃다까 라아마뿟따가 손해가 크구나. 만약 그분이 이 담마를 들었다면, 얼른 알아들었을 텐데."

세존께서 생각하셨다. "누구에게 제일 먼저 이 담마를 가르칠 것인가? 누가 이 담마를 얼른 알아들을 수 있을까?" 그때 이런 생각이 드셨다. "여래가 깨달음을 얻기 위해 노력하고 있을 때 여래와 함께하며 도와주던 비구 다섯 명이 있었다. 그들에게 제일 먼저 담마를 가르치면 어떨까?" 그리고 세존께서 생각하셨다. "그 다섯 비구는 지금 어디에 있을까?" 세존께서는 인간을 넘어서는 청정한 천안天眼으로 그들이 구도자의 수행처인 바아라아나시의 이시빠따나에 있는 녹야원에 있다는 것을 보셨다.

세존께서는 원하는 만큼 우루웰라에 머무시다 바아라아나시를 향한 여정에 오르셨다.

깨달음을 이룬 곳에서 가야로 가는 길에 외도 수행자 우빠까가 세존을 보았다. 그는 말했다. "벗이여, 당신의 감관은 평온하군요. 안색은 맑고 환하고요. 어느 분 아래로 출가했습니까? 스승은 누구지요? 누구의 담마를 따릅니까?"

이 말을 듣고 세존께서는 수행자 우빠까에게 게송으로 대답하셨다.

"여래는 모든 것을 초월한 자이고[36] 모든 것을 아는 자이오.
무엇에도 오염되지 않았고 모든 것을 버렸으며
갈애를 멸함으로써 자유로워졌소.
그리고 이것은 여래 자신의 수승한 지혜 덕분이오.
누구를 스승이라 하겠는가?

여래에게는 스승이 없소.
모든 신을 포함한 온 세상 어디에도 여래와 견줄 이는 없다오.
여래는 아라한이고 세상에서 위없는 스승이오.
홀로 완전히 깨달았으며 모든 불길을 끄고 적멸에 이르렀소.
이제 여래는 까아시의 도성으로 가오.
담마의 바퀴를 굴리기 위해
여래는 가오,
눈먼 세상에서 불멸의 북을 울리기 위해."

"벗이여, 당신의 주장대로라면 당신은 우주의 승리자군요."

"우빠까여, 여래와 같은 승리자는
모든 번뇌[漏]가 사라진 자이오.

---

36 모든 것을 초월한 자*sabbābhibhū*: sabbābhibhū에서 abhibhū는 어근 bhū '존재하다'에서 나온 파생어이다. '존재를 넘어선' 또는 '모든 존재를 극복한 자'라는 의미이다. 몇몇 번역자들은 abhibhū를 '정복' 또는 대범천의 별칭으로 '정복자'로 표현하기도 한다. 이것은 붓다가 당대의 용어를 변환된 의미로 사용한 하나의 사례라고 할 수 있다.

여래는 모든 악을 물리쳤소.
그래서 여래는 승리자이오."

이 말을 듣고 외도 수행자 우빠까는 말했다. "벗이여, 그럴 수도 있겠지요." 그러고는 고개를 저으며 샛길로 떠나가 버렸다.

세존께서는 천천히 유행하시다가 마침내 바아라아나시에 이르러 다섯 비구들이 머물고 있는 이시빠따나의 녹야원으로 가셨다. 비구들은 멀리서 세존께서 오고 계시는 모습을 보았다. 그들은 자기네들끼리 뜻을 모았다. "도반들이여, 방종에 빠져 정진을 포기하고 안락한 생활로 돌아갔던 수행자 고따마가 여기로 오고 있네. 우리는 그에게 경의를 표하거나 맞이하기 위해 일어나 발우나 가사를 받아 들어서는 안 되네. 자리 하나는 마련해 줄 수 있네. 앉고 싶으면 앉겠지."

그러나 세존께서 가까이 다가오시자 그들은 미리 작정한 대로 할 수가 없었다. 한 비구는 세존을 맞이하러 나가 발우와 가사를 받아 들었다. 또 다른 비구는 세존께서 앉으실 자리를 마련했다. 또 한 비구는 발을 씻을 물과 발을 얹을 받침대와 수건을 준비했다. 세존께서 마련된 자리에 앉아서 발을 씻으셨다. 그들은 세존의 이름을 부르고, '벗이여'라며 말을 걸었다.

이것을 듣고 세존께서 그들에게 말씀하셨다. "비구들이여, 여래의 이름을 부르거나 '벗이여'라고 하지 말라. 여래는 아라한이며 정등각자이다. 들으라, 비구들이여. 불사는 이루어졌다. 여래가 그대들에게 가르쳐 줄 것이다. 그대들에게 담마를 설할 것이다. 가르침을 받은 대로 수행을 함으로써 그대들은 수승한 지혜로 지금·여기에서 깨달음을 얻어 좋은 가문의 자제들이 집을 떠나 집 없는 이의 삶으로 올바르게 출가하면서 얻고자 하는 청정한 삶의 궁극 목표에 들어 머물게 될 것이다."

그러자 다섯 비구들이 말했다. "벗, 고따마여. 그대가 고행을 하고 금욕을 실천했을 때에도 인간의 경지보다 더 높은 고귀한 이들의 지견知見에 견줄 만한 그 어떤 탁월한 경지도 성취하지 못했소. 하물며 지금 그대는 방일하고 정진을 포기하고 안락한 삶으로 돌아갔는데, 어떻게 그대가 그런 탁월한 경지에 이르렀겠소?"

세존께서 다섯 비구들에게 말씀하셨다.

"여래는 방일하지 않았소. 정진을 포기한 적이 없으며 안락함으로 돌아간 적도 없다오. 여래는 아라한이며 정등각자라오. 들으시오. 비구들이여. 불사는 이루어졌소. 여래가 그대들에게 가르쳐줄 것이오. 그대들에게 담마를 설할 것이오. 가르침을 받은 대로 수행을 함으로써 그대들은 수승한 지혜로 지금·여기에서 깨달음을 얻어 좋은 가문의 자제들이 집을 떠나 집 없는 이의 삶으로 올바르게 출가하면서 얻고자 하는 청정한 삶의 궁극 목표에 들어 머물게 될 것이오."

두 번째로 다섯 비구들이 세존께 똑같이 말씀드렸다. 그리고 세존께서는 그들에게 두 번째 같은 대답을 하셨다. 세 번째로 비구들은 똑같이 말씀드렸다. 그러자 세존께서 물으셨다. "비구들이여, 여래가 이전에 이런 식으로 말하는 것을 본 적이 있는가?" "없습니다, 존자시여."

"여래는 아라한이며 정등각자라오. 들으시오, 비구들이여. 불사는 이루어졌소. 여래가 그대들에게 가르쳐 줄 것이오. 그대들에게 담마를 설할 것이오. 가르침을 받은 대로 수행을 함으로써 그대들은 수승한 지혜로 지금·여기에서 깨달음을 얻어 좋은 가문의 자제들이 집을 떠나 집 없는 이의 삶으로 올바르게 출가하면서 얻고자 하는 청정한 삶의 궁극 목표에 들어 머물게 될 것이오."

《율장》〈대품〉1:6 ;《중부》26 (참조) ;《중부》85 (참조)

세존께서는 비구들을 납득시킬 수 있었다. 그들은 세존의 말씀을 들었다. 귀를 기울였고, 지혜를 얻기 위해 마음을 열었다. 그제야 세존께서 다섯 비구들에게 담마를 설하셨다.

담마의 바퀴를 굴리기 시작하시다[37]

"비구들이여, 출가자는 양극단을 가까이해서는 안 되오. 무엇이 양극단인가? 감각적 욕망으로 인해 감각적 쾌락과 즐거움을 탐닉하는 것, 이는 저열하고 세속적이고 범부나 하는 짓이고 고귀하지 못하고 해탈·열반에 이르는 데 이롭지 못하오. 또는 고행에 전념하는 것, 이는 고통스럽고 고귀하지 못하고 해탈·열반에 이롭지 못하오. 여래는 이 양극단을 가까이 하지 않음으로써 온전한 길을 취할 수 있었소. 그렇게 해서 깨달은 중中의 걸음[中道]은 눈을 밝히고 앎을 밝히는 것이어서 고요[寂靜]로, 수승한 지혜[神通智]로, 깨달음으로, 열반으로 나아가게 한다오. 비구들이여, 여래가 완전하게 깨달은 중의 걸음이란 어떤 것인가? 그 중의 걸음은 눈을 밝히고 앎을 밝히는 것이어서 고요로, 수승한 지혜로, 깨달음으로, 열반으로 나아가게 한다오. 그것은 '성스러운 여덟 가지 요소로 이루어진 길[聖八支道]', 즉 바른 견해[正見], 바른 사유[正思], 바른 말[正語], 바른 행위[正業], 바른 생계[正命], 바른 노력[正精進], 바른 마음챙김[正念], 바른 집중[正定]이오. 비구들이여, 실로 이것은 여래가 완전하게 깨달은 중의 걸음이고 눈을 밝히고 앎을 밝히는 것이어서 고요로, 수

---

37 [역주] 붓다께서 다섯 비구에게 하신 최초의 설법으로 〈초전법륜경*Dhammacakkappavattana Sutta*〉(《상응부》 56:11)에 실려있다.

승한 지혜로, 깨달음으로, 열반으로 나아가게 한다오."

"비구들이여, 이것이 고苦라는 성스러운 진리[苦聖諦]이오. 태어남이 고이고 늙음이 고이고 병듦이 고이고 죽음이 고이오. 슬픔·비탄·고통·근심·고뇌도 고이오. 좋아하지 않는 대상과 가까이하는 것이 고이고 좋아하는 것과 멀어지는 것이 고이며 원하는 것을 얻지 못하는 것도 고이오. 요컨대 다섯 가지 집착의 쌓임[38][五取蘊]이 고이오."

"비구들이여, 이것이 고의 원인[集起]이라는 성스러운 진리[集聖諦]이오. 고의 원인은 갈애이오. 즐김과 욕망이 어울려 여기저기서 즐거움을 찾게 하여 거듭 태어나게 한다오. 다시 말해 고의 원인은 감각적 쾌락을 구하는 갈애[欲愛], 존재를 구하는 갈애[有愛], 존재하지 않고자 하는 갈애[無有愛]이오."

"비구들이여, 이것이 고의 멸이라는 성스러운 진리[滅聖諦]이오. 고의 멸은 실로 갈애를 남김없이 없애고 버리고 놓고 벗어나고 떠나는 것이오."

"비구들이여, 이것이 고의 멸에 이르는 걸음이라는 성스러운 진리[道聖諦]이오. 그것은 실로 성스러운 여덟 가지 요소의 길, 즉 바른 견해·바른 사유·바른 말·바른 행위·바른 생계·바른 노

---

38 집착의 쌓임取蘊: 집착의 쌓임*upādānakkhandha*에 대해서는 본서 12장 참조.

력·바른 마음챙김·바른 집중이오."

"비구들이여, '이것이 고라는 성스러운 진리[苦聖諦]이다.'라고 하는 이전에 들어보지 못한 담마에 대해서 나에게 눈[眼]이 생겨났고, 앎[智]이 생겨났고, 통찰지[慧]가 생겨났고, 명지[明]가 생겨났고, 광명[光]이 생겨났소. 비구들이여, '이 고라는 성스러운 진리를 완전히 알아야 한다.'라고 하는 이전에 들어보지 못한 담마에 대해서 나에게 눈이 생겨났고, 앎이 생겨났고, 통찰지가 생겨났고, 명지가 생겨났고, 광명이 생겨났소. 비구들이여, '이 고라는 성스러운 진리를 완전히 알았다.'라고 하는 이전에 들어보지 못한 담마에 대해서 나에게 눈이 생겨났고, 앎이 생겨났고, 통찰지가 생겨났고, 명지가 생겨났고, 광명이 생겨났소."

"비구들이여, '이것이 고의 원인[集起]이라는 성스러운 진리[集聖諦]이다.'라고 하는 이전에 들어보지 못한 담마에 대해서 나에게 눈이 생겨났고, 앎이 생겨났고, 통찰지가 생겨났고, 명지가 생겨났고, 광명이 생겨났소. 비구들이여, '이 고의 원인이라는 성스러운 진리를 멸해야 한다.'라고 하는 이전에 들어보지 못한 담마에 대해서 나에게 눈이 생겨났고, 앎이 생겨났고, 통찰지가 생겨났고, 명지가 생겨났고, 광명이 생겨났소. 비구들이여, '이 고의 원인이라는 성스러운 진리를 멸했다.'라고 하는 이전에 들어보지 못한 담마에 대해서 나에게 눈이 생겨났고, 앎이 생겨났고, 통찰지가 생겨났고, 명지가 생겨났고, 광명이 생겨났소.”

“비구들이여, ‘이것이 고의 멸이라는 성스러운 진리[滅聖諦]이다.’라고 하는 이전에 들어보지 못한 담마에 대해서 나에게 눈이 생겨났고, 앎이 생겨났고, 통찰지[慧]가 생겨났고, 명지가 생겨났고, 광명이 생겨났소. 비구들이여, ‘이 고의 멸이라는 성스러운 진리를 증득해야 한다.’라고 하는 이전에 들어보지 못한 담마에 대해서 나에게 눈이 생겨났고, 앎이 생겨났고, 통찰지가 생겨났고, 명지가 생겨났고, 광명이 생겨났소. 비구들이여, ‘이 고의 멸이라는 성스러운 진리를 증득했다.’라고 하는 이전에 들어보지 못한 담마에 대해서 나에게 눈이 생겨났고, 앎이 생겨났고, 통찰지가 생겨났고, 명지가 생겨났고, 광명이 생겨났소.”

“비구들이여, ‘이것이 고의 멸에 이르는 길이라는 성스러운 진리[道聖諦]이다.’라고 하는 이전에 들어보지 못한 담마에 대해서 나에게 눈이 생겨났고, 앎이 생겨났고, 통찰지가 생겨났고, 명지가 생겨났고, 광명이 생겨났소. 비구들이여, ‘이 고의 멸에 이르는 길이라는 성스러운 진리를 닦아야 한다.’라고 하는 이전에 들어보지 못한 담마에 대해서 나에게 눈이 생겨났고, 앎이 생겨났고, 통찰지가 생겨났고, 명지가 생겨났고, 광명이 생겨났소. 비구들이여, ‘이 고의 멸에 이르는 길이라는 성스러운 진리를 닦았다.’라고 하는 이전에 들어보지 못한 담마에 대해서 나에게 눈이 생겨났고, 앎이 생겨났고, 통찰지가 생겨났고, 명지가 생겨났고, 광명이 생겨났소."

"비구들이여, 사성제에 관해서 이와 같이 세 단계로 진행된 열두 양상에 대해 있는 그대로 보는 여실지견如實知見이 지극히 청정해지지 않았다면 여래는 결코 천신들과 마아라와 범천이 있는 세상에서, 사문과 바라문, 왕자들과 인간들을 포함한 중생들 가운데서 위없는 완전한 깨달음을 이루었다고 천명하지 않았을 것이오. 비구들이여, 이제 사성제에 관해서 이와 같이 세 단계로 진행된 열두 양상을 있는 그대로 보는 여실지견이 지극히 청정해졌소. 그렇기 때문에 비구들이여, 여래는 천신과 마아라와 범천이 있는 세상에서, 사문과 바라문, 왕자들과 인간들을 포함한 중생들 가운데서 위없는 완전한 깨달음을 이루었다고 천명하였소."

"여래에게 지견知見이 생겨났소. '여래의 심해탈心解脫이 확고부동하다. 이것이 마지막 태어남이다. 이제 더 이상 다시 태어남은 없다.'"

《율장》〈대품〉 1:6 ; 《상응부》 56:11

"세존께서 이와 같이 말씀하시자 가슴이 벅차오른 다섯 비구들은 세존의 말씀에 환희했다. 그리고 이 말씀을 하시는 동안에 꼰단냐 존자에게 티끌 없고 때 묻지 않은 담마의 눈[法眼]이 생겨났다. “생겨나는 것은 무엇이건 모두 사라진다.”

이와 같이 세존께서 법륜을 굴리셨을 때, 대지의 신[地天神]들이 “바아라아나시의 이시빠따나에 있는 녹야원에서 세존께서 굴리신 이 위없는 담마의 바퀴[法輪]는 사문, 바라문, 천신, 마아라, 범천이나 이 세상에 있는 그 누구도 멈추게 할 수 없다.”라고 소리쳤다. 대지의 신들의 소리를 듣고 나서 사천왕들이 소리쳤다. “바아라아나시의 …”라고 소리쳤다. 33천의 신들, 야마천의 신들, 도솔천의 신들, 화락천의 신들, 타화자재천의 신들, 범중천의 신들이 “바아라아나시의 이시빠따나에 있는 녹야원에서 세존께서 굴리신 이 위없는 담마의 바퀴는 사문, 바라문, 천신, 마아라, 범천이나 이 세상에 있는 그 누구도 멈추게 할 수 없다.”라고 소리쳤다.

이와 같이 실로 그 찰나에 그 순간에 그 잠깐 사이에 그 소리가 범천의 세계까지 올라갔다. 일만 세계가 흔들렸고 진동했고 요동쳤다. 신들의 신성한 위력을 넘어서는 한량없이 고귀한 빛이 세상에 환히 빛났다.

그때 세존께서 감흥에 차서 말씀하셨다. “참으로 그대, 꼰단냐가 알았구나! 참으로 그대, 꼰단냐가 알았구나!” 그리하여 꼰단냐 존자에게 안냐 꼰단냐라는 이름이 생기게 되었다.

안냐 꼰단냐는 담마를 보았고 담마에 이르렀고 담마를 알았고 담마를 깨달았고, 반신반의하던 마음에서 벗어나 의심이 말끔히 사라졌고 완전한 확신을 얻었다. 세존의 교법 안에서 다른 이들에게 기대지 않게 되었다. 안냐 꼰단냐가 세존께 말씀드렸다. "세존이시여, 저는 출가하여 계를 받기 원합니다."

"오시오, 비구여." 세존께서 말씀하셨다. "담마는 잘 설해졌소. 고를 완전히 끝내기 위해 청정한 삶을 살도록 하시오." 이것이 세존의 온전한 허락이었다.

그러고 나서 세존께서는 담마를 설하시어 나머지 비구들을 가르치시고 이끌어주셨다. 그렇게 하자, 왑빠 존자와 밧디야 존자에게 담마에 대한 티끌 없고 때 묻지 않은 법안法眼이 열렸다. 즉, "생겨나는 것은 무엇이건 모두 사라진다." 그들 또한 계 받기를 청했고, 계를 받았다.

비구들이 탁발해 온 음식으로 생활하시면서, 세존께서는 담마를 설명하시며 나머지 비구들을 가르치고 이끄셨다. 세 비구가 탁발해온 음식으로 여섯 명 모두가 먹고 지냈다. 그러다가 마하아나아마 존자와 앗사지 존자에게 담마에 대한 티끌 없고 때 묻지 않은 법안法眼이 열렸다. 그들 또한 계 받기를 청했고, 계를 받았다.

그러자 세존께서 비구들에게 다음과 같이 설법하셨다.

《율장》〈대품〉 1:6

무아의 특징에 대한 설법

"비구들이여, 형상[色]은 자아가 아니오. 만약 형상이 자아라면 이 형상은 고苦를 일으키지 않을 것이오. '나의 형상이 이러하기를, 나의 형상이 이러하지 않기를.'이라고 하면 그렇게 될 수 있어야 할 것이오. 그런데 형상은 자아가 아니므로 이 형상은 고를 일으키게 되오. '나의 형상이 이러하기를, 나의 형상이 이러하지 않기를.'이라고 해도 그렇게 될 수 없소."

"느낌[受]은 자아가 아니다…"

"인식[想]은 자아가 아니다…"

"형성작용[行]은 자아가 아니다…"

"식識은 자아가 아니오. 만약 식이 자아라면, 이 식은 고를 일으키지 않을 것이오. '나의 식이 이러하기를, 나의 식이 이러하지 않기를.'이라고 하면 그렇게 될 수 있어야 할 것이오. 그런데 식은 자아가 아니므로 식은 고를 일으키게 되오. '나의 식이 이러하기를, 나의 식이 이러하지 않기를.'이라고 해도 그렇게 될 수 없소."

"비구들이여, 어떻게 생각하는가, 형상은 항상한가, 항상하지 않은가?" "세존이시여, 항상하지 않습니다." "항상하지 않은 것은 불만족스러운가? 만족스러운가?" "세존이시여, 불만족스럽습니다." "항상하지 않고, 불만족스럽고, 변하기 마련인 것을 '이것은 나의 것이다. 이것은 나다. 이것은 나의 자아다.'라고 생각하는 것은 적절한가?" "세존이시여, 적절하지 않습니다."

"비구들이여, 어떻게 생각하는가, 느낌은 항상한가, 항상하지 않은가?" "어떻게 생각하는가, 인식은 항상한가, 항상하지 않은가?" "어떻게 생각하는가, 형성작용은 항상한가, 항상하지 않은가?"

"어떻게 생각하는가, 식은 항상한가, 항상하지 않은가?" "세존이시여, 항상하지 않습니다." "항상하지 않은 것은 불만족스러운가, 만족스러운가?" "세존이시여, 불만족스럽습니다." "항상하지 않고, 불만족스럽고, 변하기 마련인 것을 '이것은 나의 것이다. 이것은 나다. 이것은 나의 자아다.'라고 생각하는 것은 적절한가?" "세존이시여, 적절하지 않습니다."

"그러므로 비구들이여, 형상이 어떤 것이든, 그것이 과거의 것이든 미래나 현재의 것이든, 안에 있든 밖에 있든, 거칠든 섬세하든, 열등하든 우월하든, 멀리 있든 가까이 있든, 그 모든 것을 '있는 그대로 바른 지혜'로 보아야 하오. 즉 '이것은 나의 것이 아니다. 이것은 나가 아니다. 이것은 나의 자아가 아니다.'라고."

"느낌이 어떤 것이든…"

"인식이 어떤 것이든…"

"형성작용이 어떤 것이든…"

"식이 어떤 것이든, 그것이 과거의 것이든 미래나 현재의 것이든, 안에 있든 밖에 있든, 거칠든 섬세하든, 열등하든 우월하든, 멀리 있든 가까이 있든, 그 모든 것을 있는 그대로 바른 지혜로 보아야 하오. 즉 '이것은 나의 것이 아니다. 이것은 나가 아니다. 이것은 나의 자아가 아니다.'라고."

"비구들이여, 그러하다고 알기에 지혜롭고 성스러운 제자들은 형상에 대해 초연해지고, 느낌에 대해 초연해지고, 인식에 대해 초연해지고, 형성작용에 대해 초연해지고, 식識에 대해 초연해진다오. 초연해지면 탐욕은 사라진다오. 탐욕이 사라지면 자유로워진다오. 자유로워지면 다음과 같은 지혜가 생긴다오. '이것이 자유로움[解脫]이구나.' 그리고 이렇게 이해한다오. '태어남은 다했다. 청정한 삶은 완성되었고 해야 할 일은 다 해 마쳤다. 이제 어떤 상태의 존재로도 다시 돌아오지 않는다.'라고 안다오."

이것이 세존께서 하신 말씀이다. 다섯 비구는 기뻐했고, 세존의 말씀을 듣고 즐거워했다. 이 설법을 듣는 동안 취착이 없어져 다섯 비구의 마음은 번뇌에서 해방되었다.

그리고 이 세상에 여섯 명의 아라한, 여섯 명의 깨달은 이들이 있게 되었다.

《율장》〈대품〉1:6 ;《상응부》22:59 (참조)

4. 담마를 펼치시다

두 번째 목소리 이런 일이 있었다. 좋은 가문 출신인 야사라는 사람이 있었다. 그는 부유한 장자의 아들이었고 교육을 잘 받고 자랐다. 겨울, 여름, 우기에 각각 지내는 대저택이 셋 있었다. 우기에는 여자들로만 이루어진 예인의 공연을 즐겼고 우기 넉 달 동안 아래쪽 저택으로는 내려오지 않았다.

어느 날 야사가 오욕락을 탐닉하면서 즐기다가 일찍 잠이 들었다. 시중들던 하녀들도 잠이 들었다. 그러나 등잔은 밤새도록 불을 밝혔다. 아침 일찍 잠에서 깨어난 야사는 잠들어 있는 하녀들의 모습을 보았다. 한 여인은 류트를 겨드랑이에 낀 채, 다른 여인은 작은 북을 턱에 고인 채, 또 다른 여인은 북을 겨드랑이에 낀 채였다. 한 여인의 머리카락은 헝클어져 있었고, 다른 여인은 침을 흘리고 있었으며, 또 다른 여인은 중얼중얼 잠꼬대를 하고 있었다. 그 모습은 마치 시체 버리는 곳에 시체들이 널브러져 있는 것 같았다. 누추하고 더러운 모습에 너무나 역겨웠다. 그는 충격을 받아 탄식했다. "두렵구나, 끔찍하구나!"[39]

그는 황금 슬리퍼를 신고 자기 집 문을 향해 갔다. 사람 아닌 존재들이 문을 열어주어 그 누구도 그가 집을 떠나 출가하는 것을 막지 않았다. 그다음 그는 성문으로 갔다. 사람 아닌 존재들이 성문을 열어주어 그 누구도 그가 집을 떠나 출가하는 것을 막지 않았다.

그는 이시빠따나에 있는 녹야원으로 걸어갔다. 그때 세존께서는 새벽으로 접어드는 이른 시각에 일어나 밖에서 경행하고 계셨다. 세존께서 저 멀리 야사가 다가오는 것을 보시고, 걸음을 멈추고 마련된 자리에 앉으셨다. 세존과 가까워졌을 때 야사는 탄식했다. "두렵구나, 끔찍하구나!"

그러자 세존께서 말씀하셨다. "두려울 것 없다. 끔찍하지도 않다. 야사여, 와서 앉으라. 그대에게 담마를 설하겠노라."

야사는 생각했다. "두려워할 것 없어 보인다. 끔찍해 보이지도 않고." 그는 마음이 편해져서 희망을 가졌다. 황금 슬리퍼를 벗고 세존이 계시는 곳으로 갔다. 세존께 경배를 드리고 난 다음 한쪽에 앉았다. 야사가 자리에 앉자, 세존께서 그에게 기초 단계부터 차례차례 담마를 설하셨다. 보시와 지계, 천상에 대

---

39 시중드는 하녀들이 잠들어 있는 이야기는 빠알리 경전에서는 야사*Yasa* 장로 편에만 나온다. 그러나 나중 판본에서는 보살(Bodhisatta는 성도하기 전의 부처님을 일컬음-옮긴이)이 출리出離를 하게 된 직접적인 동기로도 이와 같이 묘사하고 있다.

한 말씀이었다. 세존께서는 감각적 쾌락 속에 있는 위험·헛됨·오염원과 출리出離의 지복에 대해 설명하셨다. 세존께서는 야사의 마음이 준비되었고 열려 있으며, 장애에서 벗어나 있고, 열렬하고 신뢰하는 마음이 생겼다는 것을 아시고, 붓다들만이 줄 수 있는 특별한 가르침[40]을 상세히 알려 주셨다. 고苦와 고의 원인[集起], 고의 멸滅 그리고 고의 멸에 이르는 길[道]에 대한 가르침이었다. 모든 때[垢]가 제거된 깨끗한 옷이 고루 물드는 것처럼, 야사가 그곳에 앉아 있는 동안, 티끌 없고 때 묻지 않은 법안이 열렸다. 즉 "생겨나는 것은 무엇이건 모두 사라진다."라고.

그 시각 야사의 어머니가 아들의 저택에 갔다. 야사가 보이지 않자 어머니는 야사의 아버지, 장자에게 가서 말했다. "야사를 찾을 수가 없어요."

장자는 사방으로 심부름꾼을 보냈다. 그리고 몸소 이시빠따나에 있는 녹야원으로 갔다. 황금 슬리퍼 자국을 발견하고는 그 발자국을 따라갔다. 세존께서 장자가 오고 있는 것을 보셨다. 그리고 생각하셨다. "저 장자가 여기 앉아 있는 동안 여래의 신통력으로 야사가 여기 있는 것을 보지 못하게 하는 건 어떨까?" 세존께서는 그렇게 하셨다. 장자가 세존께 와서 여쭈었다. "세존이시여, 혹시 야사를 보셨습니까?"

---

40 특별한 가르침*Sāmukkaṃsika*: '붓다들만이 줄 수 있는 특별한 가르침'이라고 옮긴 것은 《증지부》 7:12의 주석서에 근거한다.

"자, 앉으시오. 그대가 여기 앉아 있다 보면, 여기 앉아 있는 야사를 보게 될지 모르지요."

장자는 이 말을 듣자 반가워하며 세존께 경배를 드리고 한 곁에 앉았다. 그가 자리에 앉자, 세존께서는 야사에게 하셨던 가르침을 그대로 그에게 설하셨다. 그러자 장자는 담마를 보았고 담마에 이르렀고 담마를 알았고 담마를 깨달았다. 반신반의하던 마음에서 벗어나 의심이 말끔히 사라졌고 완전한 확신을 얻었다. 세존의 교법 안에서 다른 이들에게 기대지 않게 되었다. "경이롭습니다, 세존이시여, 경이롭습니다, 세존이시여! 세존께서 말씀하시는 이 담마는 여러 면에서 명료해졌습니다. 마치 거꾸로 된 것을 바로 세우고, 가려진 것을 드러내고, 길 잃은 이에게 길을 알려주고, 눈 가진 자는 형상을 보도록 어둠 속에서 등잔을 밝혀주는 것과 같습니다. 저는 세존께 귀의하고, 담마와 비구 승단에 귀의합니다. 세존이시여, 오늘부터 목숨이 붙어 있는 날까지 세존께 귀의합니다. 저를 제자로 받아주십시오." 장자는 세상에서 처음으로 세 귀의처[三寶]를 받아들인 자가 되었다.

아버지에게 담마가 설해지는 동안, 야사는 스스로 알아듣고 깨달은 지혜의 정도를 다시 점검했다. 그리고 취착이 없어져 그의 마음은 번뇌[漏]에서 해방되었다. 그러자 세존께서 생각하셨다. "야사가 이러한 성취를 이루었으니 떠나온 재가의 삶으로 되돌아갈 수도 없고 거기에서 누리던 감각적 쾌락을 다시 즐길 수도 없다. 이제 신통력을 거두어도 되지 않을까."

세존께서 신통력을 거두시자 장자는 아들이 그곳에 앉아 있는 것을 보았다. 그는 아들에게 말했다. "야사야. 네 어머니가 슬퍼하고 비통해하고 있다. 네 어머니를 살려다오."

야사는 세존을 바라보았다. 세존께서 장자에게 말씀하셨다. "어떻게 생각하는가? 그대가 그랬듯이 야사가 유학有學[41]의 지혜와 유학의 눈으로 담마를 이해했다면 그리고 스스로 알아듣고 깨달은 지혜의 정도를 다시 점검했다면 그리고 취착이 없어져 그의 마음이 번뇌에서 해방되었다면 야사가 떠나온 재가의 삶으로 되돌아가 거기서 누리던 감각적 쾌락을 다시 즐길 수 있겠소?"

"그럴 수 없습니다, 세존이시여."

"야사는 이미 그렇게 되었소. 이제 그가 떠나온 곳으로 되돌아가 재가의 삶 속에서 누리던 감각적 쾌락을 다시 즐길 수는 없소."

"그것은 이익입니다. 야사가 취착이 없어져 그의 마음이 번뇌에서 해방된 것은 대단한 이익입니다. 세존이시여, 야사를 세존의 시자로 삼아 오늘 함께 오셔서 제가 공양을 올릴 수 있도록

---

41 유학有學: 여기서는 예류과*sotāpanna*를 가리키는 말이다. (냐나뽀니까 테라 주)

허락해 주십시오." 세존께서는 침묵으로 동의하셨다. 장자는 세존께서 허락하셨음을 알고 자리에서 일어났다. 그리고 세존께 경배를 드리고 나서 자신의 오른쪽을 세존께 향하게 하여 세존을 돌아 자리를 떠났다.

장자가 떠나자 야사가 세존께 말씀드렸다. "세존이시여, 저는 출가하여 계를 받기 원합니다."

"오시오, 비구여." 세존께서 말씀하셨다. "담마는 훌륭히 선포되었소. 고를 완전히 끝내기 위해 청정한 삶을 살도록 하시오." 이렇게 하여 야사 존자는 계를 받았다.

이제 세상에는 일곱 분의 아라한이 있게 되었다.

아침이 되자 세존께서는 채비를 하시고, 발우와 가사를 챙겨 야사 존자를 시자로 하여 장자의 집으로 가셨다. 그리고 마련된 자리에 앉으셨다.

야사 존자의 어머니와 그의 출가 전 아내는 세존께 나아가 경배를 드리고 나서 한 곁에 앉았다. 세존께서는 야사와 그의 아버지에게 하셨듯이 두 사람에게도 되풀이하여 설하셨다. 그들에게도 티끌 없고 때 묻지 않은 법안이 열렸다. 즉 "생겨나는 것은 무엇이건 모두 사라진다."라고. 장자와 마찬가지로 그들도 담마를 이해했고 세 귀의처[三寶]를 받아들였다. "세존이시여, 오늘부터 목숨이 붙어 있는 날까지 세존께 귀의합니다. 저를 제자로 받아주십시오." 그들은 여성으로서는 세상에서 처음으로 세 귀의처를 받아들였다.

야사 존자의 어머니, 아버지, 출가 전 아내는 세존과 야사 존자에게 손수 공양 올리며 여러 가지 좋은 음식으로 세존과 야사 존자를 흡족하게 했다. 세존께서 공양을 마치고 발우를 내려놓으시자, 그들은 한쪽 옆에 앉았다. 세존께서 담마를 설해서 가르치고 격려하고 일깨우고 북돋우신 다음 자리에서 일어나 떠나셨다.

야사 존자에게는 바아라아나시에서 손꼽히는 상인 가문 출신인 네 친구가 있었으니, 위말라, 수바아후, 뿐나지, 가왐빠띠였다. 그들은 "좋은 가문의 자제인 야사가 머리카락과 수염을 깎고, 황색 승복을 입고, 재가의 삶을 떠나 출가했다."라는 소문을 들었다. 그들은 생각했다. "야사가 그렇게 한 걸 보니, 그것은 여느 담마나 계율이 아니고, 평범한 출가도 아닐 거야."

그들은 야사 존자에게 가서 경배하고 나서 한쪽 옆에 섰다. 야사 존자는 그들을 세존께 데려가서 소개했다. 그러고 나서 말씀드렸다. "세존이시여, 아무쪼록 세존께서 이들에게 훈계와 가르침을 주시기 바랍니다." 세존께서 다른 이들에게 했듯이 그들에게도 설법을 하셨다. 그들 또한 세존의 교법 안에서 다른 이들에게 기대지 않게 되었다. 그들은 청했다. "세존이시여, 저희도 출가하여 계를 받기 원합니다."

"오시오, 비구들이여," 세존께서 말씀하셨다. "담마는 훌륭히 선포되었소. 고를 완전하게 끝내기 위해 청정한 삶을 살도록 하시오." 이렇게 그 존자들은 계를 받았다. 그러고 나서 세존께서는 그 비구들에게 담마를 알려주고 가르치셨다. 그렇게 훈계와 가르침을 받는 동안 취착이 없어져 그들의 마음은 번뇌에서 해방되었다.

이제 세상에는 열한 명의 아라한이 있게 되었다.

그 지방에 사는 내로라하는 여러 가문의 아들들인 야사 장로의 친구 쉰 명이 그가 출가했다는 소문을 들었다. 친구들은 야사 존자를 찾아왔고, 그는 그들을 세존께 데려갔다. 그러자 세존께서 그들에게 설법을 하셨고, 그들 또한 출가와 수계를 청했다. 세존의 훈계와 가르침을 듣고 난 후, 취착이 없어져 그들의 마음은 번뇌에서 해방되었다. 그렇게 해서 세상에 예순한 명의 아라한이 있게 되었다.

세존께서 비구들에게 말씀하셨다.

"비구들이여, 여래는 인간의 것이든 신의 것이든 모든 족쇄에서 자유로워졌소. 그대들도 인간의 것이든 신의 것이든 모든 족쇄들로부터 자유로워졌소. 이제 많은 이들의 안녕과 행복을 위해, 세상에 대한 연민의 마음으로, 신과 인간의 이익과 안녕, 행복을 위해 길을 떠나도록 하시오. 처음도 좋고 중간도 좋고 끝도 좋은 담마, 의미와 표현을 구족하여 더할 나위 없이 완벽한 담마를 설하시오. 청정하디 청정한 삶, 그 성스러운 삶을 드러내도록 하시오. 눈에 때가 조금 끼기는 했으나 담마를 듣지 못해 길을 잃는 사람들이 있을 것이오. 그중에는 담마를 알아듣는 이도 있을 것이오. 여래는 담마를 가르치기 위해 우루웰라의 세나아니가아마로 갈 것이오."

그때 사악한 마아라가 세존께 와서 게송을 읊었다.

"인간의 것이든 신의 것이든
그대는 모든 족쇄에 묶여 있소.
그대를 묶고 있는 속박은 강고하오.
그래서 그대는 나에게서 달아날 수 없소, 사문이여."

"인간의 것이든 신의 것이든
여래는 모든 족쇄에서 자유로워졌소.
가장 강력한 속박에서도 자유로워졌으므로,
그대는 패배했소, 선을 근절하는 자여."

"마음을 구속하는,
눈에 보이지 않는 족쇄로
나는 그대를 더욱더 사로잡고 있소.
그러니 그대는 나에게서 달아날 수 없소, 사문이여."

"아무리 좋은 것이라고 해도
여래는 보고 듣고 맛보고
냄새 맡고 접촉하려는 욕구가 없소.
그러니 그대는 패배했소, 선을 근절하는 자여."

사악한 마아라는 알아차렸다. "세존이 나의 정체를 알아버렸구나, 선서가 나의 정체를 알아버렸구나." 괴롭고 실망하여 마아라는 곧바로 사라졌다.

비구들은 담마를 전하면서 여러 지역과 여러 나라에서 출가와 수계를 원하는 사람들을 데리고 왔다. 그리고 출가 수계는 세존께서 직접 해주셔야 했다. 이는 비구들은 물론 출가와 수계를 원하는 사람들 모두에게 곤란한 문제였다. 세존께서는 이 문제에 대해 생각하시고 저녁이 되자 비구 승가에게 설법을 하고 난 후 말씀하셨다.

"비구들이여, 여래가 홀로 앉아 정진하고 있는 동안 이러한 생각이 떠올랐소. '이제 비구들이 여러 지역과 여러 나라에서 출가와 수계를 원하는 사람들을 데리고 오는구나. 그리고 모든 것을 여래가 해주어야만 한다. 이것은 비구들은 물론 출가와 수계를 원하는 사람들 모두에게 불편한 일이다. 이제 어느 지역 어느 나라에서든 출가와 수계를 원하는 사람이 있으면 비구들이 허락하도록 그 권한을 주어도 괜찮지 않을까?' 사실상 그대들에게 권한을 주는 것이오. 그것은 이런 식으로 행해져야만 하오. 우선 머리카락과 수염을 깎아야 하오. 그러고 나서 황색 승복을 입은 후 가사 자락을 한쪽 어깨에 걸치고 비구의 발에 엎드려 경의를 표해야 하오. 그런 다음 합장하고 무릎을 꿇은 채 이렇게 말해야 하오. '저는 붓다께 귀의합니다. 저는 담마에 귀의합니다. 저는 승가에 귀의합니다. 두 번째로 저는 붓다께 귀의합니다. 저는 담마에 귀의합니다. 저는 승가에 귀의합니다. 세 번째로 저는 붓다께 귀의합니다. 저는 담마에 귀의합니다. 저는 승가에 귀의합니다.' 이와 같이 삼보에 귀의했으므로 이제 출가와 수계를 받은 것을 인정하오."

세존께서 바아라아나시에서 우기를 지내고 계실 때, 비구들에게 말씀하셨다.

"비구들이여, 지혜로운 주의 기울임과 지혜로운 노력으로 여래는 궁극적 해탈에 이르렀고 이를 실현했소. 비구들이여, 그대들도 지혜로운 주의 기울임과 지혜로운 노력으로 궁극적 해탈에 이르렀고 이를 실현했소."

그때 사악한 마아라가 세존께 다가와 게송을 읊었다.

"인간의 것이든 신의 것이든
그대는 마아라의 족쇄에 묶여 있소.
그대는 마아라의 속박에 묶여 있소.

그대는 내게서 달아날 수 없소, 사문이여.”

“여래는 마아라의 족쇄에서 자유롭다오.
그것이 인간의 것이든 신의 것이든.
마아라의 속박에서 풀려났소.
그러니 이제 그대는 패배했소, 선을 근절하는 자여.”

그러자 사악한 마아라는 알아챘다. “세존이 나의 정체를 알아버렸구나, 선서가 나의 정체를 알아버렸구나.” 괴롭고 실망하여 마아라는 곧바로 사라졌다.

세존께서 바아라아나시에서 원하는 만큼 머무신 후, 우루웰라를 향해 천천히 유행하기 시작하셨다. 길을 가시다가 큰길을 벗어나 숲으로 들어가셔서 나무 아래 앉으셨다. 그때 숲속에서는 서른 명의 친구들이 아내를 동반해서 특별한 모임을 열어 즐기고 있었다. 그들 가운데 한 친구는 아내가 없어서 기녀를 데리고 왔다. 그런데 그들이 정신없이 노는 사이 그 여자가 자기를 데려온 사내의 재물을 훔쳐서 달아나버렸다. 친구들이 그를 도와 여자를 찾아 나섰다. 그들이 숲속에서 찾아다니다가 나무 아래 앉아 계시는 세존을 보고 다가가 여쭈었다. “세존이시여, 어떤 여자가 지나가는 걸 보셨습니까?” “젊은이들이여, 왜 그 여인을 찾는가?” 그들은 무슨 일이 벌어졌는지 세존께 말씀드렸다.

"그대들은 어떻게 생각하는가? 그 여인을 찾는 것과 그대 자신을 찾는 것[42] 가운데 어느 쪽이 그대들에게 더 중요한가?"

"존자시여, 우리 자신을 찾는 것이 더 중요합니다."

"그러면, 거기 앉으시오. 그대들에게 담마를 가르쳐줄 것이오."

"그러겠습니다. 존자시여." 그들은 대답하고는 세존께 경배를 드리고 나서 한쪽에 앉았다.

세존께서는 기초부터 차례차례 담마를 설하셨다. 그러는 동안 그들에게 담마에 대한 티끌 없고 때 묻지 않은 법안이 일어났다. 그리고 마침내 세존의 교법 안에서 다른 이들에게 기대지 않게 되었다. 그들은 청을 드렸다. "저희는 세존께 출가하여 수계를 받고 싶습니다. 허락해 주십시오."

"오시오, 비구들이여." 세존께서 말씀하셨다. "담마는 잘 설해졌소. 고를 완전히 끝내기 위해 청정한 삶을 살도록 하시오." 이렇게 그 존자들은 계를 받았다.

세존께서는 천천히 유행하시다가 우루웰라에 도착하셨다.

---

42 너 자신을 찾으라*attānaṃ gaveseyyātha*: 이 말을 고대 그리스 델포이 신전에 쓰여 있는 '너 자신을 알라'와 같은 뜻으로 읽지 않을 이유가 없다. 빠알리어의 *attā*(자아)는 복수형으로 사용되지 않으며, 단수 형태로 집단에 적용되어도 전혀 문제가 되지 않는다. 또한 인도 문자에는 대문자가 따로 없다.

당시에 머리 땋은 고행자 셋이 우루웰라에 살고 있었다. 그들은 각각 우루웰라의 깟사빠, 나디[43]의 깟사빠, 가야의 깟사빠라고 불렸다. 우루웰라의 깟사빠는 머리 땋은 고행자 5백 명을 거느린 지도자이자 안내자이며, 대장이면서 우두머리이고 지휘자였다. 그와 같이 나디의 깟사빠는 3백 명, 가야의 깟사빠는 2백 명을 각각 이끌고 있었다.

세존께서는 우루웰라의 깟사빠의 거처에 가셨다. "깟사빠여, 그대가 반대하지 않는다면, 여래는 그대들이 섬기는 불을 모시는 탑묘[44]에서 하룻밤을 지내고 싶소."

"위대한 사문이여, 반대하지는 않소. 하지만 몹시 사나운 뱀의 왕이 거기 있소. 그 뱀은 힘이 엄청난 데다 해롭고 무서운 독을 품고 있어서 당신을 죽일 수도 있습니다."

세존께서 두 번, 세 번 청하셨으나 같은 대답이 돌아왔다. "깟사빠여, 그 뱀은 여래를 해치지 않을지도 모르오. 그러니 여래가 그곳에서 지내도록 허락해 주시오." "그러면 얼마든지 머무십시오. 위대한 사문이여."

세존께서는 불을 모시는 탑묘로 들어가셨다. 돗자리를 깔고

---

43 [역주] 나디*nadī*: 빠알리어로 '강江'이라는 뜻이며 여기서는 네란자라강을 말한다.

44 [역주] 탑묘: 종교적으로 불을 섬기고 모시는 장소 또는 그러기 위한 제반 시설을 갖추어 놓은 집.

그 위에 앉아 가부좌를 튼 채 몸을 바로 세우고 면전에 마음챙김을 확립하셨다. 그 뱀은 세존께서 들어오시는 것을 보자, 화가 나서 연기를 뿜었다. 세존께서 생각하셨다. "그의 외피와 내피 살 힘줄 뼈 골수를 전혀 다치지 않게 하는 불로 그의 불에 맞선다면 어떨까?" 세존께서는 그렇게 하셨다. 그리고 연기를 일으키셨다. 그러자 뱀은 분노를 참지 못하고 불꽃을 뿜었다. 세존께서도 화계火界[45]에 들어 불꽃을 일으키셨다. 불을 모시는 탑묘는 서로 내뿜는 불꽃으로 뜨겁게 달궈지고 타올랐다. 머리땋은 고행자들이 모여들어 주위를 둘러싸고 수군거렸다. "그 훌륭하고 위대한 사문이 뱀에게 당하고 있구나."

세존께서 뱀을 다치게 하지 않는 불로 그의 불에 맞서고 난 후 날이 밝자 그 뱀을 발우에 담아 우루웰라의 깟사빠에게 보여주셨다. "깟사빠여, 그대의 뱀이 여기 있소. 불로써 그의 불에 맞섰소." 우루웰라의 깟사빠는 생각했다. "해롭고 무서운 독을 품고 있는 사나운 뱀의 왕이 뿜어내는 불에 불로 맞서는 것을 보니 저 위대한 사문은 엄청나고 대단한 능력을 가졌구나. 하지만 그는 나와 같은 아라한은 아니다."

---

45 [역주] 화계火界: 불의 요소*tejodhātu*를 화계로 번역하기도 하는데 《청정도론》에 따르면 불의 까시나*kasiṇa*를 대상으로 4선에 입정했다가 출정한 근접 삼매의 마음 상태에서 불의 요소를 사용하는 여러 신통을 펼칠 수 있다고 한다. 아아난다 존자 등 아라한인 비구들이 열반에 들 때, 이 신통의 능력으로 자신의 몸을 태워 화장하는 이야기가 주석서에 실려 있다.(《청정도론》 5장:30 ; 본서 12장 참조)

그 후 세존께서는 깟사빠의 거처와 그리 멀리 떨어지지 않은 숲에 들어가 머무셨다. 밤이 이슥해지자 용모가 뛰어난 사천왕이 온 숲을 환히 비추며 세존을 찾아왔다. 그들은 세존께 경배를 드리고 나서 마치 불기둥처럼 네 방향을 지키며 서 있었다. 아침이 밝아 오자 머리 땋은 고행자 우루웰라의 깟사빠가 세존을 찾아와 말씀드렸다. "위대한 사문이여, 공양 준비가 되었습니다. 간밤에 당신을 찾아온 이들은 누구입니까?"

"깟사빠여, 그들은 동서남북 네 방향을 지키는 사천왕들이오. 담마를 들으러 여래에게 왔소."

깟사빠는 생각했다. "사천왕이 담마를 듣기 위해 찾아온 것을 보니, 저 위대한 사문은 엄청나고 대단한 능력을 가졌구나. 하지만 그는 나와 같은 아라한은 아니다."

그 후 며칠 밤 동안, 신들의 지배자인 제석천과 범천 사함빠띠가 세존을 찾아왔다. 깟사빠가 그것을 보았다. 그리고 전과 같은 질문과 답이 오갔으며 깟사빠는 같은 생각을 했다.

그즈음 우루웰라의 깟사빠가 주최하는 성대한 희생제를 지내는 날이 다가왔다. 앙가와 마가다 전역에서 사람들이 다양한 음식들을 많이 가지고 몰려왔다. 그때 깟사빠는 생각했다. "이제 희생제 기간이다. 앙가와 마가다 전역에서 사람들이 다양한 음식을 많이 가지고 몰려들고 있다. 이 모든 사람들 앞에서 저 위대한 사문이 신통력을 발휘한다면 그의 이익과 명성은 커질 것이고 나의 이익과 명성은 줄어들 것이다. 저 위대한 사문이 내일 나타나지 않으면 좋을 텐데."

세존께서 마음으로 깟사빠의 마음속 생각을 헤아리셨다. 그래서 북쪽에 있는 웃따라꾸루로 가셔서 탁발을 하셨다. 세존께서는 탁발한 음식을 가지고 히말라야의 아노땃따 호수로 가서 공양을 하고 하루를 지내셨다. 아침이 밝아 오자 깟사빠가 세존께 와서 말씀드렸다. "위대한 사문이여, 공양 준비가 되었습니다. 어제는 왜 오지 않으셨습니까? 우리는 당신이 왜 오지 않으셨는지 궁금해했습니다. 당신 드실 것을 차려놓았었습니다." 세존께서 그에게 이유를 말씀하셨다. 그러자 깟사빠는 생각했다. "내 생각을 알아차리다니 저 위대한 사문은 엄청나고 대단한 능력을 가졌구나. 하지만 그는 나와 같은 아라한은 아니다."

세존께서 우루웰라 깟사빠의 공양을 드시고 나서 머물던 숲으로 돌아오셨다. 그즈음 세존께 분소의[46]가 공양물로 들어왔다. 세존께서 생각하셨다. "어디서 이 옷을 빨아야 할까?" 그러자 신들의 지배자인 제석천이 마음으로 세존의 마음속 생각을

---

46 [역주] 분소의糞掃衣 *paṃsukūla*: 버려진 헌 천을 주워다 빨아서 지은 가사袈裟. 이 버린 천은 똥을 닦는 헝겊과 같으므로 분소의라 한다. 또 이 헌 천의 조각조각을 모아서 기워 만든 옷이므로 백납百衲 또는 납의衲衣라고도 한다. 비구가 이 옷을 입는 것은 탐심貪心을 여의기 위함으로 도를 닦는 이는 검소함의 표본이 되어야 하기 때문이다. 오늘날에도 평생 분소의 한 벌을 입고 지내는 청렴 수도승이 있는데, 청렴 수도인을 납자衲子라고 하는 것도 이 납의를 입고 있기 때문이다.

헤아렸다. 그는 손으로 흙을 파 연못을 만들고 나서 세존께 말씀드렸다. "세존이시여, 여기서 빨래를 하십시오."

그러고 나서 세존께서 생각하셨다. "어디에서 빨래를 두들겨야 할까?" 그러자 신들의 지배자인 제석천이 마음으로 세존의 마음속 생각을 헤아리고 널따란 바위를 마련했다. "세존이시여, 여기에서 빨래를 두들기십시오."

그 후 세존께서 생각하셨다. "빨래를 어디에 널어야 할까?" 그러자 까꾸다나무에 살고 있던 목신이 나뭇가지를 아래로 구부려 주었다. "세존이시여, 여기에 빨래를 너십시오."

그다음 세존께서 생각하셨다. "어디에서 빨래를 편편하게 펴야 할까?" 그러자 신들의 지배자인 제석천이 널따란 바위를 마련했다. "세존이시여, 여기에서 빨래를 편편하게 펴십시오."

밤이 지나자 깟사빠가 세존께 와서 말했다. "위대한 사문이여, 공양 준비가 되었소. 그런데 위대한 사문이여, 전에는 없던 이 연못이 어떻게 여기에 생겼나요? 전에는 없던 이 바위를 누가 갖다 놓았나요? 전에는 구부러져 있지 않던 이 가꾸다나뭇가지가 어떻게 구부러져 있습니까?"

세존께서 이제까지 일어난 일을 그에게 말해주셨다. 그러자 깟사빠가 생각했다. "신들의 지배자인 제석천이 시중을 들다니, 저 위대한 사문은 엄청나고 대단한 능력을 가졌구나. 하지만 그는 나와 같은 아라한은 아니다."

또다시 하룻밤이 지났을 때, 깟사빠가 세존께 와서 말씀드렸다. "위대한 사문이여, 공양이 준비되었습니다." 세존께서 그를 앞서 보내셨다. "먼저 가시오, 깟사빠여. 여래는 뒤따라가겠소." 세존께서는 갯복숭아나무로 가서는 열매를 따셨다. 인도는 나중에 갯복숭아 대륙이라 불리게 된다.[47] 그러고 나서 깟사빠의 집에 먼저 도착해서 불을 모시는 탑묘에 앉으셨다. 깟사빠가 그 모습을 보고 여쭈었다. "위대한 사문이여, 어느 길로 오셨습니까? 내가 먼저 출발했지만 당신이 나보다 앞서 도착해서 탑묘에 앉아 계시는군요." 세존께서 어디에 들렀다 왔는지 그에게 말해주고 나서 덧붙이셨다. "여기 갯복숭아가 있소. 붉게 익어서 향과 맛이 좋습니다. 한번 먹어 보시오."

"아니요, 위대한 사문이여. 당신이 가져온 것이니 당신이 드십시오." 깟사빠는 생각했다. "나를 앞서 보내고도 먼저 도착하고 게다가 갯복숭아나무로 가서 열매까지 따 가지고 오다니, 저 위대한 사문은 엄청나고 대단한 능력을 가졌구나. 하지만 그는

---

47 [역주] 갯복숭아 대륙: 잠부디이빠*jambudīpa*. 남섬부주. 불교 우주관에 나타나는 주洲(大陸)의 명칭으로 섬부주贍部洲라고도 한다. 섬부贍部는 jambu의 음역어이고 주洲는 dīpa의 음역어이다. 세계의 중심인 수미산의 남방 대해에 위치한다. 남방에 있기 때문에 '남섬부주南贍部洲'라고 한다. 형태는 거의 삼각형에 가까운 대형臺形으로, 저변底變을 북쪽으로 해서 옆으로 누워있다. 저변의 길이는 2천 유순由旬이고, 대륙 위에는 설산(히말라야)과 갠지스강, 인더스강 등이 있다. 이 대륙은 인도 아대륙亞大陸의 모습을 반영하고 있음을 알 수 있다. 《종교학대사전》 한국사전연구사 참조.

나와 같은 아라한은 아니다." 그 후 세존께서는 숲으로 돌아가셨다.

세존께서 갯복숭아나무로 가셨을 때처럼 다시 근처에 있는 망고나무로 가서 열매를 따오셨다. … 근처에 있는 오배자나무로 가서 열매를 따오셨다 … 근처에 있는 노란 오배자나무로 가서 열매를 따오셨다 … 33천에 가서 빠아릿찻따까나무의 꽃을 따오셨다. 그럴 때마다 깟사빠는 똑같은 생각을 했다.

이번에는 머리 땋은 고행자들이 불을 계속 살려 섬기려고 하는데, 그때 마침 땔감으로 쓸 통나무를 쪼갤 수가 없었다. 그들은 생각했다. "우리가 통나무를 쪼개지 못하는 것은 분명 저 위대한 사문의 신통력 때문일 거야."

세존께서 깟사빠에게 물으셨다. "깟사빠여, 통나무를 쪼개야 합니까?" 깟사빠가 대답했다. "위대한 사문이여, 그렇습니다."

그 순간 통나무 5백 개가 한꺼번에 쪼개졌다. 그러자 깟사빠는 생각했다. "우리는 통나무를 쪼개지 못했는데 저 위대한 사문은 엄청나고 대단한 능력을 가졌구나. 하지만 그는 나와 같은 아라한은 아니다."

또 한 번은 머리 땋은 고행자들이 불을 살려 섬기고 싶었으나 불을 지필 수도 없었고, … 불을 끌 수도 없었다. 그럴 때마다 깟사빠는 똑같은 생각을 했다.

어느 추운 겨울밤, 서리 내리는 여드레[48] 동안 머리 땋은 고행자들은 네란자라강에 들어가 잠겼다 나왔다를 반복하며 수행을 계속했다. 그때 세존께서 머리 땋은 고행자들이 물 밖으로 나오면 몸을 녹일 수 있게 화로 5백 개를 만드셨다. 그들은 생각했다. "위대한 사문이 신통력으로 이 화로를 만든 게 틀림없어." 깟사빠는 생각했다. "저렇게 많은 화로를 만들다니, 저 위대한 사문은 엄청나고 대단한 능력을 가졌구나. 하지만 그는 나와 같은 아라한은 아니다."

그 무렵 계절에 맞지 않게 갑자기 엄청난 폭우가 쏟아져 크게 홍수가 졌다. 세존께서 머물고 계시는 곳도 모두 물에 잠겼다. 세존께서 생각하셨다. "마른 땅에서 경행할 수 있도록 물을 사방으로 물러나게 하면 어떨까." 그리고 그렇게 하셨다.

깟사빠는 생각했다. "위대한 사문이 물에 떠내려가지 않았기를." 그는 머리 땋은 고행자들과 함께 배를 타고 세존이 머물고 계신 곳으로 갔다. 세존께서는 주위의 물을 물러나게 해서 마른 땅에서 경행하고 계셨다. 그 모습을 본 깟사빠가 물었다.

"위대한 사문이여, 당신 맞습니까?"

---

48 [역주] 서리가 내리는 여드레[中八日]: 매우 추운 날이라는 뜻. 세존 시대의 인도 역법은 일 년을 겨울, 여름, 우기의 세 계절로 나눈다. 각 계절은 넉 달씩이다. 그중 가장 추운 겨울의 세 번째 달 말엽의 나흘과 네 번째 달 초엽의 나흘을 '서리 내리는 여드레'라고 부른다. 우리 달력으로는 음력 1월 중순 무렵이다.

"깟사빠여, 그렇소."

세존께서 공중으로 떠올랐다가 배 위에 나타나셨다. 깟사빠는 생각했다. "물도 그를 이기지 못하는 것을 보니, 저 위대한 사문은 엄청나고 대단한 능력을 가졌구나. 하지만 그는 나와 같은 아라한은 아니다."

그때 세존께서 생각하셨다. "이 어리석은 자는 영원히 '그는 나와 같은 아라한은 아니다.'라고 생각할 것이다. 그에게 자극을 주면 어떨까?" 세존께서 우루웰라의 깟사빠에게 말씀하셨다. "깟사빠여, 그대는 아라한도 아니고 아라한이 되는 수행의 길에 들어선 것도 아니오. 그대가 하고 있는 수행으로는 아라한이 될 수 없고 아라한이 되는 길에 들어설 수조차 없소."

그러자 머리 땋은 고행자는 세존의 발에 머리를 조아리면서 말씀드렸다. "세존이시여, 저는 출가해서 세존께 계를 받기를 원합니다."

"그러나 깟사빠여, 그대는 5백 명의 머리 땋은 고행자들을 이끄는 지도자이자 안내자 우두머리 대장이오. 그대는 먼저 그들의 의견을 들어야 하고 그들도 적절하다고 생각하는 대로 하게 해줘야 하오."

우루웰라의 깟사빠는 머리 땋은 고행자들에게 가서 말했다. "나는 위대한 사문을 스승으로 모시고 청정한 삶을 살기를 원한다. 그대들은 스스로 적절하다고 생각하는 대로 하라."

"우리는 오랫동안 위대한 사문을 믿어왔습니다. 당신이 세존 아래에서 청정한 삶을 살기 원한다면 우리도 모두 그리하겠습니다."

머리 땋은 고행자들은 머리카락과 땋은 머리채 그리고 소지품과 불을 섬길 때 쓰는 제사 도구들을 강물에 떠내려 보냈다. 그러고 나서 세존께 갔다. 그들은 세존의 발에 머리를 조아리고 말씀드렸다. "세존이시여, 저희는 출가해서 세존께 계를 받기를 원합니다."

"오시오, 비구들이여." 세존께서 말씀하셨다. "담마는 잘 설해졌소. 고를 완전히 끝내기 위해 청정한 삶을 살도록 하시오." 이렇게 해서 그 존자들은 계를 받았다.

머리 땋은 고행자인 나디의 깟사빠가 머리카락과 땋은 머리채 그리고 소지품과 불을 섬길 때 쓰는 제사 도구들이 강물에 떠내려 오는 것을 보았다. 그는 생각했다. "나의 형님에게 나쁜 일이 일어나지 않았어야 할 텐데." 그러고는 머리 땋은 고행자 몇 명을 우루웰라의 깟사빠 존자에게 보냈다. "형님한테 가서 무슨 일이 일어났는지 알아보라." 그리고 자신도 제자 3백 명과 함께 우루웰라의 깟사빠에게 가서 물었다. "이것이 더 나은 길입니까, 깟사빠여?"

"그렇소. 이것이 더 나은 길이요."

그러자 머리 땋은 그 고행자들은 머리카락과 땋은 머리채 그리고 소지품과 불을 섬길 때 쓰는 제사 도구들을 강물에 떠내려 보냈다. 그러고는 세존께 가서 세존의 발에 머리를 조아리면서 출가해서 세존께 계를 받기를 청했다. 그리고 머리 땋은 고행자인 가야의 깟사빠와 고행자 2백 명이 찾아와 나디의 깟사빠가 했던 그대로 했다.

《율장》〈대품〉 1:7~20

첫 번째 목소리 이와 같이 나는 들었다. 세존께서 우루웰라의 네란자라 강둑에 있는 아자빠알라 니그로다나무 아래서 머물고 계실 때였다. 그 무렵 사악한 마아라가 기회를 엿보며 7년째 세존 뒤를 따라다니고 있었으나 어떤 기회도 잡지 못했다. 어느 날 마아라가 세존께 나타나 게송을 읊었다.

"당신은 지금 슬픔에 빠져 숲속에서 선을 닦는 것이오?
재산을 잃어버렸소? 재산을 간절히 원하는 것이오?
마을에서 죄를 지었소? 왜 사람들과 어울리지 않소?
친구라 부를 만한 사람이 아무도 없는 것이오?"

"여래는 슬픔의 뿌리를 뽑아버렸으니
슬픔도 없고 흠도 없이 선정에 든다오.
오, 방일放逸의 사촌이여,

존재하고자 하는 욕망을 가라앉힌 여래는
번뇌에서 벗어나 선정에 든다오."

"사람들이 '이것은 나의 것'이라고 말하는 것들
그리고 '나의 것'이라고 말하는 사람들
당신의 생각이 이들과 같다면
사문이여, 당신은 나 마아라에게서 벗어나지 못할 것이오."

"사람들이 '나의 것'이라고 부르는 것을
여래는 그렇게 부르지 않는다오.
여래는 그렇게 말하는 자들 가운데 포함되지 않소.
잘 들으라, 사악한 자여. 여래가 아는 이 길은
그대가 볼 수조차 없는 길이오."

"당신이 정말로 안전하게 불사不死로 이끄는 길을 찾았다면
떠나시오. 그러나 홀로 그 길을 가시오.
다른 이들에게 알려줄 필요가 뭐가 있겠소?"

"피안으로 건너가려는 사람들이
불사의 길을 여래에게 묻는다오.
여래는 재생의 기반이 없는 경지인
'모든 것의 끝남'을 설한다오."

"세존이시여, 도시나 마을에서 그다지 멀리 떨어지지 않은 곳에 게 한 마리가 살고 있는 연못이 있다고 가정해 보십시오. 도시나 마을에 사는 한 무리의 소년 소녀들이 연못으로 왔습니다. 그들은 연못으로 들어가 게를 물 밖으로 끌어내서 마른 땅 위에 놓았습니다. 그리고 게가 다리 하나를 뻗을 때마다 그것을 잡아당겨 잘라내고, 막대기와 돌로 부러뜨리고 뭉개버렸습니다. 게의 모든 다리가 잘리고 부러지고 뭉개져 다시는 예전처럼 연못으로 돌아갈 수 없게 되었습니다. 이와 마찬가지로 세존께서 마아라의 모든 왜곡과 속임수와 서투른 조롱을 잘라버리고 부러뜨리고 뭉개버리셨습니다. 이제 저는 세존께 가까이 다가가고 싶어도 더 이상 가까이 갈 수가 없게 되었습니다."

마아라는 실망하여 세존 앞에서 게송을 읊었다.

《상응부》 4:24

7년의 세월 동안 한 걸음 한 걸음
나는 세존의 뒤를 밟았소.
완전히 깨달은 분, 항상 마음챙김 하는 분은
나에게 어떤 기회도 주지 않았소.

《숫따니빠아따》 3:2

비계덩어리처럼 보이는 돌 근처를
까마귀 한 마리가 맴돌고 있었소.
'이 속에 뭔가 부드러운 게 있지 않을까?
여기 뭔가 맛있는 게 있지 않을까?'
거기서 맛있는 것을 찾을 수 없었던 까마귀는 가버렸소.
우리도 실망하여 고따마 곁을 떠나오.
돌을 먹어보려고 했던 까마귀처럼.

슬픔에 잠겨 끼고 있던 비파를 놓치고는
비탄에 빠진 마아라는 사라졌다.

《숫따니빠아따》 3:2 ;《상응부》 4:24

사악한 마아라는 실의에 빠져 세존 앞에서 게송들을 읊고 나서, 그 자리를 떠나 세존과 그리 멀지 않은 곳에 가부좌를 틀고 앉았다. 그는 불만에 차서 어깨를 떨구고 고개를 숙인 채, 침울해하면서 할 말을 잃어 말없이 막대기로 땅바닥을 긁고 있었다. 그때 마아라의 세 딸인 딴하[渴愛], 아라띠[倦怠], 라가[愛慾]가 다가와 게송을 읊었다.

"아버지, 왜 비탄에 빠져 계시나요?
누구 때문에 슬퍼하세요? 우리가 그를 잡을 수 있어요,

애욕의 덫을 놓아서 결박할 거예요,

숲에서 코끼리를 잡아 오듯이.

그를 다시 아버지의 힘이 미치는 곳으로 데려올게요."

"숭고한 아라한이 이 세상에 존재한다.

마아라의 영역을 벗어난 이를 애욕으로 유혹해서

다시 데려올 술책은 없다.

그래서 내가 이토록 슬퍼하는 것이다."

마아라의 세 딸 딴하, 아라띠, 라가는 세존께 가서 말씀드렸다. "사문이여, 우리는 당신의 발에 엎드려 경배를 드립니다." 그러나 세존께서는 관심을 기울이지 않으셨다. 존재의 기반을 완전히 없애서 자유로워지셨기 때문이다.

그들은 한쪽 구석으로 물러나 모의했다. "남자들의 취향은 다양하다. 우리가 각각 100명의 어린 소녀 모습으로 변하면 어떨까?" 그들이 소녀 모습으로 변해서는 세존께 가서 말씀드렸다. "사문이여, 우리가 당신의 발에 엎드려 경배 드립니다." 역시 같은 이유로 세존께서는 관심을 기울이지 않으셨다.

그들은 한쪽 구석으로 물러나 모의했다. "남자들의 취향은 다양하다. 우리가 각각 100명의 처녀들 … 한 번 아이를 낳은 여인들 … 두 번 아이를 낳은 여인들 … 중년의 여인들 … 그리고 늙은 여인 모습으로 변하면 어떨까?" 그들은 각각의 모습으로 변해서 세존께 가서 말씀드렸다. "사문이여, 우리가 당신의 발에 엎드려 경배를 드립니다." 역시 같은 이유로 세존께서는 관심을 기울이지 않으셨다.

그들은 한쪽 구석으로 물러나 모의했다. "아버지가 옳았던 것 같다. 만약 우리가 애욕에서 벗어나지 못한 사문이나 바라문을 유혹했다면, 그의 심장은 터져버렸거나 뜨거운 피가 입에서 뿜어져 나왔을 것이다. 아니면 미치거나 정신이 나가버렸을 것이고 잘린 갈대처럼 쪼그라들거나 시들어 말라붙었을 것이다." 그들은 세존께 가서 한쪽 옆에 섰다. 딴하가 세존께 게송을 읊었다.

"당신은 지금 슬픔에 빠져 숲속에서 선을 닦는 것이오?
재산을 잃었나요? 아니면 재산을 간절히 원하는 것인가요?
마을에서 죄를 지었나요? 왜 사람들과 어울리지 않나요?
친구라 부를 만한 사람이 아무도 없는 것인가요?"

"여래는 쾌락으로 유혹하는 군단을 모두 물리쳤소.
홀로 선을 닦으면서 지복을 발견했으니
아라한이라는 목표 달성의 지복,
고요[寂靜]한 마음에서 얻은 지복이오.
하여 여래는 사람들 속에서 친구를 구하지 않으며

그 누구와도 친교를 맺지 않는다오."

다음에는 아라띠가 세존께 게송을 읊었다.

"여기 머무는 비구 당신은 어떻게 수행하기에
다섯 폭류[49]를 건너고 나서 여섯 번째도 건널 수 있나요?
어떤 수행을 해서 밀려오는 감각적 쾌락을 몰아내나요?"

"몸은 평온하고, 마음이 자유로우며,
상 놀음하지 않고, 마음챙김을 하고, 집착하지 않으며
담마를 알고, 생각을 일으키지 않으며 선정에 들고,
마음은 분노하지 않고 표류하지 않고 둔감하지 않소.
여기 머무는 비구는 이와 같이 수행하오.
다섯 폭류를 건너고 나서 여섯 번째도 건널 수 있소.
이렇게 수행해서 밀려오는 감각적 쾌락을 몰아내 버린다오."

이번에는 라가가 세존 앞에서 게송을 읊었다.

---

49 다섯 폭류: 주석서는 '다섯 폭류'를 '안·이·비·설·신 다섯 감각기관과 관련된 탐욕 등의 번뇌'를 말하고 여섯 번째는 '의意와 관련된 번뇌'라고 말하고 있다. [역주] 비구 보디는 다섯 폭류를 하오분결로, 여섯 번째 폭류를 상오분결로 보고 있다.

"갈애를 끊어버린 비구가 무리를 이끌면
수많은 중생들이 그를 따르겠네요. 아!
집착을 버린 비구가 많은 이들을
죽음의 왕국에서 피안으로 이끌어 가겠군요."
"위대한 영웅들, 여래들은
훌륭한 담마로 사람들을 이끌어간다오.
훌륭한 담마가 이끄는 힘을 질투해 봐야
무슨 소용이 있겠는가?"

마아라의 세 딸 딴하, 아라띠, 라가는 사악한 마아라에게로 돌아갔다. 마아라는 그들이 오는 것을 보고 게송을 읊었다.

"어리석구나! 너희는 연꽃 줄기로
바위를 찔러 조각내려고
손톱으로 언덕을 파헤치려고
이빨로 쇠를 씹으려고
머리 위에 거대한 바위를 얹고
절벽에서 발 디딜 곳을 찾으려고
가슴팍으로 나무를 밀어뜨리려고 애쓰다가
좌절하여 고따마를 떠나왔구나."

《상응부》 4:24~25

두 번째 목소리 우루웰라에서 원하는 만큼 머무신 후 세존께서는 머리 땋은 고행자였던 비구 1천여 명을 데리고 가야아시이사를 향해 떠나셨다. 1천여 명의 비구와 함께 가야 근처에 있는 가야아시이사에 머무실 때 비구들에게 말씀하셨다.

불의 설법

"비구들이여, 모든 것이 불타고 있소. 불타고 있는 모든 것이란 무엇인가?"

"'눈[眼]이 불타고 있소. 형상[色]이 불타고 있소. 눈의 식[眼識]이 불타고 있소. 눈의 접촉[眼觸]이 불타고 있소. 또한 즐거운 것이든 괴로운 것이든 괴롭지도 즐겁지도 않은 것이든 눈의 접촉이 조건이 되어 일어난 느낌[受] 또한 불타고 있소. 무엇으로 불타고 있는가? 탐욕의 불꽃으로, 성냄의 불꽃으로, 어리석음의 불꽃으로 불타고 있소. 태어남과 늙음과 죽음으로 불타고 있으며, 슬픔·비탄·고통·근심·고뇌로 불타고 있소.'라고 여래는 말하오."

"귀가 불타고 있소. 소리가 불타고 있소 … "

"코가 불타고 있소. 냄새가 불타고 있소 … "

"혀가 불타고 있소. 맛이 불타고 있소 … "

"몸이 불타고 있소. 감촉이 불타고 있소 … "

"'마음[意]이 불타고 있소. 마음의 대상[法]이 불타고 있소. 마음의 식[意識]이 불타고 있소. 마음의 접촉[意觸]이 불타고 있소. 또한 즐거운 것이든 괴로운 것이든 괴롭지도 즐겁지도 않은 것이든 마음의 접촉이 조건이 되어 일어난 느낌 또한 불타고 있소. 무엇으로 불타고 있는가? 탐욕의 불꽃으로, 성냄의 불꽃으로, 어리석음의 불꽃으로 불타고 있소. 태어남과 늙음과 죽음으로 불타고 있으며, 슬픔·비탄·고통·근심·고뇌로 불타고 있소.' 라고 여래는 말하오."

"이렇게 보게 되면, 비구들이여, 지혜롭고 성스러운 제자는 눈에 대해, 형상[色]에 대해, 눈의 식에 대해, 눈의 접촉에 대해 초연해진다오. 또한 즐거운 것이든 괴로운 것이든 괴롭지도 즐겁지도 않은 것이든 눈의 접촉이 조건이 되어 일어난 느낌에 대해 초연해진다오."

"그는 귀에 대해, 소리에 대해 … "

"그는 코에 대해, 냄새에 대해 … "

"그는 혀에 대해, 맛에 대해 …"

"그는 몸에 대해, 감촉에 대해 … "

"그는 마음[意]에 대해, 마음의 대상[法]에 대해, 마음의 식[意識]에 대해, 마음의 접촉[意觸]에 대해 초연해진다오. 또한 즐거운 것이든 괴로운 것이든 괴롭지도 즐겁지도 않은 것이든 마음의 접촉이 조건이 되어 일어난 느낌에 대해 초연해진다오."

"초연해지면[厭離] 탐욕은 사라진다오. 탐욕이 사라지면 자유로워진다오. 자유로워지면 다음과 같은 지혜가 생긴다오. '이것이 자유로움[解脫]이구나.' 그리고 이렇게 안다오. '태어남은 다했다. 청정한 삶은 완성되었고 해야 할 일은 다 해 마쳤다. 이제 어떤 존재로도 다시 돌아오지 않는다.'"

이러한 설법을 하시는 동안 1천여 명의 비구들은 취착이 없어져 번뇌[漏]에서 벗어났다.

《율장》〈대품〉 1:21 ; 《상응부》 35:28

세존께서 가야아시이사에서 원하는 만큼 머무시다가 당신을 따르는 머리 땋은 고행자였던 비구 1천여 명 모두를 데리고 라아자가하를 향해 떠나셨다. 천천히 유행하시다가 이윽고 세존께서 라아자가하에 이르셨다. 그리고 어린 야자나무 숲에 있는 수빳티따 탑묘에 머무셨다.

마가다국의 세니야 빔비사아라 왕이 이 소문을 들었다. "사끼야족 출신으로 출가한 수행자 고따마가 라아자가하로 와서 어린 야자나무 숲에 있는 수빳티따 탑묘에 머물고 계신다고 한다. 고따마 존자에 대한 칭송이 이렇게 널리 퍼져 있다. '그분 세존께서는 바로 아라한[應供]이며, 완전히 깨달은 분[正等覺者, 正遍知]이며, 지혜와 실천이 구족된 분[明行足], 바른 길을 잘 가신 분[善逝], 세간을 잘 알고 계신 분[世間解], 가장 높은 분[無上士]이며, 사람들을 잘 다루는 지도자[調御丈夫]이고, 신들과 사람들의 스승[天人師]이며, 붓다[佛]이며 세존이다.[50] 그분께서는 신들과 마아라들, 범천들이 있는 세상에서 그리고 사문과 바라문, 왕자들과 인간들을 포함하는 중생들 가운데서 비할 바 없이 위없는 깨달음[無上正等覺]을 얻었다고 선언하셨다. 그분께서는 처음도 좋고 중간도 좋고 끝도 좋은 담마, 의미와 표현을 구족하여 더할 나위 없이 완벽한 담마를 설하신다. 청정하디 청정한 삶, 그 성스러운 삶을 드러내고 계신다.' 그러한 성취를 이루신 분을 뵈러 가는 게 좋겠다."

마가다국의 세니야 빔비사아라 왕은 마가다국의 바라문 장자 12만 명을 이끌고 세존께 갔다. 그는 세존께 경배를 드리고 한쪽 옆에 앉았다. 12만 명의 장자 가운데 몇몇은 세존께 경배를 드리고 한쪽 옆에 앉았고, 몇몇은 세존께 경배를 드리고 나서 예의 바르고 격식 있는 대화를 마친 후 한쪽 옆에 앉았다. 몇

---

50 [역주] 여래십호如來十號: 붓다의 공덕을 표현한 열 가지 이름을 말한다. 초기 불전에 의하면 붓다의 덕에는 아홉 가지가 있다. 북방불교에서는 무상사와 조어장부가 둘로 나뉘어 여래십호로 알려져 있다. "세존*bhagavā*께서는 공양받을 만한 분[阿羅漢 *arahat*]이며, 완전히 깨달은 분[正等覺者 *sammāsambuddho*]이며, 지혜와 실천을 갖춘 분[明行足 *vijjācaraṇasampanno*]이며, 최상의 행복인 열반에 잘 도달한 분[善逝 *sugato*]이며, 세간을 아는 분[世間解 *lokavidū*]이며, 위없는 조어장부[無上調御丈夫, *anuttaro purisadhammasārathi*]이며, 천신과 인간의 스승[天人師, *satthā devamanussānaṃ*]이며, 깨달은 분[佛, *buddho*]이며, 존귀한 분[世尊, *bhagavā*]이다."

몇은 합장하고 세존께 인사드리고 한쪽 옆에 앉았고, 몇몇은 자기 이름과 가문을 세존께 말씀드리고 한쪽 옆에 앉았다. 몇몇은 침묵을 지킨 채 한쪽 옆에 앉았다.

그들은 궁금했다. "위대한 사문이 우루웰라 깟사빠의 제자가 되어 청정한 삶을 사는 것인가, 아니면 우루웰라 깟사빠가 위대한 사문의 제자가 되어 청정한 삶을 사는 것인가?" 세존께서 그들의 마음속 생각을 헤아리시고 우루웰라의 깟사빠 존자에게 게송으로 말씀하셨다.

"'우루웰라에 사는 수척한 자'라고 알려진 이가
무엇을 보았기에 불 숭배를 그만두었소?
깟사빠여, 여래는 그대에게 이렇게 묻소.
그대는 왜 불 숭배를 그만두게 되었소?"

"형상과 소리와 맛과 여자들이
희생제에 대한 보상으로 약속되어 있었습니다.
그러한 세속적인 것들이 번뇌임을 저는 알았습니다.
그러자 불 숭배와 희생제가 더 이상 기쁨을 주지 않았습니다."

"그러면 깟사빠여, 그대의 마음이 그런 것들 속에서
더 이상 즐거움을 찾지 못한다면,

형상과 소리와 심지어는 맛 속에서도 찾지 못한다면,
깟사빠여, 신들과 인간들로 이루어진 이 세상에서
그대의 마음은 어떤 즐거움을 찾소?
여래에게 말해보시오."

"저는 이 세상의 것이 아닌 평온의 경지를 보았습니다.
소유가 없고, 감각적 존재가 없고,
다른 것으로 존재하지도 않고, 다른 존재에 이끌리지 않는 경지.
그러니 불 숭배와 희생제는 더 이상 기쁨을 주지 않습니다."

그러고 나서 우루웰라의 깟사빠 장로는 자리에서 일어나 가사 자락을 한쪽 어깨에 걸치고, 세존의 발에 머리를 조아리고 엎드려 말씀드렸다. "세존이시여, 세존께서는 저의 스승이십니다. 저는 제자입니다. 세존께서는 저의 스승이십니다. 저는 제자입니다."

그러자 마가다국의 12만 명의 바라문 장자들은 생각했다. "우루웰라의 깟사빠가 세존의 제자가 되어 청정한 삶을 살고 있구나." 세존께서 그들의 마음속 생각을 헤아리시고, 그들에게 차제설법次第說法을 하셨다. 그때 그 자리에 있던 12만 명 가운데 11만 명의 마음속에 마침내 티끌 없고 때 묻지 않은 법안이 열렸다. 즉 "생겨나는 것은 무엇이건 모두 사라진다." 1만 명은 재가 신자가 되었다.

마가다국의 세니야 빔비사아라 왕은 담마를 보았고 담마에 이르렀고 담마를 알았고 담마를 깨달았다. 반신반의하던 마음에서 벗어나 의심이 말끔히 사라졌고 세존의 가르침에 대해 완전한 확신을 얻었고 다른 어떤 가르침에도 기대지 않게 되었다.

왕은 세존께 말씀드렸다. "세존이시여, 제가 어렸을 때 다섯 가지 염원이 있었습니다. 이제 그것들이 모두 이루어졌습니다. 어렸을 적 이렇게 생각했습니다. '내가 왕좌에 오르도록 지명을 받기를.' 그것이 첫 번째 염원이었고 이루어졌습니다. 두 번째 염원은 '아라한, 정등각자가 나의 왕국에 들어오시기를.'이었고, 그것은 이루어졌습니다. 세 번째 염원은 '그러한 세존을 경배할 수 있기를.'이었고 그것은 이루어졌습니다. 네 번째 염원은 '세존께서 나에게 담마를 가르쳐주시기를.'이었고 그것 역시 이루어졌습니다. 다섯 번째 염원은 이렇습니다. '내가 세존의 담마를 이해할 수 있었으면.' 그리고 그것 또한 이루어졌습니다. 훌륭하십니다, 세존이시여! 훌륭하십니다, 세존이시여! 저에게 담마는 참으로 명료해졌습니다. 세존이시여, 오늘부터 목숨이 붙어 있는 날까지 세존께 귀의합니다. 저를 제자로 받아주십시오. 세존이시여, 세존과 승가의 모든 비구들에게 내일 공양을 올릴 수 있도록 허락해 주십시오."

세존께서 침묵으로 허락하셨다. 왕은 세존께서 동의하시는 것을 보고 자리에서 일어났다. 그리고 세존께 경배를 드리고 자신의 오른쪽을 세존께 향하게 하여 세존을 돌고 나서 그 자리를 떠났다.

날이 밝자 왕은 여러 가지 좋은 음식들을 준비했고 공양 시간이 되었음을 알려드렸다. "존자시여, 공양이 준비되었습니다."

아침이 되자 세존께서는 채비를 하시고 발우와 가사를 챙겨 승가의 많은 비구들과 머리 땋은 고행자였던 1천여 명의 비구들을 데리고 라아자가하로 들어가셨다. 그들이 지나갈 때, 신들을 다스리는 제석천이 바라문 청년의 모습을 하고 나타났다. 그는 세존 앞에 합장하고 서서 세존께서 이끌고 있는 승가를 보며 게송을 읊었다.

"라아자가하로 그분이 들어오셨구나, 자제自制하며 자유롭게.
머리 땋은 고행자들도 그분과 함께 왔구나, 자제하며 자유롭게.
세존께서 라아자가하로 오셨구나, 황금빛 보석처럼 환하게.
그분이 라아자가하로 오셨구나, 고요하고 자유롭게.
그분이 라아자가하로 오셨구나, 굴레를 벗고 자유롭게.
그분이 라아자가하로 오셨구나, 적정寂靜하고 자유롭게.
열 가지 삶의 방식과 열 가지 힘[如來十力]을 지니신 분,

열 가지 행동을 깨닫고 열 가지 요소를 지니신 분,[51]
그분 세존께서 천 명의 비구들과 함께 라아자가하로 오셨구나."

사람들이 신들을 다스리는 제석천을 보고 말했다. "저 바라문 청년은 누구인가? 잘 생기고 아름답고 우아하구나!" 그 말을 듣고 제석천은 게송을 읊었다.

"성자이며 언제나 자제自制하고
청정하며, 온 세상에 비길 이가 없고
선서이며 아라한인 그분, 나는 그분을 따르는 자이다."

세존께서는 빔비사아라 왕의 거처로 가셨다. 그리고 비구 승단과 함께 미리 마련된 자리에 앉으셨다. 왕은 세존을 비롯한 비구 승단을 위해 몸소 시중을 들었고 모두 흡족해했다. 세존께서 공양을 마치고 발우를 내려놓으시자 왕이 한쪽 옆에 앉았다. 왕은 생각했다. "세존께서 어디에 머무셔야 할까? 마을과 멀지도 가깝지도 않고 드나드는 길이 있어서 사람들이 찾아뵐 수 있으면서 낮에는 너무 붐비지 않고 밤에는 조용해야 하고 소음

---

51 열 가지 삶의 방식: 주석서에 의하면 고귀한 이들의 열 가지 삶의 방식을 말한다.(《장부》 33경) '열 가지 행동'은 선하거나 불선한 열 가지 행동을 말한다.(《중부》 9경) '열 가지 요소'는 성자의 열 가지 상태를 말한다.(《장부》 33경)

에 방해받지 않는 한적한 곳이어야 할 텐데. 사람들 눈에 띄지 않게 누울 수 있고 앉아 정진하시기 좋은 곳이 어디일까?” 문득 한 가지 생각이 떠올랐다. “그 대나무 숲이 이 모든 조건을 갖추고 있구나. 그곳을 붓다께서 이끄시는 승가에게 보시하면 어떨까?”

세존께서 숲 보시를 승낙하셨다. 그러고 나서 마가다국의 왕 세니야 빔비사아라에게 설법을 베풀고 격려하고 일깨우고 북돋우시고 나서 자리에서 일어나 그곳을 떠나셨다.

《율장》 〈대품〉 1:22

5. 두 상수제자

두 번째 목소리 이런 일도 있었다. 유행승 산자야는 자신을 따르는 유행승 250명과 함께 라아자가하에 머물고 있었다. 사아리뿟따와 목갈라아나도 유행승 산자야 아래에서 수행을 하고 있었다. 두 사람은 누구라도 먼저 불사에 이르는 길을 찾으면 서로에게 알려주기로 약속했다. 어느 날 아침 사아리뿟따는 발우와 가사를 챙겨 탁발을 나선 앗사지 존자를 보았다. 앗사지 존자가 앞으로 나아갈 때, 뒤로 돌아서 갈 때, 앞을 볼 때, 옆을 볼 때, 몸을 구부릴 때, 펼 때, 그의 몸가짐은 신심을 불러일으켰고 눈길은 아래로 떨어뜨린 채 품위 있게 움직였다. 앗사지 존자가 라아자가하에서 탁발하는 모습을 보고 유행승 사아리뿟따는 생각했다. "세상에 아라한과 아라한도에 들어선 사람들이 있다던데, 저 비구도 그중 하나임에 틀림없는 것 같다. 그에게 가서 어느 스승에게로 출가했는지, 누가 스승인지, 누구의 담마를 받아들였는지 물어봐야겠다." 그런데 그 순간 다시 생각했다. "저 비구가 집집마다 다니며 탁발할 때 물어보는 것은 적절하지 않다. 저분을 따라가서 그와 함께하는 수행자들이 발견한 것이 무엇인지 알아내야겠다."

앗사지 존자는 탁발을 끝내고 공양받은 음식을 가지고 라아자가하를 떠났다. 그때 유행승 사아리뿟따가 그에게 다가가 인사했다. 예의를 갖춰 인사하고 난 후 한쪽 옆에 서서 말했다.
"벗이여, 당신의 감관이 고요하고 안색은 맑고 환합니다. 당신은 어느 분에게로 출가했습니까? 당신의 스승은 어느 분이십니까? 어느 분의 담마를 받아들였습니까?"

"벗이여, 대사문이 계십니다. 사끼야족에서 출가하신 사끼야족의 아들입니다. 저는 그분 세존께로 출가했습니다. 그분은 저의 스승이십니다. 저는 세존의 담마를 받아들였습니다."

"그렇다면 존자님의 스승께서는 무슨 말씀을 하십니까? 무엇을 가르치십니까?"

"벗이여, 저는 출가한 지 얼마 되지 않습니다. 이 교법에 이제 막 입문했을 뿐이지요. 그러니 담마의 세세한 부분까지 그대에게 설명할 수는 없습니다. 간단하게 그 의미를 말씀드리겠습니다."

그러자 사아리뿟따가 말했다.

"벗이여, 그러시지요.
길든 짧든 형편에 따라 말씀해 주십시오.
다만 그 의미를 지금 말씀해 주십시오.
세세하게 설명하지 않아도 의미만으로 충분합니다."

앗사지 존자가 유행승 사아리뿟따에게 세존의 담마를 요약해 주었다.

"생겨나는 모든 것은 원인이 있으니
그 원인을 여래께서 일러 주셨습니다.
생겨난 모든 것을 어떻게 사라지게 하는가
이러한 가르침을 대사문은 설하십니다."

사아리뿟따는 세존의 담마를 듣자, 담마에 대한 티끌 없고 때 묻지 않은 법안이 열렸다.

"'생겨나는 것은 무엇이건 모두 사라진다.'
이것이 진리다, 비록 내가 들은 그 말이 전부라 하더라도.
그대는 슬픔이 없는 경지에 이르렀소.
우리가 수만 겁을 헤매어도 보지 못하고 지나쳐 버린 그 경지에."

사아리뿟따는 목갈라아나에게 갔다. 목갈라아나가 그를 보고 말했다. "도반이여, 그대는 감관이 고요하며 안색은 맑고 환합니다. 불사의 경지에 이르는 길을 찾았습니까?" "그렇습니다, 도반이여, 저는 불사의 경지에 이르는 길을 찾았습니다." "도반이여, 어떻게 그것을 찾았습니까?"

사아리뿟따가 무슨 일이 있었는지 들려주었다. 목갈라아나는 세존의 담마를 전해들었다.

"생겨나는 모든 것은 원인이 있고
생겨난 모든 것이 멸하는 길을
여래께서 일러주셨습니다.
이것이 대사문의 가르침입니다."

그러자 그에게 담마에 대한 티끌 없고 때 묻지 않은 법안이 열렸다.

"'생겨나는 것은 무엇이건 모두 사라진다.'
이것이 진리다, 비록 내가 들은 그 말이 전부라 하더라도.
그대는 슬픔이 없는 경지에 이르렀소.
우리가 수만 겁을 헤매어도 보지 못하고 지나쳐버린 그 경지에."

그러자 목갈라아나가 말했다. "도반이여, 세존을 뵈러 갑시다. 세존이 우리의 스승입니다."

"그러나 도반이여, 여기 250명의 유행승들이 우리만 바라보며 우리를 의지해서 살고 있습니다. 우선 그들에게 말해주어야 합니다. 그들은 스스로 적절하다고 생각하는 대로 행할 것입니다." 두 사람은 함께 유행승들에게 찾아가 말했다. "도반들이여, 우리는 세존께 갈 것입니다. 세존께서는 우리의 스승이십니다."

"우리는 존자들만 바라보며 의지해서 살아가고 있습니다. 존자들이 대사문에게 귀의해서 청정한 삶을 살고자 한다면, 우리도 그렇게 할 것입니다."

이 말을 들은 사아리뿟따와 목갈라아나는 유행승 산자야에게 가서 대사문에게 귀의하겠노라고 말했다.

그러자 산자야는 "그만두시오. 가지 마시오. 우리 셋이 이 공동체를 함께 이끌어 갑시다."라고 말했다.

두 사람은 거듭거듭 산자야에게 그들의 뜻을 밝혔으나 산자야의 대답은 같았다.

결국 250명의 유행승들은 사아리뿟따와 목갈라아나를 따라 죽림정사로 떠났다. 그러자 산자야는 입으로 뜨거운 피를 토했다.

세존께서는 멀리서 오고 있는 사아리뿟따와 목갈라아나의 모습을 보셨다. 그리고 비구들에게 말씀하셨다. "두 명의 도반, 꼴리따와 우빠띳사[52]가 오고 있다. 저 두 사람은 뛰어난 한 쌍의 상수제자가 될 것이다."

---

52 [역주] 꼴리따와 우빠띳사: 목갈라아나와 사아리뿟따의 출가하기 전 속명이다.

그때 세존께서는 비구들에게 다음과 같이 알리셨다.

"이 두 사람은 죽림정사에 오기 전에

심오한 지혜의 경지에서

존재 가능성을 모두 멸한 경지에서

이미 자유를 얻었소.

그래서 이렇게 말하는 것이오.

두 명의 도반 꼴리따와 우빠띳사가 오고 있소.

저 두 사람은 한 쌍의 뛰어난 상수제자가 될 것이오."

사아리뿟따와 목갈라아나는 세존께로 와서 발아래 엎드렸다. 그리고 말씀드렸다. "세존이시여, 저희는 세존께로 출가하여 계를 받기를 원합니다."

"오시오, 비구들이여," 세존께서 말씀하셨다. "담마는 훌륭히 설해졌소. 고를 완전히 끝내기 위해 청정한 삶을 살도록 하시오." 이렇게 두 존자는 계를 받았다.

그 무렵 마가다의 이름난 집안의 많은 이들이 세존께 귀의하여 청정한 삶을 살고 있었다. 어떤 사람들은 수군거리며 비난했다. "사문 고따마가 집안의 대를 끊고 과부들을 만들어내는구나. 그는 씨를 말리고 있다. 이미 머리 땋은 고행자 1천 명이 출가했고, 이번에는 250명의 유행승들이 출가하더니 이제 이름난 집안의 사람들이 사문 고따마에게 귀의하여 출가해 버렸구나!"

사람들은 비구들을 보면 이런 노래를 부르며 조롱했다.

"사문 고따마가
마가다 성에 들어왔네.
산자야의 무리를 모조리 데려가 버렸다네.
오늘은 누구를 데려갈까?"

비구들이 이 노래를 듣고 세존께 찾아가 전해드렸다. 세존께서 이렇게 일러주셨다. "이 일은 오래가지 않을 것이다. 오직 이레 동안만 지속할 것이고 이레째 되는 날 수그러들 것이다. 그러니 사람들이 노래를 부르면서 그대들을 조롱할 때, 그대들은 이런 게송으로 답하라.

"비구들은
위대한 영웅들인 여래들의 담마를 따른다오.
비구들이 담마를 따르는데
조롱받을 이유가 있는가?"

그리하여 사람들이 조롱하면 비구들은 그들에게 그렇게 답했다. 그후 사람들은 생각하기 시작했다. "사끼야족의 후손인 수행승들이 담마를 따르고 있구나. 그들은 담마를 거스르지 않는 것 같다." 이 일은 이레 동안 지속되었고 이레째 되는 날 수그러들었다.

《율장》〈대품〉 1:23~24

해설자 2 목갈라아나 장로는 붓다께 귀의한 후 이레 만에 아라한이 되었다. 그러나 사아리뿟따 장로는 통찰력으로 모든 차원의 식識을 되새기고 분석하면서 두 주를 보냈다. 그가 어떻게 아라한이 되었는지 살펴보자.

첫 번째 목소리 이와 같이 나는 들었다. 세존께서 라아자가하의 수우까라카따 동굴에 머물고 계실 때, 유행승 디이가나카가 찾아와 인사를 나누고 말씀드렸다. "고따마 스승이시여, 제 이론과 견해는 '나는 아무것도 인정하지 않는다.'입니다."

"악기웻사나[53]여, '나는 아무것도 인정하지 않는다.' 이것이 그대의 견해라고 했는데 그럼 그 견해 또한 인정하지 않는가?"

"제가 이러한 제 견해를 인정한다고 해도, 달라지는 것은 없을 것입니다, 고따마 스승이시여, 달라지는 것은 없을 것입니다."

---

53 [역주] 악기웻사나: 웨사알리 지방에 사는 왓지족을 부르던 종족의 호칭이다. 《중부》 35경, 36경에서 삿짜까를 부를 때, 《중부》 74경에서는 디이가나카를 부를 때(지금 본문에 해당함), 《중부》 125경에서는 아찌라와따 사문을 부를 때, 《장부》 2경 〈사문과경〉에서는 니간타 나타뿟따를 부를 때 붓다께서 악기웻사나라고 하셨다. 이들은 모두 웨사알리 출신이다.

"'달라지는 것은 없을 것이다.'라고 말하면서 또 다른 견해를 취착하면서 그러한 견해를 버리지 못하는 사람은 이 세상에 많소. 그리고 '달라지는 것은 없을 것이다.'라고 말하면서 또 다른 견해를 취착하지 않으면서 그 견해를 버리는 사람은 거의 없소."

"어떤 사문이나 바라문은 '나는 모든 것을 인정한다.'라는 이론이나 견해를 견지하고, 또 어떤 사문이나 바라문은 '나는 아무것도 인정하지 않는다.'라는 이론이나 견해를 견지하며, 또 어떤 사문이나 바라문은 '나는 어떤 것은 인정하고, 어떤 것은 인정하지 않는다.'라는 이론이나 견해를 견지하고 있소. '나는 모든 것을 인정한다.'라는 견해를 가진 이들의 견해는 탐욕, 속박, 쾌락, 고집, 취착에 가깝소, 그러나 '나는 아무것도 인정하지 않는다.'라는 이론이나 견해를 가진 이들의 견해는 탐욕도 속박도 쾌락도 고집도 취착도 인정하지 않는 것에 가깝소."

여기서 유행승 디이가나카가 말씀드렸다. "고따마 존자께서 제 견해를 칭찬하시는군요, 고따마 존자께서 제 견해를 대단히 칭찬하시는군요."

"'어떤 것은 인정하고, 어떤 것은 인정하지 않는다.'라는 이론이나 견해를 가진 이들의 견해는 그들이 인정한다는 점에서 탐욕, 속박, 쾌락, 고집, 취착에 가깝소. 반면에 그들이 인정하지 않는다는 점에서 탐욕도 속박도 쾌락도 고집도 취착도 인정하지 않는 것에 가깝소."

"'나는 모든 것을 인정한다.'라는 이론과 견해를 가진 사문과 바라문 가운데 지혜로운 사람은 이렇게 생각한다오. '나는 모든 것을 인정한다.'라는 견해를 가지고 있소. 하지만 '오직 이것만이 진실이다, 다른 모든 것은 오류다.'라고 잘못 이해하고 그것을 주장한다면, 다른 견해를 지닌 양쪽 모두와 충돌을 일으킬 것이오. '나는 아무것도 인정하지 않는다.'라는 이론과 견해를 가진 사문이나 바라문이 있소. 그리고 '나는 어떤 것은 인정하지만, 어떤 것은 인정하지 않는다.'라는 이론과 견해를 가진 사문이나 바라문이 있소. 이러한 다른 견해를 지닌 양쪽 모두와 충돌을 일으킬 것이오. 그리고 충돌이 있으면 논쟁이 있고 논쟁이 있으면 말다툼이 있고 말다툼이 있으면 해로움이 있소."

"사문이나 바라문이 이러한 상황을 예견한다면 다른 견해에 취착하지도 않고 그 견해를 버린다오. 이런 식으로 잘못된 견해들을 버리고 내려놓는다오."

해설자 2 경에서는 '나는 아무것도 인정하지 않는다.'와 '나는 어떤 것은 인정하고, 어떤 것은 인정하지 않는다.'라는 견해를 가진 소위 '현자들'에 대해 똑같은 내용의 구절들이 반복된다.

첫 번째 목소리 "자, 악기웻사나여, 우리의 몸은 땅[地]·물[水]·불[火]·공기[風] 네 가지 주요 요소[四大]로 이루어진 형상이며, 어머니와 아버지로부터 생겨나 쌀밥과 빵을 먹으며 자랐소. 몸은 덧

없고 성유를 발라주고 문질러야 하고 무너지고 해체되기 마련이오. 몸은 무상, 괴로움[苦], 종기, 화살, 재난, 고뇌이며, 타자他者로 보아야 하고 해체되기 마련이며 공空하며 무아로 여겨야만 하오. 몸을 이렇게 볼 때, 사람은 몸에 대한 욕구와 애정 그리고 몸을 모든 추론의 필연적 근거로 대하는 습관[54]을 버리게 된다오."

"세 가지 느낌이 있소. 즐거운 느낌, 괴로운 느낌, 괴롭지도 즐겁지도 않은 느낌. 사람이 이 세 가지 중에 어느 하나를 느낄 때 다른 두 느낌은 느끼지 않는다오. 즐거운 느낌은 무상하며 형성된 것이며 조건에 의해 생겨난 것이며 끝나기 마련이며 사그라지기 마련이며 희미해지기 마련이며 소멸되기 마련이오. 괴로운 느낌과 괴롭지도 즐겁지도 않은 느낌도 마찬가지라오."

"가르침을 잘 받은 고귀한 제자가 이와 같이 보면, 즐거운 느낌, 괴로운 느낌, 괴롭지도 즐겁지도 않은 느낌에 초연해진다오. 초연해지면 탐욕은 사라지고 탐욕이 사라지면 자유로워진다오. 그 마음이 자유로워지면 지혜가 생긴다오. '이것이 자유로움[解脫]이구나.' 그리고 이렇게 안다오. '태어남은 다했고, 청정한 삶

54 몸을 모든 추론의 근거로 간주하는 습관: 이는 물리적 몸을 근본적 실재로, 경험적 진리로 추정하고, 이 관점에서 몸의 시스템을 체계화한 사고방식을 가리킨다. 사실상 유물론이나 마음에 대한 생리학적 관점과 의식을 물질의 "부수 현상"으로 보는 관점이 그러하다. 이러한 견해와 물질이 의식에 종속된 것으로 보는 반대의 견해, 둘 다 《중부》 36경 앞부분에서 논의되고 있다.

은 완성되었고, 해야 할 일은 다 해 마쳤다. 이제 어떤 존재로도 다시 돌아오지 않는다.' 마음이 해탈한 비구는 누구의 편도 들지 않고, 누구와도 다투지 않는다오. 그는 세상에서 통용되는 말[55]을 사용할 뿐 집착하지 않는다오."

이 설법을 하시는 동안, 사아리뿟따는 세존의 뒤에 서서 부채질하고 있었다. 그때 그는 생각했다. "선서이신 세존께서 수승한 지혜로써 견해, 느낌 등을 버리고 내려놓는 것에 대해 우리에게 말씀해 주시는구나." 그리고 사아리뿟따가 이렇게 생각했을 때, 그의 마음은 취착이 없어져 번뇌로부터 해방되었다.

한편, 담마에 대한 티끌 없고 때 묻지 않은 법안이 디이가나카에게 열렸다. 그는 말했다. "… 나는 스승 고따마와 담마와 승가에 귀의합니다."

《중부》 74

해설자 2 이즈음 숫도다나 왕은 신하의 아들인 까알루다아이를 라아자가하로 보내 자신의 아들인 붓다에게 까삘라왓투를 방

---

55 [역주] 세상에서 통용되는 말: 붓다께서 '자아'라는 단어를 쓰시며 언어표현에 관하여 이런 말씀을 하신다. "이런 자아(욕계의 자아, 색계의 자아, 무색계의 자아)를 얻었다는 것은 세상의 일반적인 표현이며 세상의 언어이며 세상의 인습적 표현이며 세상의 개념이다. 여래는 이런 것에 집착하지 않고 표현할 뿐이다." 이 말씀은 세상의 언어로 자아라고 하지만 자아라 할 만한 것은 없으며 자아라는 명칭만 있을 뿐이라는 뜻이다. 《장부》 9경 I권, 202쪽 참조

문해 달라고 설득하도록 했다. 그런데 붓다께 가서 맡은 임무를 전해드리기도 전에 까알루다아이는 비구가 되었다. 붓다께서 깨달으신 후 처음으로 맞이한 겨울이 끝나갈 무렵, 까알루다아이는 게송으로 자신의 맡은 임무를 말씀드렸다. 붓다께서 고향을 방문해주시기를 청하는 내용이었다.

낭송자

"세존이시여, 잉걸불처럼 타고 있는 나무들이 있습니다.
열매 맺으려, 푸른 장막은 벗겨지고
새빨간 불꽃이 활활 타오르고 있습니다.
때가 되었습니다, 위대한 영웅, 진리의 담당자이시여.
꽃이 활짝 피어 아름다운 나무들이
바람에 향기를 실어 퍼뜨리고
열매 맺기를 기다리며 잎사귀를 떨구고 있습니다.
영웅이시여, 이곳을 떠날 때가 되었습니다.
세존이시여, 이제 여행하기에 쾌적한 시기입니다.
너무 춥지도 너무 덥지도 않으니까요.
서쪽을 바라보며, 로히니강[56]을 건너는 스승님을

---

56 로히니강: 《장로게》의 주석서에 의하면 로히니강은 남쪽으로 흐르고, 강의 서쪽은 사끼야족, 동쪽은 꼴리야족의 나라로 나뉜다. 라아자가하는 강가강을 건너 한참 남쪽에 자리 잡고 있다. 따라서 그곳으로부터 여행하는 사람은 왓지족과 꼴리야족의 나라를 거쳐 서쪽으로 강을 건너야 한다.

사끼야족과 꼴리야족 사람들이
볼 수 있게 해주십시오.

희망으로 밭은 일궈지고
희망으로 씨는 뿌려지고
희망을 품고 상인들은 항해하며
부富를 찾아 바다를 건너고 있습니다.
제가 품은 이 희망이
성취되기를!

다시 또 다시 곡식 씨앗은 뿌려지고
다시 또 다시 신들은 비를 내리고
다시 또 다시 농부들은 밭을 갈고
다시 또 다시 마을은 풍요로워집니다.
다시 또 다시 탁발자는 탁발을 하고
다시 또 다시 선한 공양자는 보시하고
거듭 베풀어 마지않는 선한 공양자는
다시 또 다시 행복한 천상세계에 다가섭니다.

어떤 가문에서 태어났든지 상관없이
무한히 넓은 지혜를 얻은 영웅은
위로 일곱 세대까지 품위를 높입니다.

신보다 위대한 세존께서는 그보다 훨씬 더 큰일을 할 수 있습니다. '완전하다'라는 말은 이제 세존께서 실현하셨기 때문입니다."

《장로게》 527~33

두 번째 목소리 세존께서는 원하는 만큼 라아자가하에 머무시고 나서 까삘라왓투로 떠나셨다. 천천히 유행하시다가 마침내 까삘라왓투에 도착해서 니그로다 원림에 머무셨다. 아침이 되자 세존께서는 채비를 하시고 발우와 가사를 챙겨 사끼야족의 왕 숫도다나의 거처로 가셨다. 그리고 마련된 자리에 앉으셨다.

《율장》〈대품〉 1:54

해설자 1 붓다께서 고향을 방문하신 이야기는 경에 앞뒤 배경 설명 없이 간략하게 나와 있다. 그래서 이야기를 계속하기에 앞서 주석서의 몇몇 세부 내용을 덧붙여서 당시 상황을 좀 더 분명히 해보겠다.

해설자 2 붓다께서 까삘라왓투에 도착하셨을 때, 자존심 강하기로 이름난 사끼야 왕족은 경의를 표하는 것을 내켜하지 않았다. 그러자 붓다께서는 자신의 팔과 다리에서 불과 물이 동시에 뿜어져 나오는 쌍신변의 신통을 보이셨다. 곧이어 웻싼따라 본생담[57]을 말씀하셨다. 아버지의 궁전에서 마련된 첫 번째 공식 공양이 끝난 후, 붓다께서는 담마빠알라 본생담[58]을 말씀하셨다. 그러자 왕은 세 번째 성인의 단계[不還果]에 이르렀다. 그는 4년쯤 후 아라한이 되어 죽었다. 동시에 난다 왕자의 어머니이며 붓다의 이모이기도 한 마하아빠자아빠띠 왕비가 첫 번째 성인의 단계[豫流果]에 이르렀다. 그날은 마하아빠자아빠띠 왕비의 외아들 난다 왕자의 약혼을 축하하는 날이기도 했다. 붓다께서는 자리에서 일어나시면서 난다 왕자에게 자신의 발우를 건네주셨다. 그러고 나서 왕궁을 떠나셨다. 난다 왕자는 어찌할 바를 모르는 채 발우를 들고 붓다의 뒤를 따랐다. 그가 왕궁을 떠날 때, 그의 약혼녀가 소리쳤다. "곧 돌아오세요, 왕자님." 그들이 붓다의 거처에 이르렀을 때, 붓다께서 그에게 재가의 삶을 떠나지 않겠느냐고 물으셨다. 난다는 집으로 돌아가겠다는 마음보다는 경외하는 마음으로 그 말에 동의했다. 그로부터 일주일째

---

57 [역주] 웻싼따라 본생담(《본생경》 547): 붓다의 전생담 중에 붓다가 웻싼따라 보살이었을 적의 이야기로, 가뭄이 심했던 나라에 큰 보시의 힘으로 비를 내리게 했으며 그 비는 원하는 사람들만 적셔주었다는 신통 이야기. 일곱 번의 큰 보시를 할 때마다 땅이 크게 진동했다고 한다.

58 [역주] 마하 담마빠알라 본생담 (《본생경》 447): 붓다가 많은 공덕을 쌓은 집안의 아들인 담마빠알라로 태어났던 전생 이야기. 거짓말과 악행을 삼가고 기쁘게 보시했던 공덕의 힘으로 그 가문에는 일찍 죽는 사람이 없었고, 그래서 숫도다나 왕의 전생이었던 담마빠알라의 아버지는 유학을 간 아들이 죽었다는 거짓말을 전혀 믿지 않았다고 한다.

되는 날 붓다께서는 다시 아버지의 왕궁에서 공양을 하셨다.

해설자 1 이제 율장에 실린 이야기가 이어진다.

두 번째 목소리 그때 라아훌라 왕자의 어머니가 라아훌라 왕자에게 말했다. "라아훌라야, 저분이 네 아버지시다. 가서 유산을 달라고 말씀드려라." 그래서 라아훌라 왕자는 세존께 가서 그 앞에 섰다. "사문이시여, 당신의 그늘은 쾌적합니다."

그때 세존께서 자리에서 일어나 그곳을 떠나셨다. 라아훌라 왕자는 세존의 뒤를 따르며 말했다. "사문이시여, 저에게 유산을 주십시오. 사문이시여, 저에게 유산을 주십시오."

그러자 세존께서 사아리뿟따 장로에게 말씀하셨다. "사아리뿟따여, 이 아이를 출가[59]시키시오."

"라아훌라 왕자를 어떻게 출가시켜야 하겠습니까, 세존이시여?" 세존께서는 질문을 받으시고 이 일을 기회로 삼아 비구들에게 설법을 하셨다. "여래는 삼귀의를 함으로써 출가할 수 있도록 허락하오. 그러나 그것은 이런 식으로 행해져야만 하오. 우선 머리카락과 수염은 깎아야 하고 황색 가사를 입게 하오. 그러고 나서 출가하려는 사람은 가사 자락을 한쪽 어깨에 걸치고 비구의 발에 엎드려 경배를 드리고 나서, 합장하고 무릎을

59 출가*pabbajjā*: 초심자에게 수계를 주다.(냐나뽀니까 테라 주)

꿇고는 이렇게 말해야 하오. '저는 붓다께 귀의합니다. 저는 담마에 귀의합니다. 저는 승가에 귀의합니다. 두 번째로 …, 세 번째로 ….'"

이렇게 사아리뿟따 존자는 라아훌라 왕자를 출가시켰다. 그때 사끼야족의 숫도다나 왕이 세존을 찾아와 경배를 드리고 나서 한쪽 옆에 앉았다. 왕이 말했다. "세존께 한 가지 부탁이 있습니다."

"여래들은 내용을 알기 전에는 부탁을 받지 않습니다, 고따마 왕이여."

"세존이시여, 이것은 들어주실 수 있는 부탁이며 나무랄 수 없는 것입니다."

"그렇다면 말해보십시오, 고따마 왕이여."

"세존이시여, 저는 세존께서 출가했을 때 적지 않은 괴로움을 겪었습니다. 난다가 출가했을 때도 그러했습니다. 그런데 라아훌라까지 출가하니 너무도 괴롭습니다. 세존이시여, 자식에 대한 사랑은 살가죽을 자르고, 살가죽을 자른 후 안의 살갗을 자르고, 안의 살갗을 자른 다음 속살을 자르고, 속살을 자른 뒤 힘줄을 자르고, 힘줄을 자른 뒤 뼈를 자르고, 뼈를 자른 뒤 골수에 사무칩니다. 세존이시여, 부모의 허락 없이 출가시키는 일은 바람직하지 않습니다."

세존께서 담마를 설하시어 사끼야족의 숫도다나 왕을 가르치고 격려하고 일깨우고 북돋우셨다. 그러자 사끼야족의 숫도다나 왕은 자리에서 일어나 세존께 경배를 드리고, 자신의 오른쪽을 세존께 향하게 하여 세존을 돌고 나서 그 자리를 떠났다.

세존께서는 이 일을 기회로 삼아 비구들에게 다음과 같이 설법을 하셨다. "비구들이여, 부모의 허락 없이는 자녀들을 출가시켜서는 안 되오. 누군가 그렇게 한다면 '그릇된 행위'[60]를 범하는 것이오."

《율장》〈대품〉 1:54

해설자 1 전해 내려오는 말에 따르면, 붓다께서 고향을 방문한 이 때, 붓다의 사촌 아아난다와 다른 이들이 재가의 삶을 떠나기로 결심했다고 한다. 붓다께서는 이미 까삘라왓투를 떠나셨지만, 꼬살라국의 북쪽 지방에 여전히 머물고 계셨다. 한편 다음의 두 사건은 비슷한 시기에 연달아 일어났으나 어느 곳에서 일어났는지는 분명하지 않다.

첫 번째 목소리 이와 같이 나는 들었다. 한번은 세존께서 시자인 나아가사마알라 존자와 꼬살라국을 여행하고 계셨다. 도중에

60 [역주] 그릇된 행위*dukkaṭa*: 비구 계율에서 가장 가벼운 범계. '둑까따'는 '그릇된 행위'라는 뜻이다. 계본戒本 *pāṭimokkha*의 여덟 분류에는 포함되지 않는다. 둑까따 범계는 75가지 세키야*sekhiyā* 衆學法를 범하는 경우, 다른 범계가 미수에 그친 경우 그리고 그 밖에 율장에 명시된 경우가 있다. 한역 율장에서는 돌길라突吉羅나 악작惡作이라 번역하고 있다.

나아가사마알라 존자는 갈림길을 만났다. 그가 세존께 말씀드렸다. "세존이시여, 저쪽이 길입니다. 저 길로 가시옵소서." 그의 말을 듣고는 세존께서 대답하셨다. "나아가사마알라여, 이쪽이 길이다. 이 길로 가자."

나아가사마알라 존자가 두 번 세 번 같은 말을 되풀이했으나 같은 대답을 들었다. 그러자 그는 세존의 발우와 가사를 땅에 내려놓고 그 자리를 떠나버렸다. 그가 다른 길로 홀로 가고 있을 때 강도가 나타났다. 그들은 그를 주먹으로 때리고 발로 찼다. 그의 발우를 깨뜨리고 누더기를 기워 만든 가사를 갈기갈기 찢었다. 얼마 후 그는 깨진 발우와 찢긴 가사를 걸치고 세존께 돌아왔다. 그리고 무슨 일이 일어났는지 아뢰었다. 세존께서 이 뜻을 알고 다음과 같이 게송으로 읊으셨다.

"지혜로운 이와 어리석은 이가
함께 걷고 함께 지냈소.
우유를 마시는 백로는 습지의 물을 떠나버리듯이
지혜로운 이는 나쁘다는 것을 알면 그것을 떠난다오."

《우다아나》 8:7

세존께서 꼬살라국의 히말라야 산기슭에 있는 아란냐꾸띠까에 머무실 때였다. 홀로 앉아 정진하고 계실 때 이런 생각이 떠올랐다. "죽이거나 죽이라고 명령하지 않고도, 몰수하거나 압류하지 않고도, 슬퍼하거나 슬프게 만들지 않고도, 다시 말해 담마에 따라 나라를 다스릴 수 있을까?" 그때 사악한 마아라가 세존의 마음속 생각을 헤아리고 세존께 나타나서 말씀드렸다. "세존께서 다스리십시오. 선서께서 다스리십시오. 죽이거나 죽이라고 명령하지 않고도, 몰수하거나 압류하지 않고도, 슬퍼하거나 슬프게 만들지 않고도, 다시 말해 담마에 따라 나라를 다스리십시오."

"사악한 자여, 무슨 목적을 가지고 나에게 그렇게 말하는 것인가?" "세존이시여, 세존께서 성취를 위한 네 가지 기반[四如意足][61]을 계속 유지하고 계속 수행하고 수레로 삼고 기초로 삼고 확립하고 굳건히 하고 잘 성취하셨습니다. 그러니 세존이시여, 세존께서 그렇게 할 마음만 있으시면, '산들의 왕 히말라야여, 황금으로 변하라.' 하시면 황금으로 변할 것입니다."

"황금산이 있다 한들, 그 산이 두 배가 된다 한들

---

61 '성취를 위한 네 가지 기반[四如意足(四神足)*cattāro iddhipādā*]': 첫째, 의욕에서 비롯한 집중과 노력으로 이루어지는 성취 기반. 둘째, 정진에서 비롯한 집중과 노력으로 이루어지는 성취 기반, 셋째, 마음에서 비롯한 집중과 노력으로 이루어지는 성취 기반, 넷째는 고찰에서 비롯한 집중과 노력으로 이루어지는 성취 기반으로 설명된다.(《중부》 16경) 사여의족은 성향에 따라 향상에 접근하는 네 가지 유형을 말한다.

한 인간의 욕망을 채우기에도 충분하지 않으니.
이것을 알고 있다면 그에 맞게 행동하리라.
괴로움과 그 원인을 깨달은 사람이
어떻게 감각적 욕망으로 기울겠는가?
이러한 재생의 기반이 자신을 세상에 묶어두고 있음을 깨달을 때
사람은 그로부터 벗어나기 위해 수행할 수밖에 없기 때문이오."

그때 사악한 마아라는 알아차렸다. "세존이 나의 정체를 알아버렸구나, 선서가 나의 정체를 알아버렸구나." 괴롭고 실망하여 마아라는 곧바로 사라졌다.

《상응부》 4:20

두 번째 목소리 이런 일도 있었다. 세존께서 아누삐야라는 말라족이 사는 도시에 머물고 계셨다. 그 무렵 이름이 널리 알려진 사끼야족의 많은 왕자들이 세존께로 출가했다. 그러나 사끼야족인 마하아나아마와 아누룻다 형제가 남아있었다. 아누룻다는 귀하게 자랐다. 그에게는 여름과 우기와 겨울을 지내기 위한 세 곳의 궁전이 있었다. 그는 우기의 궁전에서 넉 달 동안 여성 예인들과 함께 즐기면서 아래쪽에 있는 궁전에는 내려오지 않곤 했다.

마하아나아마에게 이런 생각이 떠올랐다. "요즘 명망 있는 많은 사끼야족 왕자들이 세존께로 출가했다. 그러나 우리 가족

중에는 아무도 재가의 삶을 떠나 출가하지 않았다. 아누룻다나 내가 출가하면 어떨까?"

마하아나아마가 아누룻다에게 가서 자신의 생각을 말하자 아누룻다가 대답했다. "하지만 저는 귀하게 자랐어요. 저는 재가의 삶을 떠나 지낼 수 없어요. 형이 출가하십시오."

"그러면 아누룻다야, 재가의 삶에 대해 알려주겠다. 우선 밭을 갈아야 하고 그다음에는 씨를 뿌려야 한다. 밭으로 물을 끌어와야 하고 때맞춰 물을 빼야만 한다. 잡초를 뽑아주어야 하고 익은 곡식을 베야 한다. 곡식을 모아서 쌓아야 하고 타작을 해야 한다. 지푸라기는 치워야 하고 겨는 까불러서 날려 보내야 한다. 그다음에는 체로 쳐서 알곡을 골라내고 저장을 해야만 한다. 이제 그런 일들을 다 하고 나면, 다음 해에 다시 같은 일을 되풀이해야 한다. 그다음 해도 마찬가지다. 농사짓는 일은 영원히 끝나지 않는다. 그 일에는 끝이라는 게 없다."

"그러면 농사일은 언제 끝나지요? 우리에게 주어져서 갖추게 된 이 다섯 가지 감각적 욕망을 언제 충족시켜 편안하게 즐길 수 있을까요?"

"사랑스런 아누룻다야, 그 일은 결코 끝나지 않는단다. 일에는 끝이 없으니 우리의 아버지와 할아버지 두 분 모두 일을 끝내지 못한 채 세상을 떠나셨다. 그러니 이제는 네가 재가의 삶을 배워야 할 때다. 나는 재가의 삶을 떠나 출가할 것이다."

아누룻다가 어머니에게 가서 말했다. "어머니, 저는 재가의 삶을 떠나 출가하렵니다. 허락해 주세요."

아누룻다가 말을 마치자, 어머니가 대답했다. "너희 두 아들 모두 나에게 사랑스럽고 소중하며 너희들은 나의 뜻을 거스른 적이 없었다. 만약 네가 죽기라도 한다면 우리의 뜻과 상관없이 너를 잃는 것이겠지만 네가 살아있는데, 내가 어떻게 집을 떠나 출가하는 것을 허락할 수 있겠느냐?" 아누룻다는 두 번 세 번 허락을 구했다. 그러자 어머니가 말했다. "사랑스러운 아누룻다야, 만일 사끼야족을 다스리는 사끼야 왕족의 밧디야[62]가 출가한다면 허락해 주마."

밧디야는 사끼야족을 다스리는 사끼야 왕족으로 아누룻다의 친구였다. 아누룻다의 어머니는 '아누룻다의 친구인 밧디야는 출가하고 싶어 하지 않을 거야.'라고 생각해서 그렇게 말했던 것이다.

아누룻다는 밧디야를 찾아가서 말했다. "내가 출가하는 것은 자네가 출가할지 말지에 달려있네."

"자네가 출가하는 것이 내 뜻에 달려있다면 이제는 더 이상

---

62 사끼야 왕족의 밧디야: 아아난다 장로가 출가한 시기는 확실하지 않다. 《장로게》에 실린 아아난다가 읊은 게송에서는 훨씬 더 늦은 시기로 나와 있다. 여기서 '다스리는 이'로 번역한 라아자*rājā*라는 단어를 사끼야족의 밧디야가 왕이라는 의미로 쓴 것이라면 숫도다나 왕은 죽었다는 말이 된다. 아니면 단순히 섭정이라는 의미로 쓴 것인지 분명하지 않다. 여기서는 주석서의 시기 설정에 따랐다.

그럴 필요가 없네. 당장은 아니더라도 난 자네와 함께 할것이니 …… . 그러니 자네는 언제든 원할 때 출가하게나."

"그렇다면 우리 함께 재가의 삶을 떠나 출가하세."

"나는 그럴 수가 없네. 지금 출가하는 것만 빼고 자네를 위해 할 수 있는 일이라면 뭐든 하겠어. 자네는 출가하게나."

"어머니가 말씀하셨어. '사랑스러운 아누룻다야, 만일 사끼야족을 다스리는 사끼야 왕족의 밧디야가 출가한다면 허락해 주마.'라고. 그리고 자네는 이렇게 말했지. '자네가 출가하는 것이 내 뜻에 달려있다면 이제는 더 이상 그럴 필요가 없네. 당장은 아니더라도 난 자네와 함께할 것이니 자네는 언제든 원할 때 출가하게나.'라고. 그러니 우리 함께 재가의 삶을 떠나 출가하세."

그 당시 사람들은 진실을 말했고, 자신이 한 말은 지켰다. 밧디야는 아누룻다에게 말했다. "7년만 기다려주게. 7년이 지난 후에 우리 함께 출가하세."

"7년은 너무 기네. 나는 7년이나 기다릴 수 없네."

"6년만 기다리게. 6년이 지난 후에 우리 함께 출가하세."

"6년은 너무 기네. 나는 6년이나 기다릴 수 없네."

"5년만 기다리게 … 4년 … 3년 … 2년 … 1년 … 일곱 달 … 두 달 … 한 달 … 보름만 기다려주게. 보름이 지난 후에 우리 함께 출가하세."

"보름은 너무 기네. 나는 보름이나 기다릴 수 없네."

"그럼 이레만 기다리게. 이레 후에 우리 함께 출가하세. 그러면 나랏일을 내 자식과 형제들에게 넘겨줄 수 있네."

"이레는 그렇게 길지 않군, 기다리지."

그래서 사끼야 왕족인 밧디야와 아누룻다, 아아난다, 바구, 낌빌라, 데와닷따는 늘 해왔듯 네 개 부대의 군대 행렬을 이끌고 줄지어 행진하듯 출발했고, 이발사 우빠알리도 동행하여 모두 일곱이었다. 그리고 얼마쯤 가다가 군대를 해산시켰다. 그러고 나서 이들 일곱 사람은 국경을 넘어 이웃 왕국으로 들어갔다. 왕자들은 군장 장식들을 떼어내 웃옷으로 둘둘 말아 이발사인 우빠알리에게 주면서 말했다. "우빠알리, 너는 돌아가는 게 낫겠다. 이것을 가져가면 네가 먹고 살기에 충분할 것이다."

되돌아가던 우빠알리는 생각했다. '사끼야족은 사납다. 이것을 가지고 돌아가면 왕자들이 출가하도록 부추겼다고 나를 죽일지도 모른다. 그런데 이 사끼야족 왕자들은 정말 출가하려고 하고 있다. 그러면 나는 어떻게 해야 하지?' 그는 꾸러미를 열어서 속에 든 것들을 나무에 걸어놓았다. '이것을 본 사람이 선물 받은 것처럼 가져가게 해야겠다.' 그러고 나서 그는 사끼야족의 왕자들에게 돌아갔다. 왕자들이 우빠알리가 다가오는 것을 보고 물었다. "왜 돌아왔느냐?"

우빠알리는 무슨 일이 있었는지 말하며 이렇게 덧붙였다. "그래서 저는 다시 돌아왔습니다."

"우빠알리, 고향으로 돌아가지 않기를 잘했다. 사끼야족은 사나워서 그것들을 가지고 돌아가면 왕자들을 출가하도록 부추겼다고 너를 죽일지도 모르니까."

사끼야족 왕자들은 이발사 우빠알리와 함께 세존께 가서 경배를 드리고 나서 한쪽에 앉았다. 그들은 자리를 잡은 후, 세존께 말씀드렸다. "세존이시여, 저희는 자부심 강한 사끼야족입니다. 이발사 우빠알리는 오랫동안 저희의 시중을 들었습니다. 세존께서 그에게 가장 먼저 출가를 허락해 주시어 우리가 그에게 경의를 표하며 일어서서 숭배와 존경의 예를 올리게 해주십시오. 그러면 우리 안에 있는 사끼야족의 자만심이 누그러져 겸손해질 것입니다." 그래서 세존께서는 이발사 우빠알리에게 가장 먼저 출가를 허락해 주셨고 그다음에 사끼야족 왕자들에게도 출가를 허락하셨다.

그해 우안거 중에 밧디야 존자는 세 가지 지혜[三明]를 깨달았다. 아누룻다 존자는 신성한 눈[天眼]이 생겼다. 아아난다 존자는 예류과에 들었다. 데와닷따는 범인凡人으로 신통을 얻었다.

이 무렵 밧디야 존자는 숲이든 나무 아래든 한적한 곳이든 어디를 가도 줄곧 감탄했다. "행복하구나! 행복하구나!"

많은 비구들이 세존께 가서 이 일에 대해 말씀드리면서 덧붙였다. "세존이시여, 밧디야 존자는 성스러운 삶을 불만스럽게 여기는 것이 틀림없습니다. 아니면 통치자였던 예전의 즐거움을 회상하는 것입니다."

세존께서는 밧디야 존자를 불러 어디를 가도 행복하다고 감탄하는 것이 사실인지 물으셨다.

"예, 그렇습니다. 세존이시여."

"그런데, 밧디야여, 그렇게 지내면서 무엇이 그리도 좋단 말인가?" "세존이시여, 예전에 제가 통치자로 있을 때는 궁전의 안팎에도 도시의 안팎에도 왕국의 안팎에도 경비병이 단단히 지키고 있었습니다. 보호와 경호를 그렇게 잘 받고 있었지만, 저는 두려웠고 불안했고 의심스러웠고 걱정스러웠습니다. 하지만 세존이시여, 지금은 숲이나 나무 아래나 한적한 곳 어디에 가도 저는 두렵지 않고 불안하지 않고 의심스럽지 않고 걱정스럽지 않습니다. 저는 편안하고 고요하게 다른 사람들이 주는 공양물 덕분에 마치 야생 사슴과 같은 마음으로 살고 있습니다. 이렇게 지내는 것이 저는 참 좋습니다."

이 뜻을 아시고, 세존께서는 게송을 읊으셨다.

"마음속에 더 이상 성냄이 없는 이는
존재와 비존재 모두를 극복했소.
두려움 없이 지복을 느끼며, 슬픔에서 벗어났기 때문이오.
신들조차도 그가 도달한 이러한 경지에는 미칠 수 없다오."

《율장》〈소품〉 7:1 ; 《우다아나》 2:10 (참조)

첫 번째 목소리 세존의 이복동생인 난다 존자는 말끔하게 손질한 가사를 입고, 눈에 성유를 바르고 반질반질한 발우를 가지고 있었다. 그가 세존께 와서 경배를 드리고 한쪽 옆에 앉았다. 그가 자리에 앉자, 세존께서 말씀하셨다. "난다여, 그대처럼 재가의 삶을 떠나 확신을 가지고 출가한 사람이 말끔하게 손질한 가사를 입고 눈에 성유를 바르고 반질반질한 발우를 갖고 다니는 것은 어울리지 않는다. 그대처럼 재가의 삶을 떠나 확신을 가지고 출가한 사람은 숲속에 살면서 오직 탁발한 음식만을 먹고 누더기 옷을 입으며 감각적 욕망을 떠나 사는 것이 어울린다."

《상응부》 21:8

해설자 2 한편 이제 열한 살이 된 사미승 라아훌라는 사아리뿟따 존자의 보살핌 아래 암발랏티까에서 살고 있었다. 그곳은 붓다가 정기적으로 가서 머무시는 라아자가하 근방이었다.

첫 번째 목소리 이와 같이 나는 들었다. 언젠가 세존께서 라아가자하의 죽림정사에 있는 깔란다까니와아빠에 머물고 계실 때, 라아훌라 존자가 암발랏티까에 머물고 있었다. 어느 날 저녁 세존께서 선정에서 나오셔서 라아훌라 존자가 있는 암발랏티까로 가셨다. 라아훌라 존자는 세존께서 오시는 것을 보고 앉을 자리를 마련하고 발 씻을 물을 준비했다. 세존께서는 마련해 놓은 자리에 앉아 발을 씻으셨다. 라아훌라 존자는 세존께 경배를 드리고 한쪽 옆에 앉았다. 세존께서 물대야의 물을 조금만 남기고 버리셨다. 그리고 라아훌라 존자에게 물으셨다. "라아훌라야, 이 물대야에 조금 남은 물이 보이느냐?"

"예, 세존이시여."

"고의로 거짓말하는 일이 없도록 조심하지 않는다면, 마음속에 있는 사문의 미덕은 이처럼 거의 남지 않는단다."

그리고 세존께서 남은 물을 모두 버리셨다. 그리고 물으셨다. "라아훌라야, 내가 버린 얼마 안 되는 물을 보았느냐?"

"예, 세존이시여."

"고의로 거짓말하는 일이 없도록 조심하지 않는다면, 마음속에 있는 사문의 미덕은 이처럼 버려지고 만다."

세존께서는 물대야를 뒤집어 놓으셨다. 그리고 물으셨다. "라아훌라야, 이 물대야가 뒤집혀 있는 게 보이느냐?"

"예, 세존이시여."

"고의로 거짓말하는 일이 없도록 조심하지 않는다면, 마음속에 있는 사문의 미덕은 이렇게 되고 마는 거란다."

세존께서는 물대야를 다시 바로 놓으셨다. 그리고 물으셨다. "라아훌라야, 이제 물대야가 텅 비어 있는 것이 보이느냐?"

"예, 세존이시여."

"고의로 거짓말하는 일이 없도록 조심하지 않는다면, 이처럼 사문의 미덕은 다 없어져 버린단다. 자, 라아훌라야, 코가 전차의 깃대처럼 길고 몸이 다 자랐으며, 혈통이 좋고 전투에 익숙하며, 엄니가 있는 왕의 코끼리가 있다고 하자. 코끼리가 전쟁터에서 앞발과 뒷발, 상반신과 하반신, 머리와 귀, 엄니와 꼬리로 싸우면서 코는 뒤로 숨기며 보호하려 하면 코끼리 등에 탄 사람은 이렇게 생각할 것이다. '네 발을 모두 쓰기는 하지만 코는 계속 숨기고 있으니, 이 코끼리는 아직 왕을 위해 목숨을 바치려는 건 아니야.' 그러나 코끼리가 네 발과 코까지 사용하면 등에 탄 사람은 이렇게 생각할 것이다. '네 발과 코까지 모두 쓰고 있으니, 이 코끼리는 이제 왕을 위해 목숨을 바치려는 거다. 이제 왕의 코끼리가 하지 못할 일이 없다.' '라아훌라야, 그와 같이 고의로 거짓말하는 것을 전혀 부끄러워하지 않는 자는 누구든지 어떠한 악한 행위라도 저지르지 못할 것이 없다.'라고 나는 말한다. 그러니 라아훌라야, '나는 우스갯소리로라도 결코 거짓말을 하지 않으리라.'라고 공부지어야 한다."

"라아훌라야, 거울의 용도가 무엇이라고 생각하느냐?"

"자신을 비추어보기 위해서입니다, 세존이시여."

"그와 같이 비추어보면서 지속적으로 몸[身行], 말[口行], 마음[心行]을 잘 살펴 행해야 한다."

《중부》 61

해설자 2 계속하여 붓다께서는 '어떤 일을 하기 전에 그 일을 하는 동안 그리고 하고 나서, 그 일이 자신이나 남에게 그리고 자신과 남 모두에게 해를 끼치는 불선한 일인지 판단하고, 그 일이 해를 끼치지 않으며 그에 따른 내세의 과보를 가져올 선한 일인지 판단하면서, 매사를 살펴 행하라.'라고 라아훌라에게 세세한 가르침을 주셨다.

6. 아나아타삔디까

해설자 2 붓다께서는 깨달으신 후 바아라아나시에서 첫 번째 우안거를 지내셨다. 두 번째와 세 번째 우안거는 라아자가하에 있는 죽림정사에서 지내셨다. 가난한 자에게 음식을 베푸는 이, 아나아타삔디까[給孤獨長者]가 등장하는 것은 세 번째 우안거가 지난 뒤이다.

두 번째 목소리 이런 일이 있었다. 당시 깨달은 분, 세존께서는 라아자가하에 있는 죽림정사에서 머물고 계셨는데 비구들의 거처에 대해서는 아무 말씀도 없으셨다. 비구들은 숲속 여기저기에 흩어져 나무 아래나 튀어나온 바위 아래, 좁은 골짜기 언덕에 있는 동굴이나 탑묘, 밀림 속 덤불, 노천 짚더미 등지에서 지냈다. 이른 아침이면 이런 곳에서 나오면서도 비구들은 앞으로 가든 뒤로 돌아서 가든, 앞을 보든 옆을 보든, 몸을 구부리든 펴든 그들의 몸가짐은 신심을 불러일으켰다. 또한 시선을 아래로 두고 기품 있게 움직였다.

그 무렵 라아자가하의 어느 부유한 상인이 숲을 지나가고 있었다. 그는 비구들이 사는 모습을 보고 신심이 우러났다. 그는 비구들에게 다가가 물었다. “수행자들이여, 제가 처소를 지어 드릴 테니 그곳에 사시겠습니까?”

“세존께서는 우리들이 처소에서 지내는 것을 허락하신 적이 없었습니다.”

“그렇다면 존자시여, 세존께 저의 제안에 대해 여쭈어보시고 세존께서 무어라 하시는지 저에게 알려주십시오.” 비구들은 이 말을 세존께 전해드렸고 세존께서는 그 제안을 수락하셨다. 세존께서 수락하셨다는 말을 전해 들은 상인은 하루 사이 예순 채의 처소를 마련했다. 그리고 그다음 날 세존과 승가를 초대해서 공양을 올렸다. 공양이 다 끝났을 때 상인은 예를 갖추어 마련한 처소 모두를 승가에 보시했다.

그 상인에게는 여동생이 있었는데 그 여동생은 아나아타삔디까의 아내였다. 때마침 아나아타삔디까가 볼일이 있어서 라아자가하에 왔는데 바로 그다음 날 상인이 붓다와 승가를 공양에 초대했던 것이다. 상인은 하인들에게 일을 시키고 있었다. “자, 아침에 일찍 일어나서 귀리죽 쌀밥 소스를 만들어라. 달콤한 후식도 준비해라.”

아나아타삔디까는 생각했다. ‘전에는 내가 오면 집주인이 모든 일을 제쳐두고 환영했는데, 지금은 하인들에게 일을 시키느라 정신이 없구나. 사위를 보거나 며느리를 들이는 것인가? 아니면 큰 행사가 있는 것인가? 혹은 내일 마가다 왕국의 세니야

빔비사아라 왕과 그의 수행원을 집으로 초대한 것인가?'

하인들에게 지시하고 난 후 상인은 아나아타삔디까를 반갑게 맞이했다. 상인이 옆에 와서 앉자, 아나아타삔디까가 생각한 바를 말했다. 그러자 상인이 대답했다. "결혼식이 있는 것도, 왕과 그의 수행원을 초대한 것도 아니요. 하지만 큰 행사를 치를 거요. 내일 깨달은 분, 붓다와 승가를 우리 집에 모실 예정이요."

"'붓다'라고 말했나요?"

"'붓다'라고 했지요."

"'붓다' 말인가요?"

"'바로 붓다'지요."

"'그분 붓다' 말이지요?"

"'바로 그분 붓다'예요."

"'붓다, 붓다', 그분은 세간에서 뵙기 힘들지요. 아라한, 정등각자이신 세존을 지금 뵈러 갈 수 있을까요?"

"지금은 그를 뵈러 갈 시간이 아니오. 내일 아침 일찍 뵐 수 있을 것이오."

아나아타삔디까는 생각했다. "내일 아침 일찍 나는 아라한, 정등각자이신 세존을 뵐 수 있겠구나." 그는 자리에 누워 붓다에 대해 생각했다. 밤중에 그는 세 번이나 잠에서 깨었고, 날이 밝은 줄 알고 시이와까 성문으로 갔다. 눈에 보이지 않는 어떤 존재가 문을 열어주었다. 도시 밖으로 나가자마자 빛이 사라지고 어둠이 앞을 가로막았다. 그는 겁이 났고 두려움과 공포에 질렸다. 그는 돌아가고 싶었다. 그때 눈에 보이지 않는 약카[63] 시이와까의 말이 들려왔다.

"코끼리 백 마리, 말 백 마리,
암 노새가 끄는 전차 백 대,
보석과 귀걸이로 치장한 처녀 십만 명,
이 모두가 지금 향상하는
한 걸음의 십육 분의 일 만큼도 가치 없다네."

"앞으로 나아가시오, 장자여, 앞으로 나아가시오. 뒤로 돌아가는 것보다 앞으로 나아가는 게 더 낫소."

약카가 그렇게 세 번을 말하자 어둠이 사라지고 눈앞에 빛이 나타났다. 겁도 두려움도 공포도 가라앉았다. 아나아타삔디까는 붓다가 계시는 시따와나 숲으로 갔다. 그때 동틀 무렵에 일

---

63 [역주] 약카*yakkha*: 불교 문헌에서는 숲이나 동굴에 살며 인간을 괴롭히는 정령으로 나오는 경우가 많다. 더러 선한 약카도 있고 불법을 따르는 약카도 있다(《상응부》10 〈약카 상윳따〉). 약카는 사대천왕 중 북쪽을 지배하는 꾸웨라*Kuvera* 천신에 종속되어 있다(《장부》 20경). 그러나 이 단어는 쓰임의 범위가 넓어서 제석천도 여러 차례 '약카'라 불리고(《중부》 37경 등) 소마, 와루나, 빠자아빠띠 등 최고신 모두가 '큰 약카들'이라고 칭해지기도 한다(《장부》 32경).

어나신 세존께서 밖에서 경행하고 계셨다. 세존께서 아나아타벤디까가 오는 것을 보시고 경행을 멈추고 마련된 자리에 앉으셨다. 세존께서 아나아타벤디까에게 말씀하셨다. "오시오, 수닷따여."

"세존께서 내 이름을 부르시다니!" 아나아타벤디까는 행복했고 기대에 찼다. 그는 세존께로 가서 발에 엎드려 말씀드렸다. "세존이시여, 편히 주무셨는지요."

"진정한 바라문[64]은 언제나 편안히 잔다오.
완전한 열반에 이른 이,
감각적 욕망이 완전히 근절되고 식어버렸으며,
존재의 기반을 놓아버린 이,
모든 집착을 버리고 마음에 평화를 이룬 이는
평온하게 잘 잔다오."

그러고 나서 세존께서 아나아타벤디까에게 담마를 차례차례 설하셨다. 아나아타벤디까는 그 자리에서 담마에 대해 티끌 없고 때 묻지 않은 법안이 열렸다. '생겨나는 것은 무엇이건 사라진다.' 그러자 그는 세존의 가르침을 따르며 다른 가르침에는 기

64 진정한 바라문: 비구 보디의 주석에 따르면 아라한을 비유적으로 표현한 말이다.

대지 않게 되었다. "훌륭하십니다, 세존이시여! 오늘부터 목숨이 붙어 있는 날까지 세존께 귀의합니다. 저를 제자로 받아주십시오. 세존이시여, 세존과 비구 승가에게 내일 공양을 올리도록 허락해 주십시오."

세존은 침묵으로 허락하셨다. 아나아타삔디까는 세존께서 허락하셨음을 알고는 자리에서 일어났다. 그리고 세존께 경배드리고 자신의 오른쪽을 세존께 향하게 하여 세존을 돌고 나서 그 자리를 떠났다.

라아자가하의 그 부유한 상인은 '아나아타삔디까가 붓다와 승가에 공양을 올린다.'는 소식을 들었다. 상인이 아나아타삔디까에게 말했다. "내일 붓다와 승가를 초대했다면서요. 하지만 그대는 손님이오. 붓다와 승가에 올릴 공양 비용은 내가 내겠소."

"그럴 필요 없소. 붓다와 승가에게 공양을 올릴 비용은 내게도 있소."

라아자가하의 어떤 사람이 이 소식을 듣고 공양 비용을 대겠다고 제안했다. 그러나 아나아타삔디까는 거절했다. 마가다 왕국의 세니야 빔비사아라 왕이 같은 제안을 했지만 거절당했다.

날이 밝자 아나아타삔디까는 상인의 집에서 갖가지 훌륭한 음식을 마련했다. 그리고 세존께 공양 시간이 되었음을 알려드렸다. "세존이시여, 공양이 준비되었습니다."

아침이 되자 세존께서는 채비를 하시고, 발우와 가사를 챙겨 승가와 함께 상인의 집으로 가셨다. 그리고 마련된 자리에 앉으셨다. 아나아타삔디까 장자가 손수 붓다와 승가에 갖가지 훌륭한 공양을 올렸다. 세존께서 공양을 마치고 발우를 손에서 내려놓으시자, 아나아타삔디까가 한쪽 옆에 앉았다. 그가 세존께 말씀드렸다. "세존이시여, 우안거 동안 세존께서는 승가와 함께 사아왓티에 머물러주십시오."

"여래들은 한적한 곳에 머무는 것을 좋아한다오, 장자여."

"알고 있습니다, 세존이시여. 알고 있습니다, 선서시여."

세존께서 담마를 설하시어 아나아타삔디까를 가르치고 격려하고 일깨우고 북돋우고 나서, 자리에서 일어나 그곳을 떠나셨다.

그 당시 아나아타삔디까에게는 그를 환대하는 친구와 친지들이 많았다. 아나아타삔디까는 라아자가하에서 일을 마치고 사아왓티를 향해 출발했다. 그는 길을 가면서 사람들에게 알려주었다.

"여러분, 정원을 꾸미고 처소를 마련하고 공양을 준비하시오. 붓다께서 이 세상에 출현하셨습니다. 제가 그분을 초대했습니다. 그분이 이 길로 지나가실 겁니다."

사람들은 그가 시키는 대로 했다. 아나아타삔디까는 사아왓티에 도착하자 적당한 장소, 적당한 수행처를 찾기 위해 도시안을 샅샅이 살피다가 마침내 제따 왕자의 놀이공원을 보았다. 그곳은 필요한 모든 조건이 갖춰져 있었다. 그는 제따 왕자에게 가서 말했다. "왕자님, 왕자님의 공원을 제가 쓰도록 해주십시오."

"공원을 온통 금화로 다 덮을 만큼의 금액이 아니면 줄 수 없습니다."

"그렇다면 공원은 제게 팔렸습니다, 왕자님."

"공원은 팔리지 않았습니다, 장자여."

결국 두 사람은 판관을 찾아가 거래가 성사되었는지 물었다. 판관이 대답했다. "값을 매겼으니 거래는 이루어졌습니다."

아나아타삔디까는 수레에 황금을 싣고 와 제따 숲을 수많은 금화로 덮어 버렸다. 처음에 가져온 황금으로는 숲을 완전히 덮지 못했다. 출입문 근처에 덮이지 않은 땅이 조금 남아있었다. 아나아타삔디까는 사람들에게 남은 땅을 덮을 금을 가져오라고 시켰다. 그러자 제따 왕자에게 이런 생각이 떠올랐다. '아나아타삔디까가 저렇게 많은 황금을 쓰다니, 보통 일이 아니구나.' 왕자는 아나아타삔디까에게 말했다. "그 정도면 충분합니다, 장자여. 그 땅은 제게 남겨 주십시오. 제가 보시하겠습니다."

아나아타삔디까는 생각했다. '이 제따 왕자는 명성이 자자하다. 그런 사람이 담마와 율에 대한 믿음을 얻게 되면 매우 좋은 영향을 미칠 것이다.' 그래서 그는 제따 왕자에게 그 공간을 남겨 주었고 왕자는 그곳에 승원의 정문과 부속 건물을 지었다. 아나아타삔디까는 제따 숲에 처소를 여럿 지었다. 각 승방에 딸린 테라스를 만들고 출입문도 여럿 내고 넓은 강당도 마련했다. 화덕이 있는 공양간, 허용된 물품을 보관하는 창고와 화장실을 지었고, 평평한 경행대도 닦고 경행대 위에는 지붕을 얹었다. 우물을 팠고 우물 위에는 지붕을 얹었다. 증기목욕탕을 만들고 증기목욕탕 위에는 지붕을 얹었고, 연못을 파고 공공행사를 위한 특설 누각도 세웠다.

《율장》〈소품〉 6:4 ; 《상응부》 10:8

첫 번째 목소리 이와 같이 나는 들었다.[65] 세존께서 라아자가하의 죽림정사에 머물고 계실 때였다. 부슬비가 내리는 어느 날 깜깜한 밤에 세존께서 밖에 나와 어둠 속에 앉아 계셨다. 머리카락이 쭈뼛할 정도로 세존을 놀라게 하려는 속셈으로 사악한 마아라는 거대한 뱀의 왕인 나아가의 모습으로 나타나 세존께 다가갔다. 뱀의 몸통은 굵직한 통나무로 만든 배처럼 굵었고, 목덜미는 술 거르는 체만큼 넓었다. 두 눈은 꼬살라 사람들이 쓰는 황동 접시처럼 넓적했고, 혀는 먹구름 속에서 번쩍이는 두 갈래 번개처럼 날름거리고 있었다. 숨소리는 대장장이의 풀무

65 이 마아라 이야기가 언제 일어난 일인지는 확실하게 알려진 바 없다.

질 소리처럼 요란했다.

그때 세존께서 사악한 마아라를 알아보시고 게송을 읊으셨다.

"감관을 완전히 제어하는 수행자는
한적한 거처에서 살아간다오.
출가한 이는 그런 데서 살아야만 하오.
그것이 출가자들에게 적절하기 때문이오.
사나운 짐승들도 많고, 두려운 일도 많고
해충과 뱀같이 기어 다니는 것들도 많지만
이러한 한적한 거처에 익숙해지면
성자는 머리털 하나조차 미동하지 않는다오.
하늘이 갈라지고 땅이 흔들린다 해도,
모든 존재들이 두려움을 느낀다 해도,
사람들이 그의 가슴에 비수를 꽂는다 해도,
깨달은 이들은 세속적인 것들이나
존재의 기반을 결코 도피처로 삼지 않소."

그때 사악한 마아라는 알아차렸다. "세존이 나의 정체를 알아버렸구나, 선서가 나의 정체를 알아버렸구나." 괴롭고 실망하여 마아라는 곧바로 사라졌다.

《상응부》 4:6

두 번째 목소리 세존께서 라아자가하에 원하는 만큼 머무시다 웨사알리를 향해 떠나셨다. 천천히 유행하시다가 웨사알리에 이르러 대림원大林園에 있는 중각강당에 가서 머무셨다. 그 무렵 사람들은 주변 건물을 완성하느라 열심이었고, 일을 살피고 돌보던 비구들은 가사와 공양 음식과 처소, 아플 때 치료할 수 있는 약을 골고루 받았다.

그것을 본 어느 가난한 재단사가 생각했다. "이 사람들이 건물을 짓느라 열심이고 또 일을 살피고 돌보던 비구들에게 가사와 공양 음식과 처소와 아플 때 치료할 수 있는 약을 골고루 제공하다니 이는 흔한 일이 아니다. 나도 건물 짓는 일을 해보면 어떨까?"

그래서 그 가난한 재단사는 손수 진흙을 이겨 벽돌을 만들고 건물의 뼈대를 세웠다. 그러나 솜씨가 모자라 그가 쌓은 벽이 비뚤어졌고, 결국 무너졌다. 두 번째 세 번째도 마찬가지였다. 그는 짜증이 나서 투덜거리며 불평을 늘어놓았다. "사끼야족의 아들들은 가사와 공양 음식과 처소와 약을 제공하는 사람들에게는 도움이 되는 말을 해주고 가르쳐준다. 하지만 나는 가난해. 아무도 나에게 도움이 되는 말을 해주지도 가르쳐주지도 않고 건물 짓는 것을 살펴보지도 않는구나."

비구들이 그 말을 듣고 세존께 말씀드렸다. 그러자 세존은 이 일을 계기로 삼아 비구들에게 말씀하셨다. "비구들이여, 건물을 짓거나 고치는 일에 있어 비구가 책임지고 관리하는 것을 허용하오. 건물 짓는 일을 책임진 비구는 건물이 신속하게 완성되도록 관리해야 하고 또 훼손되거나 부서진 곳을 고치도록 해야 하오."

세존께서 웨사알리에 원하는 만큼 머무신 후 천천히 유행하시면서 사아왓티를 향해 떠나셨다. 그때 여섯 비구를 추종하는 무리[六群 비구][66]가 붓다께서 이끄시는 승가를 앞질러 가서는 숙소와 침상을 차지했다. "이것은 우리의 지도자를 위한 것이고, 이것은 우리의 스승을 위한 것이고, 이것은 우리를 위한 것이다." 사아리뿟따 존자는 붓다께서 이끄시는 승가보다 나중에 도착했는데 숙소와 침상은 이미 모두 찬 상태였다. 잠자리를 찾을 수 없자, 그는 나무 아래로 가서 앉았다. 밤이 지나 새벽이 가까워졌을 때 세존께서 일어나 기침을 하셨다. 사아리뿟따 존자도 기침을 했다.

"거기 누구시오?"

"세존이시여, 접니다. 사아리뿟따입니다."

"왜 거기에 앉아 있소, 사아리뿟따여?"

그러자 사아리뿟따 존자는 무슨 일이 있었는지 말씀드렸다.

---

66 [역주] 육군六群 비구: 여섯 비구를 각각 따르는 무리로서 악행을 일삼았다고 한다. 앗사지, 뿐나바수, 빤두까, 로히따까, 뻿띠야, 부맛자가 각각의 우두머리이다.

세존께서 이 일을 계기로 삼아 비구들을 불러 모았다. 그리고 정말 그런 일이 있었는지 물으시자 비구들은 사실이라고 대답했다. 세존께서 꾸짖으셨다. "비구들이여, 이런 일은 신심이 없는 이에게 신심이 생기게 하지도 않고, 신심이 있는 이의 신심을 더 공고하게 하지도 않소. 오히려 신심이 없는 자들은 계속 믿지 못하게 하는 일이며 몇몇 신실한 이들에게 해를 끼치는 일이오."

세존께서 비구들을 꾸짖으신 후 담마를 설하셨다. "비구들이여, 가장 좋은 자리에 앉고, 가장 좋은 물을 마시고, 가장 좋은 음식을 먹을 만한 사람이 누구인가?"

몇몇 비구들은 전사 귀족 가문에서 출가한 이라고 대답했다. 다른 비구들은 바라문 가문에서 출가한 이, 장자 가문에서 출가한 이라고 대답했다. 어떤 비구들은 경전 암송을 특별히 잘하는 이, 계율 암송을 특별히 잘하는 이, 설법을 특별히 잘하는 이라고 대답했다. 또 초선에 든 이, 이선에 든 이, 삼선에 든 이, 사선에 든 이라고 대답했다. 그리고 예류과, 일래과, 불환과, 아라한과를 성취한 이라고 대답했다. 삼명을 얻은 이, 육신통을 얻은 이라고 대답하는 비구들도 있었다. 그러자 세존께서 비구들에게 말씀하셨다.

"비구들이여, 옛날에 히말라야산맥 어딘가에 거대한 반얀나무 아래 세 친구가 살고 있었소. 자고새와 원숭이와 코끼리였소. 그 친구들은 때때로 무례하고 경솔했고 서로에게 배려가 전혀 없이 살았소. 어느 날 그들은 이런 생각을 했소. '우리 가운데 누가 가장 나이가 많은지 알 수 있다면, 그를 우러르고 섬기고 공경하고 경배하면서 그의 충고를 따를 텐데.'

자고새와 원숭이가 코끼리에게 물었소. '너는 얼마나 오래전 일을 기억할 수 있니?'

'내가 어린 새끼였을 때, 내 다리보다 이 반얀나무가 작아서 타 넘을 수 있었는데, 그래서 맨 꼭대기 나뭇가지에 배를 쓸리곤 했어.'

자고새와 코끼리가 원숭이에게 물었소. '너는 얼마나 오래전 일을 기억할 수 있니?'

'내가 아기였을 때 땅바닥에 앉아서 반얀나무 꼭대기에 달린 순을 따먹곤 했어.'

원숭이와 코끼리가 자고새에게 물었소. '너는 얼마나 오래전 일을 기억할 수 있니?'

'어딘가에 커다란 반얀나무가 한 그루 있었어. 내가 그 반얀나무 씨앗 하나를 먹고는 여기에 와서 똥을 누었는데 그게 자라서 이 나무가 되었어. 그러니까 내가 너희보다 나이가 더 많아.'

그러자 원숭이와 코끼리가 자고새에게 말했소. '우리보다 오래 살았군요. 우리는 그대를 우러르고 섬기고 공경하고 경배하며 그대의 충고를 따르겠소.' 그 후로 자고새는 자신도 오계를 지켰으며, 친구인 원숭이와 코끼리 또한 오계를 지키게 했소. 그래서 그들은 서로에게 예의를 다하고 존경했으며, 서로를 배려하며 살았소. 죽고 나서 몸이 무너지자, 그들은 선처인 천상의 세계에 태어났소. 그래서 이 이야기를 '자고새[67]의 청정범행'이라고 부르게 되었소."

"연장자를 공경하는 사람들은
담마를 잘 닦게 되니
그들은 지금·여기에서는 칭송을 받고
내세에는 선처에 나게 된다오."

"자, 비구들이여, 이러한 동물들도 서로 예의를 지켜 존중했고 서로 배려하며 살 수 있었소. 그들을 배우도록 노력하시오. 이와 같이 잘 설해진 담마와 율 아래에서 무례하고 존중하지도 않고 서로 배려하지 않으며 살아가는 것은 믿음이 없는 이에게 믿음이 생기게 하지도 않고, 믿음이 있는 이의 믿음을 더 공고하게 하지도 않소. 오히려 믿음이 없는 자들이 계속 믿지 못하게 하는 일이며 몇몇 신실한 이들에게 해를 끼치는 일이오."

세존께서 천천히 유행하시다가 사아왓티에 이르러 제따 숲

---

67 [역주] 자고새: 자고새 전생담은 《본생경》 37에 나온다.

에 있는 아나아타삔디까 승원에 머무셨다. 아나아타삔디까는 세존께 와서 다음날 자기 집에서 공양을 해주십사 청을 드렸다. 세존께서 침묵으로 수락하셨다. 세존께서 공양을 마치고 발우를 내려놓으시자, 아나아타삔디까가 한쪽 옆에 앉았다. 그리고 여쭈었다. "세존이시여, 제가 이 제따 숲을 어떻게 해야 하겠습니까?"

"장자여, 동서남북 사방에서 이미 와 있거나 앞으로 올 비구 승가에 보시하시오."

"세존의 말씀대로 하겠습니다." 그는 대답했고 그렇게 했다. 그러자 세존께서 게송을 읊으셨다.

"그것은 추위와 더위, 사나운 동물들,
기어 다니는 것, 날벌레,
한기도 비도 막아주고
뜨거운 햇볕과 거센 바람도 막아준다오.

편안한 처소는
선정과 통찰 수행을 위한 것이오.
승가에 처소를 보시하는 것은
붓다들께서 높이 칭찬하시는 일이오.

지혜로운 이는 자신의 공덕이
거기에 있음을 알고
편안한 거처를 기쁜 마음으로 지어
성문聲聞 제자들이 머물게 하오.
그들에게 먹을 음식, 마실 물,
가사와 쉴 곳을 보시할 수 있으리니,
올바르게 길을 가는 이에 대한 청정한 믿음으로.

그러면 그들이 모든 괴로움에서
벗어나는 담마를 가르쳐줄 것이오.
담마를 알게 되면,
그는 번뇌에서 벗어나
이제 열반을 얻을 것이오."

이와 같이 세존께서 게송으로 고마움을 내보이시고 나서 자리에서 일어나 그곳을 떠나셨다.

《율장》〈소품〉6:5~9

해설자 1 당시 붓다께서 머물고 계시던 사아왓티는 꼬살라국의 수도이고, 앞서 떠나온 마가다국의 수도는 라아자가하이다. 꼬살라와 마가다는 당시 인도 중원에서 가장 강력한 나라였다. 마가다국은 강가강의 남쪽에 자리 잡고 있었고, 그 강이 북쪽 국경을 이루고 있었다. 마가다 국왕은 빔비사아라였는데, 그는 이미 스스로 붓다를 따르는 자임을 선언한 바 있다. 빔비사아라 왕의 처남 빠세나디 왕은 또 다른 강국 꼬살라를 다스렸다. 꼬살라는 강가강의 북쪽 기슭에서부터 히말라야 산자락까지 펼쳐져 있었다. 빠세나디 왕은 그 무렵까지 붓다와 만난 적이 없었던 것 같다.

첫 번째 목소리 이와 같이 나는 들었다. 세존께서 사아왓티에 머물고 계실 때, 애지중지하던 외아들을 잃은 사람이 찾아왔다. 세존께서 그를 보고 물으셨다. "장자여, 그대는 넋이 나간 것 같구려. 그대가 갈피를 못 잡는 것처럼 보이는군요."

"어떻게 제가 갈피를 잡을 수 있겠습니까? 세존이시여. 애지중지하던 외아들이 죽었습니다. 그 애가 죽고 나니 저는 일할 생각도 먹을 생각도 없습니다. 그저 날마다 탑묘에 찾아가 울부짖습니다. '하나밖에 없는 내 자식아, 어디에 있느냐? 하나밖에 없는 내 자식아, 어디에 있느냐?'"

"그렇소, 장자여. 그렇소. 사랑스러운 이는 슬픔과 비탄, 고통과 근심, 고뇌를 가져다주기 마련이오."

"도대체 누가 그렇게 생각하겠습니까? 세존이시여, 사랑하고 아끼는 이는 행복과 기쁨을 가져다주지요."

그는 세존의 말씀에 동의하지 못하고 못마땅해하며 일어나

가버렸다. 마침 세존께서 머무시는 곳과 그리 멀지 않은 데에서 노름꾼 몇 명이 주사위 놀이를 하고 있었다. 장자는 그들에게 다가가 세존과 나눈 대화를 들려주었다. 그러자 그들이 말했다. "그렇지요, 장자여. 그렇습니다. 사랑하고 아끼는 이는 행복과 기쁨을 가져다주지요." '이 사람들 말이 맞아.' 그는 이렇게 생각하고는 자리에서 일어나 제 갈 길을 갔다.

이 이야기가 마침내 왕궁에까지 전해졌다. 꼬살라국의 빠세나디 왕이 왕비에게 말했다. "말리까여, 사문 고따마가 '사랑하고 아끼는 이는 슬픔과 비탄, 고통과 근심, 고뇌를 가져다준다.'라고 했다는데 무슨 소리요?"

"왕이시여, 만약 세존께서 그렇게 말씀하셨다면 그런 것입니다." "사문 고따마가 무슨 말을 하든지 말리까는 박수를 치겠군. '만약 세존께서 그렇게 말씀하셨다면 그런 것입니다.'라고 하면서 말이오. 저 여인은 선생이 무슨 말을 하든지, '그렇습니다, 선생님. 그렇습니다.'라며 박수를 치는 학생처럼 말하는군. 물러가시오, 말리까. 나가시오!"

말리까 왕비는 바라문 나알리장가를 불렀다. "세존께 가서 내 이름으로 경배를 드리세요. 그리고 이렇게 여쭈어보세요. '세존이시여, 세존께서 말씀하시기를 사랑하고 아끼는 이는 슬픔과 비탄, 고통과 근심, 고뇌를 가져다준다고 하셨습니까?' 그분의 대답을 주의 깊게 듣고 와서 나에게 말해주세요. 여래들은 진실이 아닌 말씀을 하실 리가 없으니까요."

나알리장가는 시키는 대로 했다. 세존께서 말씀하셨다. "그렇소, 바라문이여. 그렇소. 사랑하고 아끼는 이는 슬픔과 비탄, 고통과 근심, 고뇌를 가져다준다오. 이 이야기를 들으면 무슨 뜻인지 수긍할 것이오. 예전에 이곳 사아왓티에 어머니를 여읜 여인이 있었소. 여인은 제정신이 아닌 채 이 거리에서 저 거리로 헤매다니면서 물었소. '제 어머니를 보셨나요? 제 어머니를 보셨어요?'"

해설자 2 붓다께서는 같은 취지로 많은 이야기를 들려주셨다. 그리고 다음의 말씀으로 끝을 맺으셨다.

첫 번째 목소리 "옛날 이곳 사아왓티에 결혼해서 남편의 가족과 함께 살던 여인이 있었다. 그런데 여인의 친척이 그녀를 남편과 헤어지게 하고 그녀가 좋아하지 않는 다른 사람에게 보내려 했다. 여인이 남편에게 이 사실을 말했다. 남편은 '죽음으로 함께 하리라.'라고 하면서, 그녀를 칼로 찔러 죽이고 자살했다. 이 경우만 봐도 사랑하고 아끼는 이가 어떻게 슬픔과 비탄, 고통과 근심, 고뇌를 가져다주는지 알 수 있을 것이다."

나알리장가는 왕비에게 돌아가 들은 이야기를 전했다. 왕비는 빠세나디 왕에게 가서 물었다. "왕이시여, 어떻게 생각하십니까? 우리 와지리 공주[68]가 사랑스러우신가요?"

"그렇소, 말리까, 나는 공주가 사랑스럽소."

"왕이시여, 어떻게 생각하십니까? 공주에게 무슨 일이 생긴다면 그것이 슬픔과 비탄, 고통과 근심, 고뇌를 불러일으킬까요?"

"공주에게 조금이라도 무슨 일이 생긴다면 내 삶이 달라질 것이요. 어떻게 내가 슬픔과 비탄, 고통과 근심, 고뇌를 느끼지 않겠소?"

"왕이시여, 아시는 분, 보시는 분, 아라한, 정등각자이신 세존께서는 그런 뜻에서 이렇게 말씀하신 것입니다. '사랑하고 아끼는 이는 슬픔과 비탄, 고통과 근심, 고뇌를 가져다준다.'라고요."

해설자 2 말리까 왕비는 와아사바 왕비[69]와 왕의 아들 위두우다바,[70] 말리까 왕비 자신 그리고 까아시국과 꼬살라국을 예로 들어가며 차근차근 설명했다. 그러자 왕이 대답했다.

첫 번째 목소리 "말리까, 세존께서는 어떻게 그렇게 깊이 아시고 꿰뚫어 보시는지, 그것 참 훌륭하고 경이롭소. 자, 어서 내가 씻

68 [역주] 와지리 공주: 빠세나디 왕의 외동딸. 후에 마가다 왕국의 아자따삿뚜의 왕비가 되었다.

69 [역주] 와아사바 왕비: 빠세나디 왕의 왕비 가운데 한 사람으로서 사끼야족의 왕 마하아나아마와 하녀 사이에 난 딸이다.

70 [역주] 위두우다바: 빠세나디 왕과 와아사바 사이에 난 아들로서 나중에 자신의 출생에 대해 알게 되자 모반을 일으켜 왕위를 찬탈하였다.

을 깨끗한 물을 준비해 주시오."

빠세나디 왕은 자리에서 일어나 웃옷을 한쪽 어깨에 걸치고 세존이 계신 곳을 향해 합장을 했다. 그리고 감흥하여 세 번 읊었다. "아라한, 정등각자이신 세존께 경배를 드립니다."

《중부》 87

해설자 1 빠세나디 왕이 붓다를 처음 만났을 때의 기록은 다음과 같다.

첫 번째 목소리 이와 같이 나는 들었다. 세존께서 사아왓티에 머물고 계시던 어느 날, 꼬살라 왕국의 빠세나디 왕이 세존을 찾아뵈었다. 그는 세존께 경배드리고, 예의를 갖춰 인사를 나눈 후 한쪽 옆에 앉았다. 자리에 앉은 후 왕이 여쭈었다. "스승 고따마는 최상의 완전한 깨달음을 얻었다고 천명하십니까?"

"왕이시여, 누군가 최상의 완전한 깨달음을 얻었다고 한다면, 그것은 마땅히 나를 두고 하는 말일 것이오."

"하지만 스승 고따마여, 이끄는 교단이 있고 따르는 제자들이 있는 사문과 바라문들이 있는데, 그들은 명성이 자자한 사상가이고 많은 사람들이 성자로 여깁니다. 뿌우라나 깟사빠, 막칼리 고사알라, 니간타 나아타뿟따, 벨랏티뿟따, 빠꾸다 깟짜아야나, 아지따 께사깜발리가 그들입니다. 제가 그들에게 최상의 완전한 깨달음을 얻었다고 천명할 수 있는지를 물어보았을 때, 그들은 그렇지 않다고 했습니다. 그런데 스승 고따마는 아주 젊고 더구나 출가한 지 얼마 되지 않았는데 어찌 그럴 수 있습니까?"

"왕이시여, 젊다고 해서 얕보거나 무시할 수 없는 네 가지가 있소. 그 네 가지가 무엇이겠소? 귀족 가문의 전사[71]와 뱀과 불과 비구라오."라고 세존께서 말씀하셨다. 선서께서는 더 구체적인 이야기를 덧붙이셨다.

"이름난 혈통에서 태어난 젊은 전사를
어리다고 얕보거나 무시하면 안 되오.
그 전사가 왕국을 통치하게 되면 복수심에 차서
크게 앙갚음을 할 수 있으니.
그런 일이 일어나지 않도록 하오. 그러면 목숨은 구할 수 있소.

마을이나 숲에서 기어가는 뱀을 보거든
어린 뱀이라고 얕보거나 무시하면 안 되오.
성난 뱀은 여러 모양새로 재빨리 옮겨 다닌다오.
언제라도 부주의한 남자나 여자에게 달려들어 물 수 있다오.
그런 일이 일어나지 않도록 하오. 그러면 목숨은 구할 수 있소.

---

71 [역주] 귀족 가문의 전사: 왕위를 계승하게 될 전사를 뜻한다.

활활 타고 나서 숯검정만 남은 불꽃을
약한 불꽃이라고 얕보거나 무시하면 안 되오.
불꽃이 땔감을 만나 커지고 번지면
언제라도 부주의한 남자나 여자를 덮쳐서 태울 것이오.
그런 일이 일어나지 않도록 하오. 그러면 목숨은 구할 수 있소.

검은 연기가 치솟는 큰 화재로 숲이 모두 타버려도
시간이 지나면 새순이 돋는다오.
그러나 계를 잘 지키는 비구의 계행의 불로 타버린 이[72]는
후손도 없고 유산을 물려받을 이도 없을 것이오.
그루터기만 남은 야자나무처럼 자식이나 상속인도 없을 것이오.
그러므로 자신의 행복을 아는 지혜로운 이는
뱀, 불, 전사, 계를 잘 지키는 비구를
올바르게 대해야 할 것이오."

세존께서 이렇게 말씀하시자, 빠세나디 왕이 대답했다. "훌

---

72 계를 잘 지키는 비구의 계행의 불로 타버린 이: 붓다고사의 주석서에는 이렇게 나온다. "자신을 괴롭힌 사람에게 앙갚음을 하는 비구는 자신의 계행의 불로 그를 태울 수 없다. 그러나 비구가 자신을 괴롭힌 사람에게 앙갚음하지 않을 때, 괴롭힌 자는 괴롭히기를 실패하고 비구의 계행의 불에 타버릴 것이다. 즉 그는 아들이나 딸, 가축을 얻지 못할 것이다. '그루터기만 남는 야자나무'처럼 파멸된다는 뜻이다. 비구의 계행의 불로 타버리면, 그들은 윗대가 다 잘리고 줄기만 남은 야자나무처럼 되어 아들, 딸과 같은 자손이 끊어진다는 것이다."

룽하십니다, 세존이시여! 목숨이 붙어 있는 날까지 세존께 귀의합니다. 저를 제자로 받아주십시오."

《상응부》 3:1

두 번째 목소리 이런 일도 있었다. 세존께서 라아자가하의 죽림정사에 있는 깔란다까니와아빠에 머물고 계셨다. 그때까지는 세존께서 우기 동안 한 곳에만 머무는 것을 의무로 정하지 않으셨다. 비구들은 추운 계절 더운 계절 비가 오는 계절 할 것 없이 늘 여기저기 돌아다녔다. 사람들은 성가셔했고 불평하며 반발했다. "사끼야족 아들들인 이 사문들은 어떻게 세 계절 내내 돌아다니는가? 풀을 짓밟고 미물들을 괴롭히고 작은 생물들에게 해를 끼치면서 말이야. 옳지 않은 가르침을 표방하는 다른 종파들도, 나무 꼭대기에 둥지를 트는 독수리도 적어도 우기 동안에는 한곳에 머문다. 하지만 사끼야족 사문들은 세 계절 내내 돌아다니는구나. 풀들을 짓밟고 미물들을 괴롭히고 작은 생물들에게 해를 끼치면서 말이야."

비구들이 이 말을 듣고, 세존께 전해드렸다. 세존께서 이 이야기를 설법의 기회로 삼아 비구들에게 말씀하셨다. "비구들이여, 우안거 동안은 한곳을 정해 머무시오."

《율장》 〈대품〉 3:1

해설자 1 아나아타삔디까는 이보다 한참 후에 세상을 떠났다. 사망한 시기는 확실하지 않다. 이쯤 해서 다음의 일화를 덧붙이는 것이 적절하겠다.

해설자 2 병중의 아나아타삔디까는 운명하기 바로 전에 사아리뿟따 장로에게 자신을 방문해 달라는 전언을 보냈다. 그래서 사아리뿟따 장로와 아아난다 장로가 그를 찾았다. 그가 두 장로에게 자기 병이 얼마나 깊은지 말하자, 사아리뿟따 장로가 다음과 같이 조언했다.

첫 번째 목소리 "장자여, 그대는 이렇게 수행해야만 합니다. '나는 눈에 취착하지 않을 것이다. 따라서 눈의 식[眼識]은 없을 것이다.' 그대는 이렇게 수행해야 합니다."

해설자 2 그러고 나서 사아리뿟따는 마찬가지로 안眼·이耳·비鼻·설舌·신身·의意 육내처六內處와 그 대상인 색色·성聲·향香·미味·촉觸·법法 육외처六外處 그리고 안식眼識 이식耳識 등 육식六識과 접촉[觸]하여 일어나는 느낌[受]에 취착하지 말라고 알려주었다. 또한 땅·물·불·바람·허공·식識의 요소에 대해, 오온에 대해, 사무색계에 대해, 이 세상과 저세상에 대해 그리고 마지막으로 보고 듣고 코와 혀와 몸으로 감각하고 인식하고 추구하고 마음으로 성찰한 모든 것에 대해 아나아타삔디까에게 같은 방식으로 알려주었다.

첫 번째 목소리 그러자 아나아타삔디까는 흐느꼈고, 눈물이 뺨을

타고 흘러내렸다. 아아난다 존자가 물었다. “장자여, 견디기 힘드십니까? 몸이 까라지십니까?” “아아난다 존자여, 견디기 힘들 정도는 아닙니다. 몸이 까라지는 것도 아닙니다. 제가 스승님과 수행이 깊은 비구들을 오랫동안 섬겨왔지만, 이런 담마에 대한 말씀은 들어본 적이 없습니다.” “장자여. 이러한 법문은 흰옷을 입은 재가자들에게는 하시지 않습니다. 출가한 이들에게만 하시는 설법이지요.” “그렇다고 하더라도 사아리뿟따 존자여, 이러한 법문을 재가자들에게도 들려주십시오. 재가자들 가운데는 눈에 때가 거의 끼지 않았지만 법문을 듣지 못해 헛되이 사는 사람들도 있습니다. 그들 가운데 몇 사람이라도 이런 법문을 듣는다면 완전한 지혜를 얻을 것입니다.”

《중부》 143

해설자 2 그날 아나아타삔디까는 숨을 거두었다. 그는 예류과에 들어 천상에 다시 태어났다. 붓다께서는 예류과에 들면 길어야 일곱 생 내에 열반에 든다고 하셨다.

7. 비구니 승단을 세우시다

해설자 1 어떻게 해서 붓다께서 사아왓티에서[73] 우안거를 보내시는 것에 동의하시게 되었는지는 앞서 이야기했다. 깨달으신 직후 세 번의 우안거에 대한 전통적인 셈법이 옳다면, 네 번째 우안거는 제따 숲에서 지내신 것이 된다. 다음의 이야기는 그 기간에 일어난 일인 듯하다.

첫 번째 목소리 이와 같이 나는 들었다. 세존께서 사아왓티에 있는 제따 숲 아나아타삔디까 승원에 머물고 계실 때, 세존의 이복동생인 난다 존자가 여러 비구들에게 말했다. "도반들이여, 저는 청정한 삶을 사는 게 만족스럽지 않습니다. 저는 청정한 삶을 계속 살아갈 수 없습니다. 저는 수행을 포기하고 제가 떠나온 곳으로 돌아가렵니다."

비구들은 세존께 이 말을 전해드렸다. 세존께서 한 비구에게 말씀하셨다. "비구여, 난다에게 가서 내 이름으로 전하시오, '도

73 사아왓티 우안거: 마알라아랑까아라왓투*Mālālaṅkāravatthu*에는 이 우기를 라아자가하의 죽림정사에서 보냈다고 적혀 있으나 잘못된 기록일 것이다.

반이여, 스승께서 부르신다네.'라고."

"세존이시여, 그렇게 하겠습니다." 비구는 대답했다. 그리고 난다 존자에게 가서 말을 전했다. 난다 존자가 오자, 세존께서 물으셨다. "난다여, 그대가 청정한 삶을 사는 게 만족스럽지 않아서 청정한 삶을 계속 살아갈 수 없으며, 수행을 포기하고 떠나온 곳으로 돌아갈 것이라고 말한 게 사실인가?"

"그렇습니다, 세존이시여."

"그런데 난다여, 왜 그러는가?"

"세존이시여, 제가 재가의 삶을 떠날 때, 사끼야족의 미녀 자나빠다깔리야아니[74]가 머리를 다 빗지도 못한 채 저를 간절히 바라보면서 말했습니다. '곧 돌아오세요, 왕자님.' 그 모습을 떠올리면 청정한 삶을 사는 것이 만족스럽지 못합니다."

세존께서 난다 존자의 팔을 잡고는 마치 건장한 사람이 구부렸던 팔을 펴거나 폈던 팔을 구부리는 것처럼 순식간에 제따 숲에서 사라지셨다. 그리고 33천의 천신들 사이에 나타나셨다. 그곳에는 5백 명의 구족천녀鳩足天女들[75]이 신들의 왕인 제석천을

---

74 [역주] 자나빠다깔리야아니*Janapadakalyānī*: 나라에서 제일 아름다운 여인이라는 뜻. 여기에서는 난다의 약혼녀 이름으로 고유명사이지만 경전 여러 곳에서 보통명사로 아름다운 미녀를 비유한다. 《중부》 79경, 80경 ; 《장부》 9경 ; 《상응부》 17:22, 47:20 등 참조.

75 [역주] 구족천녀鳩足天女: 빠알리어는 kakuṭapādānī로서 비둘기 발같이 아름다운 발을 지닌 여인을 가리킨다.

시중들기 위해 있었다. 세존께서 난다에게 물으셨다. "난다여, 저기 5백의 구족천녀들이 보이느냐?"

"예, 세존이시여."

"난다여, 네가 보기에 사끼야족 미인 자나빠다깔리야아니와 5백의 구족천녀들 중 어느 쪽이 더 사랑스럽고 아름답고 매혹적인가?"

"세존이시여, 사끼야족 미인 자나빠다깔리야아니는 5백의 구족천녀에 비하면 코와 귀가 불에 탄 암컷 원숭이 수준입니다. 그녀는 보잘것없고 아무것도 아닙니다. 어쨌든 비교의 대상이 못 됩니다. 여기 5백의 구족천녀들이 한없이 더 사랑스럽고 아름답고 매혹적입니다."

"그러면 청정한 삶을 누리도록 하라, 난다여. 청정한 삶을 즐기면 5백 명의 구족천녀들을 얻을 수 있노라고 여래가 보장하노라."[76]

"세존이시여, 세존께서 제가 그들을 얻을 수 있다고 보장하신다면 청정한 삶을 즐기겠습니다."

그러자 세존께서는 난다 존자의 팔을 잡고, 33천에서 사라지자마자 제따 숲에 다시 나타나셨다.

비구들이 이 소식을 들었다. "난다 존자가 천녀들 때문에 청

---

76 [역주] 《우다아나》 영어 번역본(Masefield 번역)의 주석에 의하면 위의 예는 부처님이 방편선교方便善巧 *upāyakusala*를 하신 유일한 경우라고 한다.

정한 삶을 계속 살기로 한 것 같소. 세존께서 5백 명의 구족천녀들을 얻을 수 있다고 보장하셨다고 하오." 그러자 비구들 가운데 난다 존자의 도반들은 난다를 유혹에 넘어가 자신을 팔아버린 사람 취급했다. "천녀들 때문에 청정한 삶을 계속 살겠다고 하다니, 난다 존자는 자신을 팔아버린 것처럼 보이오. 세존께서 5백의 구족천녀들을 얻을 수 있다고 보장하셨다오."

난다 존자는 도반들의 말을 듣고 수치심을 느꼈고, 부끄러웠으며 자괴감이 들었다. 그래서 그는 훌륭한 가문의 자제들이 재가의 삶을 버리고 출가하여 마땅히 도달하고자 하는 청정한 삶의 궁극 목표인 수승한 지혜로 깨달음에 이를 때까지 지금·여기서 홀로 은거하며 방일하지 않고 열심히 결연히 수행하였다. 그는 깨달았다.

"태어남은 다했다. 청정한 삶은 완성되었고 해야 할 일은 다 해 마쳤다. 이제 어떤 상태의 존재로도 다시 돌아오지 않는다." 그리고 난다 존자는 아라한 중의 한 분이 되었다.

밤이 이슥해졌을 때, 제따 숲 전체를 환하게 비추며 빼어나게 아름다운 천신이 세존께 왔다. 세존께 경배를 드리고 한쪽에 서서 말씀드렸다.

"세존이시여, 세존의 이모의 아들이며 이복동생인 난다 존자는 스스로 수승한 지혜[神通智]로 깨달아 번뇌를 소멸했기에 지금·여기서 아무 번뇌 없는 마음의 해탈[心解脫]과 통찰지를 통한 해탈[慧解脫]에 들어 머물게 되었습니다." 세존께서도 그 사실을 알고 계셨다.

밤이 끝나갈 무렵 난다 존자가 세존께 와서 말씀드렸다. "세존이시여, 세존께서 5백 명의 구족천녀를 얻을 수 있다고 하셨던 약속은 없던 일로 하겠습니다."

"난다여, 여래는 이미 그대의 마음을 읽었다. 또한 천신들도 여래에게 그것을 알려주었다. 그러니 그대의 마음이 취착 없이 번뇌에서 해탈했을 때, 여래는 이미 여래가 했던 약속에서 풀려났다." 이러한 의미를 새기며 세존께서는 감흥하여 게송을 읊으셨다.

"비구들이 진흙의 구렁텅이를 건너고 나면
감각적 욕망의 가시를 분쇄하고 나면
미망의 절멸에 이르고 나면
즐거움과 괴로움에 흔들리지 않으리라."

《우다아나》 3:2

해설자 1 다섯 번째 우안거는 웨사알리에서 보내셨다. 웨사알리는 위데하의 수도였다. 위데하는 꼬살라 왕국의 남동쪽, 갠지스 강 북쪽 기슭에 자리하고 있었는데 왕국이 아니라 소수의 지도자가 다스리는 과두제 국가였다.

해설자 2 그로부터 몇 달 후에 숫도다나 왕이 병에 걸려 세상을 떠났는데, 그때 당시 그는 아라한이었다. 붓다께서는 다시 고향을 방문하셨다.

두 번째 목소리 이런 일이 있었다. 세존이신 붓다께서 까삘라왓투의 니그로다 원림에서 사끼야족들과 함께 머물고 계실 때였다. 마하아빠자아빠띠 고따미가 세존을 찾아왔다. 그녀는 세존께 경배를 드리고 한쪽 곁에 서서 말씀드렸다. "세존이시여, 만약 여성들이 재가의 삶을 떠나 출가해서 여래가 선포한 담마와 율에서 살고자 한다면, 그것 역시 바람직하지 않을까요?"[77]

"그만하시오, 고따미여. 여성이 재가의 삶을 떠나 출가해서 여래가 선포한 담마와 율에서 사는 것을 요청하지 마시오."

두 번, 세 번 간청드렸으나 거절하셨다. '세존께서 출가를 허락하지 않으시는구나.' 이렇게 생각한 그녀는 슬프고 괴로웠다. 그녀는 세존께 경배를 드리고 자신의 오른쪽을 세존께 향하게 하고 세존을 돌아서 그 자리를 떠났다.

---

77 [역주] 여성의 출가: 《증지부》 주석서에 의하면 난다와 라아훌라를 출가시킨 후 세존은 사끼야족과 꼴리야족(부처님의 외가 쪽)을 화해시킨다. 그 후 두 부족의 젊은이 250명씩을 출가시킨다. 그들이 아내를 애타게 그리워하게 되자 부처님은 꾸나알라 자아따까*Kuṇāla Jātaka*(여자가 얼마나 농간과 속임수에 능한지에 대한 이야기-전생담)의 가르침을 주었고, 500명의 젊은이들은 예류과에 들게 되고 얼마 후 아라한이 된다. 그들의 아내들이 돌아오라는 전언을 보내지만, 이제는 더이상 재가의 삶으로 돌아갈 수 없다는 답을 보낸다. 그러자 아내들이 마하아빠자아빠띠에게 호소하였고 그녀가 그 아내들을 이끌고 붓다가 있는 곳으로 가서 이렇게 간청하기에 이른 것이다.

세존께서 까삘라왓투에서 원하는 만큼 머무시다가 천천히 유행하시면서 웨사알리로 떠나셨다. 마침내 웨사알리에 이르러 대림원에 있는 중각강당에서 머무셨다.

한편 마하아빠자아빠띠 고따미는 머리를 깎고, 노란색 가사를 입었다. 그리고 많은 사끼야족 여자들과 함께 웨사알리로 떠났다. 그곳에 도착하자 그녀는 대림원의 중각강당으로 가서 문 밖에 서 있었다. 두 발은 퉁퉁 부었고, 팔다리는 흙투성이였다. 그녀는 슬프고 괴로워서 눈물에 젖어 흐느꼈다. 그녀가 그렇게 서 있는 모습을 보고 아아난다 존자가 물었다. "고따미여, 왜 문 밖에 이렇게 서 있습니까?"

"아아난다 존자님, 여성들이 재가의 삶을 떠나 출가해서 여래께서 선포하신 담마와 율에서 사는 것을 세존께서 허락하지 않으시기 때문입니다."

"그러면 고따미여, 내가 세존께 그것에 대해 여쭤보고 오겠습니다. 여기서 기다리십시오."

아아난다 존자가 세존께 가서 무슨 일이 있었는지 말씀드리고 나서 여쭈었다. "세존이시여, 만약 여성들이 재가의 삶을 떠나 출가해서 여래께서 선포하신 담마와 율에서 살고자 한다면 그것도 바람직하지 않겠습니까?"

"그만하라, 아아난다여, 여성이 재가의 삶을 떠나 출가해서 여래가 선포한 담마와 율에서 사는 것을 요청하지 말라."

아아난다 존자는 두 번 세 번 간청드렸지만 세존께서는 허락하지 않으셨다. 그는 생각했다. '세존께서 허락하지 않으시는구나. 세존께 다른 방식으로 여쭤보면 어떨까?' 그래서 그는 말씀드렸다. "세존이시여, 여성들이 재가의 삶을 떠나 출가해서 여래께서 선포하신 담마와 율에서 살아간다면, 그 후에 예류과나 일래과 불환과 아라한과를 성취할 수 있습니까?"

"아아난다여, 그럴 수 있다."[78]

"그렇다면, 마하아빠자아빠띠 고따미는 세존께는 이모이며 보모이자 양어머니였고, 어머니가 돌아가시고는 젖을 주기도 했으니, 세존께 큰 도움이 되었습니다. 그러하니, 세존이시여, 여성이 출가를 하는 것도 좋을 것 같습니다."

"아아난다여, 마하아빠자아빠띠 고따미가 여덟 가지 중요한 담마[八敬法]를 받아들인다면 그녀는 구족계를 받은 것이 된다. 여덟 가지 담마는 이러하다. ① 구족계를 받은 지 1백 년이 된 비구니라고 해도, 계를 받은 지 단지 하루가 된 비구에게 반드시 경배를 하고[禮敬] 자리에서 일어나고[起迎] 예를 갖추고[合掌] 공손하게 인사[恭敬]해야만 한다. ② 비구니는 비구가 없는 장소

---

78 여성의 수행 성취: 경장을 구성하고 있는 경 가운데 적어도 두 개의 심오한 경(《중부》 44경과 《상응부》 44:1)은 비구니가 설한 법문이다. 《증지부》 1;14에는 철저한 계행으로 알려진 많은 여성 불자들의 이야기가 나오고, 그들이 아라한과를 증득하며 읊은 게송 모음집들이 있다. (Norman의 《장로니게》 영역본 참조)

에서 우안거를 보내면 안 된다.[79] ③ 비구니는 보름에 한 번씩 비구 승가로부터 다음 두 가지를 받아 지녀야 하는데, 보름마다 포살일[80]을 정하는 일과 비구가 방문하여 가르침을 주는 일이다. ④ 비구니는 양쪽 승가에 우안거가 끝날 때 자신의 잘못을 본 것이 있는지, 들은 것이 있는지, 또 잘못이라고 의심되는 것이 있는지 말해달라고 요청해야 한다.[81] ⑤ 비구니가 엄중한 담마[敬法]를 위반했을 때 양쪽 승가 앞에서 보름 동안 참회를 해야 한다. ⑥ 계를 받고자 하는 식차마아나式叉摩那는 2년 동안 여섯 가지 담마[82]에 대한 학습 계목을 성취한 후 양쪽 승가로부터 구족계를 받아야 한다. ⑦ 비구니는 어떤 이유로도 비구를 험담하거나 모욕해서는 절대로 안 된다. ⑧ 오늘 이후 비구니는 비구에게 설법을 해서는 안 되지만, 비구는 비구니에게 설법을 해도 된다. 이 여덟 가지 담마를 우러르고 섬기고 공경하고 경

---

79 [역주] 비구가 없는 거주처*abhikkhuka āvāsa*: 비구니가 사는 곳 부근에 교계를 청할 만한 비구 스승이 없는 곳을 뜻함. 이 조항은 우안거 동안에만 관련된 것이라고 함.

80 [역주] 포살*Uposatha*: 승가 대중들이 모여 계율을 외우고 가르침을 기억하며 잘못을 참회하면서 수행을 바로 세우기 위한 예식. 인도 고대의 전통을 붓다께서 받아들인 것이다.

81 [역주] 자자自恣 *pavāraṇā*: 우안거 마지막 날 대중이 모인 자리에서 석 달간의 생활을 되돌아보는데 자신의 잘못이 있으면 말해달라고 요청하는 예식으로 서로 잘못을 지적하고 참회하고 시정하여 수행을 점검하고 청정하게 하려는 의식이다.

82 [역주] 여섯 가지 담마: 오계를 지키는 것과 때가 아닌 때에는 먹지 않는 것.

배하면, 살아있는 동안 계율에 어긋나는 일이 없을 것이다. 마하아빠자아빠띠 고따미가 이 여덟 가지 중요한 담마를 받아들인다면 그녀는 구족계를 받은 것이 된다."

아아난다 존자는 세존께서 말씀하신 이 여덟 가지 중요한 담마를 듣고, 마하아빠자아빠띠 고따미에게 가서 전했다.

"아아난다 존자시여, 장신구를 좋아하고 머리를 깨끗이 감은, 젊고 활기찬 여성이나 남성이 연꽃이나 재스민 또는 장미[83] 화환을 받았다고 생각해 보세요. 그것을 두 손으로 받아서 머리 위에 올려놓을 것입니다. 저도 이 여덟 가지 중요한 담마를 그렇게 받아들여 살아있는 한 어기는 일이 없을 겁니다."

아아난다 존자는 세존께 돌아와 이렇게 전해드렸다. "세존이시여, 마하아빠자아빠띠 고따미가 여덟 가지 중요한 담마를 받아들였습니다. 이제 그녀는 구족계를 받은 것입니다."

"아아난다여, 만약 여성들이 재가의 삶을 떠나 출가해서 여래가 선포한 담마와 율에서 살려고 하지 않았다면, 청정한 삶은 오랫동안 지속될 것이고 정법은 1천 년 동안 지속될 것이다. 그러나 이제 여성들이 출가하게 되었으니, 청정한 삶은 오래 지속되지 않을 것이고 담마는 5백 년밖에 지속되지 못할 것이다."

---

83 장미: '장미'는 아띠뭇따까*atimuttaka*를 문자 그대로 직역한 것이 아니며, 사전에 나와 있는 'Gaertnera racemosa'라는 어려운 학명보다는 더 바람직해 보여 선택하였다.

"도둑과 강도들이 여성들이 많고 남자 수가 적은 부족을 쉽게 쳐부수는 것과 마찬가지로, 여성이 담마와 율로 출가하면 청정한 삶은 오래 지속되지 않는다. 벼가 잘 익은 논에 흰곰팡이 병충해가 번지는 것과 마찬가지다. 그런 논은 오래가지 않는다. 또한 사탕수수가 잘 익은 밭에 붉은 곰팡이 병충해가 번지는 것과 같다. 그런 사탕수수밭은 오래가지 않는다. 이와 같이 여성이 담마와 율로 출가하면, 청정한 삶은 오래 지속되지 않는다. 사람이 미리 둑을 쌓아 놓으면, 거대한 저수지가 생겨서 홍수를 막을 수 있다. 그래서 여래 또한 미리 비구니들에게 평생 동안 지켜야 할 여덟 가지 중요한 담마를 알려주었다."

《율장》〈소품〉 10:1 ;《증지부》 8:51

해설자 2 그 후 마하아빠자아빠띠는 자신과 함께 온 사끼야족 여성들은 어떻게 해야 하는지 여쭈었고, 붓다께서는 비구들로 하여금 그 여성들에게 비구니 구족계를 주도록 하셨다. 그렇게 해서 그 여성들은 비구니 구족계를 수계하였는데, 그 여성들은 마하아빠자아빠띠가 자기들과 달리 정식으로 비구니 구족계를 받지 못했다고 말했다. 마하아빠자아빠띠는 아아난다 장로를 통해 붓다께 호소했다. 붓다께서는 마하아빠자아빠띠의 경우 여덟 가지 중요한 담마를 받아들임으로써 이미 구족계의 수계가 이루어졌다고 재차 확인하시고 문제를 마무리 지으셨다.

훨씬 후에 마하아빠자아빠띠는 비구와 비구니의 구별 없이 법랍에 따라 경배를 하도록 허용해 달라고 아아난다 장로를 통해 붓다께 청했다. 붓다의 대답은 비구가 비구니에게 경배를 해서는 안 된다는 것이었다.

두 번째 목소리 언젠가 마하아빠자아빠띠 고따미가 세존을 찾아뵈었다. 세존께 경배를 드리고 나서 한쪽 곁에 서서 말씀드렸다. "세존이시여, 세존께서 간명하게 가르침을 주시면, 저는 세존께서 설하신 담마를 들은 후 홀로 은거하며 방일하지 않고 열심히 결연하게 수행하면서 지낼 수 있겠습니다."

"고따미여, '어떤 담마들은 탐욕에 물들게 하고 탐욕에서 벗어나게 하지 않으며, 윤회의 족쇄에 묶이게 하고 윤회의 족쇄에서 벗어나게 하지 않으며, 재생의 기반을 쌓게 하고 재생의 기반을 쌓지 않게 하지 않으며, 크나큰 욕심을 생기게 하고 소욕少欲으로 이끌지 않으며, 만족할 줄 모르게 하고 지족知足으로 이끌지 않으며, 무리지어 살게 하고 한거閑居로 이끌지 않으며, 게으르게 하고 정진하게 하지 않으며, 공양하기 어렵게 하고 공양하기 쉽게 하지 않는다오.' 그대는 이러한 것들을 알아야 하오. 알게 되면 분명한 판단을 내릴 수 있소. '이것은 담마가 아니다. 이것은 율이 아니다. 이것은 스승의 가르침이 아니다.' 그러나 고따미여, '어떠한 담마들은 탐욕에서 벗어나게 하고 탐욕에 물들게 하지 않으며, 윤회의 족쇄에서 벗어나게 하고 윤회의 족쇄에 묶이게 하지 않으며, 재생의 기반을 쌓지 않게 하고 재생의 기반이 쌓이게 하지 않으며, 소욕 하게 하고 크나큰 욕심으로 이끌지 않으며, 지족하게 하고 지족할 줄 모르게 하지 않으며, 한거로 이끌고 무리지어 살게 하지 않으며, 열심히 정진하게 하고 게으름으로 이끌지 않으며, 공양하기 쉽게 하고 공양하기 어렵게 하지 않는다오.' 그대는 이러한 것들을 알아야 하오. 알게 되면 분명한 판단을 내릴 수 있소. '이것이 담마이다. 이것이 율이다. 이것이 스승의 가르침이다.'"

《율장》〈소품〉 10:5 ;《증지부》 8:53

8. 꼬삼비 분쟁에서 비구들을 교화하시다

해설자 2 붓다께서는 여섯 번째 우안거를 마꿀라산에서 보내신 것으로 전해진다. 그리고 그다음 해에 사아왓티에서 다시 쌍신변雙身變의 신통을 보여주셨고, 그 후에 33천에 오르셨다. 그곳에서 붓다께서는 일곱 번째 우안거를 보내시면서 자신의 생모였던 마야 부인을 비롯한 천신들에게 아비담마를 설하셨다. 그 우안거가 끝날 무렵 '신들의 하강'이 일어날 때, 붓다께서도 지상으로 돌아오셨다. 붓다께서는 숭수마아라기라에서 여덟 번째 우안거를 보내셨고, 꼬삼비[84]에서 아홉 번째 우안거를 보내셨다.

해설자 1 꼬삼비는 갠지스강과 야무나강 사이에 자리 잡은 작은 나라인 왕사 왕국의 수도였다. 그 나라의 왕 우데나에 대해서는 경전에서 거의 언급하고 있지 않다. 붓다께서 33천을 방문하신

---

84 [역주] 꼬삼비*Kosambī*: 《상응부》 4권 179쪽에는 Gaṅgāya nadiyā tīre로 되어있지만 《*Dictionary of Pāli Proper Names*》, G P Malalasekera(1899-1973)에는 Yamunā 강변에 위치한다고 되어있다. Kosambī는 현재 Allahabad에서 서쪽으로 90마일 떨어진 Jumna 강변에 있는 Kosam의 두 마을이라고 되어있다.

것, 신들의 하강을 포함한 이 무렵에 일어난 사건들 대부분은 후기 문헌에 나타나고, 경전에서는 전혀 언급하고 있지 않다.

해설자 2 여기서는 사소한 사건으로 인하여 커다란 분쟁이 일어났고 자칫 승가가 분열될 뻔한 위기를 야기했던 일화를 설명하는 것으로 시작한다. 어느 승원에 두 비구가 있었는데, 한 비구는 계율에 정통했고 다른 비구는 교법에 정통했다. 어느 날 교법에 정통한 비구가 뒷간에 갔다가 물그릇을 사용한 후 그 물을 버리지 않은 채 그대로 나왔다. 그 후 계율에 정통한 비구가 뒷간에 갔다가 그릇에 물이 그대로 있는 것을 보았다. 그래서 교법에 정통한 비구에게 물었다. "물을 버리지 않고 그냥 나왔소?" "예." "그것은 계율을 어기는 일이라는 것을 몰랐소?" "몰랐습니다." "그건 계율을 어기는 일이요." "그럼 제가 그것을 인정하겠습니다." "하지만 고의적으로 그렇게 한 것이 아니라 잊어버린 거라면 계율에 어긋나는 일은 아니오." 교법에 정통한 비구가 자기가 잘못을 저지르지 않았다고 믿으면서 그 자리를 떠났다. 그러나 율에 정통한 비구가 제자들에게 말했다. "교법에 정통한 비구는 자신이 계율을 어겼음을 알지 못하는구나." 제자들이 교법에 정통한 비구의 제자들에게 가서 말했다. "그대들의 스승이 계율을 어겼음에도 계율을 어기지 않았다고 생각하는 것 같소." 그 제자들이 자신의 스승에게 가서 이 말을 전하자, 교법에 정통한 비구가 말했다. "율에 정통한 비구가 처음에는 계율을 어기지 않았다고 말해놓고 이제 와서는 계율을 어겼다고 말하는구나. 그는 거짓말쟁이구나." 제자들이 율에 정통한 비구의 제자들에게 그 말을 전했다. "그대 스승은 거짓말쟁이오." 그러자 율에 정통한 비구는 비구들을 소집해서 교법에 정통한 비구를 빈출[85]하자고 대응했다.

해설자 1 그 후에 어떤 일이 있었는지 다음과 같이 경전에 나온다.

두 번째 목소리 이런 일이 있었다. 세존께서 꼬삼비에 있는 고시따승원에 머무실 때 어떤 비구가 계율을 어기는 잘못에 연루되었다. 그는 자신이 한 일이 계율을 어긴 것이라 생각했고 다른 비구들은 그것이 계율을 어긴 것이 아니라고 보았다. 시간이 좀 지나 그는 자신이 한 일이 계율을 어긴 것이 아니라고 생각하였고 반면 다른 비구들은 그것이 계율을 어긴 것이라 생각했다. 다른 비구들이 그에게 말했다. "도반이여, 그대는 계율을 어겼습니다. 그걸 아시오?"

"도반들이여, 나는 계율을 어겼다고 할 만한 잘못을 저지르지 않았습니다."

그러자 다른 비구들이 그가 여전히 자신의 잘못을 알지 못하므로 그 비구를 빈출하는 데 동의했다. 그러나 그 비구는 공부

85 [역주] 빈출擯出: 계를 범한 비구, 사미 등에 대한 벌의 일종으로 교단에서 추방하여 승가 대중[僧衆]과 기거 등을 함께하지 못하도록 한 것이다.

가 깊은 사람이었다. 그는 경전을 잘 알고 있었고, 담마와 율과 논모論母[86]에 정통했다. 그는 지혜롭고 영리하고 현명했으며, 겸손하고 사려 깊고 수행을 하고 싶어했다. 그는 가까운 지인들에게 가서 말했다. "이것은 잘못이 아니고, 이것은 계율을 어긴 것이 아닙니다. 저는 잘못을 저지르지 않았습니다. … 저는 정당하지 않고 근거가 없는 그릇된 판결에 의해 빈출되었습니다. 따라서 저는 빈출되었다고 할 수가 없습니다. 존자들께서 담마와 율에 비추어 제 편을 들어주었으면 좋겠습니다."

그는 그들을 자신의 편으로 만들고 나라 안에 있는 도반들과 지인들에게 전언을 보냈다. 그러고 나서 빈출을 당한 이를 지지하는 비구들이 그를 빈출시킨 비구들에게 가서 자신들의 주장이 정당함을 설명했다. 말을 마치고 나자, 다른 편에서 빈출을 시킨 것의 정당성을 다시 주장했다. 그들이 이렇게 말했다. "존자들은 빈출을 당한 비구를 지지하지도 그의 말을 따르지도 마십시오." 그러나 빈출 당한 비구를 지지하는 비구들은 빈출시킨 이들의 이런 의견을 들었음에도 계속 그를 지지하고 그의 말을 따랐다.

어떤 비구가 세존께 가서 이 일에 대해 말씀드리자 세존께서 말씀하셨다. "승가가 분열되겠구나. 승가가 분열되겠구나." 세존

---

86 [역주] 논모論母: 논모는 경이나 율의 주요 주제를 표제어만 뽑아서 외우기 쉽고 전체를 파악하기 쉽게 축약한 것이다.

께서는 자리에서 일어나 빈출을 결정한 비구들에게 가셔서 준비된 자리에 앉아 그들에게 말씀하셨다. "비구들이여, 단순히 '우리는 이렇게 생각한다.'라는 이유로 이러저러한 비구가 빈출되어야 한다고 믿지 마시오. 계율을 어기는 잘못을 저지른 어떤 비구를 예로 들어봅시다. 그는 그것을 잘못으로 생각하지 않는다고 해도, 다른 비구들은 그것을 잘못으로 여기고 있소. 승가가 분열되는 것의 엄중함을 아는 비구들이라면, 그 비구가 스스로 잘못했다고 인정하지 않는 한, 그를 빈출해서는 안 되오. 만약 그들이 이렇게 판단한다면 말이오. '그는 공부가 깊은 사람이다. 그는 경전을 잘 알고 있고, 담마와 율과 논모에 정통하다. 그는 지혜롭고 영리하고 현명하며, 겸손하고 사려 깊고 수행을 하고 싶어한다. 만약 자신이 잘못하지 않았다고 생각하는데 그를 빈출하면, 우리는 그와 함께 성스러운 포살일을 지킬 수 없을 것이고, 우안거의 마지막 날에 자자自恣를 함께할 수도 없을 것이며, 승가의 행사를 함께할 수도 없을 것이다. 또한 같은 자리에 앉을 수 없고, 공양 자리에서 귀리죽을 함께 먹을 수 없고, 한 지붕 밑에서 살 수 없고, 장로들에게 존경을 표하는 행사를 함께할 수도 없을 것이다. 우리는 그 없이 이러한 일들을 하게 될 것이다. 이로 인해 언쟁과 소동과 논쟁과 분쟁이 생겨 마침내 승가 안에서 분열과 분리와 이견이 일어날 것이다.'"

세존께서 이렇게 말씀하시고 나서 자리에서 일어나 빈출 당한 비구를 따르는 비구들에게 가셨다. 세존께서는 준비된 자리에 앉아 그들에게 말씀하셨다. "비구들이여, 단순히 그대들이 '우리는 잘못을 저지르지 않았다.'라고 생각한다는 이유로 잘못을 바로잡지 않아도 된다고 여기지 마시오. 계율을 어기는 잘못을 저지른 어떤 비구를 예로 들어봅시다. 그는 그것을 잘못으로 생각하지 않는다고 해도, 다른 비구들은 그것을 잘못으로 여기고 있소. 승가가 분열되는 것의 엄중함을 아는 비구라면, 다른 비구들을 신뢰하면서 자신의 잘못을 인정해야만 하오. 만약 그가 이렇게 판단한다면 말이오. '그들은 공부가 깊은 사람이다. 그들은 경전을 잘 알고 있고, 담마와 율과 논모에 정통하다. 그들은 지혜롭고 영리하고 현명하며, 겸손하고 사려 깊고 수행을 하고 싶어한다. 나를 위해서건 다른 이들을 위해서건 경쟁심과 증오로, 미망과 두려움에 휘둘려 잘못된 길로 가서는 안 된다. 만약 내가 잘못하지 않았다고 생각하는데 이 비구들이 나를 빈출하면, 그들은 성스러운 포살일이나 자자自恣 예식을 나와 함께 지킬 수 없을 것이며, 승가의 행사를 함께할 수도 없을 것이다. 또한 같은 자리에 앉을 수 없고, 공양 자리에서 귀리죽을 함께 먹을 수 없고, 한 지붕 밑에서 살 수 없고, 장로들에게 존경을 표하는 행사를 함께할 수도 없을 것이다. 그들은 나 없이 이러한 일들을 하게 될 것이다. 이로 인해 언쟁과 소동과 논쟁과 분쟁이 생겨 마침내 승가 안에서 분열과 분리와 이견이 일어날 것이다.'"

세존께서 이렇게 말씀하시고, 자리에서 일어나 그곳을 떠나셨다.

《율장》〈대품〉 10:1

첫 번째 목소리 그러나 언쟁과 소동과 말다툼이 승가 안에서 일어났다. 비구들은 말로 서로에게 칼로 베는 듯한 상처를 입혔다. 그들은 분란을 해결할 수 없었다. 한 비구가 세존께 가서 경배를 드리고 나서 한쪽에 섰다. 그는 무슨 일이 일어나고 있는지 말씀드린 다음 덧붙였다. "세존이시여, 연민의 마음을 일으키시어 그 비구들을 방문해 주시면 감사하겠습니다."

세존께서 침묵으로 동의하셨다. 그러고 나서 비구들에게 가서 말씀하셨다. "그만하시오, 비구들이여, 언쟁도 소동도 논쟁도 분쟁도 하지 마시오."

세존께서 이렇게 말씀하시자 어떤 비구가 대답했다. "세존이시여, 세존이시여, 담마를 깨달은 분이시여, 기다려주십시오. 세존께서는 염려 마시고 지금·여기에서 지복 상태에 머무십시오. 이 언쟁과 소동과 논쟁과 분쟁은 우리가 해결하겠습니다."

세존께서 두 번 세 번 같은 말씀을 하셨지만 같은 대답이 돌아왔다. 그래서 세존께서 생각하셨다. "이 어리석은 사람들은 그릇된 생각에 사로잡혀 있구나. 그들을 설득하는 건 힘들겠다." 세존께서는 자리에서 일어나 그곳을 떠나셨다.

아침이 되자, 세존은 채비를 하시고 발우와 가사를 챙겨 탁발하러 꼬삼비로 가셨다. 이 집 저 집으로 탁발을 하시고 나서 공양을 마친 후 돌아오셔서 처소를 정리하고 발우와 가사를 챙기셨다. 그리고 이런 게송을 읊으셨다.

《중부》 128 ; 《율장》 〈대품〉 10:2~3 (참조)

"많은 목소리가 동시에 아우성칠 때
스스로를 바보라고 생각하는 이는 하나도 없소.
승가가 분열될 때는 이렇게
생각하는 이는 아무도 없소.
'나도 책임이 있다. 나도 이 분란에 일조했다.'라고.
그들은 지혜로운 말을 잊은 것이오.
단지 말꼬리만 물고 늘어질 뿐이오.
입을 마구 놀리면서 제멋대로 호통친다오.
무엇이 자신을 그렇게 만드는지 아는 이는 없소."

《중부》 128 ; 《본생경》 3:488 ; 《우다아나》 5:9 ;
《장로게》 275 ; 《율장》 〈대품〉 10:3

"'그가 나를 욕하고 때리고
굴복시키고 내 것을 빼앗았다.'
그러한 원한을 품고 있는 사람들은
결코 증오를 가라앉히지 못하오.

'그가 나를 욕하고 때리고
굴복시키고 내 것을 빼앗았다.'
그러한 원한을 품지 않은 사람들은
확실하게 증오를 가라앉힐 수 있소.

증오는 결코 증오로는
가라앉지 않고
오직 온화함으로만 가라앉는다오.
이것은 만고의 진리이오.

우리가 스스로 자제해야 함을[87]
저들은 깨닫지 못하고 있소.
하지만 저들 중 깨닫는 사람들이 있다면,
언쟁은 가라앉을 텐데."

《중부》 128 ; 《법구경》 3~6 ; 《본생경》 3:212 ;
《본생경》 3:488 ; 《율장》 〈대품〉 10:3

---

87 yamāmase: 이 단어의 의미에 대해서는 이견이 있다. '우리가 스스로 자제해야 한다.'로 옮길 수도 있고 '우리는 파괴될지도 모른다.'로 옮길 수도 있다.

"뼈를 부수고 살인을 하는 자들
소와 말과 재산을 훔치는 자들
이들조차도 왕국을 약탈할 때는
서로 힘을 합하는데
왜 그대들은 그렇게 하지 못하는가?"

《중부》 128 ; 《본생경》 3:488 ; 《율장》 〈대품〉 10:3

"그대가 계를 잘 지키고 신념이 확고하고
믿을 수 있는 도반을 만나면
어떤 위험이 닥쳐도 이겨내면서
그와 함께 만족하며 마음을 챙기면서 가시오.

그대가 계를 잘 지키고 신념이 확고하고
믿을 수 있는 도반을 만나지 못한다면
정복한 왕국을 버리는 왕처럼,
숲속을 거니는 코끼리처럼 홀로 가시오.

홀로 가는 게 더 낫소.
어리석은 자들은 우정을 모른다오.
홀로 가시오. 아무도 해치지 마시오. 내려놓고 가시오.
숲속을 홀로 거니는 코끼리처럼."

《중부》 128 ; 《본생경》 3:488 ; 《율장》 〈대품〉 10:3 ;
《법구경》 328~30 ; 《숫따니빠아따》 45~46 (참조)

세존께서 이러한 게송을 읊으시고 나서, 발라깔로나까라가마로 떠나셨다. 그 무렵 바구 존자가 그곳에서 살고 있었다. 바구 존자가 멀리 세존께서 오시는 것을 보고, 앉을 자리를 준비하고 발 씻을 물과 발 받침대, 발 닦을 수건도 마련했다. 그러고 나서 그는 세존을 맞이하러 나가서 발우와 가사를 받아 들었다. 세존께서 마련된 자리에 앉아 발을 씻으셨다. 바구 존자가 경배를 드리고 나서 한쪽에 앉았다. 그러자 세존께서 그에게 말씀하셨다. "비구여, 여래는 그대가 건강하고 편안하고 탁발을 하는 데 아무 어려움이 없기를 바라오." "세존이시여, 저는 건강하고 편안하며 탁발을 하는 데 아무 어려움이 없습니다."

그러자 세존께서 바구 존자에게 담마를 설하시면서 가르치고 격려하고 일깨우고 북돋우고 나서, 자리에서 일어나셔서 동쪽의 대나무 동산으로 떠나셨다.

그 무렵 아누룻다 존자, 난디야 존자, 낌빌라 존자가 그곳에 머물고 있었다. 공원 관리인이 멀리서 세존께서 오시는 것을 보고 세존께 다가가 말씀드렸다. "사문이여, 이 공원에 들어가시면 안 됩니다. 거기는 훌륭한 세 분이 자신들의 이익을 구하기 위해 수행하면서 지내는 곳입니다. 그들을 방해해서는 안 됩니다." 관리인이 세존을 제지하는 말을 아누룻다 존자가 듣고 그에게 말했다. "세존께서 들어오시는 것을 막으면 안 됩니다. 저기 오신 분은 우리의 스승 세존이십니다."

아누룻다 존자가 난디야 존자와 낌빌라 존자에게 가서 말했다. "존자님들 어서 나오세요. 나오세요. 스승님께서 오셨습니다."

세 존자들이 함께 세존을 맞으러 나갔다. 한 사람은 세존의 발우와 가사를 받아들었고, 한 사람은 앉을 자리를 준비했으며, 한 사람은 발 씻을 물을 가져왔다. 세존께서 준비된 자리에 앉아서 발을 씻으셨다. 그러자 그들은 세존께 경배를 드리고 한쪽에 앉았다. 세존께서 말씀하셨다. "아누룻다여, 그대들 모두 잘 지내고 있소? 편안하며 탁발을 하는 데 어려움은 없소?"

"세존이시여, 저희는 모두 잘 지냅니다. 편안하며, 탁발을 하는 데 아무 어려움이 없습니다."

"아누룻다여, 그대들 모두가 마치 우유와 물이 잘 섞이듯이 친밀하고 다툼 없이 서로를 따뜻한 눈빛으로 대하면서 잘 지내고 있소?" "물론 저희는 그렇게 하고 있습니다, 세존이시여."

"아누룻다여, 그대들은 어떻게 그리 잘 지내고 있소?"

아누룻다 존자가 대답했다. "세존이시여, 그것에 대해 말씀드리자면, 저는 여기서 이러한 도반들과 청정한 삶을 살고 있는 것이 유익하며 축복이라고 생각합니다. 저는 남들 앞에서나 저희들끼리 있을 때나 이 두 존자들에 대해 자애심으로 행동하고 말하고 생각합니다. 저는 이렇게 생각합니다. '내가 하고 싶은 일을 제쳐두고 도반들이 하고 싶은 일만을 하면 어떨까?' 그리고 저는 그렇게 행동합니다. 세존이시여, 저희는 몸이 서로 다르지만 마음은 하나라고 생각합니다."

다른 두 사람도 같은 말씀을 드렸다. 그들은 덧붙였다. "세존이시여, 이런 식으로 저희는 우유와 물처럼 친밀하고 다툼 없이 서로를 따뜻한 눈빛으로 대하면서 잘 어울려 지내고 있습니다."

"정말 잘하고 있구려, 아누룻다여. 여래는 그대들 모두가 방일하지 않고 열심히 결연하게 지내기를 바라오."

"세존이시여, 저희는 반드시 그렇게 하고 있습니다."

"그러나 아누룻다여, 그대들은 어떻게 그리 잘 지내고 있소?"

"세존이시여, 그것에 대해 말씀드리자면, 우리 가운데 누구든 마을에서 탁발을 하고 가장 먼저 돌아온 사람이 앉을 자리를 준비하고, 마실 물과 씻을 물을 떠다 놓고, 음식 덜어두는 그릇을 제자리에 놓습니다. 우리 가운데 누구든 가장 나중에 돌아온 사람은 남은 음식을 먹고 싶으면 그것을 먹습니다. 먹고 싶지 않으면 남은 음식을 풀이 자라지 않는 곳에 버리거나 생물이 살지 않는 물속에 던집니다. 그 사람은 앉았던 자리와 마실 물과 씻을 물을 치웁니다. 음식 덜어두는 그릇도 깨끗이 씻어서 치우고 그 자리를 청소합니다. 누구든 마실 물이나 씻을 물 또는 뒷간에서 쓸 물이 얼마 없거나 비어 있는 것을 알게 되면, 그 사람이 그것을 채워 놓습니다. 물 항아리가 너무 무거우면 손짓으로 다른 사람을 부릅니다. 그러면 힘을 합쳐 그것을 나릅니다. 저희는 그런 일을 할 때 묵언을 지킵니다. 하지만 닷새마다 모여 밤을 밝히며 법담을 나눕니다. 저희는 이렇게 방일하지 않고 열심히 결연하게 지내고 있습니다."

《중부》 128 ; 《율장》 〈대품〉 10:4

두 번째 목소리 그러자 세존께서 세 존자에게 담마의 말씀으로 가르치고 격려하고 일깨우고 북돋우시고는 자리에서 일어나셨다. 세존께서는 천천히 유행하시다가 빠아릴레이야까로 가기 위해 떠나셨다. 한동안 유행하시다가 세존께서는 마침내 그곳에 도착하셨다. 그리고 락키따 총림에 있는 상서로운 사알라나무 아래에서 지내셨다. 세존께서 홀로 앉아 정진하고 계실 때 이런 생각이 떠올랐다. "여래는 승가 안에서 서로 언쟁을 하고 소동을 벌이고 다투고 장광설을 늘어놓으며 논쟁을 하는 꼬삼비 비구들에게 부대끼면서 살았었다. 이제 곁에 아무도 없이 홀로 그들과 멀리 떨어져 있으니 한가롭고 편안하구나."

그곳에는 엄니가 있는 코끼리도 있었는데, 다른 코끼리들과 암코끼리 새끼 코끼리 젖먹이 코끼리들에게 부대끼며 살고 있었다. 그 코끼리는 끝이 상한 풀과 부러진 잔가지들을 먹었으며, 더러운 물을 마셨다. 목욕을 하는 물가에서 빠져나올 때마다 암코끼리들에게 몸이 떠밀리곤 했다. 그 코끼리는 이 모든 것들에 대해 고민했다. 그리고 생각했다. "왜 나는 이 무리에서 떨어져 홀로 살지 않는 걸까?" 그래서 코끼리는 무리를 떠나 빠아릴레이야까에 있는 락키따 총림, 세존께서 계시는 상서로운 사알라나무 아래로 갔다. 그 코끼리는 음식과 물을 갖다 드리고, 코로 나뭇잎들을 치워 길을 터주며 세존의 시중을 들었다. 코끼리는 생각했다. "나는 코끼리들에게 부대끼면서 살았었다. 이제 무리에서 떠나 다른 코끼리들 없이 홀로 있으니 한가롭고 편안하구나."

한거閑居를 누리시던 세존께서 엄니를 가진 코끼리의 생각을 마음으로 헤아리시고는 게송을 읊으셨다.

"여기 엄니를 가진 코끼리는
엄니를 가진 코끼리[88]와 같은 마음이구나.
쟁기자루만 한 엄니를 가진 코끼리는
홀로 숲속의 생활을 즐기고 있으니
이 둘의 마음이 일치하고 있구나."

《율장》〈대품〉 10:4 ; 《우다아나》 4:5 (참조)

첫 번째 목소리 세존께서 꼬삼비를 떠나신 지 얼마 안 되어 어떤

88 [역주] 엄니를 가진 코끼리: 여기서는 세존을 가리킨다.

비구가 아아난다 존자를 찾아가 말했다. "도반 아아난다여, 세존께서 머물던 처소를 정돈하시고, 발우와 가사를 챙겨 홀로 유행을 떠나셨습니다. 함께 있던 이들에게 알리지도 않고 승가에게 떠난다는 말씀도 하시지 않고 동반도 없이 가셨습니다."

"도반이여, 세존께서 그렇게 하실 때는 홀로 계시고자 하는 겁니다. 아무도 따라가서는 안 됩니다."

며칠 후 많은 비구들이 아아난다 존자를 찾아와 말했다. "도반 아아난다여, 세존께서 친히 해주시는 설법을 들은 지 꽤 오래되었습니다. 우리는 세존의 설법을 듣고 싶습니다."

그래서 아아난다 존자는 그 비구들과 함께 빠아릴레이야까에 있는 상서로운 사알라나무 아래로 세존을 찾아뵈었다. 그리고 경배를 드리고 나서 한쪽 옆에 앉았다. 그러자 세존께서 설법을 하시며 그들을 격려하셨다.

《상응부》 22: 81

두 번째 목소리 세존께서 빠아릴레이야까에서 원하는 만큼 머무신 후, 천천히 유행하시다가 사아왓티로 가기 위해 길을 떠나셨다. 한동안 유행하시다가 세존께서는 마침내 그곳에 도착하셨다. 그리고 제따 숲에 있는 아나아타삔디까 승원에 머무셨다.

한편 꼬삼비의 재가 신도들이 생각했다. "여기 꼬삼비 비구들이 우리에게 큰 해를 끼쳤다. 그들이 세존을 괴롭혀서 떠나시게 만들었다. 우리는 이제 그들에게 경의를 표하지도 지지하지도 공손하게 인사를 하거나 예의 바르게 대접하지도 말자. 그들을 우러르고 섬기고 공경하고 경배하지 말자. 탁발하러 와도 음식을 주지 말자. 그들이 우리에게서 우러름과 섬김, 공경과 경배를 받지 못하고 계속 무시를 당하면, 그들은 다른 곳으로 가거나 승가를 떠나거나 세존께 가서 잘못했다고 뉘우치겠지."

신도들은 그대로 했다. 결국 꼬삼비 비구들은 결심하게 되었다. "도반들이여, 사아왓티로 갑시다. 그리고 세존 앞에서 이 분쟁을 해결합시다." 그래서 그들은 처소를 정돈하고 발우와 가사를 가지고 사아왓티로 출발했다.

사아리뿟따 존자가 그들이 오고 있다는 소식을 듣자 세존께 가서 여쭈었다. "세존이시여, 승가에서 언쟁과 소동과 논쟁과 분쟁을 일으킨 꼬삼비 비구들이 사아왓티로 오고 있답니다. 제가 그들을 어떻게 대해야 할까요?"

"담마에 따라 하시오, 사아리뿟따여."

"세존이시여, 제가 어떻게 무엇이 담마[法]이고 무엇이 담마가 아닌지[非法] 알겠습니까?"

"담마가 아닌 것을 말하는 사람을 알아볼 수 있는 열여덟 가지 경우가 있소.

여기에 한 비구가 담마가 아닌 것을 담마로, 담마를 담마가 아닌 것으로 말하고,

그는 계율이 아닌 것을 계율로, 계율을 계율이 아닌 것으로 말하고,

그는 세존이 설하지 않은 말을 세존이 설한 말로, 세존이 설한 말을 세존이 설하지 않은 것으로 말하고,

그는 세존이 실행하지 않은 것을 세존이 실행한 것으로, 세존이 실행한 것을 세존이 실행하지 않은 것으로 말하고,

그는 세존이 시설施設하지 않은 것을 시설한 것으로, 세존이 시설한 것을 시설하지 않은 것으로 말하고,

그는 계율을 어기지 않은 것을 계율을 어긴 것[犯戒]으로, 계율을 어긴 것을 계율을 어기지 않은 것으로 말하고,

그는 사소한 범계犯戒를 무거운 범계로, 무거운 범계를 사소한 범계로 말하고,

그는 구제할 수 있는 범계를 구제할 수 없는 범계로, 구제할 수 없는 범계를 구제할 수 있는 범계로 말하고,

그는 중대한 범계[麤罪][89]를 중대하지 않은 범계로, 중대하지 않은 범계를 중대한 범계로 말한다오.

위의 열여덟 가지와 반대로 말한다면 그는 담마를 말하는 것

---

89 [역주] 중대한 범계*duṭṭhullā āpatti*: 빠알리 비구 계목은 크게 여덟으로 나누어져 있는데 그중 가장 중대한 것이 '구빈죄驅擯罪 *pārājika*'이고 그다음이 '승잔죄僧殘罪 *saṅghādisesa*'이다. '중대한 범계'는 이 둘을 뜻한다고 한다. 한역 율장에서는 추죄麤罪라고 한다.

이오."

마하 목갈라아나 존자, 마하 깟사빠 존자, 마하 깟짜아나 존자, 마하 꼿티따 존자, 마하 깝삐나 존자, 마하 쭌다 존자, 아누룻다 존자, 레와따 존자, 우빠알리 존자, 아아난다 존자 그리고 라아훌라 존자가 꼬삼비의 비구들이 오고 있다는 소식을 들었다. 그들은 각자 세존께 가서 여쭈었고 같은 말씀을 들었다.

마하아빠자아빠띠 고따미가 그 이야기를 듣고 세존께 찾아가서 그들을 어떻게 대해야 할지 여쭈었다.

"고따미여, 담마를 들을 때 양쪽의 말을 다 들어보시오. 그러고 난 후에 담마를 말하는 사람들의 견해와 성향, 의견과 판단을 식별해서 받아들이시오. 비구니 승가가 비구 승가에게 바라는 것은 담마에 따라 말하는 사람들에게 바라는 것과 같아야 합니다."

아나아타삔디까와 미가아라의 어머니인 위사아카가 그 소식을 들었다. 그들은 세존께 가서 도움을 청했다. 세존께서 그들에게 말씀하셨다. "보시는 양쪽 모두에게 하되 담마에 따라 말을 하는 사람들의 견해를 받아들이시오."

머지않아 꼬삼비의 비구들이 사아왓티에 도달했다. 사아리뿟따 존자가 세존께 가서 여쭈었다. "세존이시여, 꼬삼비 비구들이 사아왓티에 도착했습니다. 그들의 처소를 어떻게 정할까요?"

"그들을 각자 따로 떨어진 처소에서 지내게 하시오."

"세존이시여, 따로 떨어진 처소가 없으면 어떻게 해야 합니까?" "그럴 때는 우선 그들을 따로 있게 한 후에 처소를 배정하시오. 하지만 연장자인 비구들이 머물 곳이 없는 상황은 일어나지 않게 하시오. 그렇게 하는 사람은 그릇된 행위를 하는 것이오."

"세존이시여, 음식이나 그 밖의 것들은 어떻게 해야 합니까?"

"음식과 그 밖의 것들은 모두 똑같이 나누어야 하오."

한편 빈출을 당한 비구가 계율에 대해 곰곰이 따져보다가 이런 생각이 떠올랐다. "그것은 계율에 어긋난 것이었다. 어긋나지 않은 것이 아니다. 내가 계율을 위반했다. 내가 빈출을 당했다. 나는 파기할 수 없고 합당한 판정으로 빈출을 당했다." 그는 자신을 지지하는 사람들에게 가서 잘못을 인정했다. 그리고 덧붙였다. "그러니 제가 복권되도록 존자들이 힘써 주시기 바랍니다."

그 비구를 지지하던 사람들이 그를 데리고 세존께 갔다. 그들은 경배를 드리고 나서 한쪽 옆에 앉았다. 빈출된 비구가 했던 말을 전하고 나서 세존께 여쭈었다. "세존이시여, 저희가 어떻게 해야 합니까?" "그것은 계율에 어긋난 것이오. 어긋나지 않은 것이 아니오. 그는 계율을 위반했소. … 그는 빈출을 당했소. 그는 파기할 수 없고 합당한 판정으로 빈출을 당했소. 이제 계율을 어기고 빈출을 당한 비구가 그 사실을 깨달았으니 그대들은 그를 복권시킬 수 있소."

빈출된 비구를 지지하는 사람들이 그를 복권시킨 후, 그를 빈출한 비구들에게 가서 말했다. "도반들이여, 승가 안에서 말다툼과 논쟁을 일으킨 그 사건으로 말미암아 그 비구는 계율을 어겼던 것이고 빈출을 당했던 것이오. 이제 그가 그것을 깨달았고, 그래서 복권시켰소. 그 문제를 마무리하기 위해 승가 앞에서 만장일치로 합의하여 결정합시다."

그러고 나서 빈출을 결정했던 비구들이 세존께 가서 어떤 일이 일어났는지 말씀드렸다. 그들이 합의하여 제안한 사항은 승인받았고 후속 절차가 정해졌다.

《율장》〈대품〉 10:5

9. 깨달으신 후 초기 이십 년

해설자 2 깨달으신 후 열 번째 우안거는 빠아릴레이야까에서 보내셨다. 그동안 꼬삼비에서 벌어진 분쟁이 최고조에 이르렀다. 열한 번째 우안거는 라아자가하의 남쪽에 있는 닥키나아기리[90]에서 보내신 것으로 전해지고 있으며, 그 무렵 다음과 같은 일이 일어났다.

첫 번째 목소리 이와 같이 나는 들었다. 언젠가 세존께서 마가다 왕국의 에까나알라 마을에 머무실 때였다. 파종 때라서 바라문 계급의 까시[91] 바아라드와아자가 일꾼 5백 명을 시켜 밭을 갈고 있었다. 이른 아침 세존께서 채비를 하시고 발우와 가사를 챙겨 까시 바아라드와아자가 한창 일하고 있는 곳으로 가셨다. 마침 그 바라문은 일꾼들에게 음식을 나눠주는 중이었다. 세존께서

---

90 [역주] 닥키나아기리*Dakkhiṇāgiri*: 아쇼카 왕의 지배를 받던 시절에 우자이니의 수도. 라아자가하를 둘러싼 남쪽 구릉에 위치했으며, 브라만 촌락인 에까나알라가 있었다. 사아왓티에서 라아자가하로 가려면 닥키나아기리를 통과해야 했으므로 붓다께서 마가다를 유행하는 시절에 그곳에 머물곤 했다. 그래서 붓다는 들판의 모습과 비슷하게 비구들의 가사를 구상하게 되었다고 한다.

91 까시*kasi*: 쟁기질하는 사람이라는 뜻이다.

음식을 나눠주는 곳으로 가서 한쪽 옆에 서셨다. 까시 바아라드와아자는 세존께서 기다리고 계시는 것을 보고 말씀드렸다.

"사문이시여, 저는 밭을 갈고 씨를 뿌립니다. 밭을 갈고 씨를 뿌리고 나서 먹습니다. 사문이시여, 당신도 이처럼 밭을 갈고 씨를 뿌려야 합니다. 밭을 갈고 씨를 뿌리고 나서야 먹을 수 있습니다."

"바라문이여, 여래 또한 밭을 갈고 씨를 뿌린다오. 밭갈이와 씨뿌리기를 다했기에 여래는 먹는다오."

"우리에게는 고따마 존자의 멍에도 쟁기도 보습도 몰이 막대도 황소도 보이지 않습니다. 그런데 고따마 존자는, '바라문이여, 여래 또한 밭을 갈고 씨를 뿌린다오. 밭갈이와 씨뿌리기를 다했기에 여래는 먹는다오.'라고 말씀하시는군요." 그러고 나서 그는 세존을 향해 게송을 읊었다.

"당신은 밭 가는 자라고 주장하지만,
우리는 당신이 쟁기질하는 것을 보지 못했소.
그러니 대답을 해주시오,
당신이 어떻게 밭을 일구었는지 알 수 있도록."

"여래의 씨앗은 믿음이고, 여래의 비[雨]는 자기 절제이며,
여래의 쟁기와 멍에는 통찰지라오.

여래의 쟁기자루는 양심[慚][92]이고, 마음[意]은 여래의 끈,[93]
마음챙김은 여래의 보습과 몰이막대라오.

행동과 말을 제어하고
먹을 것에 욕심내지 않는다오.
진리는 여래가 거두어들인 수확이며,
온화함[94]으로 멍에를 벗었소.

멍에를 맨 여래의 황소는 정진이고,
그것은 속박에서 벗어나게 해준다오.
슬픔이 없는 곳으로 가며
결코 퇴전하지 않는다오.

이것이 여래가 하는 밭갈이이고
그 결실은 불사의 경지라오.
이렇게 밭갈이를 하는 이는

---

92 [역주] 양심[慚]: 참괴慚愧는 흔히 복합어로 쓰이는데 참慚은 빠알리어 hirī로 안으로 자신을 들여다보아 부끄러워함이며, 괴愧는 빠알리어 ottappa로 남을 향한 도덕적 두려움 또는 잘못을 두려워하는 마음을 가리킨다. 본문에서는 '양심*hirī*'만 단독으로 쓰이고 있다.

93 [역주] 여래의 끈: ① 쟁기를 멍에에 연결하는 끈 ② 멍에를 소에 연결하는 끈 ③ 수레를 소에 연결하는 끈

94 [역주] 온화함: 저자는 빠알리어 soracca를 forbearance(관용, 용서, 인내, 자제 등)로 번역했지만, 여기서는 온화함으로 번역한다.

모든 괴로움에서 벗어날 것이오."

그러자 까시 바아라드와아자는 커다란 청동 사발에 유미죽을 가득 담아 세존께 갖다 드렸다. "고따마 존자께서는 이 유미죽을 드십시오. 고따마 존자는 불사의 열매를 맺는 밭을 가는 농부이십니다."

"여래는 게송을 읊은 대가로 받은 것을 먹지 않소.
그것은 바르게 보는 이들이 따르는 바이오.
깨달은 사람은 게송을 읊은 대가를 받지 않소.
이렇게 하는 것은 깨달은 이들이 따르는 바이오.
바르게 보는 자, 갈등[95]을 가라앉힌 자,
번뇌를 벗어난 자, 독존獨存[96]에게
마음속으로 다음과 같이 생각하며 공양을 올리도록 하시오.
'그분은 공덕을 수확하려는 이들을 위한 복밭[福田]이다.'라고."

"그러면 제가 유미죽을 누구에게 드려야 합니까? 고따마 존자시여."

---

95 [역주] 갈등: 빠알리 원문에는 kukkuca이며 '회한, 후회'의 뜻인데 저자는 conflicts로 표현하고 있어 '갈등'으로 옮긴다.

96 독존獨存: 독존은 빠알리어로 kevalī인데 붓다께서 바라문들에게 당신을 지칭하기 위한 경우에만 사용된 것으로 보인다.

"바라문이여, 신들과 마아라들, 범천들이 있는 세상에서 그리고 사문과 바라문, 왕자들과 인간들을 포함하는 중생들 가운데서 여래나 여래의 제자가 아니라면 이 유미죽을 먹고 소화를 시킬 수 있는 사람은 보이지 않소. 그러므로 바라문이여, 이 유미죽을 풀이 없는 곳이나 생물이 살지 않는 물속에 버리시오."

바라문 까시 바아라드와아자는 유미죽을 생물이 살지 않는 물속에 버렸다. 유미죽이 물속에 들어가자마자, 쉬익하고 소리를 내면서 끓어오르고 김이 나고 증발했다. 마치 하루 종일 뜨거워진 쟁기 날을 물속에 넣으면 쉬익하고 소리를 내며 끓어오르면서 김이 나고 증발하는 것처럼 유미죽도 그러했다.

그러자 바라문은 머리카락이 쭈뼛 설 정도로 놀랐다. 그는 세존께 가서 발밑에 엎드리고서 말씀드렸다. "고따마 존자시여! 위대하십니다. 저는 출가하여 고따마 존자로부터 구족계를 받기를 원합니다." 그리고 얼마 지나지 않아 바아라드와아자 존자는 아라한 중의 한 분이 되었다.

《숫따니빠아따》 1:4 ; 《상응부》 7:11

해설자 2 붓다의 아들인 사미승 라아훌라는 이제 열여덟 살이 되었다. 붓다께서는 그 무렵 제따 숲에 머물고 계셨다. 어느 날 아침 탁발을 하기 위해 성안으로 향하셨다. 붓다의 아들이 그 뒤를 가까이서 따라가다가 이런저런 생각에 잠겼다. 그는 만약 아버지께서 재가의 삶을 버리지 않으시고 예언 그대로 전륜성왕이 되셨더라면 자신의 미래는 어떠했을까 곰곰이 생각하기 시작했다.

첫 번째 목소리 라아훌라 존자가 바로 뒤에 따라오자, 세존께서 몸을 돌려 아들을 바라보며 말씀하셨다. "라아훌라야, 형상[色]이라고 하는 것이 어떤 것이든, 그것이 과거의 것이든 미래나 현재의 것이든, 안에 있든 밖에 있든, 거칠든 섬세하든, 열등하든 우월하든, 멀리 있든 가까이 있든, 그 모든 것을 '있는 그대로 바른 지혜'로 보아야 한다. 즉 '이것은 나에게 속한 것이 아니다. 이것은 나가 아니다. 이것은 나의 자아가 아니다.'"

"세존이시여, 오직 형상에 대해서만 그렇습니까? 오직 형상만 그러합니까, 선서善逝시여?"

"라아훌라야, 형상[色]도 느낌[受]도 인식[想]도 형성작용[行]도 식識도 그러하다."

그러자 라아훌라 존자는 생각했다. "세존으로부터 직접 가르침을 듣고 나서 어떻게 탁발을 하러 시내로 갈 수 있겠는가?" 그래서 그는 돌아가서 나무 밑에 앉아 가부좌를 틀고 몸을 곧게 세우고 면전에 마음챙김을 확립하여 앉았다. 사아리뿟따 존자가 그런 모습을 보고 말했다. "라아훌라여, 호흡에 대한 마음챙김 수행을 하시오. 만약 그 수행이 지속되고 잘 계발되면 큰 결실과 많은 공덕이 있을 것이오."

저녁이 되자, 라아훌라 존자가 홀로 앉음을 풀고 일어나 세존께 갔다. 그가 세존께 경배를 드리고 한쪽 옆에 앉아 여쭈었다. "세존이시여, 어떻게 하면 호흡에 대한 마음챙김이 지속되고 잘 계발되어 큰 결실과 많은 공덕을 얻을 수 있습니까?"

《중부》 62

해설자 2 그러자 붓다께서 라아훌라에게 먼저 물질의 네 가지 기본 요소, 즉 땅-단단함, 물-응집력, 불-온도와 숙성, 바람-팽창과 움직임에 대해, 그리고 허공虛空에 대해 자세하게 설명해주셨다. 그리고 물질을 있는 그대로 보는 것처럼 요소 각각도 어떻게 있는 그대로 볼 수 있는지 설명해주셨다. 그러고 나서 붓다께서는 말씀하셨다.

첫 번째 목소리 "라아훌라여, 땅을 닮도록 수행하라. 그렇게 하면 바람직하거나 바람직하지 않은 접촉이 일어날 때 그것이 마음을 사로잡지 않을 것이다. 사람들이 땅 위에 깨끗한 것이나 더러운 것, 대변이나 소변, 침이나 고름, 피를 떨어뜨릴 때 땅은 그렇게 한다고 부끄러워하거나 모욕감을 느끼거나 혐오하지 않는다. 라아훌라여, 물을 닮도록 수행하라. 사람들이 그런 것들을 물로 씻어버려도 물은 그렇게 한다고 부끄러워하거나 모욕감을 느끼거나 혐오하지 않는다. 라아훌라여, 불을 닮도록 수행하라. 불이 그런 것들을 태울 때 불은 그렇게 한다고 부끄러워하거나 모욕감을 느끼거나 혐오하지 않는다. 라아훌라여, 바람을 닮도록 수행하라. 그렇게 하면 바람직하거나 바람직하지 않은 접촉이 일어날 때 그것이 마음을 사로잡지 않을 것이다. 바람이 깨끗한 것이나 더러운 것, 대변이나 소변, 침이나 고름, 피를 날려 버릴 때 바람은 그렇게 한다고 부끄러워하거나 모욕감을 느끼거나 혐오하지 않는다. 라아훌라야, 허공을 닮도록 수행하라. 그렇게 하면 바람직하거나 바람직하지 않은 접촉이 일어날 때 그것이 마음을 사로잡지 않을 것이다. 허공은 그 자체로 있을 자리가 없으므로."

"악의를 없애기 위해 자애관을 수행하라. 귀찮아함을 없애기 위해 연민관을 수행하라. 깨나른함[97]을 없애기 위해 희심관을 수행하라. 노여움을 없애기 위해 평온관을 수행하라. 탐욕을 없애기 위해 부정관을 수행하라. '내가 있다.'는 관념을 없애기 위해 무상관을 수행하라. 들숨날숨 호흡에 대한 마음챙김을 하라. 호흡에 대한 마음챙김이 면전에서 지속되고 잘 계발될 때 큰 결실과 많은 공덕을 얻게 될 것이다."

《중부》 62

---

97 [역주] 깨나른함: 빠알리어 아라띠*arati*를 저자는 apathy로 영역했는데 경에서 주로 더불어 기뻐함*muditā*과 대對가 되는 용어로 나타난다. 아라띠는 싫어함, 혐오, 깨나른함, 따분함, 지루함 등을 포괄하는 용어이다. 법륜·열아홉 《마아라의 편지》 아잔 뿐나담모 지음, 김한상 옮김, 〈고요한소리〉(2023) 31쪽 참조.

해설자 2 그러고 나서 붓다께서는 호흡에 대한 마음챙김 수행의 열여섯 가지 방식에 대해 설명해주셨다.

해설자 1 사미승 라아훌라가 아라한과를 증득하는 이야기는 나중에 이야기할 것이다.

해설자 2 붓다께서는 그다음 열두 번째 우안거를 웨란자에서 보내셨다.

두 번째 목소리 이런 일이 있었다. 세존이신 붓다께서 비구가 5백 명이나 되는 규모가 큰 승가와 함께 웨란자에 있는 날레루의 님바나무 아래에서 머물고 계셨다. 웨란자의 어떤 바라문이 소문을 듣고 세존을 뵈러 가기로 마음먹었다. 그가 세존을 찾아뵙고 예의를 갖추어 인사를 나누고 한쪽 옆에 앉아서 여쭈었다. "고따마 존자여, 사문 고따마 당신은 늙고 나이 많고 경륜이 쌓이고 생의 마지막 단계에 이른 바라문들에게 경의를 표하지 않으며, 자리에서 일어나지도 않고 앉으라고 권하지도 않는다는 소문을 들었습니다. 그리고 지금 저는 그 말이 사실임을 알았습니다. 고따마 존자는 정말로 그렇게 하지 않았으니까요. 그것은 옳지 않은 일입니다, 고따마 존자여."

"바라문이여, 신들과 마아라들, 범천들이 있는 세상에서 그리고 사문과 바라문, 왕자들과 인간들을 포함하는 중생들 가운데서 여래가 경의를 표하거나 자리에서 일어나거나 앉기를 권할 만한 이가 보이지 않소. 그래서 어떤 이에게 여래가 경의를 표하거나 자리에서 일어나거나 앉기를 권하면 그 사람은 머리가 터져버릴 것이오."

"고따마 존자는 맛이 없는 분입니다."

"사문 고따마는 맛이 없다고 할 수 있는 면이 있소. 여래는 형상의 맛, 소리의 맛, 냄새의 맛, 맛의 맛, 감촉의 맛을 개의치 않고, 뿌리가 잘리고 줄기만 남은 야자나무처럼 만들고, 완전히 제거하여 어떤 맛도 더이상 일어나지 않게 했소. 그러나 바라문이여, 그대는 분명 그런 뜻으로 말한 게 아니지요?"

"고따마 존자는 가치를 모르는 분입니다."

"사문 고따마는 가치를 모르는 사람이라고 할 수 있는 면이 있소. 여래는 형상의 가치, 소리의 가치, 냄새의 가치, 맛의 가치, 감촉의 가치를 개의치 않고, 뿌리가 잘리고 줄기만 남은 야자나무처럼 만들고, 완전히 제거하여 어떤 것에도 더 이상 가치를 두지 않소. 그러나 바라문이여, 그대는 분명 그런 뜻으로 말한 게 아니지요?"

"고따마 존자는 업業이 없다고 가르치는 분[非作業論者][98]입니

---

98 비작업론자非作業論者 *akiriyavādī*: '해야 할 일은 없다'고 가르치는 이들인데, 행위라는 것은 도덕과 관계가 없고 좋든 나쁘든 어떤 과보도 갖고 오지 않는다고 말한다. 허무주의자*ucchedavādī*는 영혼이나 자아같은 것이 일시적으로 지속되지만 어느 지점에서 단멸된다고 믿는 사람들을 의미한다. 이 사상에는 일시적으로 존재하는 영혼이 있다는 가정을 포함하고 있다. venayika는 '데려가는 자, 꾀어내는 자'를 의미하는 가장 어려운 단어이다. '데려가다'를 의미하는 vineti는 붓다께서 제자들을 고통으로부터 데려간다'의 의미로 쓰이고 있고,

다."

"사문 고따마는 업이 없다고 가르치는 사람이라고 할 수 있는 면이 있소. 여래는 누구라도 몸으로 말로 마음으로 그릇된 행동을 하거나 여러 가지 불선하고 불건전한 일들을 해서는 안 된다고 가르치기 때문이오. 그러나 바라문이여, 그대는 분명 그런 뜻으로 말한 것은 아니지요?"

"고따마 존자는 단멸을 말하는 분[斷滅論者]입니다."

"사문 고따마는 단멸을 말하는 사람이라고 할 수 있는 면이 있소. 여래는 탐욕과 성냄과 어리석음과 여러 가지 불선하고 불건전한 것들을 단멸하라고 가르치기 때문이오. 그러나 바라문이여, 그대는 분명 그런 뜻으로 말한 것이 아니지요?"

"고따마 존자는 혐오하는 분입니다."

"사문 고따마는 혐오하는 사람이라고 할 수 있는 면이 있소. 여래는 누구라도 몸으로나 말로나 마음으로 그릇된 행동을 하거나 여러 가지 불선하고 불건전한 일들을 하는 것을 혐오하기 때문이오. 그러나 바라문이여, 당신은 분명 그런 뜻으로 말한 것이 아니지요?"

"고따마 존자는 세상에서 벗어나게 하는 분입니다."

붓다의 반대세력들은 붓다께서 사람들을 허무주의로 무장해서 파멸로, 무無의 나락으로 데려가는 자라고 매도하고 있으며 그 결과 '데려가야 할 대상', 다시 말해 없애버릴 대상이 바로 세존이라고 매도하고 있다.

"사문 고따마는 벗어나게 하는 사람이라고 할 수 있는 면이 있소. 여래는 탐욕과 성냄과 어리석음과 여러 가지 불선하고 불건전한 것들에서 벗어나라고 가르치기 때문이오. 그러나 바라문이여, 당신은 분명 그런 뜻으로 말한 게 아니지요?"

"고따마 존자는 고행하는 분입니다."

"사문 고따마는 고행하는 사람이라고 할 수 있는 면이 있소. 여래는 몸으로나 말로나 마음으로 하는 그릇된 행동을 고행을 통해서 극복하라고 가르치기 때문이오. 그리고 여래는 이러한 것들을 버리고, 뿌리를 자르고 줄기만 남은 야자나무처럼 만들고, 완전히 제거하여 어떤 불건전한 것들도 더 이상 일어나지 않게 만들었소. 그러나 바라문이여, 당신은 분명 그런 뜻으로 말한 것이 아니지요?"

"고따마 존자는 다시 태어나지 않는 분입니다."

"사문 고따마는 다시 태어나지 않는 사람이라고 할 수 있는 면이 있소. 어떤 사람이 어머니의 자궁으로 다시 들어가 태어나지 않으며 더 이상 그런 일이 일어나지 않게 되었을 때, 여래는 그 사람이 '다시 태어나지 않는 이'라고 말했소. 여래는 어머니의 자궁으로 다시 들어가 태어나지 않으며, 미래에도 그런 일은 더 이상 일어나지 않소. 그러나 바라문이여, 당신은 분명 그런 뜻으로 말한 것이 아니지요?"

"암탉이 알을 여덟 개나 열 개, 혹은 열두 개를 낳아서 그것들을 정성을 다해 품어서 부화시켰다고 가정해 봅시다. 병아리들 가운데 가장 먼저 발톱과 부리로 껍질을 깨고 처음으로 안전하게 세상에 나온 병아리를 맏이라고 불러야 하겠소, 아니면 막내라고 불러야 하겠소?"

"맏이라고 불러야 하지요, 고따마 존자시여, 왜냐하면 그들 가운데 가장 먼저 나왔으니까요."

"바라문이여, 이와 마찬가지로 무명無明에 빠져 있고 무명이라는 껍질에 둘러싸여 무명에 갇혀있는 사람들 속에서, 여래 홀로 무명과 무지의 껍질을 깨고 이 세상에서 가장 지고하고 완전한 깨달음을 얻었소. 그러므로 여래야말로 이 세상의 장자長子이며 가장 으뜸인 자이오."

《율장》〈경분별〉〈구빈죄〉 1 ; 《증지부》 8:11

해설자 2 그러고 나서 붓다께서는 사선四禪과 삼명三明을 증득하심으로써 자신에게 있어서 '다시 태어남'이 끝났음을 어떻게 직관으로 알게 되었는지를 설하셨다. 그 바라문은 납득했고 삼보에 귀의했다. 그는 다가오는 우안거 때 거처와 필수품을 보시하겠다고 했고, 그것은 받아들여졌다.

두 번째 목소리 그 무렵 웨란자에서 탁발을 하기가 어려워졌다. 기근이 들었고 음식 배급표가 교부되었다. 온 힘을 다해 이삭을 주워 모아도 살아남기 어려웠다. 그런데 그때 웨란자에는 5백 필의 말을 몰고 북쪽 지방[99]에서 온 말 장수들이 머물고 있었다. 그들이 비구들에게 마구간에 가면 밀기울을 좀 얻을 수 있을 것이라고 알려주었다.

어느 날 아침 비구들이 채비를 하고 발우와 가사를 챙기고 탁발을 하러 웨란자를 돌아다녔다. 그들은 음식을 하나도 얻지 못하자 마구간으로 갔다. 그리고 각자 밀기울을 얻어서 승원으로 돌아왔다. 그리고 그것을 돌확에 넣어 빻아서 먹었다. 아아난다 존자가 돌 위에 약간의 밀기울을 놓고 곱게 갈아서 세존께 가져갔다. 세존께서 그것을 드셨다.

세존께서는 돌확 찧는 소리를 이미 들으셨던 것이다. 세존들은 알고도 묻고 또한 알아도 묻지 않는다. 그들은 시기가 적절하다고 판단할 때 묻고 시기가 적절하지 않다고 판단할 때 묻지 않는다. 여래들은 향상을 위해서만 질문을 하고 그 밖의 이유로는 질문하지 않는다. 여래들은 불선한 방향으로 가는 다리를 끊어버린다. 깨달은 이, 세존들은 비구들에게 담마를 가르치기 위해서나 학습 계목을 제자들에게 알려주기 위하여 이 두 가지 이유로 질문을 한다. 그때 세존께서 아아난다 존자에게 물으셨다. "아아난다여, 돌확 찧는 소리가 나는데 무슨 일인가?" 아아난다 존자가 무슨 일인지 말씀드렸다.

---

99 [역주] 북쪽 지방: 말의 교역으로 유명한 북인도의 지명인 웃따라아빠타까 *Uttarāpathaka*를 지칭한다.

"잘했구나, 아아난다여. 참된 사람이 하듯이 그대가 해내었구나. 그러나 후세에는 질 좋은 쌀과 고기 요리조차 경멸하는 사람들이 있을 것이다."

마하 목갈라아나 존자가 세존께 가서 말씀드렸다. "세존이시여, 이제 웨란자에서 탁발을 하기가 힘듭니다. 기근이 들었고 음식 배급표를 나눠주고 있습니다. 열심히 돌아다니면서 이삭을 주워 모아도 살아남기가 쉽지 않습니다. 세존이시여, 땅 밑의 흙은 기름지고 순수한 꿀처럼 달콤합니다. 제가 땅을 갈아엎는다면 좋을 것입니다. 그러면 비구들이 부엽토[100]를 먹을 수 있을 것입니다."

"하지만 목갈라아나여, 땅에서 살던 생명체들은 어떻게 되겠소?"

"세존이시여, 제 손 하나를 거대한 대지만큼 넓게 만들어서 땅 위에 살던 생명체들을 그 위에서 살게 할 것입니다. 다른 한 손으로는 땅을 갈아엎을 것입니다."

"목갈라아나여. 땅을 갈아엎자고 하지 마시오. 생명체들이 혼란에 빠질 것이오."

"세존이시여, 승가의 비구들이 모두 탁발을 하러 북쪽 지방,

---

100 [역주] 부엽토: 《장부》 27경 〈세기경〉에 나오는 khudda(작은)-madhu(꿀)-aneḷakaṁ(청정한, 순수한)의 비유. 세상의 기원을 설명하면서 초기에 땅속의 흙은 순수하고 청정한 꿀처럼 달콤하다고 한다.

웃따라꾸루로 가면 좋을 것 같습니다."

"목갈라아나여, 승가의 비구들이 탁발을 하러 웃따라꾸루로 가자고 하지 마시오."

사아리뿟따 존자가 홀로 앉아 정진하고 있을 때 이런 생각이 떠올랐다. '어느 붓다의 시대에 청정한 삶이 오래 지속되지 않았을까? 어느 붓다의 시대에 청정한 삶이 오래 지속되었을까?' 저녁이 되어 존자가 홀로 앉음을 풀고 일어나 세존께 가서 여쭈었다.

"사아리뿟따여, 위빳시 붓다, 시키 붓다, 웻사부 붓다의 시대에 청정한 삶은 오래 지속되지 않았다오. 까꾸산다 붓다, 꼬나아가마나 붓다, 깟사빠 붓다의 시대에 청정한 삶은 오래 지속되었다오."

"세존이시여, 위빳시 붓다, 시키 붓다, 웻사부 붓다의 시대에는 왜 청정한 삶이 오래 지속되지 않았습니까?"

"그 붓다들은 제자들에게 담마를 상세하게 가르치려 애쓰지 않았고, 계경,[101] 중송, 수기, 고기송, 자설경, 여시어경, 본생경,

---

101 계경契經 *Sutta*: 경 가운데 장행 내지 산문의 부분. 여기서 빠알리어 sutta는 이중의 의미를 가진 단어이다. sutta는 축어적으로 '실[絲]'인데 비유적으로 '일련의 논의'나 '연관된 사상의 묶음'이라 할 수 있다. 후자의 비유적 의미로 붓다의 가르침을 '경전*Sutta*'이라고 부르고 있으며, 이는 연관된 논의의 묶음 형식으로 붓다의 가르침이 엮어졌기 때문이다.

미증유법, 교리문답도 거의 하지 않았다오.[102] 제자들에게 학습 계목도 일러주지 않았다오. 승가의 계율인 계본戒本[103]도 제정되지 않았다오. 마치 여러 가지 꽃들이 하나로 묶여 있지 않은 채 탁자 위에 놓여 있다면, 그것들이 쉽게 흩어지고 바람에 날아가 사라지는 것과 같소. 왜 그런가? 그들은 실[絲]로 함께 묶여 있지 않기 때문이라오. 따라서 이런 붓다들, 세존들 그리고 그들의 가르침에 의해 개인적으로 깨달음을 얻은 제자들이 사

---

102 [역주] 구부설九部說, *navaṅgabuddhasāsana*: 구분경, 구분교라고도 한다. 경 가운데 서술의 형식이나 내용에 의해 경전을 분류한 체제.

1. 계경契經 *Sutta*: 경 가운데 장행 내지 산문의 부분.
2. 중송重頌 *Geyya*: 먼저 산문으로 서술한 후 다시 운문으로 읊고 있는 경의 부분.
3. 수기授記 *Veyyākaraṇa*: 주석註釋. 수역授譯 또는 별기別記라 번역. 불제자들의 생사인과를 적거나 불법의 심의深意를 분명히 적은 부분.
4. 고기송孤起頌 *Gāthā*: 운문체의 경문.
5. 자설경自說經 *Udāna*: 붓다께서 질문 받지 않았는데도 스스로 감흥이 일어나 설한 시의 문구.
6. 여시어경如是語經 *Itivuttaka*: "이와 같이 나는 들었다[如是語]"로 시작하는 경.
7. 본생경本生經 *Jātaka*: 붓다의 전생담을 실은 경.
8. 미증유법未曾有法 *Abbhuta dhamma*: 붓다의 공덕의 위대함을 찬탄한 부분. 또는 신비하고 불가사의한 미증유의 일들을 기록한 부분.
9. 교리문답[方廣 *Vedalla*]: 인명因明, 정리正理에 의거해서 불법의 깊은 뜻을 자세히 설한 부분.

103 [역주] 계본戒本 *Pāṭimokkha*: 이 단어의 어원에 대해서는 몇 가지 설이 있다. 빠알리 율장에서 '비구 빠아띠목카'는 여덟으로 분류되는 227계목으로 이루어져 있다. 가장 큰 범계인 '승단추방죄*pārājika*'를 제외한 나머지 범계는 다른 비구들 앞에서 참회하면 청정해진다. 계목 여덟 분류는 다음과 같다. ① 4가지 승단추방죄 ② 13가지 승단잔류죄 ③ 2가지 부정죄 ④ 30가지 상실죄 ⑤ 92가지 속죄죄 ⑥ 4가지 고백죄 ⑦ 75가지 중학법 ⑧ 7가지 멸쟁법.

라졌을 때, 다양한 이름을 지니고 다양한 인종과 다양한 씨족에 속해 있던 가장 나중에 출가한 제자들에게는 청정한 삶이 사라지게 되었소. 이런 세존들은 늘 제자들의 마음을 읽고 적절한 조언을 해주었다오. 한 번은 두려움을 불러일으키는 깊은 숲속 덤불에서 웻사부 붓다, 아라한, 정등각자가 1천 명의 비구들로 이루어진 승가의 마음을 읽었다오. 그리고 그들에게 다음과 같은 조언을 하고 가르침을 주었소. '이렇게 생각하라. 이렇게 생각하지 말라. 이렇게 주의를 집중하라. 이렇게 주의를 집중하지 말라. 이것을 버려라. 이 속에 들어 머물라.' 그러자 그의 가르침을 따르는 그들의 마음은 취착을 버림으로써 번뇌로부터 해방되었소. 그 숲의 덤불은 탐욕에서 벗어나지 못한 보통의 사람들이라면 머리카락이 쭈뼛 곤두설 정도로 무시무시한 곳이었다오. 그래서 그런 세존들의 청정한 삶이 오래 지속되지 못했소."

"하지만 세존이시여, 까꾸산다 붓다, 꼬나아가마나 붓다 그리고 깟사빠 붓다들의 시대에 청정한 삶은 어떤 이유로 오래 지속되었습니까?"

"그 붓다들은 제자들에게 담마를 상세하게 가르치려 애썼고, 계경, 중송, 수기, 고기송, 자설경, 여시어경, 본생경, 미증유법, 교리문답도 많이 가르쳤소. 제자들에게 학습 계목도 일러주었소. 승가의 계율인 계본도 제정되어 있었다오. 마치 여러 가지 꽃들이 하나로 묶여 탁자 위에 놓여 있다면, 그것들이 흩어지지 않고 바람에 날아가 사라지지 않는 것과 같다오. 왜 그런가? 그들은 실[絲]로 함께 잘 묶여있기 때문이오. 그와 마찬가지로 이런 붓다들, 세존들 그리고 그들의 가르침에 의해 깨달음을 얻은 제자들이 사라졌을 때도 다양한 이름을 지니고 다양한 인종과 다양한 씨족에 속해 있던 가장 나중에 출가한 제자들은 청정한 삶을 오랫동안 지속했소. 그것이 바로 그 세존들의 청정한 삶이 오래 지속된 이유이오."

그때 사아리뿟따 존자가 자리에서 일어나 가사 자락을 한쪽 어깨에 걸치고, 세존을 향해 합장을 한 채 말씀드렸다. "세존이시여, 이제 때가 되었습니다. 선서시여, 이제 때가 되었습니다. 청정한 삶이 오래 지속되도록 세존께서 학습 계목을 일러주시고, 계본을 제정해 주실 때입니다."

"기다리시오, 사아리뿟따여, 기다리시오! 여래가 그때를 알 것이오. 번뇌를 일으키는 일이 여기 승가 안에 벌어지기 전에는 스승은 제자들에게 학습 계목을 일러주지도 않고 계본을 제정하지도 않소. 그러나 그런 일들이 일어나자마자, 번뇌를 일으키는 일을 막기 위해서 학습 계목과 계본을 제정하게 될 것이오. 번뇌를 일으키는 일들은 승가가 이루어지고 오래 지속되어 큰 규모로 성장할 때까지 나타나지 않을 것이오. 번뇌를 일으키는 일이 나타나면 그때 그것을 막기 위해 스승이 제자들에게 학습 계목을 일러주고 계본을 제정할 것이오. 번뇌를 일으키는 문제들은 승가가 완전히 갖추어져 큰 규모로 성장할 때까지, … 최상의 이득을 얻어 큰 규모로 성장할 때까지, … 많이 배워 큰 규모로 성장할 때까지 그 징조가 나타나지 않을 것이오. 그러나 아직까지 승가는 오염되지 않았고 위험하지 않고 타락하지 않았으며 순수하고 청정한 심재心材로 이루어져 있소. 여기 5백 명의 비구들 중 가장 뒤처진 비구라 하더라도 예류과에는 들었으므로 파멸처에 떨어질 일이 없고, 올바름에 드는 것이 확정되어 있고 완전한 깨달음에 이를 것이오."

그러고 나서 세존께서 아아난다 존자를 향해 몸을 돌리셨다. "아아난다여, 우안거 동안 초대해 준 이들에게 작별을 고하지 않고 유행하러 떠나는 것은 여래들의 관행이 아니오. 이제 웨란자 바라문에게 작별을 고하러 가세."

"세존께서 말씀하신 대로 하겠습니다." 아아난다 존자가 대답했다.

그러자 세존께서 채비를 하시고, 발우와 가사를 챙겨 시자인 아아난다 존자와 함께 웨란자 바라문의 집을 찾으셨다. 그리고 준비된 자리에 앉으셨다. 바라문이 와서 세존께 경배를 올렸다. 세존이 말씀하셨다. "바라문이여, 그대의 초대를 받아 이곳에서 우안거를 지냈소. 이제 작별을 고하고자 하오. 다른 곳으로 유행을 떠나려 합니다."

"그렇습니다, 고따마 존자시여. 존자께서 제 초대를 받아 이곳에서 우안거를 지내셨습니다. 그런데 저희가 드려야 할 것을 드리지 못했습니다. 그것을 갖고 있지 않아서도 아니고, 기꺼이 드릴 마음이 없었던 것도 아닙니다. 별다른 도리가 없었습니다. 재가의 삶은 할 일이 많아서 매우 바쁩니다. 내일 제가 고따마 존자와 비구 승가에 음식 공양을 올리고자 하오니 허락해 주십시오."

세존께서 침묵으로 허락하셨다. 그러고 나서 바라문에게 설법을 하시고 자리에서 일어나 그곳을 떠나셨다.

다음날 공양을 마쳤을 때, 웨란자 바라문은 세존께 삼의三衣를 드렸고 비구들에게 각각 옷 한 벌씩을 보시했다. 세존께서 바라문에게 담마를 설하신 후 그곳을 떠나셨다.

《율장》〈경분별〉〈구빈죄〉 1

해설자 2 짜알리까에서 지내신 열세 번째 우안거 동안 다음과 같은 일이 있었다.

첫 번째 목소리 이와 같이 나는 들었다. 세존께서 짜알리까 마을의 바위산에 머물고 계실 때의 일이다. 그 무렵 시봉하고 있던 메기야 존자가 세존께 말씀드렸다. "세존이시여, 저는 탁발을 하러 잔뚜가아마로 가고 싶습니다."

"메기야여, 지금이 적당한 시간이라면 그렇게 하시오."

아침이었으므로 메기야 존자는 채비를 하고, 발우와 가사를 챙겨 탁발하러 잔뚜가아마로 갔다. 탁발하여 공양을 마치고 돌아오는 길에 그는 끼미까알라 강둑으로 갔다. 운동 삼아 강둑을 돌아다니다가 그는 마음이 끌리는 아름다운 망고 숲을 보고 생각했다. "이렇게 아름답고 마음이 끌리는 망고 숲은 치열하게 정진하고자 하는 훌륭한 가문의 아들이 열심히 정진하기에 적절한 곳이다. 세존께서 허락하시면 나는 이 망고 숲에서 정진해야겠다."

그는 세존께로 가서 그 생각을 말씀드렸다. "기다리시오, 메기야여. 아직 그대와 여래 둘뿐이오. 누구든 다른 비구가 올 때까지 기다리시오."

메기야 존자가 다시 말씀드렸다. "세존이시여, 세존께서는 더 이상 하실 일이 남아있지 않습니다. 세존께서는 이미 다 해 마치셨고 더 이상 덧붙이실 것도 없습니다. 하지만 저희는 여전히 할 일이 남아있고 해놓은 것은 더 잘할 필요가 있습니다. 세존께서 허락하시면, 세존이시여, 저는 정진하기 위해 망고 숲으로 가겠습니다."

세존께서 다시 한번 말씀하셨다. "기다리시오, 메기야여. 아직 그대와 여래 둘뿐이오. 누구든 다른 비구가 올 때까지 기다리시오."

메기야 존자가 세 번째 자신의 청을 되풀이했다.

"그대가 '최선을 다해 정진한다.'고 했으니, 메기야여, 그대에게 무슨 말을 할 수 있겠소? 지금이 적당한 시간이라면 그대가 알아서 하시오."

그러자 메기야 존자가 자리에서 일어나 세존께 경배를 드리고 나서 자신의 오른쪽을 세존께 향하게 하고 세존을 돌아 그 자리를 떠났다. 그는 망고 숲으로 가서 나무 아래 앉아 낮시간 동안 정진했다. 그가 망고 숲에 머물러 있는 대부분의 시간 동안 내내 세 가지 사악하고 불선한 생각이 그의 마음에서 떠나지 않았다. 즉 감각적 욕망에 대한 생각, 악의[瞋恚]에 대한 생각 그리고 해치려는 생각이었다. 그러자 다음과 같은 생각이 떠올랐다. "정말 놀랍구나. 정말 이상하구나! 믿음으로 재가의 삶을 떠나 출가를 한 내가 여전히 세 가지 사악하고 불선한 생각에 시달리고 있구나."

저녁이 되자 그는 홀로 앉음을 풀고 일어나 세존께 갔다. 그는 세존께 무슨 일이 있었는지 말씀드렸다.

"메기야여, 마음의 해탈[心解脫]이 아직 성숙하지 않았을 때, 성숙으로 이끄는 다섯 가지 담마가 있소. 다섯 가지는 무엇인가? 첫 번째는 좋은 벗과 좋은 도반이오. 두 번째는 계를 잘 지키는 것이오. 계목에서 금하는 것을 삼가며, 항상 바른 행실을 갖추고 바른 활동 영역을 지키며, 아주 사소한 허물에도 두려움을 느끼며, 학습 계목을 실행하여 단련하는 것이오. 세 번째는 비구는 엄격하고 마음을 열어주는 데 적합한 이야기, 즉 싫어하여 떠남, 탐욕이 사라짐, 그침, 고요, 수승한 지혜, 완전한 깨달음, 열반으로 이끌어주는 데 도움이 되는 이야기를 부담 없이 편안한 마음으로 나누는 사람이오. 다시 말해 소욕지족, 완전히 떠남[遠離], 재가자들과 교제하지 않음, 열심히 정진함, 계와 정, 통찰지와 해탈, 해탈지견에 대한 이야기 등을 나누는 것이오. 네 번째는 불선한 것을 버리고 선한 것을 갖추기 위해 열심히 정진하는 것이오. 흔들림 없이 지속적으로 지치지 않고 선한 것을 지켜야 하오. 다섯 번째는 통찰지를 지니는 것이오. 비구는 고귀한 이들이 가지고 있는 일어남과 사라짐에 대한 통찰지를 지녀야 하오. 통찰지는 괴로움의 완전한 소멸로 이끌어준다오."

"비구에게 좋은 벗과 좋은 도반이 있을 때 다음과 같이 기대할 수 있소. 계를 잘 지키게 되고, … 엄격하고 간소한 생활에 대한 이야기를 힘들이지 않고 편안한 마음으로 나누게 되고, … 불선한 것을 버리고 선한 것을 수행하는 데 힘쓰게 되고, … 고귀한 이들이 가진 일어남과 사라짐에 대한 통찰지를 지니게 되니 이 통찰지는 괴로움의 완전한 소멸로 이끌어준다오."

"그러나 이러한 다섯 가지가 확립되기 위해서 비구는 더불어 다음의 네 가지를 계속 수행해야 하오. 탐욕을 버리기 위해 몸의 역겨운 부분에 대해 부정관不淨觀을 수행해야 하오.[104] 악의를 버리기 위해서 자애관을 수행해야 하오. 산만하고 사변적인 생각들을 끊어버리기 위해 호흡에 대한 마음챙김을 수행해야 하오. '내가 있다.'라는 관념[我慢]을 제거하기 위해 무상상無常想을 지속적으로 수행해야 하오. 무상을 인지하게 되면 무아라는 인식이 내면에 확립되며, 무아라는 인식이 확립되면 '내가 있다.'라는 관념이 사라진다오. 내가 있다는 관념이 사라지면 지금·여기에 열반이 있게 되오."

이러한 의미를 새기시면서, 세존께서 감흥하여 게송을 읊으셨다.

"저열한 생각들과 사소한 생각들은
마음이 들떠 오르게 만든다오.
마음속의 이러한 생각들을 알지 못한 채
마음은 그것들을 좇아 이리저리 헤맨다오.
마음속의 이러한 생각들을 알아차린 사람은
열심히 마음챙김하여 그 생각들을 몰아낸다오.
깨달은 이는 그 생각들을 완전히 끝내 버린다오.

104 부정관不淨觀: 몸의 31부분(주석서에는 32부분) 또는 주검의 부패 과정을 관觀의 대상으로 삼는 수행을 뜻한다. 부정관의 목적은 몸이 아름답지 않음과 무상함을 드러냄으로써 몸에 대한 집착을 줄이기 위한 것이다.

어떤 유혹도 더이상 그의 마음을 휘저을 수 없기에.”

《우다아나》 4:1 ;《증지부》 9:3

해설자 2 이제 붓다의 아들 라아훌라가 스무 살이 되었다. 따라서 그는 비구계를 받았다. 스무 살이 되기 전에는 비구계를 받을 수 없다. 전하는 바에 의하면, 바로 같은 해에 붓다께서 설법을 하셨는데 그 설법이 라아훌라가 아라한과에 든 계기가 되었다.

첫 번째 목소리 이와 같이 나는 들었다. 세존께서 사아왓티에 있는 제따 숲속, 아나아타삔디까 승원에 머물고 계실 때였다. 세존께서 홀로 앉아 선정에 들어 계실 때 이러한 생각이 마음속에 떠올랐다. “라아훌라의 마음속에 해탈을 무르익게 하는 담마들이 성숙했구나. 그의 마지막 남은 번뇌가 소멸될 수 있도록 이끌어줘야겠다.”

아침이 되자 세존께서는 채비를 하시고 발우와 가사를 들고 사아왓티로 탁발을 하러 가셨다. 붓다께서 사아왓티에서 탁발을 하여 공양을 마치신 후 돌아와 라아훌라 존자에게 말씀하셨다. “라아훌라여, 깔개를 들고 따라오라. 장님의 숲에서 시간을 보내고 오자.”

“세존이시여, 그렇게 하겠습니다.” 라아훌라 존자는 대답했다. 그리고 깔개를 가지고 세존의 뒤를 따랐다. 그런데 그때 많은 천신들도 세존의 뒤를 따라가면서 생각했다. "오늘 세존께서 라아훌라 존자가 번뇌를 남김없이 완전히 소멸할 수 있도록 이끌어주실 것이다."

세존께서 장님의 숲에 들어가서 나무 아래에 마련된 자리에 앉으셨다. 그러자 라아훌라 존자가 세존께 경배를 드리고 나서 한쪽 옆에 앉았다. 그가 자리에 앉자 세존께서 말씀하셨다.

(1a) "라아훌라여, 어떻게 생각하는가, 눈은 항상恒常한가, 무상無常한가?"

"세존이시여, 무상합니다."

"그런데 무상한 것은 괴로운 것인가, 즐거운 것인가?"

"세존이시여, 괴로운 것입니다."

"그러나 무상하고 괴로운 것이고 변화하는 것을 '이것이 나의 것이다. 이것이 바로 나다, 이것이 나의 자아다.'라고 여기는 것은 타당한가?"

"그렇지 않습니다, 세존이시여."

(1b) "라아훌라여, 어떻게 생각하는가, 보이는 형상[色]은 항상한가, 무상한가?"

(1c) "라아훌라여, 어떻게 생각하는가, 눈의 식[眼識]은 항상한가, 무상한가?"

(1d) "라아훌라여, 어떻게 생각하는가, 눈의 접촉[眼觸]은 항상한가, 무상한가?"

(1e) "라아훌라여, 어떻게 생각하는가, 눈의 접촉[眼觸]을 조건으로 일어나는 그 어떤 느낌[受], 그 어떤 인식[想], 그 어떤 형성작용[行], 그 어떤 식識은 항상한가, 무상한가?"

해설자 2 (a)부터 (e)까지 다섯 구절들이 (2) 귀[耳]와 소리[聲]에 대해, (3) 코[鼻]와 냄새[香]에 대해, (4) 혀[舌]와 맛[味]에 대해, (5) 몸[身]과 감촉에 대해, (6) 마음[意]과 마음의 대상[法]에 대해 반복된다.

첫 번째 목소리 "라아훌라여, 이렇게 보고 있기 때문에 지혜롭고 성스러운 제자는 눈[眼]과 보이는 형상[色]과 눈의 식[眼識]과 눈의 접촉[眼觸]에 대해 초연해진다. 그리고 눈의 접촉이라는 조건으로 일어나는 그 어떤 느낌[受], 그 어떤 인식[想], 그 어떤 형성작용[行], 그 어떤 식識에 대해 초연해진다."

"그는 귀와 소리에 대해 초연해진다. 코와 냄새에 대해 …, 혀와 맛에 대해 …, 몸과 감촉에 대해 …. 마음[意]과 마음의 대상[法]에 대해 초연해진다."

"초연해지면 탐욕이 사라진다. 탐욕이 사라지면 해탈한다. 해탈하면 '해탈했구나.'라는 지혜가 생긴다. '태어남은 더이상 없다. 청정한 삶은 완성되었고 해야 할 일은 다 해 마쳤다. 이제 어떤 상태의 존재로도 다시 돌아오지 않는다.'라고 꿰뚫어 안다."

이렇게 세존께서 말씀하셨다. 라아훌라 존자는 그 말을 듣고 기뻐했다. 설법이 끝났을 때, 라아훌라 존자의 마음은 취착이 없어져 번뇌에서 해탈했다. 수천의 천신들의 마음속에도 담마에 대한 티끌 없고 때 묻지 않은 법안法眼이 열렸다. '생겨나는 것은 무엇이건 모두 사라진다.'

《중부》 147

해설자 2 붓다께서는 열네 번째 우기에서 열아홉 번째 우기까지 여섯 번의 우안거는 각각 다른 장소에서 지내셨다. 스무 번째는 사아왓티에 있는 제따 숲에서 지내셨다. 여러 주석서의 공통되는 내용에 따르면 그때 정기적으로 사아왓티에서 우안거를 지내시기로 한 붓다께서는 아아난다 장로를 시자로 정하셨다. 경전에서는 눈에 띄는 두 가지 사건이 이 해에 일어났던 것으로 전승된다. 강도 앙굴리마알라의 개종과 몇몇 외도 유행승들이 붓다를 음해하려고 시도한 사건이다.

첫 번째 목소리 이와 같이 나는 들었다. 세존께서 사아왓티에 머물고 계실 때, 강도 하나가 빠세나디 왕이 통치하는 꼬살라 국에 나타났다. 그는 앙굴리마알라라고 불렸는데, 그 뜻은 '손가락으로 만든 목걸이'였다. 그는 사람을 죽이는 살인자였고 폭력을 휘둘렀으며 살아있는 모든 존재에 대해 무자비하게 굴었다. 그는 시골과 도시, 여러 지역들을 황폐하게 만들었다. 그는 계속해서 사람들을 죽였고, 자기가 죽인 사람들의 손가락으로 목걸이를 만들어 걸고 다녔다.

어느 날 아침 세존께서 발우와 가사를 챙겨 사아왓티로 탁발을 하러 가셨다. 세존께서 사아왓티에서 탁발하여 공양을 마치신 후 돌아와 거처를 정돈하셨다. 그리고 발우와 가사를 챙겨 앙굴리마알라가 나타나는 길로 가셨다.

소치는 사람들, 양치기들, 농부들 그리고 여행자들[105]이 세존께 말씀드렸다. "그 길로 가지 마십시오, 사문이시여. 그 길에는 앙굴리마알라라는 강도가 나타납니다. 사람들이 때때로 스무 명, 서른 명 심지어는 마흔 명이 무리를 지어 그 길로 갔지만 모두 앙굴리마알라의 손에 목숨을 잃었습니다."

이 말을 들으시고 세존께서는 아무 말 없이 걸어가셨다. 두 번째 같은 말을 들으셨을 때도 세존께서는 아무 말도 하지 않고 걸어가셨다. 세 번째 같은 말을 들으셨을 때도 세존께서는 아무 말도 없이 걸어가셨다.

세존께서 멀리서 오시는 것을 보고, 강도 앙굴리마알라는 생각했다. "놀라운 일이다. 참으로 경탄할 만한 일이로구나! 사람들이 심지어 마흔 명씩 떼를 지어 올 때도 있는데, 지금 이 사문은 동행도 없이 혼자서 오고 있구나. 죽을 수밖에 없는 운명인

---

105 여행자들: 빠알리어로 padhāvino인데 이 단어는 《중부》 50경(I, 333쪽)에 이와 동일한 구절에서 나오는데 거기에는 pathāvino(여행자들)로 되어있다. 주석서는 《중부》 50경을 따랐다. PTS 사전에는 이 두 단어가 모두 나온다. 하지만 PTS 본 경에 padhāvin을 쓴 것은 오류이다.

가 보다. 필히 저 사문의 목숨을 앗아야겠다."

칼과 방패를 움켜잡고 등에 활과 화살통을 단단히 매고 그는 세존을 뒤쫓아 갔다. 그러자 세존께서는 신통력을 발휘하여 앙굴리마알라가 아무리 빨리 달려도 보통 걸음걸이로 가는 세존을 따라잡을 수 없도록 하셨다. 그러자 앙굴리마알라는 생각했다. "놀라운 일이다. 참으로 경탄할 만한 일이다! 나는 달리는 코끼리를 따라가 사로잡을 수 있었고, 달리는 말도 마차도 사슴도 따라잡을 수 있었다. 그런데 내가 아무리 빨리 달려도 보통 걸음걸이로 가는 저 사문을 따라잡을 수 없다니."

그는 멈춰 서서 소리쳤다. "멈추시오, 사문이여! 멈추시오, 사문이여!"

"여래는 이미 멈췄다. 앙굴리마알라여, 너도 멈춰라."

강도는 생각했다. "사끼야족의 자손인 이 사문들은 진실을 말하고, 진실을 주장한다. 그러나 이 사문은 걷고 있음에도 '여래는 이미 멈췄다. 앙굴리마알라여. 너도 멈춰라.'라고 말한다. '이 사문에게 그것에 대해 물어봐야겠다.'" 그러고 나서 그는 세존께 게송을 읊었다.

"사문이시여, 당신이 걸어가고 있으면서도 이미 멈췄다고
나에게 말하고,
이제 내가 멈춰 섰는데도 당신은 내가 멈추지 않았다고 합니다.

사문이여, 내가 당신께 묻습니다. 그것은 무슨 뜻입니까?
어떻게 당신은 이미 멈췄고, 나는 멈추지 않았다는 겁니까?"

"앙굴리마알라여, 여래는 영원히 멈추었소.
살아있는 모든 존재에 대한 폭력을 그만두었으므로.
그러나 그대는 그 어떤 생명에 대해서도 폭력을 자제하지 못하오.
이것이 바로 여래는 이미 멈추었고,
그대는 멈추지 않았다고 하는 이유이오."

"참으로 오랜 끝에야 제가 존경하는 성자,
위대한 사문께서 이 거대한 숲에 나타나셨습니다.
담마를 설하시는 당신의 게송을 들었으니
저는 모든 사악함을 영원히 버리겠습니다."

그렇게 말하고 나서, 강도는 칼과 무기들을 가져가서
계곡의 깊은 구덩이 속에 던져버렸다.
강도는 선서의 발에 엎드려 경배드렸다.
그런 다음 출가를 허락해 주시기를 간청했다.

붓다, 크나큰 연민을 가진 현자,
신들을 포함한 세상의 스승께서는
강도에게 이렇게 말씀하셨다.

"오시오, 비구여."

그렇게 강도는 비구가 되었다.[106]

세존께서는 앙굴리마알라를 시자로 삼아 천천히 유행하시면서 사아왓티로 향하여 길을 떠나셨다. 마침내 그들은 사아왓티에 도착해서 제따 숲에 머물렀다. 그 무렵 많은 사람들이 무리를 지어 빠세나디 왕의 궁전 문 앞에 모여들어 강도를 잡아 달라고 떠들썩하고 시끄럽게 요구했다. 정오 무렵 왕은 5백 명의 기마병을 데리고 제따 숲으로 출발했다. 왕은 마차가 다닐 수 있는 길까지는 마차를 타고 가서 마차에서 내린 뒤 걸어서 세존께 다가갔다. 그러고 나서 세존께 경배를 드리고 한쪽 옆에 앉았다. 세존께서 그에게 물어보셨다. "무슨 일이 있습니까? 대왕이여. 마가다 왕국의 세니야 빔비사아라 왕이 공격했습니까? 웨사알리의 릿차위족이나 또 다른 적국의 왕이 공격했습니까?"

"세존이시여, 그런 것이 아닙니다. 제가 다스리는 나라에 강도가 나타났습니다. 그가 사람들을 연달아 죽였고, 죽은 사람들의 손가락으로 목걸이를 만들어 걸고 다닙니다. 세존이시여, 저는 그를 절대 잡을 수 없을 것입니다."

"하지만 대왕이여, 만약 앙굴리마알라가 머리카락과 수염을

---

106 [역주] 장로게 861~865

깎고, 황색 가사를 입고 재가의 삶을 떠나 출가했음을 왕께서 알게 된다면 그리고 그가 사람들을 죽이고 물건을 훔치는 짓을 그만두고, 오직 하루에 한 끼만 먹고 계율을 지키고 자신의 신념에 따라 선을 행하면서 청정한 삶을 살고 있다면 왕은 그를 어떻게 할 것입니까?"

"세존이시여, 우리는 그에게 경의를 표할 것입니다. 또한 우리가 자리에서 일어나서 그가 자리에 앉기를 청하고, 그에게 가사와 음식 그리고 거처와 약품 같은 보시를 받아줄 것을 청할 것입니다. 또한 그를 담마에 따라 보살피고 방호하고 보호할 것입니다. 하지만 세존이시여, 그는 자신의 생각에 따라 악을 저지르는 악당입니다. 어떻게 그런 그가 계행을 따르고 절제할 수 있다는 말입니까?"

바로 그때 앙굴리마알라 존자는 가까운 곳에 앉아 있었다. 세존께서 오른팔을 들어 가리키며 말씀하셨다. "대왕이여, 저기 앙굴리마알라가 있습니다."

왕은 깜짝 놀라고 두려워서 머리카락이 곤두섰다. 세존께서 그것을 보고 말씀하셨다. "두려워하지 마십시오, 대왕이여. 두려워하지 마십시오. 두려워할 게 아무것도 없습니다."

그러자 왕의 놀라움과 두려움, 공포가 가라앉았다. 그는 앙굴리마알라 존자에게 다가가서 말했다. "존자시여, 그대가 정말 앙굴리마알라였습니까?"

"그렇습니다, 대왕이시여."

"존자의 아버지의 족성은 무엇이며, 어머니의 족성은 무엇입니까?"

"대왕이시여, 나의 아버지는 각가족이고, 나의 어머니는 만따아니족입니다."

"각가 만따아니뿟따 존자께 제가 옷과 음식과 거처와 약을 공양 올리도록 허락해 주십시오."

그러나 그 무렵, 앙굴리마알라 존자는 숲속에 살면서 오직 탁발로 얻은 음식만을 먹고, 분소의만 입으면서 삼의三衣만 지녔다. 그는 대답했다. "대왕이시여, 아무것도 필요하지 않습니다. 이미 삼의를 갖추고 있습니다."

빠세나디 왕이 세존께 돌아가 경배를 드리고 나서 한쪽 옆에 앉았다. 그리고 말씀드렸다. "세존이시여, 놀라운 일입니다. 세존께서는 승복하지 않는 자를 승복하게 하시고, 소란스러운 자를 조용하게 하시고, 열반을 얻지 못한 자들에게 열반을 얻게 하십니다. 훌륭하십니다. 저희가 징벌이나 무기로 굴복시키지 못한 자를 세존께서는 징벌이나 무기도 없이 굴복시키셨습니다. 세존이시여, 이제 저희는 떠나겠습니다. 바쁘고 할 일이 많습니다."

"대왕이여, 지금이 적당한 시간이라면 그렇게 하시오."

빠세나디 왕은 자리에서 일어나 경배를 올린 후 자신의 오른쪽을 세존께 향하게 하고 세존을 돌아 그 자리를 떠났다.

어느 날 아침 앙굴리마알라 존자는 발우와 가사를 챙겨 들고 사아왓티로 탁발을 나갔다. 그가 사아왓티의 집들을 돌면서 탁발을 하고 있을 때, 어느 여인이 난산으로 극심한 산고를 겪고 있는 모습을 보았다. 그는 생각했다. "사람이 저토록 고통에 시달려야 한다니! 오, 사람이 저토록 고통에 시달려야 한다니!" 나중에 그는 돌아와 세존께 그 일에 대해 말씀드렸다.

"그러면, 앙굴리마알라여, 사아왓티에 가서 그 여자에게 이렇게 일러주시오. '누이여, 나는 태어난 이래로 살아있는 존재의 목숨을 고의로 빼앗은 적이 없습니다. 그 사실로 당신과 아기가 평온해지길 바랍니다.'"

"세존이시여, 고의로 거짓말을 해서는 안 되지 않습니까? 저는 많은 생명을 의도적으로 빼앗았습니다."

"그렇다면 앙굴리마알라여, 사아왓티로 가서 그 여자에게 이렇게 말하시오. '누이여, 나는 고귀하게 다시 태어난 이래로[107] 살아있는 존재의 목숨을 고의로 빼앗은 적이 없습니다. 그 사실로 당신과 아기가 평온해지길 바랍니다.'"

"세존이시여, 그렇게 하겠습니다." 그는 대답하고 사아왓티로 가서 그 여자에게 말했다. "누이여, 나는 고귀하게 다시 태어난

107 [역주] '붓다의 제자가 된 이후로'라는 의미이다.

이래로 살아있는 존재의 목숨을 고의로 빼앗은 적이 없습니다. 그 사실로 당신과 아기가 평온해지길 바랍니다." 그러자 여자와 아기는 평온해졌다.

그는 홀로 은거하면서 방일하지 않고 열심히, 결연하게 수행했다. 정진을 하던 앙굴리마알라 존자는 수승한 지혜로 지금·여기에서 깨달음을 얻어 좋은 가문의 자제들이 집을 떠나 집 없는 이의 삶으로 올바르게 출가하면서 얻고자 하는 청정한 삶의 궁극 목표에 들어 머물게 되었다. 그리고 이렇게 알았다. "태어남은 다했다. 청정한 삶은 완성되었고 해야 할 일은 다 해 마쳤다. 이제 어떤 상태의 존재로도 다시 돌아오지 않는다." 그리고 앙굴리마알라 존자는 아라한 가운데 한 분이 되었다.

어느 날 아침 앙굴리마알라 존자는 채비를 하고 발우와 가사를 들고서 탁발을 하러 사아왓티로 갔다. 그러다가 그는 누군가 던진 흙덩이에 맞았고, 누군가 던진 막대기에 맞았고, 누군가 던진 깨진 그릇 조각에 맞는 일이 벌어졌다. 그 바람에 그는 머리가 깨져서 피가 흘렀고, 발우가 산산조각이 났으며, 기워 만든 가사가 찢어졌다. 그는 세존께 갔다. 그가 오는 것을 보고 세존께서 말씀하셨다. "견디시오, 바라문이여, 견디시오. 그대는 지금·여기 이 삶 속에서 업業이 무르익는 것을 경험하는 것이며, 그대가 수십 년, 수백 년, 수천 년 동안 지옥에서 겪어야 할 업의 과보를 지금·여기서 겪는 것이오."

앙굴리마알라 존자가 해탈의 기쁨을 맛보며 홀로 앉아 정진하고 있을 때 이런 게송을 읊었다.

"한때 방일하게 살았던 이는
다시는 그렇게 살지 않고
구름을 벗어난 보름달처럼
세상을 밝게 비출 것이다.
이미 지은 불선한 업을
선한 업으로 덮는 이는
구름을 벗어난 보름달처럼
세상을 밝게 비출 것이다.
젊은 비구로서
붓다의 가르침에 헌신하는 이는
구름을 벗어난 보름달처럼
세상을 밝게 비출 것이다.

나의 적들이 담마를 듣게 하라,
나의 적들이 붓다의 가르침에 헌신하게 하라,
담마로 평온에 이른 분들을
나의 적들이 시중들게 하라.
나의 적들이 때때로 귀를 열어
인욕을 가르치는 이들로부터

온화함을 칭송하는 이들로부터
담마를 듣고서 자신의 행동이 말과 일치하게 하라.
그러면 그들은 분명 나를 해치지도
다른 이를 해치지도 않으리라.
그러니 약하거나 강한 모든 존재를 지키려는 이,
최상의 평온을 얻기를!

붓도랑을 내는 사람은 물길을 트고,
화살 만드는 사람은 화살을 곧게 펴고,
목수는 목재를 다루고,
현자는 스스로를 길들이려 노력한다.
어떤 이는 매질로, 어떤 이는 곤봉으로 길들이고,
어떤 이는 채찍으로 길들인다.
회초리도 무기도 사용하지 않는 분
그분 세존이 나를 길들였다.

과거에는 '해치는 자'였으나
이제 내 이름은 '해치지 않는 자'이다.
지금 이 이름이 진짜 이름이다.
나는 결코 아무도 해치지 않는다.
비록 예전에 나는 앙굴리마알라라는
이름의 강도로 널리 알려졌으나,

엄청나게 큰 물결에 떠밀려 붓다께 귀의했다.
손에 피를 묻힌 채 살았으나,
지금 내가 찾아낸 귀의처를 보라.
나를 재생으로 이끄는 것은 이제 없다.
나는 악취惡趣에 태어날 것이 확실한
많은 악행을 저질렀다.
그러나 업의 과보를 이제 받았으니
더이상 빚지지 않고 공양받는다.[108]

지혜롭지 않고 어리석은 자들은
방일에 빠진다.
그러나 현명한 사람은 방일하게 살지 않으며
방일하지 않음을 최상의 자산으로 삼는다.
방일에 빠지지 말고
감각적 욕망에 탐닉하지 말라.
방일하지 않고 정진하는 자
더없이 충만한 행복에 이르게 되리니.
그러니 나의 선택은 잘한 일이다.
잘못된 선택이 아니니 그대로 따르자.
이 세상에 알려진 가르침들 가운데

108 [역주] 아라한[應供]: '공양 받아 마땅한 이'가 되면 공양을 받아도 더 이상 빚이 되지 않는다는 의미로 사용하였다.

내가 으뜸가는 가르침을 얻었다.

그러니 나의 선택은 잘한 일이다.

잘못된 선택이 아니니 그대로 따르자.

세 가지 명지[三明][109]**를 얻었으니**

붓다의 가르침을 따른 것이다."

《중부》 86

해설자 2 다음은 붓다를 음해하려고 한 일화이다.

첫 번째 목소리 이와 같이 나는 들었다. 세존께서 사아왓티에 머물고 계실 때 일이다. 사람들은 세존을 우러르고 섬기고 공경하고 경배하고 존숭했다. 그리고 세존께 옷과 음식과 거처와 약을 공양 올렸으며, 비구들의 승가에도 마찬가지로 보시했다. 그러나 그와 달리 다른 종파에 속한 유행승들은 그런 대접을 받지 못했다. 그들은 세존이 존경받는 것을 견딜 수 없었다. 그래서 순다리라는 여자 유행승을 찾아가 말했다. "누이여, 우리 도반들을 도울 수 있겠는가."

"도반이여, 무엇을 해야만 합니까? 무엇을 할까요? 저는 평생 도반들을 위해 살기로 맹세했습니다."

"그렇다면, 누이여, 자주 제따 숲에 들러주시오."

---

109 [역주] 세 가지 명지[三明 *Tisso vijjā*]: 숙명통宿命通, 천안통天眼通, 누진통漏盡通.

"예, 그렇게 하겠습니다." 그녀는 동의했다. 그리고 자주 제따 숲으로 갔다.

순다리가 제따 숲으로 자주 찾아가는 것을 많은 사람들이 보았음을 알게 된 후, 유행승들은 그녀를 죽여서 제따 숲에 있는 도랑에 구덩이를 파고 묻었다. 그러고 나서 꼬살라 왕국의 빠세나디 왕을 찾아가 말했다.

"대왕이시여, 여자 유행승 순다리를 찾을 수 없습니다."

"그 여자가 어디 있을 것 같은가?"

"대왕이시여, 제따 숲입니다."

"그러면 제따 숲에서 샅샅이 찾아보라."

유행승들은 제따 숲을 샅샅이 찾았다. 그리고 그녀가 묻혀 있던 도랑의 구덩이에서 시체를 파냈다. 그들은 그녀를 들것에 눕혀 사아왓티 성으로 들어갔다. 그리고 사방팔방 이리저리 돌아다니면서 사람들이 분노하게 부추겼다. "보세요, 여러분, 사끼야족의 자손들이 저지른 일을 보세요! 사끼야족의 자손들은 수치를 모르고 뻔뻔하며 사악한 거짓말쟁이입니다. 게다가 호색한들이에요. 그들은 공정하고 청정하게 담마에 따라 행한다고 주장하고 진리를 말한다고 주장하고 계율을 지키며 선하게 살아간다고 주장하지만, 그들에게는 사문과 바라문다운 점이 하나도 없습니다. 사문과 바라문인 척 흉내 내고 있어요. 그들 어디에 사문과 바라문다운 점이 있습니까? 그들은 결코 사문과 바라문이 아닙니다. 남자의 욕심을 채우고 나서 어떻게 여자를 죽일 수 있습니까?"

사람들이 비구들을 보면 무례하고 거친 말로 모욕을 주고 욕을 하고 매도하고 질책했다. "이 사끼야족의 자손들은 수치를 모르고 뻔뻔하며 사악한 거짓말쟁이요 게다가 호색한이다." 사람들은 유행승들이 했던 말을 그대로 되풀이했다. 그 말을 듣고 비구들이 세존께 말씀드렸다.

"비구들이여, 이러한 소란은 오래가지 않을 것이다. 길어야 이레 동안 지속될 것이다. 그리고 이레가 지나면 저절로 잦아들 것이다. 그러니 사람들이 비구들을 모욕하면 이런 게송으로 타일러라."

거짓말을 하는 자가 지옥에 가듯
하고도 '나는 하지 않았다.'라고 우기는 자도 마찬가지라오.
이들은 죽어 다음 생에서
부도덕한 행동을 한 사람이 받는 과보를 받는다오.

비구들은 세존에게서 이러한 게송을 배웠다. 사람들이 그들을 모욕할 때면, 비구들은 이 게송으로 타일렀다. 그러자 사람들은 이렇게 생각했다. "이 사문들, 사끼야족의 자손들은 그 일을 하지 않았구나. 그들이 저지른 일이 아닌가 보다. 저렇게 확언하는 걸 보니."

소란은 오래가지 않았다. 겨우 이레 동안 지속되었다. 이레가 지나자 소란은 잦아들었다. 그러자 많은 비구들이 세존께 가서 말씀드렸다. "세존이시여, 놀라운 일입니다. 세존께서 그렇게 훤히 앞날을 내다보시다니, 경이롭습니다!"

이 뜻을 아시고, 세존께서 이런 게송을 읊으셨다.

절제를 모르는 자들은
마치 전쟁터에서 코끼리에 대고 다트를 던지듯
그런 말로 도발한다오.
하지만 비구는 거친 말을 듣더라도
흔들리지 않는 마음으로 인내해야 하리.

《우다아나》 4:8

해설자 1 다음의 사건들은 언제 일어났는지 정확하지 않다. 그러나 이 일화로 초기 20년이 마무리된다.

첫 번째 목소리 이와 같이 나는 들었다. 세존께서 짜아뚜마에 있는 아아말라끼 숲에 머물고 계셨다. 어느 날 사아리뿟따 존자와 마하 목갈라아나 존자가 5백 명의 비구를 데리고 세존을 뵙기 위해 짜아뚜마로 왔다. 그곳에 머물던 비구들과 방문한 비구들은 서로 인사를 나누고 잠자리를 준비하고 발우와 가사를 정돈하면서 시끄럽게 떠들었다. 그러자 세존께서 아아난다 존자를 불러서 물으셨다. "아아난다여, 이렇게 시끄럽게 떠드는 사람들이 누구인가? 사람들이 들으면 어부들이 생선이라도 파는 줄 알겠구나."

아아난다 존자로부터 그들이 누구인지 듣고는 세존께서 말씀하셨다. "그럼, 아아난다여, 그 비구들에게 가서 여래의 이름으로 이렇게 전하라. '세존께서 존자들을 부르십니다.'" 아아난다 존자가 그렇게 했다. 비구들이 세존께 왔다. 그들은 경배를 드리고 한쪽 옆에 앉았다. 비구들이 자리에 앉자 세존께서 물으셨다. "비구들이여, 왜 시끄럽게 소란을 피우는가? 사람들이 그대들을 생선을 파는 어부들이라고 생각하겠소."

"세존이시여, 여기 5백 명의 비구들은 세존을 뵙기 위해 사아리뿟따 존자와 마하 목갈라아나 존자가 데리고 온 이들입니다. 그리고 이곳에 머무르던 비구들과 서로 인사를 나누고 잠자리를 준비하고 발우와 가사를 정돈하면서 시끄럽게 떠들었습니다." "비구들이여, 이만 물러가시오. 그대들은 여래와 함께 지낼 수 없소."

"그리하겠습니다, 세존이시여." 비구들은 대답했다. 그리고 자리에서 일어나 세존께 경배드리고 자신의 오른쪽을 세존께 향하게 하고 세존을 돌아 그 자리를 떠났다. 그들은 침구를 다시 꾸리고 발우와 가사를 챙겨서 그곳을 떠났다.

짜아뚜마에 있는 사끼야족 사람들이 의논할 일이 있어서 공회당에 모여 있었다. 그때 멀리서 비구들이 다가오는 게 보였다. 사끼야족 사람들이 그들을 맞으러 나가서 물었다. "존자들이여, 어디로 가십니까?"

"벗들이여, 세존께서 비구 승가를 물러가라 하셨습니다."

"그럼, 존자들께서는 잠시만 앉아 계십시오. 저희가 세존의 마음을 돌려보겠습니다."

그래서 짜아뚜마의 사끼야족 사람들이 세존께 찾아갔다. 그들은 세존께 경배를 드리고 한쪽 옆에 앉았다. 그러고 나서 이렇게 말씀드렸다. "세존이시여, 세존께서 비구 승가를 용서해 주십시오. 세존께서 예전에 하시던 대로 그들을 받아들이고 도와주십시오. 세존이시여, 이제 막 출가해서 최근에 겨우 이 담마와 율에 귀의한 새로운 비구들이 여기 있습니다. 그들이 만약 세존을 친견할 기회를 얻지 못한다면 그들의 심성이 변하거나 달라지는 일이 일어날지도 모릅니다. 씨앗[110]에 물을 주지 않으면 변하거나 달라지는 것과 마찬가지입니다. 또는 어린 송아지가 어미를 보지 못할 때 그 심성이 변하거나 달라지는 일이 일어나는 것과 마찬가지입니다. 그들에게도 같은 일이 일어날지도 모릅니다. 세존이시여, 세존께서 예전에 하시던 대로 그들을 받

110 [역주] 씨앗: 원문에는 묘목seedling으로 되어 있으나 빠알리 경전에 따라 '씨앗'으로 번역한다.

아들여서 도와주십시오."

또한 범천 사함빠띠가 범천 세상에서 사라졌다가 세존 앞에 나타나 같은 간청을 드렸다.

짜아뚜마의 사끼야족 사람들과 범천 사함빠띠가 씨앗과 송아지의 비유로 간청을 드린 덕분에 그 비구들은 세존의 신뢰를 회복할 수 있었다.

그러자 마하 목갈라아나 존자가 비구들에게 말했다. "도반들이여, 일어나서 발우와 가사를 챙기시오. 짜아뚜마의 사끼야족 사람들과 범천 사함빠띠가 씨앗과 송아지의 비유를 들어 여쭌 덕분에 도반들은 세존의 신뢰를 다시 얻었다오."

비구들이 다시 세존께서 계신 곳으로 돌아왔을 때 세존께서 사아리뿟따 존자에게 물으셨다. "사아리뿟따여, 여래가 비구 승가를 물러가게 했을 때 무슨 생각을 했소?"

"세존이시여, 그때 저는 생각했습니다. '세존께서 일체의 일을 내려놓으시고 지금·여기서 지복 상태에 머물고자 하시니 우리도 일체의 일을 내려놓고 지금·여기서 지복 상태에 머물러야 할 것이다.'"

"아니요, 사아리뿟따여. 그런 생각을 다시 떠올려서는 안 되오." 그다음에 세존께서 마하 목갈라아나 존자에게 물으셨다. "목갈라아나여, 여래가 비구 승가를 물러가게 했을 때 무슨 생각을 했소?"

"세존이시여, 그때 저는 생각했습니다. '세존께서 일체의 일을 내려놓으시고 지금·여기서 지복 상태에 머물고자 하시니 이제 나와 사아리뿟따 존자가 계속 비구 승가를 이끌어야 할 것이다.'"

"훌륭하구나, 훌륭하구나, 목갈라아나여. 여래가 비구 승가를 이끌어야 하고, 아니면 사아리뿟따와 목갈라아나가 승가를 그렇게 해야 하오."

《중부》 67

해설자 2 붓다께서 비구들에게 범천들이 있는 천상세계를 방문하셨던 이야기를 들려주셨다.

첫 번째 목소리 "비구들이여, 언젠가 여래가 웃깟타에 있는 수바가 숲속, 큰 사알라나무 아래 머물고 있을 때, 범천 바까에게 자신이 항상하고 영원하다는 나쁜 견해가 일어났는데, 여래는 그 범천의 마음속에 있는 생각을 헤아렸소. 그래서 … 여래는 그 범천의 세계에 다가갔소. 범천 바까는 여래가 다가오는 것을 보고 말했소. '어서 오십시오, 존자시여! 환영합니다, 존자시여! 존자께서 오래전에 이곳을 방문하셨지요. 존자시여, 범천의 세계는 항상하고 영원하며 상주常住하고 완전하며 소멸하지 않습니다. 범천의 세계는 태어나지도 늙지도 죽지도 않고, 옮겨가지도 다시 태어나지도 않고, 또 이를 넘어 더 수승한 벗어남이란 없기 때문입니다.'"

"그러자 사악한 마아라가 범천들 가운데 한 범천의 몸에 들어가서 여래에게 말했소. '비구여, 비구여, 그를 불신하지 마십시오, 그를 불신해서는 안 됩니다. 이 범천은 대범천이며, 정복당하지 않는 정복자이며, 모든 것을 널리 볼 수 있는 권력자이며, 조물주이자 창조주이며, 최상의 섭리이고, 이 세상에 존재하며 앞으로도 존재할 수 있는 모든 것의 주재자이자 아버지입니다. 비구여, 그대 이전에 땅을 혐오하여 땅을 비난하는 사문들과 바라문들이 이 세상에 있었습니다. 물을 … 불을 … 바람을 … 존재들을 … 신들을 … 조물주를 … 범천을 혐오하여 범천을 비난하는 사문들과 바라문들이 이 세상에 있었습니다. 그들의 몸이 무너지고 숨이 끊어지고 나서 그들은 더 하열한 몸에 자리 잡게 되었습니다. 비구여, 그대 이전에 이런 모든 것들을 사랑하여 찬미했던 사문들과 바라문들이 있었습니다. 그들의 몸이 무너지고 숨이 끊어지고 나서 그들은 더 우월한 몸에 자리 잡게 되었습니다. 그러니 비구여, 그대에게 이렇게 말합니다. 존자시여, 반드시 범천이 말하는 대로 해야 합니다. 범천이 하는 말을 절대 그냥 무시하지 마십시오. 비구여, 만약 그렇게 한다면 그대는 햇살이 비칠 때 막대기로 그 방향을 바꾸려 애쓰는 사람처럼 될 것이고, 손과 발로 붙들고 있던 땅을 놓치고 깊은 심연 속으로 미끄러져 들어가는 사람처럼 될 것입니다. 존자시여, 반드시 범천이 말하는 대로 해야 합니다. 범천이 하는 말을 절대 그냥 무시하지 마십시오. 비구여, 이 자리에 모여 앉아 있는 신들이 보이지 않습니까?' 그렇게 말하고 나서 사악한 마아라는 범천 회중을 그 증인으로 세웠소."

"이 말이 끝나자 여래가 사악한 마아라에게 말했소. '여래는 그대를 안다오, 사악한 자여, 여래가 그대를 모를 거라고 여기지 마시오. 그대는 사악한 마아라이며, 범천과 범천의 회중들 모두 그대 손아귀에 들어갔구려. 그들 모두 그대 힘에 굴복했구려. 사악한 자여, 그대는 여래도 그대 손아귀에 들어갔다고 생각하겠지만 그렇지 않소.'"

"이 말을 듣자, 범천 바까가 여래에게 말했소. '존자시여, 나 범천은 항상한 것을 항상하다고 말하고, 영원한 것을 영원하다고 말하고, 상주하는 것을 상주한다고 말하고, 완전한 것을 완전하다고 말하고, 소멸하지 않는 것을 소멸하지 않는다고 말하고, 태어나지도 늙지도 죽지도 않고 옮겨가지도 다시 태어나지도 않는 것을 두고, 태어나지도 늙지도 죽지도 않고 옮겨가지도 다시 태어나지도 않는다고 말하고, 이보다 더 수승한 벗어남이 없으면 이보다 더 수승한 벗어남이 없다고 말합니다. 비구여, 그대가 태어나기도 전에 그대가 살아온 만큼이나 오랫동안 고행을 지속했던 사문과 바라문들이 이 세상에 있었습니다. 그들은 이보다 더 수승한 벗어남이 있으면 이보다 더 수승한 벗어남이 있다는 것을 알고, 이보다 더 수승한 벗어남이 없으면 이보다 더 수승한 벗어남이 없다는 것을 알았습니다. 그러니 비구여, 내가 그대에게 이렇게 말합니다. 이보다 더 수승한 벗어남을 그대는 찾을 수 없고 따라서 그것을 찾으려 하면 지치고 실망하게 될 것입니다. 만약 그대가 땅을 … 물을 … 불을 … 바람을 … 존재들을 … 신들을 … 조물주를 믿는다면, 만약 그대가 범천을 믿는다면,[111] 그대는 나 범천을 대신하여 내 뜻을 집행하고 그에 따라 응징하는 자가 되어 내 곁에 머물고, 내 영역 안에 있게 될 것입니다.'"

"범천이여, 여래 역시 그것을 알고 있소. 하지만 여래는 그대의 영향력과 지배력이 그러하다는 것을 꿰뚫어 알고 있소. 범천 바까의 신통력, 위력, 세력이 어디까지 미치고 그 이상은 아니라는 것을."

"자, 존자여, 그대는 나의 영향력과 지배력이 얼마만큼인지 압니까?"

---

111 그대가 땅을 … 범천을 믿는다면: 글자 그대로의 의미는 "만약 그대가 땅을 … 받아들인다면*sace … ajjhosissasi*"이다. 또는 주석서에 따르면, "만약 믿고, 즉 받아들이고 곧이곧대로 듣고 흡수한다면, 그대는 갈애, 자만심, 그릇된 견해를 취하는 것이 될 것이다."라고 해석할 수 있다.

“달과 태양이 사방을 밝게 비추는 곳이라면
일천의 세계에 이르기까지
그대의 힘은 영향을 미칠 수 있소.

또한 그대는 높음과 낮음을 알고
탐욕과 이욕을 알고,
이쪽 상태와 또 다른 상태를 알고
그리고 중생들의 오고 감을 안다오.”

“범천이여, 이와 같이 여래는 그대의 영향력과 지배력이 미치는 바를 꿰뚫어 알고 있소. 그러나 그대가 알지 못하고 보지 못하는 범천의 각기 다른 세 가지 주요 영역이 있으며, 여래는 그것을 알고 본다오. 그대는 빛이 흐르는 광음천에서 죽어 여기에 다시 나타났소. 그러나 이곳에 오래 머무르면 그대의 기억이 사라져서 그대는 더 이상 그것을 알거나 보지 못하오. 그러나 여래는 그것을 알고 있고 보고 있소. 그대의 신통력은 여래와 비길 바가 아니오. 어떻게 여래가 그대보다 열등하겠소. 오히려 여래가 그대보다 더 수승하오. 더 높은 영역인 영광으로 충만한 변정천과 탁월한 과보로 얻은 광과천에 대해서도 마찬가지라오."[112]

"자, 범천이여, 여래는 땅을 땅이라고 아는 수승한 지혜를 얻었기에 그리고 땅을 땅이라고 할 수 있는 땅의 본질이 없음을

112 [역주] ※ 3계界26천天

3계	구분	선천	천	비고
3계(三界)	**무색계**(無色界)		비상비비상처천(非想非非想處天 *nevasññānāsaññāyatanūpagā devā*)	
			무소유처천(無所有處天 *ākiñcaññāyatanūpagā devā*)	
			식무변처천(識無邊處天 *viññāṇāñcāyatanūpagā devā*)	
			공무변처천(空無邊處天 *ākāsānañcāyatanūpagā devā*)	
	색계(色界)	**사선천**(四禪天)	색구경천(色究竟天 *akaniṭṭhā devā*)	오정거천(五淨居天)
			선견천(善見天 *sudassī devā*)	
			선현천(善現天 *sudassā devā*)	
			무열천(無熱天 *atappā devā*)	
			무번천(無煩天 *avihā devā*)	
			무상유정(無想有情 *asaññasattā*)	
			광과천(廣果天 *vehapphalā devā*)	
		삼선천(三禪天)	변정천(遍淨天 *subhakiṇṇā devā*)	
			무량정천(無量淨天 *appamāṇasubhānā devā*)	
			소정천(小淨天 *parittasubhānā devā*)	
		이선천(二禪天)	광음천(光音天 *ābhāssarānā devā*)	
			무량광천(無量光天 *appamāṇābhānā devā*)	
			소광천(小光天 *parittābhānā devā*)	
		초선천(初禪天)	대범천(大梵天 *mahābrahmā devā*)	
			범보천(梵輔天 *brahmapurohitā devā*)	
			범중천(梵衆天 *brahmakāyikā devā*)	
	욕계천상(欲界天上)		타화자재천(他化自在天 *paranimmitavasavattino devā*)	
			화락천(化樂天 *nimmāṇaratī devā*)	
			도솔천(兜率天 *tusitā devā*)	
			야마천(耶摩天 *yāmā devā*)	
			삼십삼천(三十三天 *tāvatiṃsā devā*) = 도리천	
			사천왕천(四天王天 *catummahārājikā devā*)	

《중부》 41경, 〈사알라의 바라문들 경*Sāleyyaka sutta*〉, 1권, 289쪽.

수승한 지혜로 알았기에 여래가 땅이다[113]라고 주장하지 않았으며, 여래가 땅에 있다고 주장하지 않았으며, 여래가 땅과 따로 있다고 주장하지 않았으며, 땅을 여래의 것이라고 주장하지 않았으며, 여래는 땅에 대해 확언하지 않았소. 물을 물이라고 아는 수승한 지혜를 얻었기에 … 불을 … 공기를 … 존재들을 … 신들을 … 조물주를 … 범천을 … 광음천을 … 변정천을 … 광과천을 … 승자천(무상유정)을 …. 일체를 일체라고 아는 수승한 지혜를 얻었기에 그리고 일체를 일체라 할 수 있는 모든 것의 본

---

113 땅이다: 여기서 '존재하다being'의 개념인 "존재하느냐[有] 존재하지 않느냐[無有] to be or not to be"가 가장 강조되어있다. 이 부분은 미얀마 판본에서 인용했는데 미얀마본이 다른 판본보다 더 믿을 만하며, nāhosi 대신 nāpahosiṃ으로 되어있다. '땅'에서 시작해서 '일체'에 이르기까지 빠알리 구절이 반복되는데 '일체'에 해당하는 빠알리 구절은 다음과 같다. *sabbaṃ kho ahaṃ brahme sabbato abhiññāya yāvatā sabbassa sabbattena ananubhūtaṃ, tad abhiññāya sabbaṃ nāpahosiṃ, sabbasmiṃ nāpahosiṃ, sabbato nāpahosiṃ, sabbam me ti nāpahosiṃ, sabbaṃ nābhivadiṃ* 이 구절은 본문에 해당하는 《중부》 49경과 《장부》 11경에 나온다. *Viññāṇam anidassanam anantaṃ sabbatopabhaṃ* 라는 구절이 이 책 본문(320쪽)에 나오는데, 붓다께서 직접 하신 말씀으로 되어있다. 이 구절은 다양한 해석을 낳았다. 《중부 주석서》는 《장부 주석서》보다 해석의 여지를 더 넓힌 것이 사실이다. pabhaṃ/pahaṃ의 뜻으로 어근 *bhū*(to be)의 파생어를 제시하기도 했다. 이것을 실마리로 삼아, 주석서에 명시되어 있지는 않지만, 우리는 sabbatopabhaṃ은 sabbato+pahaṃ(=pabhaṃ)으로 보았다 [*pahaṃ(=pabhaṃ)*은 *pahoti(=pabhavati)*의 현재분사 축약형]. 이것은 앞서 말한 *sabbato abhiññāya … sabbaṃ nāpahosiṃ*과 연결된다. 하지만 부정어 a의 의미가 생략될 수 있다. 다시 말해 sabbatopahaṃ = sabbato apahaṃ ("모든 것과 떨어져 있지 않음을 주장한다")이다. 싱할라어에서는 h와 bh를 나타내는 문자를 잘못 적는 일이 흔히 있을 수 있다. 《장부》 11경에서 똑같은 구가 나타난다. 이러한 자료를 흥미 있는 존재론적 연구과제로 삼을 수 있을 것이다.

질이 없음을 수승한 지혜로 알았기에 여래가 일체라고 주장하지 않았으며, 여래가 일체 속에 있다고 주장하지 않았으며, 여래가 일체와 따로 있다고 주장하지 않았으며, 일체가 여래의 것이라고 주장하지 않았으며, 여래는 일체에 대해 확언을 하지 않았소. 그대의 신통력은 여래와 비길 바가 아니오. 어떻게 여래가 그대보다 열등하겠소. 오히려 여래가 그대보다 더 수승하오."

"존자시여, 만약 그대가 일체를 일체라 할 수 있는 모든 것의 본질이 없다는 사실을 알았다고 주장하신다면, 그 주장을 헛되고 공허하게 만들지 마시오!"

"열반은 볼 수 없고[114]
무한하고 모든 곳에서 빛나나니
그것은 땅을 땅이라 할 수 있는
땅의 본질, 물의 본질, …
모든 것을 모든 것이라 할 수 있는 모든 것의 본질은 없소."

"그러면 존자시여, 나는 그대 앞에서 사라져 보이겠습니다."

"범천이여, 할 수 있으면 여래 앞에서 사라져 보이시오."

---

114 [역주] 열반: 이 게송에서 열반은 빠알리어로 식識 *viññāṇa*으로 표현되어 있다. 일반적으로 viññāṇa는 식, 의식으로 번역하지만, 주석서(MA.ii. 413)에 vijānitabbaṃ(잘 알아야 할 것), 즉 열반으로 설명하고 있다.

"그때 범천 바까가 '나는 사문 고따마 앞에서 사라질 것이다. 나는 사문 고따마 앞에서 사라질 것이다.'라고 생각했지만 사라지지 못했다." 그때 여래께서 말씀하셨다.

"그러면 범천이여, 여래가 그대 앞에서 사라지겠소."

"존자시여, 하실 수 있으면 제 앞에서 사라져 보십시오."

"여래는 '범천과 범천의 회중 모두에게 여래의 모습은 보이지 않고 목소리는 들리도록 해야겠다.'고 신통을 보일 결심을 했소. 그리고 여래는 모습을 감춘 후 게송을 읊었소."

"여래는 존재하지 않기를 추구하는 존재까지 포함하여
모든 존재에게서 두려움을 보았소.
여래는 어떤 존재에도 취착하지 않고
어떤 즐거움에도 취착하지 않소."

"범천과 범천의 회중 모두 그것을 보고 깜짝 놀라서 말했소. '훌륭합니다! 경이롭습니다. 여러분, 사끼야족에서 출가한 사문 고따마께서는 다른 사문들과 바라문들에게서 한 번도 보지 못했던 위대한 신통력과 위력을 지니고 계십니다. 여러분, 존재를 즐거워하고 존재를 사랑하고 존재에게서 기꺼움을 찾는 사람들 가운데서 살고 있지만, 그분은 존재를 뿌리째 제거했습니다!'"

"그러자 사악한 마아라가 범천의 회중 가운데 한 범천의 몸에 들어가서 여래에게 말했소. '존자시여, 만약 그것이 그대가 아는 것이라면, 만약 그것이 그대가 발견한 것이라면, 재가자든 출가자든 그대의 제자들을 그것으로 이끌지 말고 그대의 담마를 가르치지 말고, 그들이 담마를 열망하게 하지 마십시오. 비구여, 그대 이전에 이 세상에는 완전한 깨달음을 성취했다고 주장하는 사문들과 바라문들이 있었습니다. 그들은 제자들을 이끌고 담마를 가르치고 열망하도록 했습니다. 그러나 그들의 몸이 무너지고 숨이 끊어지고 나서 그들은 더 하열한 몸을 받았습니다. 비구여, 그대 이전에 역시 완전한 깨달음을 성취했다고 주장하는 사문들과 바라문들이 있었습니다. 그들은 제자들을 이끌고 담마를 가르치고 열망하도록 하지 않았습니다. 그들의 몸이 무너지고 숨이 끊어지고 나서 그들은 더 우월한 몸을 받았습니다. 그러니 비구여, 내가 그대에게 말합니다. 존자시여, 모든 것을 내려놓으십시오. 지금·여기의 지복 상태에 머물도록 전념하십시오. 존자시여, 그러니 그대의 담마를 설하지 말고 아무에게도 알려주지 마십시오.'"

"그 말을 듣고 여래는 대답했소. '여래는 그대를 안다오, 사악한 자여. 그대가 여래의 이익을 위하여 연민의 마음으로 그렇게 말한 것은 아니오. 여래에게 이 담마를 배운 사람들이 그대의 영역을 벗어나게 될 것이라 생각하고 있구려. 그대가 말하고 있는 완전한 깨달음을 성취했다고 주장하는 사문들과 바라문들은 완전한 깨달음을 얻지 못했소. 하지만 여래는 여래가 선언한 그대로 완전한 깨달음을 성취했소. 여래는 제자들에게 여래의 담마를 가르치든 가르치지 않든, 제자들을 담마로 이끌어가든 이끌어가지 않든, 완전한 깨달음을 성취한 자라오. 왜 그러한가? 여래는 정신적 오염원이고 존재를 재생시키고 비참하게 하고 괴로움이라는 과보를 가져오고 미래에 다시 태어나고 늙고 죽게 만드는 번뇌를 모두 제거하고, 뿌리를 자르고 줄기만 남은 야자나무처럼 만들고 멸절시켜 미래에 다시는 일어나지 않게끔 했소. 그러자 마아라는 더 할 말이 없었소. 그리고 이 담마는 여래에게 사라져 보라고 한 범천의 초대에 의해 설하게 되었으므로 '범천의 초대 경'이라고 부른다오.'"

《중부》 49

언젠가 세존께서 나알란다에 있는 빠아와아리까 숲에 머물고 계셨다. 그때 장자의 아들인 께왓다가 세존께 와서 경배를 드리고 나서 한쪽 옆에 앉았다. 그리고 그가 말씀드렸다. "세존이시여, 여기 나알란다는 날로 번창하고 있으며, 풍요롭고 인구가 많아서 사람들로 북적대고 있습니다. 그리고 세존에 대한 믿음이 있습니다. 세존이시여, 만약 세존께서 어떤 비구를 지목해서 인간을 넘어선 신통력을 보이도록 하신다면, 여기 나알란다에서 세존에 대한 믿음이 훨씬 더 커질 것입니다."

세존께서 대답하셨다. "께왓다여, 여래는 비구들에게 '자, 비구들이여, 흰옷을 입은 재가자들에게 보여주기 위해 인간을 넘어선 신통력을 보이라.'라는 식으로 담마를 가르치지 않는다오."

해설자 2 붓다께서는 두 번째로 그 질문을 받았을 때 같은 대답을 하셨다. 그리고 다시 한 번 더 질문을 받자 붓다 당신의 신통력 가운데 세 가지에 대해 말씀하셨다. 첫째는 신족통神足通인데 하나가 여럿이 되는 능력, 벽을 뚫고 지나가는 능력, 공중을 날고 물 위를 걷는 능력 그리고 범천의 세상을 방문할 수 있는 능력이다. 둘째는 타심통他心通인데 타인의 마음을 읽는 능력이다. 셋째 신통력은 담마를 가르치는 것인데 사람들에게 자신의 유익함을 위해 해야 할 일이 무엇인지 간단하거나 상세하게 가르쳐주는 능력이다. 사람들에게 강한 인상을 주려고 앞의 두 신통력을 펼쳐 보인다면 그것은 '간다아리'나 '마니까' 주술[115]과 다를 바 없다. 그 이유는 비구가 이러한 주술을 행하는 것은 부끄럽고 수치스럽고 혐오스럽기 때문이라고 붓다께서는 말씀하셨다. 세 번째 신통력은 붓다께서 설해주신 담마의 가르침

115 [역주] 간다아리와 마니까 주술: '간다아리' 주술은 주문을 외면 몸이 보이지 않게 되고 '마니까' 주술은 구슬을 들여다보면 남의 마음을 읽을 수 있다고 한다.

이다. 담마는 여러 가르침을 포함하고 있지만 그 궁극적 목적은 번뇌의 그침과 고苦의 멸滅이다. 붓다께서는 처음 두 가지 신통력을 얻는 일은 부적절하다고 강조하시면서 그러한 불가사의한 능력을 지닌 어떤 비구의 이야기를 들려주셨고 그런 능력은 그 비구가 고통에서 벗어나는 데 전혀 도움이 되지 못했다는 것을 자세히 말씀해 주셨다.

첫 번째 목소리 "한때 비구 승가에 이렇게 생각하는 비구가 있었소. '어디에서 사대四大(땅·물·불·공기)는 남김없이 사라지는가?' 그래서 그는 삼매에 들기 시작했고, 그의 마음이 삼매에 들자 신들에게 가는 길이 보였소. 사천왕이 다스리는 영역에 있는 신들에게 갔다오. 그리고 그들에게 물었소. '도반들이여, 어디에서 사대 요소는 남김없이 사라집니까?' 그들이 대답했소. '비구여, 우리는 모르오. 그러나 여기에 우리보다 위대하고 뛰어난 사천왕이 있소. 그들은 알 것이오.' 그래서 비구는 그 사천왕들에게 갔다오."

해설자 2 사천왕들은 비구에게 같은 대답을 했다. 그리고 비구를 33천으로 보냈다. 비구는 욕계의 모든 하늘을 거쳐 마침내 높은 신들의 세상인 범천 세상에 이르렀다. 그는 범천의 회중에 속한 신들에게 같은 질문을 했다. 그들이 비구에게 말했다.

첫 번째 목소리 "'비구여, 우리는 그것에 대해 알지 못하오. 하지만 한 범천이 있는데 이 범천은 위대한 범천[大梵天]이며 정복당하지 않는 정복자이며, 모든 것을 널리 볼 수 있는 권력자이며 조물주이자 창조주이며 최상의 섭리이고 이 세상에 존재하며 앞으로도 존재할 수 있는 모든 것의 주재자이자 아버지요. 그는 우리보다 위대하고 뛰어나니 그분이라면 알고 있을 것이오.' '도반이여, 그 범천은 지금 어디에 있소?' '비구여, 우리는 대범천이 어디에 어떻게 있는지, 어디서 오는지 모르오. 오직 징조가 보이고 빛이 나타나 광채가 비치면 그 범천이 현현할 것이오. 그것이 범천이 나타날 전조이니까요.'"

"그러자 얼마 안 있어 대범천이 모습을 드러냈소. 비구가 다가가 같은 질문을 했소. 그 말을 듣고 대범천은 대답했소. '비구여, 나는 범천이며 위대한 범천이며 정복당하지 않는 정복자이며, 모든 것을 널리 볼 수 있는 권력자이며 조물주이자 창조주이며 최상의 섭리이고 이 세상에 존재하며 앞으로도 존재할 수 있는 모든 것의 주재자이자 아버지요.' 비구가 다시 질문했다. '벗이여, 나는 그것을 묻지 않았소. 내가 물어본 것은 사대 요소는 어디에서 남김없이 사라지는가 하는 것이오.' 대범천은 앞서 했던 대답과 같은 대답을 했소. 세 번째로 같은 질문을 받자, 대범천은 비구의 팔을 잡아 옆으로 데려가서 이렇게 말했소. '벗이여, 범천의 회중에 속한 신들은 이렇게 생각한다오. '저 범천이 보지 못하고 알지 못하고 깨닫지 못한 것은 아무것도 없다.' 그런 연유로 내가 그들 앞에서 대답하지 않았소. 벗이여, 나는 사대 요소가 어디에서 남김없이 사라지는지 모른다오. 세존께 여쭈어보지 않고 세존에게서 멀리 떨어진 곳에서 질문의 답을 찾는다니, 그대는 틀렸고 잘못 찾아온 것이오. 가서 세존께 질문하시오. 그러면 세존께서 그대에게 대답해주실 것이고 그대는 그것을 마음에 새겨 간직해야 하오.'"

"그 비구가 범천 세상에서 떠나 여래에게로 와서 같은 질문을 했소. 여래는 그 비구에게 말했소. '비구여, 바다를 오가는 상인들은 육지를 찾아내는 새를 데리고 항해한다오. 배에서 육지가 보이지 않을 때, 그들은 새를 날려 보낸다오. 새는 사방으로 팔방으로 위로 날아다닌다오. 만약 새가 어느 한쪽에서 육지를 찾아내면 그쪽을 향해 날아간다오. 그러나 새가 어느 쪽에서도 육지를 찾지 못하면, 배로 돌아온다오. 비구여, 그대도 이와 같소. 어디를 찾아다녀도, 범천의 세상에서도 그대의 질문에 대한 답을 찾지 못하니 여래에게 다시 돌아왔구려. 하지만 그 질문을 그렇게 해서는 안 되오. 질문은 이와 같이 해야 하오."

"말씀해 주십시오. 땅·물·불·공기는
어떤 경우에 굳건히 자리잡을 기반을 찾지 못합니까?
또한 길고 짧고 작고 크고 아름답고 추한 것은
어떤 경우에 자리잡을 기반을 찾지 못합니까?

어떤 경우에 명색名色은 남김없이 사라집니까?"

그리고 붓다의 대답은 이러하오.

"열반은 볼 수 없고
무한하고 모든 곳에서 빛나나니
여기서 땅·물·불·공기는
굳건히 자리잡을 기반을 찾지 못하며
여기서 길고 짧고 작고 크고 아름답고 추한 것과
명색은 남김없이 사라진다.
식이 사라지면 남김없이 사라진다."

《장부》 11

10. 중기

해설자 1 붓다께서 깨달음을 이루시고 스무 해가 지난 후, 쉰다섯 살이 되셨을 때부터 마지막 해에 이르기까지 전해지는 모든 기록들은 연대순으로 정리되어 있지 않다. 빠알리 삼장에 연대순으로 기록된 것은 붓다께서 깨달으신 이듬해에 두 상수제자가 나타날 때까지이다. 아아짜리야 붓다고사가 전해 내려오는 이야기들을 통합하여 기록한 주석서는 붓다께서 깨달으신 후 스무 해 동안을 개괄적으로 그려내고 있어서 삼장의 많은 자료들을 시간순으로 배열할 수 있게 되었다. 훨씬 후대에 나온 《마알라아랑까아라왓투》에는 그 스무 해 기간의 몇몇 사건들을 연대순으로 다루고 있는데 그중 일부는 경전에 기록되어 있지 않은 사건이라서 여기에 포함하지 않았다. 나중에 만들어져 전해지는 기록들은 나름대로 이전 기록을 보완하고 있긴 하지만 역사적으로 신뢰할 수 있는 것은 경전에 있는 기록들이다. 경전 내용과 상충하지 않는다면 주석서의 기록도 수용할 수 있다. 경전 속의 사건들이 언제 일어났는지 정확하게 알 수 없는 경우, 후대의 기록은 추측에 불과한 것일 수 있지만 시기를 가늠할

수 있어서 그 기록을 따랐다. 율장과 경장에 있는 이야기가 언제 일어났는지 대부분은 정확한 시기를 알 수 없는데 간혹 특정한 사건들이 연속되어 일어난 것이 아닐까 추정할 수도 있다. 따라서 이제부터 나오는 일화와 사건 중 많은 것들은 언젠가 일어났던 일이라고 하겠다.

해설자 2 우선 한 가지 일화는 반드시 언급해야겠다. 전해진 바에 의하면 이 사건은 깨달음을 이루신 후 서른한 해째 되는 해에 일어났다고 한다. 신심 깊은 여성 재가불자인 위사아카가 사아왓티의 동쪽 동산에 있는 사원을 보시한 이야기이다. 그녀는 붓다께서 재가 여성 불자 중 제일 수승하다고 인정하신 신자이다. 시아버지 미가아라에게 붓다의 가르침을 전해 개종하게 했으므로 교법에서는 '미가아라의 어머니[鹿子母]'로 알려져 있다.

해설자 1 그녀의 특별한 면모를 보여주는 일화가 있다.

두 번째 목소리 이런 일이 있었다. 세존께서 바아라아나시에서 원하는 만큼 계시다가 천천히 유행하며 사아왓티로 가기 위해 길을 떠나셨다. 세존께서 마침내 사아왓티에 도착하여 제따 숲의 아나아타삔디까 승원에 머무셨다. 그때 미가아라의 어머니 위사아카가 세존을 찾아와 경배를 드리고 한쪽 옆에 앉았다. 세존께서 담마를 설하며 가르침을 주시고 난 다음 그녀가 말씀드렸다. "세존이시여, 비구 승가와 함께 세존께 제가 내일 공양을 올리게 해주십시오."

세존께서 침묵으로 허락하셨다. 그녀는 세존께서 승낙하시는 것을 보고, 자리에서 일어나 경배를 드리고 자신의 오른쪽을 세존께 향하게 하고 세존을 돌아 그 자리를 떠났다.

그날 밤이 다 지날 무렵 큰비가 사방 천지에 퍼부었다. 그러자 세존께서 비구들에게 말씀하셨다. "비구들이여, 제따 숲에 비가 오니 사방 천지에도 비가 내리겠소. 비구들이여, 옷을 벗고 비를 맞으시오. 이번이 거대한 비구름이 사방 천지를 덮는 마지막 기회이니."

"세존이시여, 그렇게 하겠습니다." 비구들이 대답했다. 그리고 옷을 벗어놓고 맨몸으로 비를 맞았다.

위사아카가 온갖 훌륭한 음식 준비를 마치고 하녀에게 일렀다. "승원에 가서 공양 준비가 다 되었다고 이렇게 말씀드려라. '세존이시여, 공양 시간입니다. 공양 준비가 다 되었습니다.'"

"예, 마님." 하녀가 대답했다.

하녀는 승원으로 갔다. 그곳에서 비구들이 가사를 벗고 맨몸으로 비를 맞고 있는 것을 보았다. 하녀는 이렇게 생각했다. "승원에 비구들이 하나도 없네. 나체 고행자들이 비를 맞고 있구나." 그래서 하녀는 위사아카에게 돌아가서 그렇게 말했다.

현명하고 지혜로우며 총명한 위사아카는 그 말을 듣고 이런 생각이 들었다. "비구들이 옷을 벗고 비를 맞고 있었음이 틀림없다. 이 철없는 아이가 비를 맞고 있는 이들이 비구들이 아니라 외도 나체 고행자들이라고 생각했구나." 그래서 위사아카는 하녀를 다시 비구들에게 보냈다.

그 사이 비구들은 비를 맞아 팔다리가 시원해졌고, 몸이 상쾌해지자 옷을 입고 각자의 처소로 돌아갔다. 승원에 온 하녀는 비구들이 하나도 보이지 않자 이렇게 생각했다. "비구들이 하나도 없네. 승원이 비어 있구나." 하녀는 위사아카에게 돌아가서 그대로 말했다.

현명하고 지혜로우며 총명한 위사아카는 그 말을 듣고 이렇게 생각했다. "비구들은 비를 맞아 팔다리가 시원해졌고, 몸이 상쾌해지자 가사를 입고 거처로 돌아갔구나. 이 철없는 아이가 비구들이 보이지 않으니 승원이 비었다고 생각했구나." 그래서 위사아카는 비구들에게 말을 전하도록 다시 하녀를 보냈다.

그때 세존께서 비구들에게 말씀하셨다. "비구들이여, 발우와 가사를 챙기시오. 공양 준비가 다 되었다고 하오."

"세존이시여, 그렇게 하겠습니다." 비구들이 대답했다.

아침이 밝아오자 세존께서는 채비를 하시고 발우와 가사를 챙기셨다. 그리고 건장한 사람이 구부렸던 팔을 펴거나 폈던 팔을 구부리는 것처럼 순식간에 제따 숲에서 사라져 위사아카 집 앞에 나타나셨다. 세존께서 준비된 자리에 앉으셨고 비구들도 세존을 따랐다. 위사아카가 말씀드렸다. "경이로우십니다, 세존이시여. 세존께서 얼마나 위대하시고 신통력이 높으신지 놀라울 뿐입니다. 홍수가 나서 무릎이나 허리까지 물에 잠기는 지경에도 비구들의 발과 옷은 전혀 젖지 않았다니요!" 위사아카는 기쁘고 신이 났다. 그래서 손수 붓다와 비구 승가를 대접했고 그들이 온갖 훌륭한 음식들을 충분히 드실 수 있도록 했다. 세존께서 공양을 마치시고 발우를 내려놓으시자 위사아카는 한쪽 옆에 앉아서 말씀드렸다. "세존이시여, 저는 세존께 여덟 가지 보시를 허락받고자 합니다."

"여래들은 허락 여부를 말하지 않는다오, 위사아카여."

"저의 보시는 허락하실 만한 것이고 허물이 없는 것입니다, 세존이시여."

"그럼 말해 보시오, 위사아카여."

"세존이시여, 저는 살아있는 동안 승가에 비옷을 보시하기를 소망합니다. 그리고 이곳을 찾아오는 비구들을 위한 음식, 길 떠나는 비구들을 위한 음식, 병들어 아픈 비구들을 위한 음식, 간병하는 비구들을 위한 음식도 보시하고 싶습니다. 또한 약을 보시하고, 쌀죽을 떨어지지 않게 보시하고 싶습니다. 그리고 비구니 승가를 위해 목욕용 옷을 보시하고 싶습니다."

"하지만 위사아카여, 이러한 여덟 가지 보시를 여래에게 허락받고자 할 때 그대는 어떤 유익함이 있을 것이라고 예상하오?"

"세존이시여, 제가 공양이 준비되었음을 알리려고 하녀를 보냈을 때, 그 아이가 비구들이 옷을 벗고 비를 맞고 있는 것을 보았습니다. 그 아이는 그곳에 비구들은 없고 나체 고행자들이 비를 맞고 있다고 생각했습니다. 그래서 저에게 와서 그렇게 말했습니다. 세존이시여, 벌거벗고 있는 것은 적절하지 않고 당황스러우며 꺼려집니다. 제가 살아있는 한, 승가에 목욕용 옷을 보시하고자 하는 것은 이런 유익함을 예상해서입니다."

"또한 세존이시여, 이곳을 찾아오는 비구는 길을 모르고 탁발할 곳도 모르기에 탁발하러 다니면 피곤해집니다. 제가 보시하는 음식을 공양하면 여유를 갖게 되어 길도 잘 알게 되고 탁발도 어렵지 않게 하여 탁발하러 다니느라 피곤해지지 않을 것입니다. 제가 살아있는 한, 이곳을 찾아오는 비구들에게 공양 올리고자 하는 것은 이런 유익함을 예상해서입니다."

"또한 세존이시여, 비구가 길을 떠날 때, 혼자서 음식을 구하려다가 일행을 놓쳐버릴 수도 있고, 머물 곳에 늦게 도착할 수도 있습니다. 그러면 그는 여행에 지치게 됩니다. 길 떠날 비구들이 제가 보시한 음식을 공양하면 그런 어려움을 겪지 않을 것입니다. 제가 살아있는 한, 길 떠나는 비구들에게 공양을 올리고자 하는 것은 이런 유익함을 예상해서입니다."

"또한 세존이시여, 병들어 아픈 비구가 적절한 음식을 섭취하지 못할 때, 병이 악화되어 목숨을 잃을 수 있습니다. 하지만 제가 마련한 환자를 위한 음식을 섭취하면 병은 더 나빠지지 않고 목숨을 잃지 않을 수도 있을 것입니다. 제가 살아있는 한, 승가에서 병들어 아픈 비구들에게 공양을 올리고자 하는 것은 이런 유익함을 예상해서입니다."

"또한 세존이시여, 간병하는 비구가 탁발을 해야 하면, 병들어 아픈 비구에게는 정오 이후에 음식을 갖다 주게 될 겁니다. 정오 이후에 음식을 먹는 것은 계를 위반하는 것입니다. 하지만 간병하는 비구가 제가 마련한 음식을 공양하면 병든 비구에게 제시간에 음식을 갖다 줄 수 있을 것입니다. 그러면 율을 위반하지 않게 될 것입니다. 제가 살아있는 한, 승가에서 간병하는 비구에게 공양을 올리고자 하는 것은 이런 유익함을 예상해서입니다."

"또한 세존이시여, 병들어 아픈 비구가 적절한 약을 얻지 못하면 병이 악화되어 목숨을 잃을 수 있습니다. 하지만 제가 보시한 약을 환자에게 쓴다면 병은 더 나빠지지 않고 목숨을 잃지 않을 수도 있습니다. 제가 살아있는 한, 승가에서 병들어 아픈 비구들에게 약을 보시하고자 하는 것은 이런 유익함을 예상해서입니다."

"또한 세존이시여, 세존께서 쌀죽의 열 가지 이로움을 보시고 안다까윈다 마을에서 그것을 먹도록 허락하셨습니다. 이러한 열 가지 이로움이 있기에 제가 살아있는 한, 승가에 쌀죽을 떨어지지 않게 보시하고 싶습니다."

"세존이시여, 비구니들은 목욕할 때 아찌라와띠강에서 기녀들과 같은 곳에서 옷을 벗고 몸을 씻습니다. 기녀들은 비구니 스님들을 놀리며 이런 말을 합니다. '숙녀님들, 왜 그리 일찌감치 성스러운 수행을 시작하셨어요? 젊을 때는 감각적 욕망을 즐겨야 하지 않나요? 성스러운 삶은 나이가 들고 나서 살아도 되잖아요. 그러면 두 가지 삶을 다 누릴 수 있을 텐데요.' 기녀들이 그렇게 놀리면 비구니 스님들은 수치스러워합니다. 세존이시여, 여성들이 벌거벗고 있는 것은 적절하지 않고 당황스러우며 꺼려집니다. 제가 살아있는 한, 비구니 스님들께 목욕용 옷을 보시하고자 하는 것은 이런 유익함을 예상해서입니다."

"하지만 위사카여, 여래에게 여덟 가지 보시를 허락받고자 하는 것이 그대 자신에게는 어떤 유익함을 예상할 수 있소?"

"그것에 대해 말씀드리자면 세존이시여, 여러 곳에서 우기를 지낸 비구들이 세존을 뵈러 사아왓티로 올 것입니다. 그들이 세존께 가까이 와서 이렇게 질문할 것입니다. '세존이시여, 이름이 아무개인 비구가 죽었습니다. 그는 어디로 갔습니까? 그의 내생은 어떠합니까?' 세존께서는 예류과, 일래과, 불한과, 아라한과를 성취한 이들이 어떻게 그렇게 되었는지 설하실 것입니다. 저는 비구들에게 가서 물어볼 것입니다. '존자님들, 지금 말씀하신 그 존자께서 생전에 사아왓티에 오셨었나요?' 만약 비구들께서 그렇다고 대답을 한다면 저는 분명 그분이 비옷을 입었거나, 이곳을 찾아오는 비구를 위한 음식, 길 떠나는 비구를 위한 음식, 병들어 아픈 비구를 위한 음식, 간병하는 비구를 위한 음식, 환자를 위한 약, 떨어지지 않게 보시한 쌀죽을 먹었을 것이라고 생각할 것입니다."

"제가 그것을 늘 새겨두고 있으면 제게 기쁨이 생겨날 것입니다. 제가 기쁠 때 희열이 생겨날 것입니다. 희열을 느낄 때 제 몸이 편안해질 것입니다. 제 몸이 편안할 때 저는 행복을 느낄 것입니다. 행복을 느낄 때 마음은 집중될 수 있을 것입니다. 그것이 제 안에 있는 정신적 기능[根]과 정신적 힘[力] 그리고 깨달음의 구성인자들[覺支]을 계속 닦을 수 있게 할 것입니다. 세존이시여, 이것이 여덟 가지 보시를 허락받고자 할 때 예상할 수 있는 저 자신을 위한 유익함입니다."

"훌륭하오, 훌륭하오, 위사아카여. 그대가 이러한 유익함을 예상하고 여래에게 여덟 가지 보시를 허락받고자 한 것은 훌륭한 일이오. 여래는 그대의 여덟 가지 보시를 허락하오." 그러고 나서 세존께서는 다음과 같은 게송으로 위사아카를 기쁘게 하셨다.

"이제 한 여인이 선서善逝의 제자가 되어
기쁘게 계율을 지키며, 먹을 것과 마실 것을 보시한다오.
욕심을 다스려 보시한다오.

이 공덕은 천상에 이르는 길이며,
슬픔을 없애고 기쁨을 가져온다오.
그 여인은 흠도 없고 티도 없는 길을 가기에
천수를 누린다오.
공덕 쌓는 것을 좋아하기에
그 여인은 오래 행복하고 건강하게
천상에서 복락을 누릴 것이오."

《율장》〈대품〉 8:15

첫 번째 목소리 이와 같이 나는 들었다. 언젠가 세존께서 사아왓티 동쪽 동산에 있는 녹자모강당에 머물고 계셨다. 그때 위사아카가 사랑하고 아끼던 손녀가 세상을 떠났다. 위사아카는 한낮에 옷과 머리카락이 젖은 채[116] 세존을 찾아왔다. 세존께 경배드리고 나서 그녀는 한쪽 옆에 앉았다. 세존께서 그녀에게 물었다. "위사아카여, 지금 어디에서 오는 길이오, 한낮에 옷과 머리가 젖은 채로?"

"세존이시여, 아끼고 사랑하던 손녀가 세상을 떠났습니다. 그래서 제가 한낮에 옷과 머리가 젖은 채로 이곳에 왔습니다."

"위사아카여, 그대는 사아왓티에 사는 사람의 수만큼 많은

116 [역주] 옷과 머리카락이 젖은 채: 상중에는 옷과 머리카락을 젖은 채로 있는 풍습이 있었다. PED《빠알리-영어 사전*Pāli-English Dictionary*》(1986) 79쪽 참조.

자녀들과 손자들이 있기를 바라오?"

"세존이시여, 저는 사아왓티에 사는 사람의 수만큼 많은 자녀들과 손자들이 있기를 바랍니다."

"하지만 위사아카여, 사아왓티에서 하루에 죽는 사람이 몇 명이나 되겠소?"

"세존이시여, 사아왓티에서는 하루에 열 명이 죽습니다. 아홉 여덟 일곱 여섯 다섯 넷 셋 둘 혹은 하루에 한 명이 죽습니다. 사아왓티에서 사람이 죽지 않는 날은 없습니다."

"어떻게 생각하오, 위사아카여, 그렇다면 그대의 옷과 머리가 젖지 않을 날이 있겠소?"

"없습니다, 세존이시여. 저에게 그만큼 많은 자녀들과 손자들이 있다면요!"

"소중한 사람이 백 명이 있는 이는 백 가지 고통을 겪는다오. 소중한 사람이 아흔 명이 있으면 아흔 가지 고통을 겪는다오. 소중한 사람이 여든 명 … 스무 명 … 열 명 … 다섯 명 … 네 명 … 세 명 … 두 명이 있으면, 두 가지 고통을 겪는다오. 소중한 사람이 하나인 이는 한 가지 고통을 겪는다오. 소중한 사람이 없는 이들은 고통이 없다오. 그들을 슬픔이 없는 자, 탐욕에서 벗어난 자, 절망하지 않는 자라고 여래는 말한다오."

"이 세상에 있는 슬픔과 비탄

온갖 괴로움들은
사랑하는 사람 때문에 생긴다오.
하지만 사랑하는 이가 없으면 이런 괴로움들은 생겨나지 않소.
이 세상에 사랑하는 이가 없는 이들은
슬픔이 없고 행복하다오.
슬픔이 없고 탐욕에서 벗어나기를 바라는 사람은
이 세상에 사랑하는 이를 만들지 말지어다."

《우다아나》 8:8

해설자 1 여기서 위사아카 이야기는 마치겠다.

두 번째 목소리 이런 일이 있었다. 세존께서 라아자가하에 있는 독수리봉에 머물고 계셨다. 그 무렵 다른 종파의 유행승들이 열네 번째 날이나 열다섯 번째 반달이 뜨는 날 그리고 그사이 여덟 번째 상현달이나 하현달이 뜨는 날에 정기적으로 모임을 갖고 그들의 가르침을 설했다. 사람들이 그 가르침을 듣기 위해 모였다. 그 종파의 유행승들은 점차 호감과 신뢰를 얻어 후원을 받고 있었다.

마가다 왕국의 세니야 빔비사아라 왕이 홀로 앉아 정진하다가 이 일에 대해 숙고했다. 그리고 이렇게 생각했다. "그런 날에 세존의 존자들은 왜 함께 모이지 않는 것일까?"

그는 세존을 찾아뵙고 그가 생각했던 것을 말씀드리고 나서 이렇게 덧붙였다. "세존이시여, 그런 날에 세존의 제자들도 함께 모이면 좋을 것 같습니다."

세존께서 왕에게 담마를 설하셨고 그 후 왕은 떠났다. 그러고 나서 세존은 이 일을 설법의 계기로 삼아 다음과 같이 비구들에게 말씀하셨다. "비구들이여, 열네 번째나 열다섯 번째 반달이 뜨는 날 그리고 그사이 여덟 번째 상현달이나 하현달이 뜨는 날에 모임을 갖는 것을 허락하겠소."

그래서 비구들은 세존께서 허락하신 대로 그 날짜에 함께 모였으나 침묵을 지키며 앉아 있었다. 담마를 듣기 위해 온 사람들이 짜증을 내고 웅성거리면서 항의했다. "사끼야족의 아들인 저 사문들은 어떻게 어리석은 돼지처럼 말없이 앉아 있기만 할까? 모임에 참석했을 때는 담마를 설해야만 하는 게 아닐까?"

비구들이 이 말을 들었다. 그들은 세존께 가서 그 말을 전해 드렸다. 세존께서 이것을 설법의 계기로 삼아 다음과 같이 비구들에게 말씀하셨다. "비구들이여, 열네 번째나 열다섯 번째 반달이 뜨는 날 그리고 그사이 여덟 번째 상현달이나 하현달이 뜨는 날에 모여서 담마를 설하는 것을 허락하겠소."

《율장》〈대품〉 2:1~2

해설자 1 율장에는 계본戒本이 만들어지게 된 여러 경위가 나온다. 그 사연이 매우 길어서 여기에서는 요약해서 싣는다.

해설자 2 수딘나는 웨사알리 근처 깔란다 마을의 부유한 상인의 아들인데, 결혼을 했지만 자녀가 없었다. 붓다께서 웨사알리에서 담마를 설하시는 것을 듣고 그는 출가하겠다고 붓다께 간청드렸지만 부모의 허락을 받아야만 한다는 대답을 들었다. 수딘나는 부모와 오랫동안 실랑이를 벌였는데, 식음을 전폐한 후에야 마침내 부모의 승낙을 얻어서 출가할 수 있었다. 어느 해인가 기근이 들었다. 수딘나는 이와 같이 생각했다. "내 가족의 도움을 받으면 어떨까? 친척들은 나를 돕기 위해 보시를 할 것이고, 그러면 그들은 공덕을 쌓게 될 것이고, 비구들에게는 이득이 될 것이며, 나는 탁발 음식이 모자라지 않을 것이다." 웨사알리에 있는 그의 친척들이 그에게 보시를 많이 했다.

어느 날 그는 탁발을 하러 깔란다로 갔다. 그런데 그는 자기가 누군지 밝히지 않은 채 아버지의 집으로 갔다. 하녀가 그를 알아보고 그의 아버지에게 알렸고 아버지는 그에게 다음날도 공양하러 오라고 신신당부했다. 다음 날 그가 찾아가자 그의 부모는 그가 재가의 삶으로 다시 돌아오도록 설득하기 위해 온갖 술수를 다 썼다. 어머니가 말했다. "수딘나야, 우리는 엄청난 재산을 지닌 부유한 가문이다. … 그렇기 때문에 너는 대를 이어야만 한다. 상속자가 없어서 릿차위족이 우리 재산을 몽땅 가져가도록 해서는 안 된다." 그는 대답했다. "어머니, 그것은 할 수 있겠습니다." 그러자 그의 어머니가 그의 전처를 대림원 숲에 있던 그에게 데려갔다. 그는 전처를 숲속으로 데려갔다. 그때는 아직 학습 계목이 제정되지 않았기에 그는 그것을 잘못으로 여기지 않고 그녀와 세 번 관계를 가졌다. 그 결과 전처는 임신을 했다. 그러자 지신地神들이 큰소리로 외쳐 알렸다. "훌륭하신 분들이여, 비구들의 승가는 이제까지 오염에서 벗어나 있었고 위험에서 벗어나 있었으나, 깔란다의 수딘나에 의해 오염과 위험의 씨앗이 뿌려지고 있습니다." 그 소리는 범천에 이르기까지 모든 천상세계에 울려 퍼졌다.

수딘나 존자의 전처는 아들을 낳았다. 도반들은 그 아이를 '비이자까'라고 불렀고, 아이 어머니를 '비이자까의 어머니'라고 불렀다. 그리고 수딘나 존자를 '비이자까의 아버지'라고 불렀다. 나중에 비이자까와 그의 어머니는 재가의 삶을 떠나 출가했다.

두 번째 목소리 그러나 수딘나 존자는 점점 후회하게 되었고 죄책감에 사로잡혔다. 죄책감 때문에 갈수록 수척해졌고 괴로움에 시달렸다. 비구들이 무슨 문제가 있는지 물었을 때, 수딘나는 그 일을 털어놓았다. 비구들은 그를 질책했고 세존께 그 문제에 대해 여쭈었다. 세존께서 나무라셨다.

"어리석은 자여, 그것은 합당하지 않고 옳지 않고 부적절하고 사문답지 않은 행동이다. 그것은 바르지 않은 것이며 해서는 안 되는 일이다. 이와 같이 잘 설해진 담마와 계율에 귀의한 후 어찌 철저히 완벽하고 순수하고 청정한 삶을 살지 못한단 말인가? 어리석은 자여, 탐욕을 좇을 게 아니라 탐욕을 버리라고 여래가 여러 방식으로 가르치지 않았는가? 결박에 매일 게 아니라 결박에서 벗어나라고 여래가 여러 방식으로 가르치지 않았는가? 취착할 것이 아니라 취착에서 벗어나라고 여래가 여러 방식으로 가르치지 않았는가? 그런데 어리석은 자여, 탐욕에서 벗어나고 결박에서 벗어나고 취착에서 벗어나라고 여래가 가르친 담마를 탐욕과 결박과 취착으로 여겼구나. 탐욕을 버리고 중독에서 벗어나고 갈증을 제거하고 감각적 집착을 제거하고 윤회를 끊고 갈애를 멸진하고 탐욕이 사라지고 그치는 열반을 성취하도록 여래가 여러 방식으로 담마를 가르치지 않았는가? 감각적 욕망을 버리고, 감각적 욕망의 인식을 분명히 알고, 감각적 욕망의 갈증을 제거하고, 감각적 욕망의 생각을 끊고, 감각적 욕망의 열기를 가라앉히는 담마를 여래가 여러 방식으로 가르치지 않았는가?"

"어리석은 자여, 출가한 사람으로 그대의 남근이 여인에게 들어가느니 차라리 소름끼치는 독사나 코브라의 입으로 들어가는 것이 더 낫다. 그대의 남근이 여인에게 들어가느니 차라리 벌겋게 달아오르는 숯불 속으로 들어가는 것이 더 낫다. 왜 그런가? 독사의 입이나 불타는 숯불로 들어가면 그대는 죽거나 죽을 것 같은 고통을 겪게 되지만, 몸이 무너지고 죽은 후에는 악도[惡趣] 파멸처 지옥에 떨어지지는 않을 것이다. 하지만 여인에게 들어가면 그렇게 된다. 그러므로 어리석은 자여, 그런 행동을 하는 것은 그대가 선법과 반대로 한 것이며, 그대는 더러워서 결국은 씻어내야 하는 생각, 부부가 은밀하게 행하는 상스럽고 음탕한 생각을 한 것이다. 그대는 그러한 그릇된 생각들을 행동으로 저지른 최초의 비구다. 이것은 믿음이 없는 이들에게 믿음을 일으키게 하는 일도 아니고, 믿음이 있는 이들에게 믿음을 굳건하게 하는 일도 아니다. 이것은 믿음이 없는 이들로 하여금 계속 믿음을 가질 수 없게 하고 믿음이 있는 이들에게는 해를 끼치는 일이다."

세존께서 수딘나 존자를 꾸짖으셨는데 학습 계목이 만들어지기 전이어서 그는 추방당하지 않았다. 세존께서 상황에 적합한 담마를 설하시고 그러고 나서 비구들에게 다음과 같이 말씀하셨다. "비구들이여, 이 일을 계기로 여래는 수행하는 비구들을 위한 학습 계목을 제정할 것이오. 학습 계목을 제정하는 데에는 열 가지 이유가 있소. 승가의 안녕을 위해, 승가의 평안을 위해, 악의를 통제하도록, 행실이 바른 비구들을 독려하기 위해, 금생에 번뇌를 없애도록, 내생에 번뇌가 일어나지 않도록, 믿지 않는 이들은 믿게 하도록, 믿는 이들이 늘어나도록, 선법을 확립하도록, 수행 계율을 지키도록 하기 위한 것이오. 학습 계목의 첫 번째 항은 다음과 같이 정하겠소. '성행위를 한 비구[117]는 비구의 자격을 박탈한다. 그는 더 이상 승가에 속하지 않는다.'"

세존께서 이렇게 비구들의 학습 계목을 제정하셨다.

《율장》〈경분별〉〈구빈죄〉 1

세존께서 홀로 앉아 정진하고 계실 때 이런 생각을 하셨다. "내가 선포한 학습 계목을 비구들이 계본으로 삼아서 암송하게 하면 어떨까. 비구들이 경건하게 지키는 포살일에 계본을 암송하도록 해야겠다."

저녁 무렵, 세존께서 선정에서 나오셔서 이것을 계기로 비구들에게 당신이 정하신 바를 설하셨다.

《율장》〈대품〉 2:3

이런 일이 있었다. 세존께서 사아왓티 동쪽 동산에 있는 녹자모강당에 머물고 계실 때의 일이다. 그때는 마침 포살일이었고, 세존께서는 비구 승가에 둘러싸여 앉아 계셨다.

밤이 이슥해지고 초경이 지났을 무렵 아아난다 존자가 자리에서 일어나 가사 자락을 한쪽 어깨에 걸치고 두 손을 모으고

---

117 [역주] 비구의 성행위: 성행위, 도둑질, 살인, 수행의 성취에 대한 거짓말은 승려 계율 중 가장 무거운 것으로 이 계율을 범하는 순간 이미 비구의 자격을 상실한다.

세존께 청을 드렸다. “세존이시여, 이제 초경이 지나 밤이 깊었습니다. 비구들은 오래 앉아 있었습니다. 세존께서 계본을 비구들에게 설해주십시오.”

이 말을 듣고 세존께서 침묵한 채 앉아 계셨다. 이경이 지나고 밤이 이슥해졌을 때, 아아난다 존자가 다시 자리에서 일어나 가사 자락을 한쪽 어깨에 걸치고 두 손을 모으고 세존께 청을 드렸다. “세존이시여, 이제 이경이 지나 밤이 깊었습니다. 비구들은 오래 앉아 있었습니다. 세존께서 계본을 비구들에게 설해주십시오.”

두 번째도 세존께서 침묵한 채 앉아 계셨다.

세 번째로, 밤이 깊어 삼경이 지나 동이 터오면서 어슴푸레 밝아오자 아아난다 존자가 자리에서 일어나 가사 자락을 한쪽 어깨에 걸치고 두 손을 모으고 세존께 청을 드렸다. “세존이시여, 이제 밤이 깊어 삼경이 지나 동이 터오면서 어슴푸레 밝아집니다. 비구들은 오래 앉아 있었습니다. 세존께서 계본을 비구들에게 설해주십시오.”

“아아난다여, 회중이 청정하지 않다.” 그러자 마하 목갈라아나 존자가 생각했다. “세존께서 청정하지 않다고 지적하는 사람은 누구일까?” 그는 승가의 모든 비구들의 마음을 마음으로 읽었다. 목갈라아나는 계를 지키지 않고, 사악하며 불결하고 의심스럽고 은밀하게 행동하고, 사문이 아니면서 사문이라 주장하고, 청정범행을 닦지 않으면서 닦는다고 주장하고, 내면이 부패하고 번뇌가 들끓고, 본성이 부정한 이가 회중 한가운데 앉아 있음을 보았다. 마하 목갈라아나 존자가 그에게 다가가 말했다. "일어나시오, 도반이여. 세존께서 그대를 알아보셨소. 그대는 비구 승가와 함께할 수 없소."

이 말을 듣고도 그 사람은 아무 말 없이 앉아 있었다. 같은 말을 두 번, 세 번 듣고도 그는 입을 다물고 앉아 있었다. 그러자 마하 목갈라아나 존자가 그의 팔을 잡고 문밖으로 끌어냈다. 그리고 문을 닫아걸었다. 그는 세존께 가서 청을 드렸다. "세존이시여, 제가 그 사람을 내보냈습니다. 이제 회중은 청정해졌습니다. 세존께서 비구 승가에게 계본을 설해주십시오."

"목갈라아나여, 놀랍구려. 어리석은 이가 팔을 잡혀 끌려나갈 때까지 버티고 있었다니!" 그러고 나서 세존께서 비구들에게 다음과 같이 말씀하셨다. "비구들이여, 이제부터 여래는 포살에 참석하지 않겠소. 여래는 계본을 암송하지 않을 것이오. 이제부터 그대들 스스로 포살일을 지키면서 계본을 암송하도록 하시오. 여래가 청정하지 않은 대중 앞에서 포살일에 참석하여 계본을 암송하는 일은 있을 수 없고 그런 일은 없을 것이오."

"비구들이여, 넓은 바다에는 여덟 가지 경이롭고 놀라운 점이 있어서 아수라들은 이를 볼 때마다 즐거워한다오. 이와 마찬가지로 이 담마와 율에는 여덟 가지 경이롭고 훌륭한 점이 있어서 비구들은 이를 볼 때마다 즐거워한다오. 그 여덟 가지가 무엇인가?"

"넓은 바다가 갑자기 깊어지지 않고 서서히 비탈져 깊어지는 것과 마찬가지로 이 담마와 율도 순차적으로 수행하고 실천하고 닦는 것이지 갑자기 궁극의 지혜를 통달하는 것은 아니오. 또한 넓은 바다에서는 파도가 간만의 차이 범위 안에서 안정적으로 밀려왔다 밀려가는 것처럼 제자들은 여래가 시설한 율을 벗어나는 일이 없소. 또한 바다는 물속에 시체가 있으면 해변의 마른 땅 위로 올려 시체를 물속에 두지 않는다오. 그처럼 승가는 계를 지키지 않고, 사악하며 불결하고 의심스럽고 은밀하게 행동하고, 사문이 아니면서 사문이라 주장하고, 청정범행을 닦지 않으면서 닦는다고 주장하고, 내면이 부패하고 번뇌가 들끓고, 본성이 부정한 이와 함께하지 않소. 그런 이를 만나면 곧바로 승가에서 그를 쫓아내시오. 그가 승가 한가운데 앉아 있다고 하더라도 그는 이미 승가에 속하지 않으며 승가도 그를 다시 받아들일 일은 없소."

"강가강이나 야무나강이나 아찌라와띠강이나 사라부강, 마히강 같은 모든 큰 강들이 넓은 바다에 이르면 전에 지녔던 이름과 본질이 없어지고 대양 자체와 하나로 되듯이, 이와 마찬가지로 고귀한 전사 크샤트리아, 사제 바라문, 평민 바이샤, 노예 수드라 같은 네 계급의 사람들이 있지만, 그들이 재가의 삶을 버리고 출가하여 여래의 담마와 율에 귀의하면 예전의 이름과 혈통을 포기하고 사끼야족의 자손인 비구가 되오. 세상의 큰 강들이 대양으로 흘러 들어가고, 하늘에서 아무리 빗물이 퍼부어도 바다는 늘어나거나 줄어들지 않듯이, 이와 마찬가지로 과거의 취착을 남김없이 버렸기에 아무리 많은 비구들이 완전한 열반[般涅槃]에 들어도 여전히 열반계가 늘거나 줄지는 않는다오. 바다의 맛이 소금의 맛 한 가지인 것처럼 이 담마와 율의 맛은 단 한 가지 자유의 맛[解脫一味]이오. 바다에 진주 수정 녹주석 조가비 대리석 산호 은 금 루비 오팔 등 여러 가지 보물들이 많이 있는 것과 마찬가지로 이 담마와 율에도 여러 가지 많은 보물들이 있소. 그 보물들은 사념처四念處 사정근四正勤 사여의족四如意足 오근五根 오력五力 칠각지七覺支 그리고 팔정도八正道이오."

"대양이 거대한 생명체들, 고래나 바다뱀 아수라 용 해신 등 거대한 존재들의 거처인 것처럼 또한 대양 속에는 1백 2백 3백 4백 요자나 크기의 생물들이 살고 있는 것처럼, 이와 마찬가지로 이 담마와 율은 위대한 이들의 거처라오. 이 담마와 율에는 예류향, 예류과를 얻기 위한 길에 들어선 이들이 있고, 일래향, 일래과를 얻기 위한 길에 들어선 이들이 있고, 불환향, 불환과를 얻기 위한 길에 들어선 이들이 있고, 아라한향, 아라한과를 얻기 위한 길에 들어선 이들이 있소."

세존께서 율의 중요성[118]을 게송으로 읊으셨다.

"덮어 감추면 비에 흠뻑 젖게 되지만
열어 밝히면 비에 젖지 않게 된다.
덮여 있는 것을 드러내라.
비에 젖지 않도록."

《율장》〈소품〉 9:1 ; 《우다아나》 5:5 ; 《증지부》 8:20

첫 번째 목소리 이와 같이 나는 들었다. 세존께서 사아왓티에 머무르고 계실 때 마하 깟사빠 존자가 세존을 찾아뵈었다. 존자가 세존께 여쭈었다. "세존이시여, 예전에는 학습 계목이 더 적었음에도 어떻게 궁극의 지혜에 이르는 비구들은 더 많았습니까? 그 원인과 이유가 무엇입니까? 왜 이제는 학습 계목이 더 많아졌는데 궁극의 지혜에 이르는 비구들은 더 적습니까? 그 원인과 이유는 무엇입니까?"

---

118 [역주] 율의 중요성: 《우다아나》 주석서에 의하면 죄를 저지르고 나서 감추면 거기서 다른 새로운 죄악이 생겨난다고 한다. 그래서 죄악의 비, 오염의 비가 넘치게 된다. 죄를 저지르고 나서 감추지 않고 열어서 도반들에게 밝히면, 담마에 따라 대처하여 이에 자세히 설명하고 복귀시켜주므로 다른 죄악이 생겨나지 않는다. 그러므로 열린 것에는 죄악의 비, 오염의 비가 내리지 않는다. 참회하는 자에게는 오염의 비가 그의 존재를 꿰뚫고 극단적으로 내리지 않는다. 오염에 젖지 않고 계행이 청정하고 통찰을 확립하여 이해함에 따라 점차적으로 열반을 얻게 된다. 《우다아나》 주석서 306 참조.

"깟사빠여, 그것은 다음과 같은 연유 때문이라오. 중생들이 퇴보하고 선법善法이 사라질 때, 학습 계목은 많아지지만 궁극의 지혜에 이르는 비구의 수는 줄어든다오. 선법이 사라지지 않는 한, 유사선법은 세상에 나타나지 않소. 선법이 사라지면 곧 유사선법이 세상에 나타난다오. 진짜 금이 사라지지 않는 한, 가짜 금은 세상에 나타나지 않소. 진짜 금이 사라지면 곧 가짜 금이 세상에 나타나는 것과 마찬가지라오. 선법을 사라지게 하는 것은 땅의 요소이거나 물의 요소이거나 불의 요소이거나 바람의 요소가 아니오. 그보다는 어리석은 자들이 선법을 사라지게 한다오. 하지만 선법은 돌연 배가 가라앉는 것처럼 단번에 모두 사라지지는 않는다오."

"선법을 잊게 하고 사라지게 만드는 해로운 다섯 가지가 있소. 그 다섯 가지는 무엇인가? 비구, 비구니, 청신사, 청신녀가 스승인 붓다·불법·승가·수행·삼매 이 다섯을 존중하지 않고 따르지 않는 것이 그것이오. 또한 선법을 지속하고 잊지 않고 사라지지 않게 하는 다섯 가지가 있다오. 그 다섯 가지는 무엇인가? 비구, 비구니, 청신사, 청신녀가 스승인 붓다·불법·승가·수행·삼매, 이 다섯을 존중하고 따르는 것이 그것이오."

《상응부》 16:13 ; 《증지부》 7:56 (참조)

한때 세존께서 웨사알리에 있는 대림원의 중각강당에 머물고 계셨다. 왓지뿟따까라는 비구가 세존께 찾아왔다. 그리고 말씀드렸다. "세존이시여, 보름마다 매번 150개 이상의 학습 계목을 암송해야 합니다. 세존이시여, 저는 그 모든 것을 공부해낼 수 없습니다."

"비구여, 세 가지 학습 계목, 즉 더 높은 계행[增上戒], 더 높은 마음[增上心], 더 높은 지혜[增上慧] 수행을 할 수 있겠소?"

"할 수 있습니다, 세존이시여."

"그렇다면 비구여, 이 세 가지 수행을 하도록 하시오. 그 수행을 끝마치면 수행을 완수했으므로 그대 안에 있는 탐욕, 성냄, 어리석음은 없어질 것이오. 그렇게 되면 그대는 더이상 불선한 행위나 나쁜 일에 빠지지 않을 것이오."

후에 그 비구는 붓다께서 말씀하신 수행을 완수했다. 수행을 완전히 끝냈을 때, 그에게서 탐욕, 성냄과 어리석음은 완전히 없어졌다. 그래서 그는 더이상 불선한 행위나 나쁜 일에 빠지지 않게 되었다.

《증지부》 3:83

두 번째 목소리 이런 일이 있었다. 세존께서 라아자가하에서 원하는 만큼 머무시고 나서, 천천히 유행하시다가 웨사알리로 가고 계셨다. 유행하는 중에 세존께서 많은 비구들이 옷 보따리를 잔뜩 머리에 이거나 어깨나 등에 진 채 가고 있는 것을 보셨다. 세존께서 생각하셨다. "이 어리석은 자들이 옷을 너무 많이 가져 사치하겠구나. 비구들이 최대한 몇 벌의 옷을 지녀야 할지 범위를 정해주면 어떨까?"

세존께서 마침내 웨사알리에 도착해서 고따마까 탑묘에 머무셨다. 그때 세존께서는 서리가 내리는 여드레의 겨울밤 동안 밖에서 정진하고 계셨는데 오직 옷 한 벌만 입으셨으나 추위를 느끼지 않으셨다. 초경이 지나자 세존께서는 추위를 느끼셔서 옷 한 겹을 더 입으시자 추위를 느끼지 않으셨다. 이경이 지나자 추위를 느끼셨고 세 번째 옷을 겹쳐 입으셨다. 그러자 추위를 느끼지 않으셨다. 삼경이 지나 동이 터오면서 어슴푸레 밝아오자 세존께서는 추위를 느끼셔서 네 번째 옷을 겹쳐 입으셨다. 그러자 추위를 느끼지 않으셨다. 그때 세존께서 생각하셨다. "이 담마와 율로 출가한 훌륭한 가문의 자제들조차도 예민하여 추위를 타더라도 옷 세 벌로 살아갈 수 있다. 비구들이 최대한 세 벌의 옷을 지니도록 범위를 정해주면 어떨까?"

그 후 세존께서는 비구들의 모임에서 당신이 겪은 일을 말씀하시면서 세 벌의 옷만 입으라는 학습 계목을 선포하셨다. "비구들이여, 세 벌의 옷을 허용하겠소. 세벌이란 두겹으로 천을 이어 만든 겉옷, 속에 입는 홑겹의 상의, 홑겹의 하의를 말하는 것이오."

《율장》 〈대품〉 8:13

한번은 세존께서 라아자가하에서 닥키나아기리로 가는 길에 아아난다 존자에게 말씀하셨다.

"아아난다여, 행과 열을 지어 네모나게 정리되고 반듯하게 배열된 논과 밭이 있는 저 마가다 땅이 보이는가?"

"예, 세존이시여."

"아아난다여, 비구의 승복을 저렇게 만들도록 하라."

《율장》〈대품〉8:12

첫 번째 목소리 이와 같이 나는 들었다. 언젠가 세존께서 사아왓티에 머무실 때, 마하 깟짜아나 존자가 아완띠 왕국의 꾸루라가라에 있는 빠왓따 바위산에 머물고 있었다. 그 당시 재가 신자 소나 꾸띠깐나가 그를 후원하고 있었다. 한번은 소나 꾸띠깐나가 마하 깟짜아나 존자를 찾아와 경배를 드리고 나서 한쪽 옆에 앉았다. 그리고 말했다. "존자시여, 제가 마하 깟짜아나 존자로부터 배운 담마에 따르면 세속에 살면서 잘 닦인 조개껍데기처럼 지극히 완전하고 순수한 청정범행을 닦기는 쉽지 않은 것 같습니다. 그러니 머리카락과 수염을 깎고 황색 가사를 입고 집을 떠나 집 없는 삶으로 출가를 하면 어떨까요? 깟짜아나 존자께서 저의 출가를 허락해 주십시오."

마하 깟짜아나 존자가 대답했다. "소나여, 하루 한 끼 먹고 홀로 잠자리에 들면서 청정범행을 닦으며 남은 생을 사는 일은 쉽지 않소. 그러니 지금처럼 세속에 머무르면서 붓다의 가르침을 실천하시오. 세속에서 순수한 청정범행을 닦도록 노력해 보시오. 하루에 한 끼 먹고 홀로 잠자리에 들면서."

그러자 소나 꾸띠깐나는 출가하려던 생각이 가라앉았다.

얼마 후에 그가 같은 청을 했고 같은 대답을 들었다. 또 한참 후에 그가 세 번째로 같은 청을 했을 때 마하 깟짜야나 존자가 그에게 출가를 허락했다. 그런데 그 무렵 아완띠 왕국에는 비구들이 거의 없었다. 마하 깟짜야나 존자가 온갖 애를 써서 열 명으로 이루어진 일단一團의 비구를 한자리에 모으는 데 3년이 걸렸다. 그제야 비로소 마하 깟짜야나 존자가 소나 존자에게 구족계를 줄 수 있었다.

우안거가 지난 후, 어느 날 저녁 소나 존자가 홀로 앉음을 풀고 일어나 마하 깟짜야나 존자를 찾아가 말했다. "존자시여, 제가 홀로 앉아 정진하고 있을 때 이런 생각이 들었습니다. '나는 한 번도 세존을 직접 뵌 적이 없다. 하지만 세존이 이러이러한 분이라는 말을 들었다. 그러니 나의 은사께서 허락하신다면 나는 아라한, 정등각자이신 세존을 뵈러 가야겠다.'"

"훌륭하오, 소나여, 훌륭하오. 아라한, 정등각자이신 세존을 가서 뵈시오. 세존께서는 신심과 확신을 불러일으키는 분이시오. 그분의 감관은 고요하며, 그분의 마음은 고요하며, 궁극의 절제와 적정寂靜을 얻은 분이고, 자기통제력이 있고 감관을 절제하고 지키는 우두머리 코끼리와 같은 분이시오. 세존을 뵈면 그분의 발에 엎드려 나의 이름으로 경배를 드리시오. 그분이 쇠약하지 않으신지 편찮지 않으신지 강건하신지 편안하게 지내시는지를 내가 여쭙더라고 말씀드리시오"

"그렇게 하겠습니다." 소나 존자가 대답했다. 그는 흡족했고 마하 깟짜아나 존자의 말을 듣고 기뻤다. 그는 발우와 가사를 챙겨 출발하여 천천히 유행하면서 세존께서 계시는 사아왓티를 향했다. 마침내 그는 제따 숲에 이르렀고 세존께 경배를 드렸다. 그리고 한쪽 옆에 앉아 자신을 지도하는 은사의 인사를 전해드렸다.

"비구여, 잘 지냈소, 안녕하시오, 도중에 어려움은 없고 별문제 없이 탁발할 수 있었소?"

"세존이시여, 저는 건강합니다. 행복합니다. 여행은 전혀 힘들지 않았고 탁발할 때도 어려움이 없었습니다."

세존께서 아아난다 존자에게 말씀하셨다. "아아난다여, 이 찾아온 비구에게 쉴 자리를 마련해 주도록 하라."

그러자 아아난다 존자가 생각했다. '세존께서 나에게 이렇게 말씀하실 때는 저 비구와 함께하길 바라시기 때문이다. 세존께서 소나 존자와 함께 지내시길 바라시는구나.' 그래서 그는 세존께서 계시는 곳에 소나 존자의 쉴 자리를 마련했다.

세존께서 밤에 오랫동안 바깥에서 앉아 계시다가 발을 씻고 거처로 들어가셨다. 소나 존자도 마찬가지로 그렇게 했다. 새벽이 가까워오자 세존께서 일어나셔서 소나 존자에게 말씀하셨다. "비구여, 생각나는 담마가 있으면 암송해 보시오."

"세존이시여, 그렇게 하겠습니다." 그가 대답했다. 그는 '여덟의 품'[119]의 열여섯 경을 음조를 붙여서 모두 암송했다. 그가 암송을 마치자 세존께서 칭찬하며 말씀하셨다. "훌륭하오, 비구여. 훌륭하오. 그대는 열여섯 경을 잘 이해하고 있구려. 그대는 그 의미를 알고 있으며 잘 기억하고 있구려. 그대는 목청이 좋고 명료하며 명확하게 발음하여 의미가 잘 전달되는구려. 비구여, 몇 번의 안거를 보냈는가?[120]"

"세존이시여, 저는 한 번 지냈습니다."

"왜 그토록 오래 세속에 머물렀는가, 비구여?"

"세존이시여, 오래전부터 감각적 욕망에서 위험을 보아 왔지만 재가의 삶은 번잡해서 할 일이 너무 많고 책임도 너무 무겁습니다."

이 뜻을 아시고 세존께서 게송을 읊으셨다.

---

119 여덟의 품*Aṭṭhakavagga*: 《숫따니빠아따》의 네 번째 품으로 이름이 '여덟의 품'이다.

120 [역주] 안거: 인도에서 안거 한 번은 1년에 해당한다. 이 질문은 '구족계를 받은 지[법랍] 몇 년이 되었는가?'의 뜻이다.

"세상이 만족스럽지 못함을 보고 나서
재생의 기반인 집착을 여읜 상태를 알고 나서
고귀한 이는 불선함을 기뻐하지 않고
불선함이 청정한 이에게 기쁨을 주지 않는다오."

《우다아나》 5:6 ; 《율장》 〈대품〉 5:13 (참조)

한때 세존께서 웨사알리에 있는 대림원의 중각강당에서 연륜이 깊은 여러 장로 제자들과 함께 머물고 계셨다. 짜알라 존자, 우빠짜알라 존자, 깍까따 존자, 깔림바 존자, 니까따 존자, 까띳사하 존자 그리고 연륜이 깊은 여러 장로 제자들이 많았다.

그 당시 명망 있는 릿차위 사람들이 세존을 뵈러 대림원으로 많이 왔는데, 기수장과 기마 시종을 거느린 의식용 마차를 타고 시끄럽고 소란스럽게 도착했다. 그때 그 장로 제자들이 생각했다. "릿차위 사람들이 세존을 뵈러 많이 오고 있구나. … 그러나 세존께서는 소음은 선정禪定에 드는 데 가시와 같다고 말씀하신 적이 있다. 우리가 고싱가의 사알라 숲으로 가면 어떨까? 소음도 방문객도 없는 그곳에서 편안하게 지내자."

그래서 존자들은 고싱가의 사알라 숲으로 갔다. 그곳에서 소음도 방문객도 없이 편안하게 지냈다. 그러자 세존께서 비구들에게 물으셨다. "비구들이여, 짜알라는 어디에 있으며, 우빠짜알라, 깍까따, 깔림바, 니까따, 까띳사하는 어디 있는가? 장로 비구들이 어디로 갔는가?"

비구들이 무슨 일이 있었는지 설명을 드렸다. 세존께서 말씀하셨다. "훌륭하오, 비구들이여. 훌륭하오. 그들은 훌륭한 제자들이라면 마땅히 해야 할 말을 옳게 하고 있소. 소음은 선정의 가시라고 여래가 말한 바가 있기 때문이오. 열 가지 가시가 있소. 그 열 가지는 무엇인가? 사람들과 어울리기를 좋아하는 것은 완전히 떠남을 사랑하는 이에게 가시라오. 아름다움의 표상에 몰두하는 것은 몸의 부정상不淨相을 수관하는 이에게 가시라오. 공연을 보는 것은 감각의 문[根]을 통제하는 이에게 가시라오. 여성과 교제하는 것은 청정한 삶을 사는 이에게 가시라오. 소음은 초선初禪의 가시라오. 생각의 일어남[尋]과 생각 지속[伺]은 이선二禪의 가시라오. 희열은 삼선三禪의 가시라오. 들숨과 날숨은 사선四禪의 가시라오. 인식[想]과 느낌[受]은 상수멸 증득의 가시라오. 탐욕[貪]은 가시이고, 성냄[瞋]은 가시이고, 어리석음[癡]이 가시라오. 가시 없이 머무시오. 비구들이여, 가시를 없애고 머무시오. 가시 없이, 가시를 없애고 머무시오. 아라한들은 가시가 없소. 비구들이여, 아라한들은 가시를 없앴소. 아라한들은 가시가 없으며 아라한들은 가시가 없는 자들이라오."

《증지부》 10:72

한때 세존께서 웨사알리에 있는 대림원의 중각강당에 머무실 때였다. 비구들에게 여러 방식으로 몸의 부정상을 수관하는 것에 대해 말씀하시면서 부정관 수행의 장점을 말씀하시고 부정관을 계속 유지해야 한다고 권유하셨다. 그러고 나서 세존께서 비구들에게 말씀하셨다. "비구들이여, 여래가 이곳을 떠나 보름 동안 홀로 머물고자 하오. 여래에게 한 끼의 공양을 가져다주는 이 말고는 아무도 오지 마시오."

"세존이시여, 그렇게 하겠습니다." 비구들이 대답했다. 그리고 세존의 지시대로 했다. 비구들은 붓다의 부정관不淨觀 수행의 장점에 대한 말씀과 몸의 부정함을 계속해서 수관하라는 권유의 말씀에 대해 거듭 생각했다. 부정관을 계속하면서 그들은 이 육체를 곤혹스러워하며 부끄러워하고 혐오했으며, 그들은 칼을 구해 목숨을 끊었다. 하루에 열, 스물 또는 서른 명의 비구들이 칼로 목숨을 끊었다.

보름이 지난 후, 세존께서 홀로 앉음을 풀고 일어나셔서 아아난다 존자에게 말씀하셨다.

"아아난다여, 승가의 비구가 왜 이렇게 줄었는가?"

아아난다 존자가 세존께 무슨 일이 있었는지 말씀드리고 나서 덧붙였다.

"세존이시여, 궁극의 지혜를 찾을 수 있는 다른 방법을 비구 승가에 알려주십시오."

"그러면, 아아난다여, 웨사알리 부근에 살고 있는 비구들을 가능한 한 많이 공회당으로 모이라고 하라."

아아난다 존자는 세존의 말씀을 따랐다. 비구들이 모이자 그는 세존께 알려드렸다. 세존께서는 공회당으로 가서 마련된 자리에 앉으셨다. 자리에 앉아서 세존께서 비구들에게 다음과 같이 말씀하셨다.

"비구들이여, 들숨날숨에 마음을 챙겨 삼매에 이르는 수행을 자주 닦고 계발하면 평온해지고 수승한 경지에 이르게 되고 순수해지고 행복함에 머문다오. 그리고 나쁘고 해로운 법[不善法]은 일어나자마자 바로 사라지고 가라앉는다오. 마치 뜨거운 계절의 막바지에 떠다니던 더러운 먼지가 때아닌 큰비에 단번에 사라지는 것과 같소."

《상응부》 54:9

세존께서 라아자가하에 머무실 때 홀로 사는 테라라는 비구가 홀로 사는 것을 권장하고 다녔다. 그는 마을에 홀로 탁발을 나갔다가 홀로 돌아왔고 홀로 외따로 앉았다가 홀로 경행했다. 많은 비구들이 세존께 찾아가 테라에 관해 말씀드렸다. 세존께서 그를 불러오라 하시고 그 말이 사실인지 물으셨다. 그는 그렇다고 대답했다. 세존께서 말씀하셨다. "테라여, 그대처럼 그렇게 홀로 살아가는 방식도 있소. 그런 방식이 없다는 말은 아니오. 그런데 어떻게 하면 홀로 살면서 수행을 완성할 수 있는지 자세하게 말해주겠소. 그러니 귀담아들으시오. 이제 여래가 말하는 것을 잘 유념하시오."

"세존이시여, 그렇게 하겠습니다." 테라 존자가 대답했다. 세존께서 말씀하셨다. "어떻게 하면 홀로 살면서 수행을 완성할 수 있는가? 테라여, 다음과 같소. 과거의 것은 내버리고, 미래의 것은 포기하고, 현재에 자아를 위한 감각적 욕망과 탐심은 모두 다 없애야 하오. 이것이 홀로 머물면서 수행을 완성하는 것이오."

그렇게 세존께서 말씀하셨다. 선서善逝이신 큰 스승께서 이렇게 말씀하시고 나서 다시 게송으로 읊으셨다.

"모든 것을 지배하는 자, 모든 것을 아는 자, 현명한 자,
모든 것에서 순수한 자, 모든 것을 버린 자,
갈애를 끊어버려 해탈한 자,
여래는 그를 완전히 홀로 머무는 자라고 부르오."

《상응부》 21:10

두 번째 목소리 이런 일이 있었다. 세존께서 라아자가하에 있는 독수리봉에 머물고 계실 무렵, 마가다국의 세니야 빔비사아라 왕은 8만 부락을 통치하는 군주였다. 같은 시기에 꼴리위사족의 소나가 짬빠 시市에 살고 있었다. 그는 부호의 아들로 매우 귀하게 자라서 발바닥에 털이 자랄 정도였다. 어느 날 왕이 몇 가지 이유로 8만 부락의 대표들을 불러 모으면서 소나 꼴리위사에게도 전갈을 보냈다. "소나도 오도록 하라. 소나가 오기를 바란다."

소나의 부모가 소나에게 말했다. "사랑하는 소나야, 왕이 너의 발을 보고 싶어하신다. 그러나 왕을 향해 발을 뻗고 앉지는 말아라. 왕이 너의 발바닥을 볼 수 있도록 가부좌로 앉아서 발바닥을 최대한 위로 향하게 해라."

사람들은 소나를 가마에 태워 왕궁으로 갔다. 소나는 왕에게 경배를 드리고 나서, 왕 앞에 가부좌로 앉았다. 왕은 그의 발바닥에 털이 나 있는 것을 보았다. 왕은 8만 부락의 대표들에게 이번 생의 이로움을 알려주었다. 그리고 그들을 보내며 말했다. "여러분은 나에게서 이번 생의 이로움에 대해 가르침을 들었습니다. 이제 가서 세존께 경배를 올리시오. 세존께서 여러분께 다음 생의 이로움에 관하여 가르침을 주실 것입니다."

그 사람들이 독수리봉으로 갔다. 세존께서 설법을 하시자 그들은 삼보에 귀의하였다. 그런데 그들이 모두 돌아가자, 소나가 세존께 다가가서 출가하고자 허락을 청했다. 그는 출가를 했고 구족계를 받았다.

구족계를 받은 지 오래지 않아 소나는 시따와나에서 머물렀다. 경행을 하며 향상을 위해 애쓰다가 발에 심한 상처가 생겼고 경행처는 마치 도살장처럼 피범벅이 되었다. 세존께서 소나 존자에게 오셨다. 마련된 자리에 앉으시자 소나 존자가 경배를 드리고 한쪽 옆에 앉았다. 세존께서 말씀하셨다. "소나여, 그대가 홀로 앉아 정진하고 있을 때, 이런 생각이 들지 않았는가? '세존의 제자들은 모두 열심히 정진하고 있으며 나도 그렇다. 그러나 내 마음은 취착을 여의지 못하고 번뇌에서 해방되지도 못했다. 나의 속가에는 재물이 많다. 그 재물로 나는 공덕을 쌓을 수도 있다. 재가의 삶으로 돌아가 재물을 써서 공덕을 쌓으면 어떨까?'"

"세존이시여, 그렇습니다."

"소나여, 어떻게 생각하는가? 재가자일 때 그대는 비파 연주를 잘하지 않았는가?"

"세존이시여, 그렇습니다."

"비파의 현이 너무 팽팽했을 때, 좋은 소리가 나고 그대가 연주하기에 적합하던가?"

"세존이시여, 그렇지 않습니다."

"비파의 현이 너무 느슨했을 때, 좋은 소리가 나고 그대가 연주하기에 적합하던가?"

"세존이시여, 그렇지 않습니다."

"비파의 현이 너무 팽팽하지도 너무 느슨하지도 않고 고르게 조율이 되었을 때, 좋은 소리가 나고 그대가 연주하기에 적합하지 않던가?"

"그렇습니다, 세존이시여."

"그와 마찬가지로 소나여, 지나치게 열심히 정진하면 들뜨게 되고 지나치게 느슨하게 정진하면 나태해지기 마련이니 정진할 때 기운을 조화롭게 쓰고, 오근五根을 균등하게 파악하고, 거기서 표상을 취하시오."

"세존이시여, 그렇게 하겠습니다." 소나가 대답했다.

《율장》〈대품〉 5:1 ; 《증지부》 6:55 (참조)

첫 번째 목소리 이와 같이 나는 들었다. 세존께서 라아자가하의 죽림정사 안의 깔란다까니와아빠에 머물고 계실 때였다. 그 무렵 숩빠붓다라는 이름의 나환자가 라아자가하에 살고 있었다. 그는 가난했으며 구걸하며 사는 불쌍한 사람이었다.

세존께서 많은 사람들에게 둘러싸인 채 자리에 앉아서 설법을 하고 계실 때였다. 나환자 숩빠붓다가 멀리서 사람들이 모여 있는 것을 보고 이런 생각을 했다. "저기에서 먹을 것을 나눠주고 있는 게 틀림없다. 저 회중에 가까이 가면 먹을 것을 얻을 수 있지 않을까?" 그는 모여 있는 사람들에게 다가갔고 세존께서 많은 사람들에게 둘러싸여 설법을 하고 계신 것을 보았다. 그는 생각했다. "여기서 먹을 것을 나눠주지는 않는구나. 사문 고따마께서 모여 있는 사람들에게 설법을 하고 계시구나. 담마를 들어보면 어떨까?" 그는 담마를 들어볼 요량으로 한쪽 옆에 앉았다. 그때 세존께서 모여 있는 사람들 전체를 훑어보시면서 그들의 마음을 읽으셨다. 그리고 누가 담마를 알아들을 수 있을 것인지 가늠하셨다. 세존께서 나환자 숩빠붓다가 회중 사이에 앉아 있는 것을 보셨다. 그리고 생각하셨다. "저 사람이 담마를 알아듣겠구나."

세존께서는 나환자 숩빠붓다를 위해 차제 설법을 해주셨다. 보시와 지계와 천상에 대해, 그리고 감각적 쾌락 속에 있는 위험과 이익 없음과 오염원에 대해, 그리고 버림으로써 얻는 이로움에 대해 설법을 해주셨다. 세존께서 숩빠붓다의 마음이 준비가 되었음을 보셨을 때 모든 붓다들께서 가르치셨던 고유의 담마를 설파하셨다. 고苦와 고의 원인, 고의 멸과 고의 멸에 이르는 길에 대한 것이었다.

담마에 대한 티끌 없고 때 묻지 않은 법안法眼이 숩빠붓다에게 열렸다. '생겨나는 것은 무엇이건 모두 사라진다.' 그는 말했다. "세존이시여! 훌륭하십니다 …. 제가 숨이 붙어 있는 한 세존께 귀의할 것을 서원합니다."

나환자 숩빠붓다가 가르침을 받았을 때 그는 세존의 말씀에 만족했고 즐거워했다. 그는 세존께 경배를 드리고 자신의 오른쪽을 세존께 향하게 하고 세존을 돌아 그곳을 떠났다. 그때 송아지를 거느린 암소가 숩빠붓다를 덮치는 바람에 그는 목숨을 잃었다.

후에 많은 비구들이 세존을 찾아가서 여쭈었다. "세존이시여, 세존의 가르침을 받은 나환자 숩빠붓다가 죽었습니다. 그는 어디로 갔습니까? 그의 내생은 어떠합니까?"

"비구들이여, 나환자 숩빠붓다는 현명했소. 그는 담마의 길에 들어섰고, 담마에 대해 이런저런 질문으로 여래를 괴롭히지 않았소. 세 가지 족쇄를 부수었으므로 숩빠붓다는 예류과에 들었소. 그는 이제 더이상 파멸처에 떨어지지 않을 것이며, 올바른 길을 확신하고 그리하여 완전한 깨달음에 이를 것이오."

이 말을 듣고 한 비구가 여쭈었다. "세존이시여, 왜 그러합니까? 무엇 때문에 나환자 숩빠붓다는 가난하여 구걸하며 살고 그토록 불행했던 것입니까?" "비구들이여, 숩빠붓다는 전생에 이곳 라아자가하의 부유한 집안의 아들이었소. 그가 유원지로 가는 길에 시내로 탁발을 가는 벽지불[121] 따가라시키를 보았다오. 그때 그가 생각했소. '저 문둥이는 누군데 거리를 돌아다니고 있는 건가?' 그리고 그는 침을 뱉으며 모욕을 주고 그곳을 떠났소. 그는 수천 수백만 년의 오랜 세월 동안 지옥에서 그 행위의 과보를 겪었다오. 그 행위의 과보가 무르익어 이번 생에 그는 바로 이곳 라아자가하에서 가장 가난하고 구걸해서 살며 가

---

121 벽지불*Paccekabuddha*: 연각緣覺, 독각獨覺이라고도 하며 붓다의 가르침 없이 홀로 깨달은 사람이다. 그는 다른 이들이 깨달음을 얻게 하려는 시도는 하지 않는다. (비구 보디의 주)

장 불쌍하고 가장 불행한 나환자로 태어났던 것이오. 여래가 선포한 담마와 율을 통해 숩빠붓다는 믿음, 지계持戒, 보시, 지혜를 얻었소. 이러한 과보가 성숙하여 몸이 무너지고 죽고 난 후에 33천신들의 동료로 천상에 태어나 그곳에서 다른 천신들 사이에서 뛰어난 외모와 명성을 떨치고 있소."

《우다아나》 5:3

두 번째 목소리 이런 일이 있었다. 야멜루와 떼꿀라라는 비구 두 명이 사아왓티에 살고 있었다. 그들은 형제였고 바라문이고 목소리도 좋고 언변도 좋았다. 그들이 세존께 여쭈었다. "세존이시여, 이제 비구들의 이름도 다양하고 종족도 다양하며 태생도 다양하고 여러 가문에서 출가를 하고 있습니다. 그들이 각자 다른 말을 쓰기 때문에 세존의 가르침이 손상되고 있습니다. 붓다의 가르침을 저희들이 전통적으로 사용하는 운율[122] 형식으로 옮기고자 합니다."

세존께서 그들을 나무라셨다. "어리석은 이들이여, 어떻게 그대들이 '붓다의 가르침을 저희들이 전통적으로 사용하는 운율 형식으로 옮기도록 해주십시오.'라고 말할 수 있는가? 그렇게 하는 것은 믿음이 없는 이들에게 믿음이 생기게 하지도 않

122 [역주] 운율: 빠알리어로 chandaso인데 그 당시 베다 경전에 쓰였던 베딕 산스크리트어를 뜻한다.

고, 믿음이 있는 이들의 믿음을 더 공고히 하지도 못하오. 오히려 믿음이 없는 이들이 계속 믿지 못하게 하는 일이며, 몇몇 신실한 이들에게 해를 끼치는 일이오." 그들을 나무라시고 담마를 설하신 후, 세존께서는 비구들에게 말씀하셨다. "비구들이여, 붓다의 가르침을 전통적으로 사용하는 운율 형식으로 옮겨서는 안 되오. 누구든 그렇게 하면 그릇된 행위를 범하는 것[惡作罪]이오. 누구든 자신의 언어로 붓다의 가르침을 배우도록 허락하오."

《율장》〈소품〉 5:33

한 번은 세존께서 많은 비구들에게 둘러싸여 설법을 하시는 도중에 재채기를 하셨다. 비구들이 큰 소리로 웅성거렸다. "세존이시여, 만수무강하소서, 만수무강하소서." 그 소리가 설법에 방해가 되었다. 그러자 세존께서 비구들에게 말씀하셨다. "비구들이여, 재채기를 한 사람에게 '만수무강하소서' 하고 말하는데 그 말 때문에 그가 살거나 죽거나 하겠소?"

"그렇지 않습니다, 세존이시여."

"비구들이여, 재채기를 한 사람에게 '만수무강하소서'라고 말하지 마시오. 그렇게 하면 그릇된 행위를 하는 것이오."

그런 일이 있고 나서 비구들이 재채기를 하자 재가자들이 "만수무강하소서!"라고 말했다. 비구들이 당황하여 대답하지 않았다. 그래서 재가자들이 불쾌해하며 비난의 말을 퍼뜨렸다. "사끼야족의 아들인 이 사문들은 어떻게 '만수무강하소서'라는 말에 대꾸도 하지 않는가?"

비구들이 이 이야기를 세존께 전해드렸다. 세존께서 말씀하셨다. "비구들이여, 재가자들은 그런 관습에 익숙하오. 그들이 '만수무강하소서' 하고 말할 때, 그대들도 '만수무강하소서'라고 말해도 좋소."

《율장》〈소품〉 5:33

첫 번째 목소리 이와 같이 나는 들었다. 세존께서 사아왓티 동쪽 공원에 있는 녹자모강당에 머물고 계실 때였다. 저녁 무렵 세존께서 선정에서 나오셔서 문밖에 앉아 계셨다. 그때 꼬살라 국의 빠세나디 왕이 세존을 찾아와 경배를 드리고 한쪽 옆에 앉았다.

그런데 바로 그때 머리를 땋은 일곱 고행자, 일곱 니간타, 일곱 나체 고행자, 일곱 단벌 고행자, 일곱 방랑수행자 모두 다양한 필수품들을 지니고 머리와 손톱을 길게 기른 채 세존과 멀지 않은 곳을 지나갔다. 빠세나디 왕이 자리에서 일어나 자신의 겉옷을 한쪽 어깨에 걸친 채, 땅에 오른쪽 무릎을 꿇고 앉았다. 그러더니 고행자들을 향해 양손을 합장하고 자신의 이름을 알렸다. "존자들이시여, 저는 꼬살라 국의 왕 빠세나디입니다."라고 세 번 말했다.

그들이 지나가자 왕은 세존께 돌아와 경배를 드리고 나서 한 쪽 옆에 앉아 여쭈었다. "세존이시여, 세상에는 아라한이거나 아라한과를 얻기 위한 길로 들어선 이가 있는데 저 수행자 중에 그러한 이가 있습니까?"

"대왕이시여, 재가자인 그대는 감각의 쾌락을 누립니다. 자식들이 성가시게 북적대는 재가의 삶을 살며, 바아라아나시 산産 전단향을 사용하고 화환을 목에 걸고 향료와 연고를 바르고 금과 은으로 치장합니다. 어떤 사람을 보고 그가 아라한인지 아라한과를 얻기 위한 길에 들어선 사람인지 그대가 알기는 어렵습니다. 사람의 계행은 그와 함께 살아봐야 알 수 있습니다. 그것도 짧은 기간이 아니라 긴 기간 동안 주의 깊고 지혜롭게 지켜봐야만 합니다. 사람의 정직함은 그와 이야기를 나눠봐야 알 수 있습니다. … 사람의 꿋꿋함은 역경의 시기에 알 수 있습니다. … 사람이 지혜로운가는 토론을 해봐야 알 수 있습니다. 그것도 짧은 기간이 아니라 긴 기간 동안 주의 깊고 지혜롭게 지켜봐야만 알 수 있습니다."

"세존이시여, 훌륭하십니다. 세존께서 이토록 잘 일러주시니 경이롭습니다! 제게는 남몰래 사정을 살피는 사람들이 있습니다. 그들은 흔한 도둑들처럼 변장을 하고 이 마을 저 마을을 살피고 난 후 여전히 같은 차림새로 저에게 옵니다. 처음에 저는 그들에게 속았다가 나중에야 그들이 누구인지 알아차립니다.

하지만 그들은 더러움과 먼지를 모두 씻어내고 목욕을 깨끗이 하고 기름을 바르고 머리카락과 수염을 정리하고 하얀 옷으로 갈아입고 나서 오욕락에 둘러싸여 즐깁니다."

세존께서 이 말을 들으시고 게송을 읊으셨다.

"외모로 사람을 알아보기는 어렵다오.
잠깐 보고서 사람을 판단하기는 어렵다오.
수행하지 않은 이가 수행하는 사람처럼 꾸미고
이 세상을 돌아다니기도 한다오.
속은 타락했으나 겉은 화려하게
가면을 쓰고 있는 자들이 있기 때문이오.
이들은 마치 흙으로 만든 가짜 보석과 같고
도금한 반 푼어치 구리 동전과 같소."

《상응부》 3:11 ; 《우다아나》 6:2

까알라아마 경

언젠가 세존께서 승가의 많은 비구들과 함께 꼬살라 국을 유행하시다가 까알라아마인들이 사는 께사뿟따라는 마을에 이르셨다. 께사뿟따 사람들이 세존께서 도착하셨다는 소문을 듣고 세존을 찾아뵙고 여쭈었다. "세존이시여, 어떤 사문과 바라문들이 께사뿟따에 와서 다른 이들의 교의를 비난하고 헐뜯으며 멸시하고 욕하면서 오직 자신들의 교의만을 장황하게 설명합니다. 또 다른 사문과 바라문들 또한 께사뿟따에 와서 다른 이들의 교의를 비난하고 헐뜯으며 멸시하고 욕하면서 오직 자신들의 교의만을 장황하게 설명합니다. 세존이시여, 저희는 곤혹스럽고 그들을 의심하게 됩니다. 이런 사문들 가운데 누가 진실을 말한 것이고 누가 거짓을 말한 것입니까?"

"까알라아마인들이여, 그대들이 당혹스러울 만하오. 그대들이 의심할 만하오. 그대들은 당연히 의심할 만한 것에 대해 의심을 하는 것이오. 까알라아마인들이여, 소문으로 들었다고 해서, 전통이 그러하다고 해서,[123] 신화와 경전에 쓰여 있다고 해서, 추측이나 논리적 추론에 의해서, 비중 있는 증거가 있다고 해서, 곰곰이 궁리해낸 견해라고 해서, 다른 사람의 그럴듯한 능력 때문에, '이 사문은 우리의 스승이시다.'라는 생각 때문에 그대로 따르지 마시오. '이런 생각들은 불선하고, 비난받을 만하고, 현명한 이들에게 책망받을 만한데도 그런 생각을 따라 행

123 '전통이 그러하다고 해서 그대로 따르지 마시오.': 이 구절이 전통적 가르침을 무시하라는 일반적 지침이라고 이해한다면, 그 지침을 그대로 따르는 것은 합당하지 않다. 그 전통적 가르침이 참되다고 확인될 때만 그 지침을 따르는 것이 합당하기 때문이다.(잘 알려진 논리적 딜레마). 그러나 나머지 설법을 읽어보면 전달하고자 의도하는 내용을 이해할 수 있다. 믿음*saddhā*에 대해서는 본서 11장 참조.

동하면 해롭고 괴로움에 이르게 된다.'는 것을 그대들 스스로 알게 될 때, 그 생각들을 버리도록 하시오. 까알라아마인들이여, 이것을 어떻게 생각하는가? 마음에 탐욕이 일어나면, 그것은 이로운가, 해로운가?"

"세존이시여, 해롭습니다."

"어떤 사람이 탐욕에 빠지면, 탐욕의 지배를 받고 마음은 탐욕에 사로잡혀서 산목숨을 죽이고 주어지지 않은 것을 취하고 사음을 저지르고 거짓말을 하고 다른 사람들도 같은 행동을 하게 만드는 것이오. 이것이 그를 해치고 괴로움에 이르게 할 것이오."

"세존이시여, 그렇습니다."

"까알라아마인들이여, 이것을 어떻게 생각하는가? 마음에 성냄이 일어나면 … 마음에 어리석음이 일어나면 …?"

"세존이시여, 그렇습니다."

"까알라아마인들이여, 이것을 어떻게 생각하는가? 이렇게 하면 이로운가, 해로운가?"

"세존이시여, 해롭습니다."

"비난받을 일인가, 비난받지 않을 일인가?"

"세존이시여, 비난받을 일입니다."

"현자에게 책망받을 일인가, 칭찬받을 일인가?"

"세존이시여, 현자에게 책망받을 일입니다."

“그런 생각을 따라 행동하면 해롭고 괴로움에 이르게 되는가 아닌가, 그대들은 어떻게 생각하는가?”

“세존이시여, 그런 생각을 따라 행동하면 해롭고 괴로움에 이르게 될 것입니다. 저희는 그렇게 생각합니다.”

“까알라아마인들이여, 그런 이유로 여래가 그대들에게 말하는 것이오. ‘들으시오, 까알라아마인들이여, 소문으로 들었다고 해서 … 혹은 ‘이 사문이 우리의 스승이시다.’라는 생각 때문에 그대로 따르지 마시오.’ 그대들 스스로 ‘이런 생각들은 해로운 것이고, 비난받을 만하고, 현명한 이들로부터 책망받을 만하고 … ’라는 것을 알게 될 때, 그 생각들을 버리도록 하시오.”

“까알라아마인들이여, 소문으로 들었다고 해서 … 혹은 ‘이 사문은 우리의 스승이시다.’라는 생각 때문에 그대로 따르지 마시오. 그대들 스스로 ‘이런 생각들은 이로운 것이고, 비난받지 않을 일이고, 현명한 이들로부터 칭찬받을 만하고, 그런 생각을 따라 행동하면 안녕과 행복을 누리게 된다.’라는 것을 알게 될 때, 그에 따라 실천하고 생활하도록 하시오. 까알라아마인들이여, 이것을 어떻게 생각하는가? 마음에 탐욕이 일어나지 않으면 그에게 이로운가, 해로운가?”

“세존이시여, 그것은 이롭습니다.”

“어떤 사람이 탐욕에 빠지지 않으면, 탐욕의 지배를 받지 않고 마음이 탐욕에 사로잡히지 않아 산목숨을 죽이지 않고 주어지지 않은 것을 취하지 않고 사음을 저지르지 않고 거짓말을 하지 않으며, 다른 사람들도 그리하게 만든다오. 이것이 오랫동안 그를 이롭게 하고 행복하게 할 것이오."

"세존이시여, 그렇습니다."

"까알라아마인들이여, 이것을 어떻게 생각하는가? 성내지 않으면 … 어리석음에서 벗어나면 … ?"

"세존이시여, 그렇습니다."

"까알라아마인들이여, 이것을 어떻게 생각하는가? 이렇게 하면 이로운가, 해로운가?"

"세존이시여, 이롭습니다."

"비난받을 일인가, 비난받지 않을 일인가?"

"세존이시여, 비난받지 않을 일입니다."

"현명한 이에게 책망받을 일인가, 칭찬받을 일인가?"

"세존이시여, 현명한 이에게 칭찬받을 일입니다."

"그런 생각을 따라 행동하면, 이롭고 행복하게 되는가 그렇지 않은가? 이런 경우에 그대들에게 어떤 결과가 나타나겠는가?"

"세존이시여, 그런 생각을 따라 행동하면 이롭고 행복하게 됩니다. 그래서 저희에게 그런 결과가 나타날 것입니다."

"까알라아마인들이여, 그런 이유로 여래가 그대들에게 말하는 것이오. 까알라아마인들이여, 소문으로 들었다고 해서 …

혹은 '이 사문이 우리의 스승이시다.'라는 생각 때문에 그대로 따르지는 마시오. 그대들 스스로 그런 생각은 이로운 것이고 … 라는 것을 알게 되면, 그에 따라 실천하고 생활하도록 하시오."

"성스러운 제자가 이와 같이 탐욕을 여의고 성냄을 여의고 어리석음에서 벗어나 완전히 깨어 있으며 마음챙김할 때, 자애의 마음[慈]으로 세상의 한 방향을 가득 채우고 머문다오. 그와 마찬가지로 두 번째 방향을 세 번째 방향을 네 번째 방향을 가득 채우며 머문다오. 이와 같이 위로 아래로 옆으로 모든 곳에서 모두를 자기 자신처럼 대하면서 풍요롭고 광활하고 한량없이 자애롭고 분노나 원한 없는 마음으로 온 세상을 가득 채우며 머문다오. 그는 더불어 아파하는 마음[悲]으로 가득 채우고 머문다오. 그는 더불어 기뻐하는 마음[喜]으로 가득 채우고 머문다오. 그는 평온한 마음[捨]으로 가득 채우고 머문다오. 그렇게 온 세상을 가득 채우며 머문다오."

"악의 없이 선량하고 평화로운 마음으로 오염 없는 청정한 상태로 성스러운 제자는 지금·여기에서 네 가지 위안을 얻는다오. 그는 생각한다오. '내생이 있고, 선행과 악행의 결실과 과보가 있다면, 나는 죽어 몸이 무너진 후 천상세계에 태어날 수 있을 것이다.' 이것이 첫 번째 얻는 위안이오. '다음 세상이 없고 선행과 악행의 결실과 과보도 없다면, 나는 지금·여기 이생에서 원한이나 갈등 그리고 불안 없이 행복하게 살 수 있다.' 이것이 두 번째 얻는 위안이오. '악행을 하는 이가 악행의 과보를 받는다고 하자. 그러나 나는 그 누구에게도 악한 생각을 품지 않았으니, 어떻게 악행으로 인한 괴로움이 나에게 일어나겠는가?' 이것이 세 번째 얻는 위안이오. '하지만 악행을 하는 이가 악행의 과보를 받지 않는다고 하자. 그렇다 해도 나는 어떤 경우에도 스스로 청정하다는 것을 알고 있다.' 이것이 네 번째 얻는 위안이오."

《증지부》 3:65

어떤 비구가 설사병에 걸려 앓고 있었는데 자신의 더러운 대소변 위에 누워있었다. 세존께서 시자인 아아난다 존자와 숙소를 둘러보시다가, 그 비구가 있는 곳까지 오셨다. 세존께서 그가 누워 있는 것을 보시고는 다가가서 물으셨다. "비구여, 무슨 병을 앓고 있는가?"

"세존이시여, 설사병에 걸렸습니다."

"그렇다면 비구여, 그대에게 돌봐줄 이가 없소?"

"세존이시여, 없습니다."

"비구여, 다른 비구들이 왜 그대를 돌봐주지 않소?"

"세존이시여, 제가 비구들에게 아무런 도움을 주지 못했습니다. 그래서 비구들이 저를 돌봐주지 않습니다."

그러자 세존께서 아아난다 존자에게 말씀하셨다. "아아난다여, 가서 물을 좀 떠 오라. 이 비구를 씻겨야겠다."

"세존이시여, 그렇게 하겠습니다." 아아난다 존자가 대답을 하고 물을 떠 왔다. 세존께서 물을 부으시고 아아난다 존자가 비구를 씻겼다. 그러고 나서 세존께서 비구의 머리를 받치고, 아아난다 존자가 발을 잡고, 비구를 침상 위로 옮겼다.

이런 일이 있고 나서 이 일을 계기로 하여 세존께서 비구들을 불러 모아놓고 질문을 하셨다.

"비구들이여, 숙소 어딘가에 병든 비구가 있는가?"

"세존이시여, 그런 비구가 있습니다."

"그 비구가 무슨 병을 앓고 있소?"

"세존이시여, 설사병입니다."

"그를 돌봐주는 이가 있소?"

"없습니다."

"비구들이 왜 그를 돌봐주지 않소?"

"세존이시여, 그 비구는 다른 비구들에게 아무런 도움을 주지 않았습니다. 그래서 그를 돌봐주지 않습니다."

"비구들이여, 그대들에게는 그대들을 돌봐줄 어머니도 아버지도 없소. 서로를 돌봐주지 않으면 누가 그대들을 돌볼 것인가? 여래를 시봉하고자 하는 사람이 있으면 아픈 이를 돌보도록 하시오. 아픈 이에게 은사가 있다면 그 은사는 최선을 다해 아픈 이가 회복될 때까지 돌봐야 하오. 그에게 다른 스승이 있다면 그 스승도 마찬가지요. 그에게 같은 처소에 함께 지내는 도반이 있다면, 같이 사는 제자가 있다면, 같은 은사 아래 동문 수학하는 이들이 있다면, 같은 스승에게 함께 배우는 이들이 있다면, 그들이 그를 돌봐야 할 것이오. 돌볼 사람이 아무도 없다면 승가가 그를 돌봐야 할 것이오. 환자를 돌보지 않는 것은 그릇된 행위를 범하는 것이오."[124]

"다음과 같은 다섯 가지 성향을 보이는 환자는 돌보기 힘드오. 건강에 적절하지 않은 일을 하는 사람, 건강에 유익한 조처를 모르는 사람, 약을 쓰지 않는 사람, 자신을 돌보는 간병인에게 몸이 좀 나아지면 나아졌다고, 좀 더 나빠지면 나빠졌다고, 전과 같으면 같다고 자기 증상에 대해 밝히지 않는 사람 그리고 몸이 죽을 듯이 고통스럽고 가혹하고 괴롭고 찌르는 듯하고 불쾌하며 거북한 것을 참지 못하는 사람이오. 병든 사람이 이 다섯 가지와 반대되는 성향이면 돌보기가 쉽다오."

《율장》〈대품〉 8:26

"이런 다섯 성향이 있는 간병인은 환자를 돌보는 데 적합하지 않소. 약을 준비하는 데 영민하지 못한 사람, 건강에 이로운

124 환자를 돌봄: 여기서 말하는 환자를 돌본다는 것은 비구들이 병든 비구를 돌보는 것에 적용된다. 일반적으로 비구들이 재가자에게 의술을 베푸는 것은 비구의 그릇된 생계유지 방식으로 여겨져서 허용되지 않는다.

것과 이롭지 않은 것을 알지 못해서 이롭지 않은 것을 가져오고 이로운 것을 치워버리는 사람, 자애로운 생각보다는 보수를 목적으로 환자를 돌보는 사람, 대변이나 소변, 침과 토사물을 치우는 일을 역겨워하는 사람, 슬기롭지 못하여 때맞춰 담마를 이야기해 주면서 환자를 지도하고 격려하고 열의를 북돋아 고무시킬 수 없는 사람은 적합하지 않소. 간병하는 사람이 이 다섯 가지와 반대되는 성향이면 그는 환자를 돌보는 일에 적합하오."

《율장》〈대품〉 8:26 ; 《증지부》 5:123~124

첫 번째 목소리 한때 세존께서 칠흑같이 어두운 밤에 밖에 나와 앉아 계셨다. 기름등잔이 타고 있었고 수많은 나방들이 기름등잔 속으로 뛰어들어 타죽는 재앙과 재난과 불행을 당하고 있었다. 이러한 의미를 새기면서 세존께서 다음과 같이 게송을 읊으셨다.

"양극단으로 치달아 본질을 알지 못하는 자는
거듭거듭 속박만 더해간다.
마치 불꽃으로 뛰어드는 나방들처럼,
보이는 것이나 들리는 것에 고착되기 때문이다."

《우다아나》 6:9

어느 날 아침 세존께서 채비를 하시고 가사와 발우를 챙기신 후 탁발을 하러 사아왓티로 들어가셨다. 제따의 숲에서 사아왓티로 가시는 길에 한 무리의 소년들이 물고기를 괴롭히는 모습을 보셨다. 세존께서 그들에게 다가가 물으셨다. "얘들아, 너희들은 고통이 두렵지 않느냐? 고통이 싫지 않느냐?"

"네, 세존이시여. 저희는 고통이 두렵습니다. 고통을 싫어합니다."

이러한 의미를 새기면서 세존께서 게송을 읊으셨다.

"괴로움을 원하지 않는 이는
악행을 하지 말아야 하오,
보이는 곳에서든 보이지 않는 곳에서든.
지금 악행을 하면
후에 아무리 벗어나려 애써도
반드시 괴로움을 당하게 될 것이오."

《우다아나》 5:4

낭송자[125]

---

125 자애의 찬가: 〈자애경*Mettā sutta*〉으로 알려진 이 게송은 오늘날 가장 많이 낭송되고 있다. 화자의 마음속 생각을 나타낸 따옴표 안의 직접화법 구절을 간과하면 이 경의 구조를 제대로 보지 못하게 된다. 이것은 청중들에게 주는 훈계가 아니라 자애라는 신성한 거주처에 머무는 수행을 하는 이의 마음을 묘

"완전한 평정 상태를 얼핏 맛보고서
더욱 더 향상을 이루고자 애쓰는 사람은
유능하고 정직하고 고결하고
말이 점잖으며 온유하고 거만하지 않아야 하리.

만족할 줄 알아 남들이 공양하기 쉬워야 하며
분주하지 않고 생활이 간소하며
감관은 고요하고 사려 깊을지니
속인들에겐 뻔뻔스러워서도 알랑대서도 안 되리.

또한 현자에게 질책당할 어떤 행동도 삼가야 할지라,
그런 다음에 이와 같은 생각을 기를지니.
모두가 탈 없이 잘 지내기를!
모든 중생이 행복하기를!

사하는 것이다. 빠알리어에서 '*iti* ~라고'는 흔히 직접화법의 끝에 붙어 대화가 끝남을 알리는 표시인데 게송에는 생략되기도 한다. "'여기 신성한 주처'라고 그들은 부른다."에서 '여기 신성한 주처'가 더 높은 천상계에서 누리는 순수 식識, 청정한 마음 상태를 이생에서 갖는 것과 같다고 그들(예를 들어, 세존, 탐진치를 멸한 깨달은 이)이 말한다는 의미이다. 마지막 네 개의 행은 네 가지 신성한 주처가 천상에 이르게 함을 알려준다. 그러나 형상이 있든 없든 천상의 존재를 포함하여 일어나고 조건 지어지는 모든 존재의 무상성에 대한 통찰이 없으면 자·비·희·사慈悲喜捨 사무량심四無量心만으로 조건 지어지지 않은 상태인 열반이 보장되는 것은 아니라는 점을 나타내고 있다. (《증지부》 4:125~26 참조)

살아있는 생물이라면 어떤 것이건
하나도 예외 없이 약한 것이든 강한 것이든
길든 크든 아니면 중간치든
또는 짧든 미세하든 또는 거대하든

눈에 보이는 것이든 눈으로 볼 수 없는 것이든
멀리 살든 가까이 살든
태어났든 태어나려 하고 있든
모든 중생이 행복하기를!

그대들은 서로 속이거나 헐뜯는 일이 없게 하라
어디서든 어떤 것이든.
누구도 남이 잘못되기를 바라지 말라
원한에서든 증오에서든.

어머니가 자기 아들을, 하나뿐인 자식을
목숨 바쳐 위해危害로부터 구해내듯
만중생을 향한 일체 포용의 생각을
자기 것으로 지켜내라.
전 우주를, 그 높은 곳, 그 깊은 곳, 그 넓은 곳
끝까지 모두를 감싸는 사랑의 마음을 키우라.
미움도 적의도 넘어선

잔잔한 그 사랑을.

서거나 걷거나 앉거나 눕거나
깨어있는 한 이 자비의 염을
놓치지 않도록 전심전력하라.
세상에서 말하는 '신성한 주처'가 바로 그것이다.

그릇된 생각에 더 이상 매이지 않고
계행과 구경의 지견을 갖추었으며
모든 감관적 욕망을 이겨냈기에
그는 다시 모태에 들지 않으리."[126]

《숫따니빠아따》 1:8

126 [역주] 법륜·여덟 《자비관》, (아차리야 붓다락키따 지음, 강대자행 옮김, 〈고요한소리〉) 참조.

11. 인간 붓다

해설자 1 이제 시기별로 어떤 일이 일어났는지 더 이상 그 흐름을 추적하는 것이 불가능해졌기에 경전에서 붓다의 인간적 성품을 어떻게 서술했는지 알기 위해 잠시 살펴보겠다. 전해져 내려온 가장 오래된 자료들 속에서 붓다가 자신에 대해 했던 말과 동시대에 붓다를 만났던 다른 사람들이 붓다에 대해 했던 말을 양쪽 다 살펴볼 것이다.

첫 번째 목소리 이와 같이 나는 들었다. 세존께서 사아왓티의 제따 숲에 있는 아나아타삔디까 승원에 머물고 계실 때의 일이다. 세존께서 정진 중에 자신의 내면에서 악하고 불선한 많은 것들이 버려졌고 여러 가지 선한 것들이 개발되어 완성된 것을 하나하나 되짚어 보고 계셨다. 이 의미를 아시기에 세존께서 다음과 같이 게송[127]을 읊으셨다.

127 《우다아나》 6:3의 게송: 주석서에 따르면 이 수수께끼 같은 구절의 첫 줄은 탐욕·성냄·어리석음으로 인한 번뇌를 가리킨다. 두 번째 줄은 계행, 세 번째와 네 번째 줄은 깨달음의 순간을 가리킨다.

"전에 있었던 것이 그 후에 있지 않게 되었다.
전에 있지 않았던 것이 그 후에 있게 되었다.
있지 않았던 것은 앞으로도 있지 않을 것이고
지금도 있지 않다."

《우다아나》 6:3

세존께서 정진 중에 자신의 내면에서 사량분별[戱論][128]에 물든 인식과 관념이 버려진 것을 하나하나 되짚어 보셨다. 이 의미를 아시고 세존께서 다음과 같이 게송을 읊으셨다.

"사량분별[戱論]과 그 기반이 사라진 이는
속박과 장애 또한 극복한다.
그리고 갈애를 여읜 현자를
신들을 포함한 세상은 얕보지 못한다."

《우다아나》 7:7

"비구들이여, 네 가지 성스러운 진리가 있소. 고苦라는 성스

---

128 사량분별[戱論]: 사량분별*papañca*이라는 쉽지 않은 용어에 대한 다른 해석이 비구 냐야나난다의 책 《초기불교사상의 개념과 실재 *Concept and Reality in Early Buddhist Thought*》 (Kandy, BPS, 1971)에 나와 있다. 이 책의 21쪽에는 다음에 나오는 게송에 대한 다른 해석과 그 주석을 위한 설명이 있다. (냐나뽀니까 테라 주.)

러운 진리, 고의 원인이라는 성스러운 진리, 고의 멸이라는 성스러운 진리, 고의 멸에 이르는 길[道]이라는 성스러운 진리이오. 실제 있는 그대로의 네 가지 성스러운 진리를 직접 있는 그대로 완전하게 깨달았기 때문에 여래, 아라한, 정등각자라고 불린다오."

《상응부》 56:23

해설자 2 붓다께서 자신보다 앞서 출현하신 여섯 붓다의 명호를 말씀하신다.

첫 번째 목소리 "비구들이여, 아흔한 겁 이전에 아라한, 정등각자이신 위빳시 붓다가 세상에 출현하셨소. 서른한 겁 이전에 아라한, 정등각자이신 시키 붓다가 세상에 출현하셨소. 같은 서른한 겁 이전에 아라한, 정등각자이신 웻사부 붓다가 세상에 출현하셨소. 길상겁인 이 겁에 아라한, 정등각자이신 까꾸산다 붓다가 세상에 출현하셨소. 같은 길상겁인 이 겁에 아라한, 정등각자이신 꼬나아가마나 붓다가 세상에 출현하셨소. 같은 길상겁인 이 겁에 아라한, 정등각자이신 깟사빠 붓다가 세상에 출현하셨소. 같은 길상겁인 이 겁에 아라한, 정등각자이신 여래가 세상에 출현했소."

《장부》 14 (축약)

해설자 1 이렇게 다른 붓다들을 설명하시고 난 후 세존께서 당신에 대해 말씀하신다.

첫 번째 목소리 "여래는 무사 계급인 크샤트리아 출신이오. 여래는 크샤트리아 계급의 가문에 다시 태어났소. 여래는 고따마 혈통이오. 여래 수명은 길지 않으며 이제 곧 끝난다오. 오래 사는 사람은 백 년 혹은 그보다 좀 더 살 것이오. 여래의 깨달음의 나무는 아삿타 보리수이고 그 아래 앉아서 여래는 깨달음을 얻었소. 여래의 상수제자들은 사아리뿟따와 목갈라아나라오. 여래를 따르는 1250명의 아라한 회중이 있었소. 여래의 시자, 여래의 으뜸가는 시자는 비구 아아난다라오. 여래의 아버지는 숫도다나 왕이고, 여래를 낳은 어머니는 마아야 왕비요. 왕국의 수도는 까삘라왓투이오."

《장부》 14 (축약)

아라한이신 세존께서 다음과 같이 말씀하시는 것을 나는 들었다. "비구들이여, 여래는 세상[苦][129]을 완전히 깨달았소. 여래

---

129 [역주] 세상[苦]: 본문에서 '세상'은 '고苦'를 의미한다. 세상은 '가시적인 세상'에서 그 의미가 확장되어 경에서는 '우주'나 '이 세상이나 다른 세상에 살고 있는 사람들, 존재들'이라는 함축적 의미로 쓰이기도 한다. 어원적으로 rūpa(물질)와 ruppati(괴롭다, 변화되다, 변형되다)가 연관되어 있듯이 'loka(세상)'는 'lujjati(부서지다, 파괴되다)'와 연관되어 있다. '세상'은 확립된 정의는 없지만 물질성과 비물질성을 포함하여 대상이나 범주를 가리킨다. 이것은 붓다의 삼법인三法印 중 하나인 제행무상諸行無常의 '무상성無常性'의 개념과 밀접하게 연관되어 있다. PED《빠알리-영어 사전*Pāli-English Dictionary*》, T.W. Rhys Davids & William Stede(2009) 588쪽 참조.

는 세상[苦]으로부터 벗어났소. 여래는 세상[苦]의 일어남을 완전히 깨달았소. 여래는 세상[苦]의 일어남을 버렸소. 여래는 세상[苦]의 소멸을 완전히 깨달았소. 여래는 세상[苦]의 소멸을 실현하였소. 여래는 세상[苦]의 소멸에 이르는 길[道]을 완전히 깨달았소. 여래는 세상[苦]의 소멸에 이르는 길을 닦았소."

"신들을 포함한 세상에서 … 보고 듣고 냄새 맡고 맛보고 몸으로 느끼고 인지하고 마음이 가닿고 추구하고 포용하는 모든 것을 여래가 완전히 깨달았소. 그래서 여래如來라 부른다오. 여래가 궁극의 깨달음을 철저히 깨달은 밤과 과거의 취착이 남김없이 사라진 완전한 열반[般涅槃]을 성취한 밤사이에 언급하고 설명한 모든 것은 여여如如했고 다르지 않았소. 그래서 여래라 부른다오. 여래는 말하는 대로 행하고, 행하는 대로 말하는 자이오. 그래서 '여래'라 부른다오. 천신들을 포함한 세상에서 … 여래는 정복당하지 않는 정복자이오. 모든 것을 보는 자이며 자재자自在者이오. 그래서 여래라 부른다오."

《여시어경》 4:13 ; 《증지부》 4:23

"신들을 포함한 세상에서 … 보고 듣고 냄새 맡고 맛보고 몸으로 느끼고 인지하고 마음이 가닿고 추구하고 포용하는 모든 것을 여래는 안다오. 그것을 여래가 완전히 깨달았소. 이제 여래는 그것을 인지해도 그것을 아만의 근거로 삼지는 않소. 만약 신들을 포함한 세상에서 … 보고 듣고 냄새 맡고 맛보고 몸으로 느끼고 인지하고 마음이 가닿고 추구하고 포용하는 모든 것을 여래가 알지 못한다고 말한다면, 그것은 여래가 거짓을 말하는 것이오. 만약 신들을 포함한 세상에서 … 보고 듣고 냄새 맡고 맛보고 몸으로 느끼고 인지하고 마음이 가닿고 추구하고 포용하는 모든 것을 여래가 알기도 하고 알지 못하기도 한다고 말한다면, 그것도 마찬가지라오. 만약 신들을 포함한 세상에서 … 모든 것을 여래가 아는 것도 아니고 알지 못하는 것도 아니라고 말한다면, 그것은 여래가 부정확한 것이오. 그러므로 여래는 보이는 것을 본다고 하고, 본 것을 못 보았다고 하지 않소. 여래는 보이지 않는 것을 본다고 하지 않고, 볼 수 있었던 것을 못 보았다고 하지 않고, 아무도 그렇게 생각하지 못한 것을 있는 그대로 생각한다오.[130] 여래는 들리는 것을 들었고, … 느껴지는 것을 느꼈고, … 인식되는 것을 인식했고, 아무도 그렇게 생각하지 못한 것을 있는 그대로 생각하오. 이와 같이 여래는 보고 듣

---

130 생각하다: 빠알리어로 maññati(to conceive conceits 생각하다, 사량하다)인데, 이 동사에 해당하는 두 개의 명사가 경전에 나온다. maññanā(conceiving생각, 사량)와 māna(conceit 자만)이다. maññanā는 '이것이 그것이다.' 또는 단순히 '그것이다.'라고 생각한다는 의미로 사용될 때, 인식된 것을 '존재*bhava*'라고 한다는 점에서 근본적으로 존재론적 의미를 지닌다(중부1경, 49경 참조). '내가 있다.'는 아만我慢 *asmi-māna*의 의미에 대해서는 본서 12장(팔정도의 바른 견해 부분) 참조. '나는 다른 이들보다 낫다' '나는 다른 이보다 못하다.' '나는 다른 이와 같다.'는 생각은 자만*atimāna*과 같은 생각이다. 경전을 읽을 때는 이러한 세 의미의 맥락을 놓치지 않아야 한다.

고 느끼고 인식할 수 있는 것들에 대해 있는 그대로 아는 사람이오. 그리고 그와 같이 있는 그대로 아는 여래보다 더 뛰어나고 더 훌륭한 사람은 없다고 여래는 말하오."

《증지부》 4:24

꼬살라 왕국의 빠세나디 왕이 세존께 여쭈었다. "세존이시여, 제가 이런 말을 들었습니다. 사문 고따마는 '모든 것을 알고 모든 것을 보는 완전한 지견知見을 공언할 수 있는 사문이나 바라문은 없다. 그것은 불가능하다.'라고 말씀하신다고요. 세존이시여, 그렇게 말하는 이들이 세존께서 하신 말씀을 제대로 말한 것입니까? 세존의 말씀을 잘못 전한 것은 아닌지요? 우리가 비난할 수 없을 정도로 그들의 주장이 이치에 맞는 것입니까?"

"대왕이여, 그렇게 말하는 이들은 여래가 하지 않은 말을 하는 것이고, 여래의 말을 잘못 전달하는 것입니다."

"그렇다면 세존께서 어떤 다른 것을 두고 말씀하신 것을 사람들이 잘못 이해할 수도 있습니까? 세존이시여, 세존께서 이전에 하신 그러한 말씀을 어떻게 기억하고 계십니까?"

"대왕이여, 여래는 이전에 '한 번에 모든 것을 알고 모든 것을 보는 사문이나 바라문은 없다.'라고 말했습니다."

"이치에 닿는 말씀입니다."

《중부》 90

“여래는 이렇게 열 가지 여래의 힘[如來十力]을 갖고 있소. 그것은 무리 가운데 우두머리[大雄]가 갖춘 힘이며, 회중에서 사자처럼 포효하게 하는 힘이며, 비할 데 없는 수승한 바퀴[梵輪]를 굴러가게 하는 힘이오. 무슨 열 가지인가?”

“여래는 가능한 것은 가능한 것으로 불가능한 것은 불가능한 것으로 실제 있는 그대로 꿰뚫어 안다오.”

“여래는 과거·미래·현재에 행한 또는 행할 업의 과보를, 그 가능성과 원인과 함께 실제 있는 그대로 꿰뚫어 안다오.”

“여래는 태어날 곳[行處]이 어디인지 실제 있는 그대로 꿰뚫어 안다오.”

“여래는 하나가 아닌 여러 요소[界], 다양한 요소로 이루어진 세상을 실제 있는 그대로 꿰뚫어 안다오.”

“여래는 중생의 각기 다른 성향들을 실제 있는 그대로 꿰뚫어 안다오.”

“여래는 다른 중생들과 다른 사람들의 정신적 기능[根]의 수승함과 저열함을 실제 있는 그대로 꿰뚫어 안다오.”

“여래는 선정과 해탈과 삼매와 그 증득의 오염원과 깨끗함과 벗어남을 실제 있는 그대로 꿰뚫어 안다오.”

“여래는 무수히 많은 갖가지 전생을 기억한다오.”

“여래는 인간을 능가하는 청정한 천안으로 중생이 죽고 다시 태어나는 것을 본다오. 여래는 중생들이 자신이 지은 업業에 따라 어떤 상태로 가는지 꿰뚫어 안다오."

"여래는 번뇌를 소멸했기에 아무 번뇌가 없는 마음의 해탈[心解脫]과 통찰지를 통한 해탈[慧解脫]을 지금·여기에서 스스로 수승한 지혜로 깨달아 실현하여 그에 들어 머문다오[漏盡通]."

《중부》 12경 ; 《증지부》 10:21 (참조)

"여래에게는 무리 가운데 우두머리에 설 만한 자질인 이러한 네 가지 두려움 없음[四無畏][131]이 있소. 이 세상에 있는 어떤 사문이나 바라문이나 천신이나 마아라나 범천도 타당하게 여래를 다음과 같이 비난할 수는 없소. '정등각자라고 주장하는 당신도 이러한 담마들은 여전히 제대로 깨닫지 못하고 있습니다.' 또한 '번뇌가 멸진되었다고 주장하는 당신도 이러한 번뇌들은 여전히 멸진하지 못했습니다.' 또한 '당신이 장애가 되는 담마라고 주장하는 담마들도 사실 그것을 실천하는 이들에게는 장애가 되지 못합니다.' 또한 '누군가를 이롭게 하기 위해 당신의 담마를 가르친다 해도 그것을 수행하는 사람들을 완전한 괴로움의 멸진에 이르게 하지 못합니다.' 그렇게 비난할 타당한 근거가 없음을 알기 때문에 여래는 안온하며 불안하지 않으며 두려움 없이 머문다오."

《중부》 12

131 두려움 없음[四無畏]: 완벽한 자신감(perfect confidence *vesārajja*)으로도 옮길 수 있음. (냐나뽀니까 테라 주)

이것은 세존, 여래께서 하신 말씀이다. 이와 같이 나는 들었다.

"아라한이며 정등각자인 여래에게는 두 가지 생각이 자주 떠오른다오. 악의 없음과 완전한 여읨[出離]에 대한 생각이오. 여래는 해치지 않음에 즐거움과 기쁨을 느끼고, 그럴 때 자주 이렇게 생각한다오. '이러한 행동으로 여래는 겁 많은 사람이나 겁 없는 사람, 그 누구도 해치지 않는다오.' 여래는 완전한 여읨에서 즐거움과 기쁨을 느끼고, 그럴 때 자주 이렇게 생각한다오. '그 무엇이든 불선한 것이 버려졌구나.'"

《여시어경》 2:11

"비구들이여, 복 짓는 것[功德]을 망설이지 마시오. 복 지음은 바라고 원하고 마음에 들고 좋아하는 사람에게는 기쁜 일이오. 여래는 오랜 세월이 지나 선행의 공덕이 익으면서 바라고 원하고 마음에 들고 좋아한 것에 대한 과보를 받는다는 사실을 긴 시간 동안의 경험으로 잘 알게 되었소. 7년 동안 자애관을 닦은 후, 여래는 우주가 수축[壞劫]과 팽창[成劫]하는 일곱 겁 동안 이 세상으로 돌아오지 않았소. 세상이 수축하는 시기에 여래는 광음천으로 갔소. 세상이 팽창하는 시기에 여래는 비어 있는 범천의 궁전에 다시 태어났소. 그곳에서 여래는 범천, 대범천이었으며, 정복되지 않는 정복자였소. 모든 것을 보는 자이며 어떤 속박이나 장애도 없이 힘을 행사하는 자였소. 여래는 신들의 제왕인 제석천이었던 적이 서른여섯 번 있었소. 여래는 수백 번 왕이었는데, 그때 전륜성왕이자 여법한 법왕, 전 세계의 지배자였고, 일곱 개의 보물을 소유하고 있었소. 여래의 영토는 안정되어 있었소. 작은 지방의 왕권을 지녔던 일이야 말해 무엇 하리오? 여래는 생각했소. '여래의 어떤 행위가 이러한 결실을 맺고 이러한 과보를 낳아서 여래가 지금 이토록 큰 신통력[大神變]과 대위력大威力을 갖게 된 걸까?' 그러자 이런 생각이 떠올랐소. '여래가 행한 세 가지 행위가 결실을 맺어 그 과보로 여래는 이토록 큰 신통력과 대위력을 갖게 된 것이오. 그것은 보시와 정진과 인욕이오.'"

《여시어경》 1:22

한때 세존께서 욱깟타와 세따위야 사이에 있는 길을 유행하고 계셨다. 도나 바라문 역시 그 길로 유행 중이었다. 그가 세존의 발자국마다 천 개의 바퀴 살과 바퀴 테와 축이 모두 완벽하게 갖추어진 바퀴를 보았다. 그때 그는 생각했다. "놀랍구나, 경이롭구나! 정녕 이것은 사람의 발자국일 리가 없다!"

그때 세존께서 길을 벗어나 나무 아래에서 가부좌를 트신 채 몸을 곧게 세우고 의식을 면전에 두고 마음챙김을 확립하여 앉아 계셨다. 세존의 발자국을 따라온 도나 바라문이 나무 아래 앉아 계시는 세존을 보았다. 모든 감관을 가라앉히시고 마음이

고요해져 최상의 자제와 평정에 이르신 세존께서는 신심과 확신을 불러일으키셨다. 자제하고 감각기능을 방호하고 있는 우두머리 코끼리를 보는 것과 같았다. 바라문이 세존께 다가와 여쭈었다. "당신은 신이 되실 것입니까?

"아니요, 바라문이여."

"당신은 간답바[132]가 되실 것입니까?"

"아니요, 바라문이여."

"당신은 야차가 되실 것입니까?"

"아니요, 바라문이여."

"당신은 인간이 되실 것입니까?"

"아니요, 바라문이여."

"그러면 도대체 당신은 무엇이 되실 것입니까?"

"바라문이여, 여래가 만약 번뇌를 버리지 못한다면 신이 되거나 간답바가 되거나 야차가 되거나 인간이 될 것이오. 여래는 번뇌를 모두 제거했고, 뿌리를 잘랐고, 줄기만 남은 야자나무처럼 만들어 멸절시켜 버렸으므로 앞으로 다시는 태어나지 않을 것이오. 청련이나 홍련이나 백련이 물속에서 나고, 물에서 자라고, 물에 젖지 않은 채 물 위로 올라와 있듯이 여래 또한 세상에서 태어나 세상에서 자라서 세상을 극복했소. 세상에 더럽혀

132 [역주] 간답바*gandhabba*: 사대왕천에 거주하며 노래하는 존재이다.

지지 않은 채 머문다오. 여래를 깨달은 이, 붓다로 호지護持하시오."

《증지부》 4:36

어느 때 세존께서 5백 명의 비구들로 이루어진 비구 승가와 함께 위데하 국을 유행하고 계셨다. 그 무렵 바라문 브라흐마유가 미틸라에 살고 있었다. 그는 나이가 많고 늙어서 쇠약해졌으며 백스무 해를 살아서 인생의 말년에 이르렀다. 그는 세 가지 베다에 통달했고, 바라문들의 권위 있는 경전 가운데 다섯 번째인 구전 역사[133]의 내용과 배경에 능통했다. 그리고 의식과 제식, 어원 분석에 정통했으며 자연학과 위인偉人의 특상特相을 구별하는 것에도 조예가 깊었다.

그는 세존의 명성에 대해 들은 바 있고, 마침 세존께서 위데하 국을 유행 중이시라는 소식을 들었다. 그에게는 웃따라라는 젊은 바라문 제자가 있었다. 그 제자 또한 자신의 스승과 마찬가지로 위대한 사람의 특상을 구별하는 것에 조예가 깊었다. "웃따라여, 사문 고따마에게 가서 세상에 널리 퍼져 있는 그분에 대한 소문이 진실인지 아닌지, 그분이 그러한 사람인지 아닌지 알아보아라. 그대를 통해서 사문 고따마를 알아보자."

---

133 [역주] 구전 역사*Itihāsa*: 전설, 구전, 전승, 역사, 연대기를 뜻한다.

"하지만 제가 어떻게 알 수 있을까요?"

"웃따라여, 우리 성전에 전해 내려오는 바에 의하면 위대한 사람에게는 서른두 가지 특상이 있다. 그러한 특상을 타고난 위대한 사람에게는 오직 두 가지 운명이 있을 뿐이다. 만약 그가 재가의 삶을 산다면 그는 여법한 전륜성왕이 되어 사방으로 온 세상을 정복하는 승리자가 될 것이고 왕국을 평화롭게 다스릴 것이며 그에게는 일곱 가지 보물이 있다. 그 일곱 보배는 바퀴[輪寶], 코끼리[象寶], 말[馬寶], 보석[寶貝寶], 여인[女人寶], 장자[長者寶], 장군[將軍寶]이다. 1천 명이 넘는 그의 자식들은 용감하고 영웅적이고 적의 군대를 쳐부순다. 그는 바다와 접경하는 모든 땅을 몽둥이도 칼도 없이 여법하게 다스릴 것이다. 한편 그가 출가를 하면 그는 세상에서 장막을 걷어낸 이,[134] 아라한, 정등각자가 될 것이다. 웃따라여, 나는 성전을 전해주는 사람이고 그대는 성전을 이어받는 사람이니라."

"네, 잘 알겠습니다." 제자가 대답했다.

그는 자리에서 일어나 스승인 바라문에게 경배를 드리고 그의 오른쪽으로 돌아 나왔다. 그는 위데하 국에서 유행하고 계신 세존께로 떠났다. 차례로 유행하면서 세존이 계신 곳에 이르렀다. 그는 세존께 인사드리고 예의를 갖춰 인사말을 나눈 후 한

134 [역주] 장막을 걷어내다: 주석서에 의하면 7가지 장막으로 덮인 번뇌의 어둠을 걷어낸다는 의미로 탐, 진, 치, 아만, 사견, 무명, 불선한 행동을 말한다.

쪽 옆에 앉았다. 그는 세존의 몸에서 위대한 사람이 지니는 서른두 가지 모습[特相]을 찾아보았다. 그는 두 가지만을 제외하고 대부분 보았는데 그 두 가지 특상에 대해 의심스러웠고 확신할 수 없었고 결론을 내릴 수 없었다. 그가 판단할 수 없었던 두 가지는 옷으로 가려지고 포피에 감싸인 음경과 넓고 긴 혀였다.

그때 세존은 그가 그 두 가지 특상에 대해 의심스러워하고 있음을 아셨다. 세존께서는 신통력을 발휘하셔서 젊은 바라문 웃따라가 옷에 가려진 채 포피에 감싸여 숨겨져 있는 음경을 볼 수 있게 하셨다. 그러고 나서 세존께서 혀를 내미셨다. 혀를 양쪽 귓구멍에 닿게 하셨고, 혀를 양쪽 콧구멍에 닿게 하셨고, 혀로 이마 전체를 덮으셨다. 그러자 젊은 바라문이 생각했다. "사문 고따마께서는 위대한 사람의 서른두 가지 특상을 지니고 계시구나. 그분의 뒤를 따라다니면서 행동을 지켜보면 어떨까?"

그 후 그는 일곱 달 동안 그림자처럼 세존의 뒤를 따라다녔고, 잠시도 세존의 곁에서 떠나지 않았다. 일곱 달이 지난 후 그는 미틸라로 돌아가려고 출발했다.

그는 바라문 브라흐마유에게 가서 경배를 드리고 한쪽 옆에 앉았다. 그러자 바라문이 물었다. "그래. 웃따라여, 사문 고따마에 대해 세상에 퍼져 있는 명성이 사실이더냐? 그리고 존자 고따마는 정말로 그러한 분이더냐?"

"명성은 사실이며 틀리지 않았습니다, 스승님. 고따마 존자는 정말로 그런 분입니다. 고따마 존자는 발을 똑바로 바닥에 내딛습니다. 그것은 위대한 분이라는 하나의 특상입니다. 그분의 발바닥에는 천 개의 바퀴살과 바퀴 테와 축이 모두 완벽하게 갖추어진 바퀴들이 있습니다. … 발뒤꿈치는 길게 나와 있습니다. … 손가락과 발가락이 깁니다. … 손과 발이 부드럽고 매끄럽습니다. … 손에는 그물 같은 망이 있습니다. … 발등이 높고 휘었습니다. … 다리는 사슴의 장딴지와 같습니다. … 서 있을 때 몸을 구부리지 않고도 양쪽 손바닥이 무릎에 닿고 문지를 수 있습니다. … 옷으로 가려져 있는 음경은 포피 속에 감추어져 있습니다. … 안색이 황금색입니다. … 살갗은 황금색으로 매끄럽습니다. 매끄러운 살결 덕분에 먼지나 오물이 달라붙지 않습니다. … 체모는 모공 하나에 하나씩 자랍니다. … 체모의 끝이 위로 향해 있습니다. 위로 향한 체모들은 푸른빛이 도는 흑옥 빛이고, 곱슬곱슬하고 오른쪽으로 말려 있습니다. … 범천처럼 곧은 팔다리를 지니고 있습니다. … 몸에 볼록한 부분이 일곱 군데입니다. … 몸의 상체는 사자와 같습니다. … 양쪽 어깨 사이가 패인 곳 없이 편편합니다. … 전체적인 균형이 니그로다나무와 같습니다. 두 팔을 벌린 폭이 몸의 길이와 같고, 몸의 길이는 두 팔을 벌린 폭과 같습니다. … 목과 어깨가 평평합니다. … 맛의 감각이 대단히 탁월합니다. … 사자의 턱을 가지고 있습니다. … 치아는 마흔 개입니다. … 치아가 고릅니다. … 치아 사이가 떠 있지 않습니다. … 치아가 매우 하얗습니다. … 혀가 길고 넓습니다. … 목소리는 가릉빈가 새의 소리처럼 천상의 소리 같습니다. … 눈동자는 매우 검습니다. … 황소의 속눈썹을 가졌습니다. … 양미간 사이에 부드러운 솜처럼 희고 빛나는 털이 있습니다. … 머리는 상투를 튼 모양의 육계가 솟아 있습니다. 이 또한 그분이 지닌 위대한 분의 특상입니다. 따라서 스승 고따마는 위대한 사람의 서른두 가지 특상을 지니고 있습니다."

"그분이 걸을 때는 오른쪽 발을 먼저 내딛습니다. 그분은 걸음을 걸을 때 보폭을 지나치게 넓게 내딛지 않고 너무 좁게 내딛지도 않습니다. 빨리 걷지도 느리게 걷지도 않습니다. 양 무릎이 서로 부딪치지 않게 걷습니다. 그리고 양쪽 발목이 서로 부딪치지 않게 걷습니다. 그분은 허벅지를 지나치게 높게 올리거나 낮게 내리지 않고 안으로 모으지도 밖으로 벌리지도 않으며 걷습니다. 그분은 오직 하반신만 움직이며 걷습니다. 또한 몸에 힘을 주지 않고 자연스럽게 걷습니다. 돌아볼 때는 몸 전체를 움직여서 봅니다. 걸을 때는 고개를 숙여 내려다보지 않고 올려다보지 않고 주위를 둘러보지 않습니다. 그분은 쟁기의 길이만큼 앞을 봅니다. 그렇지만 그분은 그 너머까지 두루 볼 수 있는 지견知見을 지니고 계십니다."

"실내로 들어갈 때 그분은 몸을 세우거나 낮추거나 앞으로 구부리거나 뒤로 젖히지 않습니다. 앉은 자리에서 몸을 너무 멀리 돌리거나 너무 가까이 돌리지 않습니다. 손을 짚고 자리에 앉지 않습니다. 자리에 몸을 던지듯 털썩 주저앉지 않습니다."

"실내에 앉아 있을 때, 그분은 두 손을 만지작거리지 않습니다. 발을 비비거나 움직이지 않습니다. 다리를 꼬고 앉지 않습니다. 발목을 꼬고 앉지 않습니다. 턱을 괴고 앉지 않습니다. 실내에 앉아 계실 때 그분은 두려워하지 않습니다. 진저리를 치거나 몸을 떨거나 초조해하지 않으며 머리카락이 쭈뼛 서지 않습니다. 그리고 한거閑居에 듭니다."

"발우에 물을 받을 때 그분은 발우를 들어 올리거나 내리지 않고, 앞으로 기울이거나 뒤로 기울이지 않습니다. 발우에 물을 너무 많이 받거나 너무 적게 받지 않습니다. 물을 튀기며 발우를 씻지 않습니다. 발우를 이리저리 돌리지 않으며 씻습니다. 손을 씻으려고 발우를 바닥에 내려놓지 않습니다. 손을 씻을 때 발우가 씻겨집니다. 발우를 씻을 때 손이 씻겨집니다. 발우를 씻은 물을 버릴 때 너무 멀리 혹은 가까이에 버리지 않고 여기저기 쏟아버리지 않습니다."

"공양을 받을 때 그분은 발우를 들어 올리거나 내리지 않고 앞으로 기울이거나 뒤로 기울이지 않습니다. 공양을 너무 적게 받거나 많이 받지 않습니다. 반찬을 알맞게 취합니다. 너무 많지 않게 한입에 적당한 양의 반찬을 먹습니다. 음식을 서너 번 씹은 후 삼킵니다. 음식을 씹지 않은 채 삼키거나 입안에 남기지 않습니다. 그러고 나서 다음 음식을 입에 넣습니다. 맛에 대해 탐닉하지 않고 모든 맛을 느끼면서 먹습니다. 붓다는 다음과 같은 여덟 가지로 음식을 먹습니다. 즐기기 위해서가 아니고 취하기 위해서도 아니며, 멋 부리기 위해서도 아니고 아름다움을 위해서도 아니고 오로지 이 몸을 지탱하고 유지하기 위한 것이며, 불편함에서 벗어나고 청정한 삶을 지켜나가기 위한 것입니다. '이와 같이 여래는 새 느낌을 일으키지 않고 이전의 느낌을 끝낼 것이다. 그리고 편안하고 건강하게 비난받을 일 없이 살 것이다.'"

"공양을 마치고 물을 받을 때 발우를 들어 올리거나 내리지 않고 앞으로 기울이거나 뒤로 기울이지 않습니다. 발우에 물을 너무 많이 또는 너무 적게 받지 않습니다. 물을 튀기는 소리를 내지도 않고 발우를 이리저리 돌리지 않으며 씻습니다. 손을 씻으려고 발우를 바닥에 내려놓지 않습니다. 손을 씻을 때 발우가 씻겨집니다. 발우를 씻을 때 손이 씻겨집니다. 발우를 씻은 물을 버릴 때 너무 멀리 혹은 가까이에 버리지 않고 여기저기 쏟아버리지 않습니다."

"공양을 마치면 그분은 발우를 너무 멀지도 가깝지도 않은 곳에 내려놓습니다. 그리고 발우를 부주의하게 두거나 지나치게 신경을 쓰지도 않습니다."

"공양을 마치면 그분은 잠시 말없이 앉아 계십니다. 그러나 식후 축원 시간을 잊지는 않습니다. 공양을 마치고 식후 축원을 할 때 음식에 대한 평가를 하거나 다른 음식을 기대한다는 말씀을 하지 않습니다. 오직 순수하게 담마에 대한 말씀으로 대중을 지도하고 격려하고 열의를 북돋아 고무시킵니다. 설하고 나서는 자리에서 일어나 떠나십니다."

"그분은 빠르지도 느리지도 않게 걷습니다. 그리고 그곳을 벗어나고 싶어 하는 사람처럼 가지도 않습니다."

"그분이 입은 가사는 너무 길지도 너무 짧지도 않으며, 너무 꽉 끼거나 헐렁하지 않으며, 바람에 펄럭이지도 않습니다. 진흙과 먼지로 몸이 더러워지지 않습니다."

"숲속의 승원으로 가면 그분은 미리 마련되어 있는 자리에 앉습니다. 앉아서 발을 씻습니다. 발을 단장하는 것에는 관심이 없습니다. 발을 씻고 난 후 가부좌를 틀고 앉습니다. 몸을 곧게 세우고 의식을 면전에 두고 마음챙김을 확립합니다. 자신을 해치거나 다른 사람들을 해치거나 양쪽을 해치는 생각이 없습니다. 자신의 안녕과 다른 사람들의 안녕 그리고 양쪽의 안녕을, 다시 말해 온 세상의 안녕에 마음을 기울이며 앉습니다."

"승원에 가면 그분은 회중들에게 담마를 가르칩니다. 그분은 회중들에게 환심을 사려고 하지도 않고 질책을 하지도 않습니다. 오직 순수하게 담마를 설하시는 것으로 청중을 가르치고 격려하고 일깨우고 북돋워줍니다. 그분의 음성은 여덟 가지 요소를 갖추고 있습니다. 분명하고 알아들을 수 있고 선율이 있으며, 듣기 좋고 낭랑하고 흩어지지 않고 깊은 울림이 있습니다. 그분의 목소리는 회중들의 맨 뒤까지 들리지만 그 회중을 넘어서까지는 나아가지 않습니다. 회중이 그분의 가르침과 격려를 받고 일깨워지고 열의가 북돋아지면 그들은 다른 어떤 것에도 관심을 보이지 않은 채 오직 그분만을 우러러보면서 자리에서 일어나 그곳을 떠납니다."

"스승님, 우리는 고따마 존자가 걷는 것을 보았고 서있는 것을 보았고 실내에서 말없이 앉아 있는 것을 보았고 실내에서 공양하는 것을 보았고 공양이 끝난 뒤 실내에서 말없이 앉아 있는 것을 보았고 공양이 끝난 뒤 축원 법문하는 것을 보았고, 승원에 가는 것을 보았고 승원에서 말없이 앉는 것을 보았고 승원에서 회중들에게 담마를 설하는 것을 보았습니다. 고따마 존자는 그런 분입니다. 그분은 그러하며 그보다 더 훌륭합니다."

이 말을 듣고 바라문 브라흐마유가 자리에서 일어나 가사를 한쪽 어깨에 걸치고, 세존이 계신 곳을 향해 양손을 합장한 채 감읍하여 이렇게 세 번 외쳤다. "아라한이며 정등각자이신 세존께 귀의합니다! 아라한이며 정등각자이신 세존께 귀의합니다! 아라한이며 정등각자이신 세존께 귀의합니다! 언제 어디서든 그분 고따마 존자를 만나뵙기를, 그분과 말씀을 나눌 수 있기를."

《중부》 91

한때 세존께서는 짬빠[135]에 있는 각가라 호숫가에 머무신 적이 있었다. 어느 날 정오에 왓지야마아히따 장자가 세존을 뵙기 위해 길을 나섰다. 가는 도중에 그에게 이런 생각이 들었다. "아직 세존을 뵙기에 적당한 시간이 아니다. 세존께서는 정진 중이시다. 또한 존경스러운 비구들을 만날 수 있는 시간도 아니다. 그분들도 지금 정진하고 있는 중이다. 외도 유행승들이 머물고 있는 원림에 가서 그들을 만나보면 어떨까?"

그는 그곳으로 갔다. 그때 외도 유행승들은 한곳에 모여 있었다. 그들은 앉아서 요란스럽게 큰소리로 온갖 저열한 이야기들을 하고 있었다. 왓지야마아히따 장자가 멀리서 다가오는 것을 보고 그들은 서로 조용히 하자고 했다. "도반들이여, 고요히 합시다. 작은 소리도 내지 마세요. 왓지야마아히따 장자가 오고 있습니다. 그는 사문 고따마를 따르는 자입니다. 사문 고따마를 따르는 흰옷을 입은 재가 신도들이 짬빠에 살고 있는데 그는 그들 가운데 하나입니다. 그 존자들은 고요함을 좋아하고 고요함을 좋아하도록 훈련받았고 큰 소리를 내지 말라고 권하는 이들입니다. 만약 우리가 고요한 회중임을 알게 되면 그는 우리를 가까이할 만한 사람들이라고 생각할 것입니다."

---

135 [역주] 짬빠: 앙가국의 수도. 각가라 호숫가는 경치가 아름다워 많은 수행승들이 머물곤 했고 붓다도 여러 번 머물렀다. 미틸라로부터 60요자나 떨어진 곳에 있다.

그러자 외도 유행승들이 조용해졌다. 왓지야마아히따 장자가 그들에게 다가와 인사를 나누었다. 그러고 나서 한쪽 옆에 앉았다. 외도 유행승들이 그에게 물었다. "장자여, 사문 고따마가 모든 고행에 반대하고 고행의 거친 삶을 사는 모든 사람들을 무조건 비난하고 나무란다는 말들이 있는데 그게 사실입니까?" "존자들이여, 그렇지 않습니다. 세존께서는 인정할 수 없는 것은 인정치 않으시며, 권장되어야 할 것은 권장하십니다. 물론 그렇게 함에 있어서 분별력이 있으시며, 한쪽으로 치우친 말씀을 하시지도 않습니다."

그러자 어떤 외도 유행승이 그에게 말했다. "그렇다면, 장자여. 당신이 칭찬하는 사문 고따마는 허무주의자입니다. 당신 말을 들어보니 그는 자기 견해를 천명하지 않는 자이군요."

"아니요, 전혀 그렇지 않습니다. 제가 존자들에게 분명하게 말하는데 세존께서는 어떤 것이 유익한 것인지, 어떤 것이 유익하지 않은 것인지 확실하게 천명하십니다. 그렇기에 세존께서는 어떤 것을 천명하는 분이지 천명하지 않는 허무주의자가 아니십니다." 그 말을 듣자 외도 유행승들은 입을 다물었다.

《증지부》 10:94

해설자 2 니간타 무리의 일원인 삿짜까가 붓다와 논쟁을 하려고 웨사알리에 왔다. 붓다께서는 전력을 다해 고행하셨으나 고행으로는 결코 깨달을 수 없다는 것을 아셨다. 붓다께서는 다음과 같이 말씀하셨다.

첫 번째 목소리 "여래는 수많은 사람들을 모아놓고 담마를 가르친 적이 있소. 아마도 누군가는 이렇게 짐작했을 것이오. '사문 고따마께서 특별히 나를 위해 담마를 설하고 계시는구나.' 하지만 그렇게 생각하지 마시오. 여래는 사람들에게 지혜를 깨우쳐주기 위해 담마를 설한다오. 설법이 끝나면 여래는 마음을 가라앉히고 고요히 하고 한 곳에 모아 이전에 집중하고 있던 그 마음의 대상에 집중한다오."

"고따마 존자께서는 아라한이며 정등각자이시니 당연히 그러하시겠지요. 그러나 존자께서는 낮에 잠드신 적이 있지 않습니까?"

"더운 계절의 마지막 달에 여래는 공양을 마치고 난 후 탁발에서 돌아와서 누더기 가사를 네 번 접어 깔아 놓고 오른쪽으로 누워 마음을 챙기며 또렷이 알아차리면서 잠이 든 적이 있소."

"어떤 사문들과 바라문들은 그것을 미혹된 사람의 머묾이라 합니다."

"여래는 그런 상태의 사람을 미혹된 사람이라거나 미혹되지 않은 사람이라고 말하지 않소. 여래가 미혹되었다고 말하는 사람은 번뇌를 버리지 못한 사람이오. 번뇌는 사람을 오염시키며 존재로 다시 태어나게 하며 그 과보가 미래의 괴로움이 되고 태어남과 늙음과 죽음으로 이끈다오. 이러한 번뇌를 버린 자를 여래는 미혹에서 벗어난 자라고 말하오. 미혹되지 않으려면 번뇌를 버려야 하기 때문이오. 야자나무의 꼭대기를 잘라 버리면 더 이상 자랄 수 없는 것처럼 이러한 번뇌들은 여래에게서 버려지고 잘려나가고 뿌리마저 절단되어 미래에 더 이상 생기지 않는다오."

이 말을 듣고 삿짜까가 말했다. "놀랍습니다, 고따마 존자시여. 그토록 여러 번 인신공격을 받아도 피부에서 광채가 나고 얼굴빛이 맑으시니 경탄할 일입니다. 아라한이고 정등각자이신 분에게서만 볼 수 있는 모습입니다! 전에 저는 뿌우라나 깟싸빠가 논쟁을 하는 것을 본 적이 있습니다. 그는 말을 돌리거나 얼버무리며 분노와 불만을 드러내면서 퉁명스럽게 굴었습니다. 막칼리 고사알라와 다른 이들도 마찬가지였습니다. 고따마 존자시여, 저희는 가겠습니다. 저희는 바쁘고 해야 할 일이 많습니다."

《중부》 36

해설자 2 그러나 삿짜까는 납득이 되지 않았고 여전히 자신의 견해를 고수하고 있었다.

해설자 1 붓다께서도 병에 걸릴 수 있다는 사실을 보여주는 일화가 있다.

첫 번째 목소리 세존께서 사끼야 왕국의 까삘라왓뚜에 있는 니그로다 원림에 머물고 계실 때의 일이다. 세존께서 병에서 막 회복하신 때였다. 그때 사끼야족의 마하아나아마가 세존을 찾아와서 여쭈었다. "세존이시여, 저는 세존께서 다음과 같이 담마를 설하셨다고 오래전부터 알고 있습니다. '지혜는 삼매에 든 사람에게 일어나는 것이지, 삼매에 들지 않은 사람에게는 일어나지 않는다.'라고. 세존이시여, 삼매가 먼저 오고 지혜가 나중에 오는 것입니까? 아니면 지혜가 먼저 오고 삼매가 나중에 오는 것입니까?"

아아난다 존자가 생각했다. "세존께서 이제 막 병에서 회복하셨는데 사끼야족 마하아나아마가 세존께 매우 심오한 질문을 하는구나. 내가 마하아나아마를 한쪽으로 불러내 담마를 가르쳐주면 어떨까?"

아아난다 존자는 마하아나아마를 불러내어 말했다. "세존께서는 유학有學[136]의 계·정·혜에 대해 말씀하셨고 무학無學의 계·정·혜에 대해 말씀하셨습니다. 유학의 계행이란 계를 잘 지키고 계본에서 금하는 것을 자제하며, 행실과 행동의 영역에서 올바르며, 아주 사소한 잘못에서도 두려움을 보며 학습 계목을 실

136 [역주] 유학有學: 유학은 아직 배움이 남았으며 예류향에서 아라한도까지의 일곱 단계의 성자를 가리키고, 무학無學은 배움을 끝내어 아라한과에 이른 성자를 가리킨다.

천하며 수행하는 비구의 계행을 말합니다. 유학의 삼매[定]는 네 가지 선정 중 하나에 들어 머무는 비구들의 삼매를 말합니다. 유학의 혜慧는 '이것이 고이며, 이것이 고의 원인이며, 이것이 고의 멸이며, 이것이 고의 멸에 이르는 길이다.'라는 것을 있는 그대로 꿰뚫어 보는 비구의 지혜를 말합니다. 이미 그러한 계·정·혜를 구족한 고귀한 제자인 무학은 번뇌를 소멸했기에 아무 번뇌가 없는 마음의 해탈[心解脫]과 통찰지를 통한 해탈[慧解脫][137]을 지금·여기에서 스스로 수승한 지혜로 깨달아 실현하여 머뭅니다."

《증지부》 3:73

해설자 1 붓다께서는 키가 보통이셨다. 이 사실은 붓다께서 마하깟사빠 장로와 가사를 바꿔 입으셨던 이야기와 다음의 사건으로 추정할 수 있다.

두 번째 목소리 이와 같은 일이 있었다. 세존께서 사아왓티의 제따숲에 있는 아나아타삔디까 승원에 머물고 계실 때의 일이다. 세존의 이복동생인 난다 존자가 그곳에 있었다. 믿음과 확신을 불러일으킬 만큼 용모가 뛰어난 난다는 세존보다 키가 손가락 네 개만큼 작았는데 세존의 가사와 같은 치수의 가사를 입었다. 장

---

137 통찰지를 통한 해탈[慧解脫]: 지혜 해탈[慧解脫 *paññā vimutti*] (냐나뽀니까 테라 주)

로 비구들은 난다 존자가 멀리서 다가오는 것을 보고, 그를 세존으로 착각하고 자리에서 일어나곤 했다. 난다 존자가 가까이 왔을 때야 비로소 자신들이 착각했다는 것을 알게 되었다. 장로 비구들은 이런 일을 탐탁하게 여기지 않아 "난다 존자는 어찌하여 세존과 같은 치수의 가사를 입는 거지?"라며 말들을 했다.

그들이 세존께 말씀드렸다. 세존께서 난다 존자를 나무라시고, 이에 관한 계율을 제정하셨다. "비구가 여래와 같거나 더 큰 치수의 가사를 입으면 '반성해야 하는 잘못'을 저지른 것이오. 여래의 가사 치수는 '선서善逝의 뼘'[138]으로 길이가 아홉 뼘, 폭이 여섯 뼘이오."

《율장》〈경분별〉〈참회죄〉 92

해설자 1 육신에 대한 붓다의 입장을 드러내 보여주는 왁깔리 장로의 이야기를 여기서 하는 것이 적절해 보인다.

첫 번째 목소리 이와 같이 나는 들었다. 세존께서 라아가자하의 죽림정사에 있는 깔란다까니와아빠에 계실 때였다. 왁깔리 존자는 옹기장이의 집에 머물고 있었다. 그는 중병에 시달리면서 고통스러워하고 있었다. 그가 간병하는 비구들에게 말했다.

---

138 [역주] 선서善逝의 뼘: 초기불교 승단이 자체적으로 만들어 사용하던 길이의 단위. 토굴, 가사, 방석의 크기 등이 이 단위를 기준으로 정해졌다. 현재는 정확한 길이를 알지 못하지만 대략 25cm 정도였을 것으로 추정하고 있다.

"도반들이여, 세존께 찾아가 나 대신 발에 엎드려 경배를 올린 후 말씀드려 주시오. '세존이시여, 왁깔리 비구가 중병에 걸려 괴로워하고 고통스러워하고 있습니다. 그가 세존의 발에 엎드려 경배를 드립니다.' 그리고 '세존이시여, 세존께서 가엾게 여겨 왁깔리 비구를 찾아주시면 감사하겠습니다.'라고 여쭈어 주시오."

"그렇게 하겠소, 도반이여." 비구들이 대답했다. 그들은 세존을 찾아뵙고 왁깔리 존자의 전언과 부탁의 말씀을 전해드렸다. 세존께서 침묵으로 동의하셨다. 그러고 나서 채비를 하시고 발우와 가사를 챙기신 후 왁깔리 존자를 보러 가셨다. 세존께서 오시는 것을 보자 왁깔리 존자는 침상에서 일어나 앉으려고 애썼다. 세존께서 말씀하셨다. "괜찮소, 왁깔리여. 침상에서 일어나지 마시오. 앉을 자리가 준비되어 있으니 여래는 저기 앉겠소." 세존께서 준비된 자리에 앉으셨다. 그러고 나서 말씀하셨다. "왁깔리여, 그대가 잘 견뎌내기를 바라오. 그대가 편안해지기를, 고통이 심해지지 않고 사라지기를, 고통이 늘어나지 않고 줄어들기를 바라오."

"세존이시여, 저는 별로 좋아진 것 같지 않습니다. 저는 편치 않습니다. 고통은 사라지지 않고 심해지며 줄어들지 않고 점점 늘어납니다."

"왁깔리여, 여래는 그대가 회한과 자책이 없기 바라오. 어떠하오?"

"세존이시여, 회한과 자책이 당연히 적지 않습니다."

"그렇다면 계를 지키는 데에 있어서는 자책할 일이 없기를 바라오. 그것은 어떠하오?"

"세존이시여, 지계에 있어서는 자책할 일이 없습니다."

"왁깔리여, 그렇다면 그대가 회한을 갖고 자책하는 일이 무엇이오?"

"세존이시여, 저는 오랫동안 세존을 뵈러 가기를 원했으나 그럴 만한 육신의 힘이 없었습니다."

"그만하시오, 왁깔리여. 그대는 왜 이 혐오스러운 육신을 보고 싶어하는 것이오? 담마를 보는 이는 여래를 보는 것이고 여래를 보는 이는 담마를 보는 것이오. 왜냐하면, 담마를 볼 때 여래를 보는 것이고 여래를 볼 때 담마를 보는 것이기 때문이오. 왁깔리여, 이 육신이 항상한가 무상한가, 어떻게 생각하오?"

해설자 2 붓다께서는 깨달음을 이루신 후 다섯 비구들에게 설하신 최초의 법문[139]과 동일한 내용을 설하셨다.

첫 번째 목소리 세존께서 왁깔리 존자에게 이러한 가르침을 주시고 난 후 자리에서 일어나 독수리봉으로 떠나셨다.

세존께서 떠나시자마자 왁깔리 존자가 간병하는 비구들에게

139 [역주] 최초의 법문: 법륜을 굴리기 시작한 설법인 '초전법륜'을 의미한다.

말했다. "도반들이여, 이리 와서 나를 침상에 눕혀서 이시길리의 산비탈에 있는 검은 바위로 데려다주시오. 나 같은 자가 어찌 집안에서 죽겠소?"

"도반이여, 알겠습니다." 그들은 왁깔리 존자가 원하는 대로 해주었다.

세존께서는 그날 낮과 밤을 독수리봉에서 보내셨다. 날이 밝을 무렵 세존께서 비구들에게 말씀하셨다. "비구들이여, 왁깔리 비구에게 가서 이렇게 말하시오. '도반 왁깔리여, 천신들이 세존께 무슨 말을 했는지 들어보시오. 어젯밤 독수리봉 전체를 환하게 비추며 훌륭한 모습의 천신 둘이 세존을 찾아왔소. 여래께 경배를 드리고 나서 한 천신이 말했소. '세존이시여, 왁깔리 비구의 마음은 온통 해탈에 가 있습니다.' 그러자 다른 천신이 이렇게 덧붙였소. '세존이시여, 그는 분명히 완전하게 해탈할 것입니다.'" "도반이여, 세존께서 그대에게 이렇게 말씀하셨소. '왁깔리여, 두려워 마시오. 무서워하지 마시오. 그대의 죽음은 불선한 것과는 전혀 상관이 없소. 그대가 죽음을 맞이하는 것은 불선한 일이 아니오.'라고."

"세존이시여, 알겠습니다." 비구들이 대답했다. 그러고 나서 그들은 왁깔리 존자를 찾아가 말했다. "도반이여, 세존과 두 천신의 전언을 들어보시오."

왁깔리 존자가 간병하는 비구들에게 말했다. "도반들이여, 이리 와서 나를 침상에서 내려 주오. 나 같은 이가 어찌 세존의 말씀을 높은 침상에 앉아서 들을 생각을 하겠소?"

"도반이여, 알겠소." 그들은 그가 부탁한 대로 해주었다. 그러고 나서 세존의 말씀을 전했다.

그런 후 왁깔리 존자가 말했다. "자, 도반들이여, 세존께 찾아가 나 대신 세존의 발에 엎드려 경배를 올린 후 말씀해 주시오. '세존이시여, 왁깔리 비구가 중병에 걸려 괴로워하고 고통스러워하고 있습니다. 그가 세존의 발에 엎드려 경배를 드립니다. 그리고 그가 이렇게 말했습니다. 세존이시여, 저는 형상, 느낌, 인식, 형성작용들, 식識이 무상함을 의심하지 않습니다. 무상한 것은 괴로움임을 확신합니다. 저는 무상한 것이나 괴로운 것, 변화하기 마련인 것에 대해 욕구나 탐심 혹은 애착을 갖고 있지 않습니다. 그것을 저는 의심하지 않습니다.'"

"알겠소, 도반이여." 그들은 대답하고 나서 그곳을 떠났다. 그들이 가고 난 후 얼마 지나지 않아 왁깔리 존자는 스스로 목숨을 끊었다.

비구들이 세존께 가서 왁깔리 존자의 말을 전하자 세존께서 말씀하셨다. "비구들이여, 이시길리의 산비탈에 있는 검은 바위로 갑시다. 훌륭한 가문의 자제 왁깔리가 그곳에서 스스로 생을 마감했소."

"세존이시여, 그렇게 하겠습니다." 비구들이 대답했다. 그러고 나서 세존께서 승가의 많은 비구들과 함께 이시길리의 산비탈에 있는 검은 바위로 가셨다. 멀리 침상 위에 누워있는 왁깔리 존자의 감각이 사라진 육신이 보였다. 동시에 자욱한 안개와 어두운 그림자가 동서남북으로, 그 사이사이의 모든 방향으로 뻗어 나갔다. 그러자 세존께서 비구들에게 말씀하셨다. "비구들이여, 저 자욱한 안개와 어두운 그림자가 보이는가?"

"예, 세존이시여."

"비구들이여, 저것은 사악한 마아라라오. 마아라는 훌륭한 가문의 자제 왁깔리의 식識을 찾아다니는 중이오. '훌륭한 가문의 자제 왁깔리의 식이 어디에 자리를 잡았나?' 하고. 그러나 비구들이여, 훌륭한 가문의 자제 왁깔리의 식은 어느 곳에도 자리를 잡지 않고 완전한 열반에 들었소[無餘涅槃]."

《상응부》 22:87

해설자 1 경에는 비구들이 스스로 목숨을 끊은 몇몇 사례들이 있다. 스스로 목숨을 끊는 것은 한 가지 조건이 충족되면 불법에 어긋나는 것은 아니라고 붓다께서 천명하신 바 있다. 이미 탐욕과 증오와 망상이 없는 아라한이 되었거나 죽기 전에 아라한이 될 것이 확실한 비구가 치료할 수 없는 질병을 끝내기 위해서 스스로 목숨을 끊는 경우이다. 그 경우가 아니라면 사람을 죽이거나 자살로 유도하는 것은 네 가지 범계 중 하나가 된다. 가장 무거운 죄인 구빈죄驅擯罪를 범하면 승가에서 영구적으로 추방된다. 다른 세 가지 계목은 성행위, 도둑질, 수행의 성취에 대해 고의로 거짓말을 하는 것이다. 그렇지만 자살 시도는 가벼운 범계인 '그릇된 행위'로 다룬다.

해설자 2 붓다께서 과거 여섯 붓다의 명호가 어떻게 생겨나게 되었는지 말씀하신 것은 앞에서 언급했다. 또한 붓다께서는 세상에서 자신의 가르침이 사라지고 자신에 대한 기억마저 완전히 사라져버리는 미래에 나타날 다음 붓다의 명호도 일러주셨다.

첫 번째 목소리 "인간의 수명이 8만 년까지 길어질 때, 아라한이고 정등각자이신 멧떼야(미륵) 세존이 세상에 나타날 것이오. 그분은 지금의 여래와 마찬가지로 지혜와 실천이 구족되신 분[明行足], 바른 길을 잘 가신 분[善逝], 세간을 잘 알고 계신 분[世間解], 가장 높은 분[無上士]이며, 사람들을 잘 다루는 지도자이고[調御丈夫], 신들과 사람들의 스승[天人師]이며, 붓다[佛]이며 세존이시오. 여래가 이제까지 했던 것처럼 그분은 천신들과 마아라와 범천이 있는 세상에서, 사문과 바라문, 왕자들과 인간들을 포함하는 중생들 가운데서 위없는 완전한 깨달음을 이루었다고 천명하실 것이오. 그분은 처음도 좋고 중간도 좋고 끝도 좋은 담마, 의미와 표현을 구족하여 더할 나위 없이 완벽한 담마를 설하실 것이오. 그리고 여래가 이제까지 했던 것처럼 청정하디 청정한 삶, 그 성스러운 삶을 드러내실 것이오."

《장부》 26

이것은 세존이며 아라한인 붓다께서 하신 말씀이다. 이와 같이 나는 들었다. "비구들이여, 여래는 담마를 설해 달라는 요청에 반드시 부응하고 항상 손을 정화하는[140] 바라문이오. 이 몸은 여래의 마지막 육신이오. 여래는 최고의 의사이오. 그대들은 여래의 적자이며 여래의 입에서, 여래의 담마에서 태어난 담마의 상속자이며 물질의 상속자가 아니오. 세상에는 두 가지 보시가 있소. 물질의 보시와 담마의 보시. 이 두 가지 중에 담마의 보시가 더 뛰어나오."

《여시어경》 4:1

"비구들이여, 사람들이 한 비구에게, '존자여, 세존께서는 온전히 깨달으셨고, 담마는 잘 설해졌고, 승가는 바른 길로 들어섰다고 말할 수 있는 이유와 근거는 무엇입니까?'라고 묻는다면, 이렇게 바르게 대답해야 하오. '도반들이여, 나는 담마를 들으려고 세존께 갔습니다. 세존께서 내게 어두운 면과 그에 대응하는 밝은 면을 지닌 수승한 경지에 대해, 잇따르는 각각의 높

---

140 [역주] 손을 정화하다: 이 말은 베풀기 전에 자신의 손을 물로 정화하는 인도 풍습에서 유래된 것이다.

은 경지에 대해 담마를 설하셨습니다. 그때 나는 그중 하나의 경지에 이르렀습니다. 그래서 저는 스승에 대해 다음과 같은 확신을 갖게 되었습니다.' '세존께서는 온전히 깨달으셨고, 담마는 잘 설해졌고, 승가는 바른 길로 들어섰다.'라고." "어떤 사람이든지 이러한 이유들과 이런 용어들과 이런 표현들을 통해 여래에 대한 믿음을 심고 뿌리내려 확고해지면 그런 믿음이야말로 합리적이고 통찰에 뿌리를 두고 확고하다고 하오. 그러한 믿음은 사문이나 바라문, 마아라나 범천, 이 세상 어느 누구에 의해서도 꺾일 수 없을 것이오."

《중부》 47

"제자들이 고따마 존자께 조언과 가르침을 받을 때, 그들이 모두 열반이라는 지고의 목표에 이르게 됩니까, 아니면 더러는 이르지 못합니까?"

"바라문이여, 어떤 이들은 목표에 이르고 어떤 이들은 이르지 못하오."

"고따마 존자시여, 열반이 있고 그곳에 이르는 길이 있고 안내자 고따마 존자가 계시는데, 왜 그러합니까?"

"바라문이여, 그러면 여래가 하나 물어보겠소. 그대 생각대로 대답해 보시오. 다음과 같은 것을 어떻게 생각하시오? 라아자가하로 가는 길을 잘 아시오?"

"고따마 존자시여, 그렇습니다. 잘 알고 있습니다."

"이를 어떻게 생각하시오? 어떤 사람이 라아자가하로 가려고 그대에게 다가와 말한다고 합시다. '존자여, 라아자가하로 가는 길을 가르쳐주십시오.' 그대가 대답했소. '이 길이 라아자가하로 가는 길입니다. 이 길을 따라 조금 가면 마을이 나오고, 조금 더 가면 읍내가 보입니다. 그러고 나서 아름다운 공원과 숲, 밭과 호수가 있는 라아자가하에 이르게 됩니다.' 그대가 그렇게 조언을 하고 가르쳐주었음에도, 그 사람은 길을 잘못 들어 서쪽으로 갔소. 그러고 나서 두 번째 사람이 다가와 같은 질문을 했고, 그대로부터 같은 조언과 가르침을 들었고, 그는 안전하게 라아자가하에 도착했소. 자, 라아자가하가 있고, 그곳에 이르는 길이 있고, 안내자인 그대가 있소. 그대에게 조언과 가르침을 얻은 두 사람 가운데 왜 한 사람은 길을 잘못 들어서 서쪽으로 가고, 다른 사람은 안전하게 라아자가하에 도착했겠소?"

"고따마 존자시여, 그 이상 제가 무엇을 해줄 수 있겠습니까? 저는 그저 길을 알려주는 사람일 뿐입니다."

"바라문이여, 그와 같이 열반이 있고, 그곳에 이르는 길이 있으며, 그 길을 인도하는 여래가 있고, 여래의 제자들은 여래에게 조언과 가르침을 받소. 하지만 어떤 이는 열반에 이르고 어떤 이는 이르지 못하오. 바라문이여, 그 이상 여래가 무엇을 해줄 수 있겠소? 여래는 '길을 가르쳐주는 이'일 뿐이오."

《중부》 107 (축약)

한번은 외도 유행승들이 아누라아다 존자를 찾아와 물었다. "도반 아누라아다여, 사람 중에서 가장 높은 분, 가장 숭고한 분, 가장 뛰어난 성취를 이루신 분인 여래께서 스스로를 설명하실 때 '여래는 사후에 존재한다.'라거나 '여래는 사후에 존재하지 않는다.'라거나 '여래는 사후에 존재하기도 하고 존재하지 않기도 한다.'라거나 '여래는 사후에 존재하는 것도 아니고 존재하지 않는 것도 아니다.' 이 네 가지 중 어떤 것으로 설명하십니까?"[141]

"도반들이여, 여래께서 스스로를 설명하실 때 그 네 가지 경우로 설명하지 않으십니다."

그 말을 듣고 외도 유행승들이 말했다. "이 사람은 출가한 지 얼마 되지 않은 신참이거나 장로라 하더라도 어리석고 경험이 없는 것 같다." 그들은 아누라아다 존자가 신참이거나 어리석다고 여겨 신뢰하지 않고 자리에서 일어나 가버렸다. 그들이 가고

---

141 네 가지 질문: 10무기十無記 *avyākata* 중 뒤의 4개에 해당하는 질문으로 이것은 모두 '예' 아니면 '아니요'라는 확정하는 답을 요하는 질문들이다. 그리스인들은 "너는 네 아내를 때릴 때 굵은 몽둥이로 때렸는가?"라고 묻곤 했다. 대답은 "예"이든 "아니요"이든 결론은 "그렇다면 너는 네 아내를 때린 게 확실하구나."였다. 붓다께서 질문에 답하지 않으신 까닭은 본서 12장 참조.

나서 얼마 지나지 않아 아누라아다 존자는 의문이 들었다. "만약 그들이 질문을 더 했다면 나는 어떻게 대답해야 했을까? 세존의 말씀이 사실이 아닌 것으로 오해를 불러일으키지 않고, 비난받을 논쟁의 근거를 제공하지 않으면서 담마에 어긋나지 않으려면 어떻게 대답해야 했을까?" 그래서 아누라아다 존자는 세존을 찾아가 여쭈었다.

"아누라아다여, 형상[色]이 항상하다고 생각하오, 무상하다고 생각하오?"

"세존이시여, 무상합니다."

해설자 2 이어서 붓다께서는 다섯 비구들에게 설하신 두 번째 법문과 동일한 내용을 설하셨다. 그리고 이렇게 물으셨다.

"아누라아다여, 어떻게 생각하오. 여래가 형상이라고 생각하오?" "세존이시여, 그렇지 않습니다." "그대는 여래가 느낌[受] … 인식[想] … 형성작용들[諸行] … 식識이라고 생각하오?" "세존이시여, 그렇지 않습니다."

"아누라아다여, 어떻게 생각하오. 그대는 형상 안에 여래가 있다고 생각하오? " "세존이시여, 그렇지 않습니다." "그대는 여래가 형상과 별개라고 생각하오?" "세존이시여, 그렇지 않습니다." "그대는 여래가 느낌 안에 있다고 … 느낌과 별개라고 … 인식 안에 있다고 … 인식과 별개라고 … 형성작용들 안에 있다고 … 형성작용들과 별개라고 …. 식에 있다고 … 식과 별개라고 생각하오?" "세존이시여, 그렇지 않습니다."

"아누라아다여, 어떻게 생각하는가. 그대는 여래를 형상과 느낌과 인식과 형성작용들과 식을 합한 것이라고 생각하오?" "세존이시여, 그렇지 않습니다."

"아누라다여, 어떻게 생각하는가. 그대는 여래가 형상도 아니요, 느낌도 아니요, 인식도 아니요, 형성작용들도 아니요, 식도 아니라고 생각하오?" "세존이시여, 그렇지 않습니다."

"아누라아다여, 그대가 지금·여기에서 여래를 진실하고도 확실하게 알 수 없을 때, 여래에 대해 '도반들이여, 사람 중에 가장 높은 분, 가장 숭고한 분, 가장 뛰어난 성취를 이룬 분이신 여래께서 스스로를 천명하실 때 '여래는 사후에 존재한다.'라거나 '여래는 사후에 존재하지 않는다.'라거나 '여래는 사후에 존재하기도 하고 존재하지 않기도 한다.'라거나 '여래는 사후에 존재하는 것도 아니고 존재하지 않는 것도 아니다.'라는 네 가지 중 하나로 천명하십니다.' 이러한 네 가지 경우로 말하는 것이 적합한가?"

"세존이시여, 그렇지 않습니다."

"그렇소, 아누라아다여. 이전에도 지금도 여래가 설하는 것은 고苦와 고의 멸滅일 뿐이오."

《상응부》 44:2

“여래는 왜 이런 질문들에 대답하지 않는가? 왜냐하면 여래가 사후에 존재한다고 말하는 것은 여래를 색·수·상·행·식으로 간주하는 것이기 때문이오.” (《상응부》 44:3) “왜냐하면 그런 질문들은 색·수·상·행·식에 대한 욕구와 감각적 욕망과 애착과 목마름과 열망과 갈애로 부터 해방되지 않은 이들이 하는 것이기 때문이오.” (《상응부》 44:5) “왜냐하면 그런 질문들은 색·수·상·행·식을 즐기며 또한 집착하고 갈구하는 이들, 그런 것을 그만두는 방법을 모르는 이들이 하는 질문이기 때문이오.” (《상응부》 44:6) “이러한 질문들은 견해가 뒤엉켜있고 … 견해의 족쇄에 묶여 있는 것이오. 그것들은 괴로움, 불안, 고뇌, 열병과 연결되며, 싫어하여 떠남, 탐욕이 사라짐, 그침, 고요, 수승한 지혜, 완전한 깨달음, 열반에 이르게 하지 못하오.” (《중부》 72)

“비구들이여, 여래는 지금·여기에서 헤아릴 수 없다고 말하오. 이렇게 설하고 이렇게 선언하는 여래를 두고 몇몇 사문이나 바라문들은 ‘사문 고따마는 허무론자이다. 왜냐하면 그는 살아있는 중생의 단멸과 파멸과 실재하지 않음을 말하기 때문이다.’라고 근거 없이, 헛되이 사실과 다르게 부당하게 비난하오.”

《중부》 22

"자아라고 알고 있는 것에는 다음과 같이 세 가지가 있소. 거친 자아, 마음으로 만든 자아, 형상이 없는 자아가 그것이오.… 첫 번째는 형상이 있고, 사대四大로 이루어져 있으며, 물질로 된 음식을 취한다오. 두 번째는 형상이 있고, 모든 감각기능이 있고, 마음으로 이루어져 있소. 세 번째는 형상이 없으며 인식으로 이루어져 있소. … 여래는 자아라는 인식을 버리게 하려고 담마를 가르친다오. 이 가르침을 실천하면 그대들의 내면에서 오염된 담마들을 버리게 되고 정화된 담마가 증장하게 되고, 지금·여기에서 수승한 지혜로 스스로 깨달아 온전한 지혜의 완성에 들어 머물게 되오. … 만약 그러한 머묾이 고통스럽지 않을까 하는 생각이 들지도 모르지만 그렇게 생각해서는 안 되오. 그와는 반대로 그 머묾은 환희, 희열, 경안輕安, 마음챙김, 알아차림, 행복이 있는 머묾이오."

해설자 2 붓다께서는 한 존재에서 다른 존재로 재생할 때 이 세 가지 자아의 인식 중에 어느 한 자아가 다른 자아로 이어진다고 설하셨다. 그러므로 그 인식들 가운데 하나만이 옳고 나머지는 틀리다고 주장할 수 없다. 한 자아의 이름이 나머지 두 자아에 적용되지 않을 뿐이다. 즉 붓다께서는 젖소에서 나온 우유, 우유로 만든 응유, 응유로 만든 생 버터, 생 버터로 만든 정제된 버터, 정제된 버터 중에서도 가장 질 좋은 버터 등등 이들 각각을 같은 하나의 이름으로 부를 수는 없지만 그렇다고 해서 이들이 서로 아무런 관련이 없는 것은 아니라고 말씀하셨다. 그리고 붓다께서는 다음의 말씀으로 설법을 끝맺으셨다.

첫 번째 목소리 "이러한 것들은 여래가 오해 없이 소통하시기 위해 세간의 어법, 세간의 언어, 세간에서 쓰는 말들, 세간의 묘사로 설명하신 것이오."

《장부》 9 (축약)

12. 교리

차 례

12. 교리

다양한 질문들

해설자 1 '의사 중의 의사[醫王]'에 의해 '잘 설해진' '담마 *Dhamma*'란 무엇인가? 담마는 세상을 완벽하게 설명하려는 시도인가? 형이상학적 체계인가?

첫 번째 목소리 세존께서 사아왓티의 제따 숲에 머물고 계실 때였다. 천신 로히땃사가 늦은 밤에 세존을 찾아와 경배를 드리고 나서 여쭈었다. "세존이시여, 태어나지도 늙지도 죽지도 사라지지도 다시 생겨나지도 않는 세상의 끝, 걸어서 세상의 끝을 알거나 보거나 도달할 수 있습니까?"

"도반이여, 여래는 태어나지도 늙지도 죽지도 사라지지도 다시 생겨나지도 않는 세상의 끝, 그 끝을 걸어서 알거나 보거나 도달할 수 있다고 말하지 않소. 그러나 또한 세상의 끝에 도달하지 않고는 고통을 끝낸다고도 말하지 않소. 그러나 인식과 마음이 함께하는 이 한 길 육신 속에 세상의 끝이 있어, 여래는 세상과 세상의 원인과 세상의 소멸과 세상의 소멸에 이르는 길을 천명할 뿐이오."

"걸어서는 결코 세상 끝에 도달하지 못하네.
그러나 거기 도달하지 않고서는 고통에서 벗어나지 못하리.
세상을 알고 슬기로운 이는
세상의 끝에 이르게 되리.
청정범행을 완성한 이
세상의 끝을 알게 되어 평온하며
이 세상도 저세상도 바라지 않는다네."

《상응부》 2:26[142]; 《증지부》 4:46

세존께서 꼬삼비의 싱사빠 숲에 머물러 계실 때였다. 나뭇잎 한 움큼을 들고 비구들에게 물으셨다. "비구들이여, 어떻게 생각하는가? 여래의 손에 있는 한 움큼의 나뭇잎이 많소? 숲속 나무에 달려있는 나뭇잎들이 더 많소?"

"세존이시여, 세존의 손에 있는 나뭇잎들은 많지 않습니다. 숲에 있는 나뭇잎들이 훨씬 더 많습니다." "비구들이여, 그와 마찬가지로 여래가 수승한 지혜로 터득한 지혜가 그대들에게 가르친 지혜보다 훨씬 더 많소. 왜 여래는 모두 말하지 않겠소?

142 [역주] 저자는 《상응부》 2:36으로 표기했으나 실제는 《상응부》 2:26이다.

그것이 청정한 삶에 득이 되거나 향상을 가져오지 않기 때문이오. 그것은 싫어하여 떠남, 탐욕이 사라짐, 그침, 고요, 수승한 지혜, 완전한 깨달음, 열반으로 이끌지 않기 때문이오. 그리하여 여래는 그대들에게 그것들을 말하지 않았소. 그러면 여래는 그대들에게 무엇을 말하였는가? '이것이 고苦이다. 이것이 고의 원인이다. 이것이 고의 멸滅이다. 이것이 고의 멸에 이르는 길이다.' 이것이 여래가 그대들에게 말한 것이오. 여래는 왜 그것을 말하였는가. 그렇게 하는 것은 청정한 삶에 득이 되고 향상을 가져오기 때문이오. 싫어하여 떠남, 탐욕이 사라짐, 그침, 고요, 수승한 지혜, 완전한 깨달음, 열반으로 이끌기 때문이오. 그러니 비구들이여, '이것이 고이다. 이것이 고의 원인이다. 이것이 고의 멸이다. 이것이 고의 멸에 이르는 길이다.'라는 것을 화두로 삼으시오."

《상응부》 56:31

해설자 1 따라서 담마는 내적으로든 외적으로든 세상을 완벽하게 설명하려는 시도가 아니다. 그러면 담마는 일관성 있고 논리적 구조를 지닌 형이상학적 체계인가? 담마가 일관성 있고 논리적 구조를 지닌 형이상학적 체계라면 그 근거는 무엇인가?

첫 번째 목소리 세존께서 라아자가하로 탁발을 나가셨을 때였다. 나체 고행자 깟사빠가 세존께 다가가 경배를 드리고 여쭈었다.

"고따마 존자께서 허락하신다면 여쭤볼 것이 있습니다." "깟사빠여, 지금은 질문하기에 적당한 때가 아니오. 우리는 이미 마을에 들어서지 않았소." 깟사빠가 두 번 세 번 허락을 구했지만 그때마다 때가 아니라는 대답이 돌아왔다. 그러자 그가 여쭈었다. "고따마 존자시여, 질문이 많지는 않습니다." "그럼 깟사빠여, 묻고 싶은 것을 말해 보시오."

"고따마 존자시여, 고苦는 자기 자신이 만들어내는 것입니까?" "깟사빠여, 그렇지 않소." "그럼, 고는 남이 만들어내는 것입니까?" "깟사빠여, 그렇지 않소." "그렇다면 고는 나와 남, 그 둘이 만들어내는 것입니까?" "깟사빠여, 그렇지 않소." "나와 남, 그 둘이 고를 만들어내는 것이 아니라면 우연히 생기는 것입니까?" "깟사빠여, 그렇지 않소." "그럼, 고는 없는 것입니까?" "고가 없다는 것은 사실이 아니오. 깟사빠여, 고는 존재하오." "그럼 고따마 존자께서는 고를 알지도 못하고 보지도 못하십니까?" "여래가 고를 알지도 못하고 보지도 못한다는 것은 사실이 아니오. 깟사빠여, 여래는 고를 알기도 하고 보기도 하오."

《상응부》 12:17

한번은 유행승 웃띠야가 세존을 찾아뵈었다. 그는 세존께 경배를 드리고 한쪽에 앉아 여쭈었다. "고따마 존자시여, 세상은 영원합니까? 그것만이 진실이고 다른 것은 그릇된 것입니까?"

“웃띠야여, 여래가 대답할 질문이 아니오.” “그렇다면 세상은 영원하지 않습니까? 그것만이 진실이고 다른 모든 것은 그릇된 것입니까?” “웃띠야여, 그것 또한 여래가 대답할 질문이 아니오.” “고따마 존자시여, 세상은 유한합니까? 그것만이 진실이며 다른 모든 것은 그릇된 것입니까?” “웃띠야여, 그것 또한 여래가 대답할 질문이 아니오.” “그렇다면 세상은 무한합니까? 그것만이 진실이며 다른 모든 것은 그릇된 것입니까?” “웃띠야여, 그것 또한 여래가 대답할 질문이 아니오.” “고따마 존자시여, 생명과 육신은 동일합니까? 그것만이 진실이고 다른 모든 것은 그릇된 것입니까?” “웃띠야여, 그것 또한 여래가 대답할 질문이 아니오.” “고따마 존자시여, 생명과 육신은 별개입니까? 그것만이 진실이고 다른 모든 것은 그릇된 것입니까?” “웃띠야여, 그것 또한 여래가 대답할 질문이 아니오.” “고따마 존자시여, 여래는 사후에도 존재합니까? 그것만이 진실이고 다른 모든 것은 그릇된 것입니까?” “웃띠야여, 그것 또한 여래가 대답할 질문이 아니오.” “그렇다면 여래는 사후에는 존재하지 않습니까? 그것만이 진실이고 다른 모든 것은 그릇된 것입니까?” “웃띠야여, 그것 또한 여래가 대답할 질문이 아니오.” “그렇다면 사후에는 여래는 존재하는 것도 존재하지 않는 것도 아닙니까? 그것만이 진실이고 다른 모든 것은 그릇된 것입니까?” “웃띠야여, 그것 또한 여래가 대답할 질문이 아니오.”

"그런데 고따마 존자께서는 왜 제가 드린 이런 질문들에 대답하려 하지 않으십니까? 그럼 고따마 존자께서는 어떤 것에 대답을 하십니까?" "웃띠야여, 여래는 수승한 지혜로 알고서 존재를 청정하게 하고, 슬픔과 비탄을 극복하게 하고, 근심과 고통을 끝내게 하고, 참된 목표에 이르게 하고, 열반을 실현하게 하기 위해 제자들에게 담마를 설하오."

"고따마 존자시여, 고苦로부터 탈출하는 길을 알려주는 그 담마는 세상의 모든 이들을 위한 것입니까? 아니면 세상의 반이나 삼분의 일을 위한 것입니까?"

이렇게 여쭙자 고따마 존자께서는 아무 말씀도 하지 않으셨다.

그러자 아아난다 존자는 다음과 같이 생각했다. "유행승 웃띠야가 '다른 사람은 못하고 나만이 할 수 있는 아주 중요한 질문을 고따마 존자께 했을 때 그분께서 대답을 하지 않으시거나 못하시는 것을 보니 대답할 능력이 없으신 건가?'라는 잘못된 생각은 하지 말아야 할 텐데. 웃띠야가 그런 생각을 품게 되면 그에게 오랫동안 해가 되고 고통스러운 일이 될 텐데." 그래서 아아난다 존자는 웃띠야에게 말했다. "도반 웃띠야여, 내가 이제 그대에게 비유를 들어보겠습니다. 여기 있는 사람들 중에는 비유를 듣고 그 말의 의미를 알 수 있는 현명한 이들이 있습니다. 튼튼한 성벽과 해자와 요새 그리고 문이 오직 하나뿐인 도시를 다스리는 왕이 있다고 가정해 봅시다. 그리고 그 왕에게는 지혜롭고 영리하며 총명한 문지기가 하나 있어서 그는 낯선 사람은 들여보내지 않고 오직 아는 사람만 들여보낸다고 합시다. 이 문지기는 도시를 둘러싼 길을 직접 돌아보면서 성벽에 고양이 한 마리도 지나갈 틈이나 구멍이 없음을 확인하기 때문에 사람은 누구든 오직 이 문을 통해서만 드나들 수 있다고 결론 내릴 수 있습니다. 마찬가지로 도반 웃띠야여, 여래께서는 '담마가 세상의 모든 이들을 위한 것인지 아니면 세상의 반이나 삼분의 일을 위한 것인지'에 관심을 두지 않으십니다. 오히려 '고苦의 세상을 벗어나는 탈출구를 이미 찾았거나 지금 찾고 있거나 혹은 앞으로 찾는 이가 누구든, 그 일은 언제나 다음과 같은 한 가지 탈출 방법에 의해 이루어질 수 있다는 데 주안점을 두십니다. 다섯 가지 장애[五蓋: 감각적 욕망·악의·해태와 혼침·들뜸과 회한·회의적 의심]를 버리고 지혜를 흐리게 하는 번뇌를 버림으로써 마음챙김의 네 가지 토대[四念處] 위에 굳건히 서 있는 마음으로 깨달음의 일곱 가지 구성인자[七覺支]를 여여히 닦음으로써 고에서 벗어날 수 있다.'라고 설하십니다. 그대가 세존께 드렸던 질문은 그 관점 자체가 틀렸습니다. 그래서 세존께서 대답하지 않으셨습니다."

《증지부》 10:95

또 한번은 유행승 왓차곳따가 세존을 찾아뵌 적이 있었다. 그는 경배를 드리고 나서 여쭈었다. "고따마 존자시여, 자아가 있습니까?" 이 말을 듣고 세존께서 침묵하셨다. "그럼 고따마 존자시여, 자아는 없습니까?" 두 번째 질문에도 세존께서 침묵하셨다. 그러자 유행승 왓차곳따가 자리에서 일어나 가버렸다. 그가 가버린 후 얼마 지나지 않아 아아난다 존자가 세존께 여쭈었다. "세존이시여, 세존께서 질문을 받으셨는데 대답을 하지 않으셨으니, 왜 그리하셨습니까?"

"'자아가 있습니까?'라는 질문을 받고 여래가 '자아는 있다.'라고 대답했다면, 사람들은 여래가 상견론常見論을 주장하는 사람들과 같은 편이라고 생각할 것이다. 그리고 '자아가 없습니까?'라는 질문을 받고 여래가 '자아는 없다.'라고 대답했다면, 사람들은 여래가 단멸론斷滅論을 주장하는 사람들과 같은 편이라고 생각할 것이다. 또한 '자아가 있습니까?'라는 질문을 받고 '자아는 있다.'라고 대답했다면 그 대답은 '모든 것은 자아라고 할 만한 것이 없다[諸法無我].'라는 여래의 지혜와 부합하지 않았을 것이다. 그리고 '자아가 없습니까?'라는 질문을 받고 '자아는 없다.'라고 대답했다면 아아난다여, 그렇다면 이미 미혹에 빠져 있는 유행승 왓차곳따가 '이전에 나에게 자아가 있었는데, 지금은 없구나.'라고 하면서 더욱 미혹하게 되었을 것이다."

《상응부》 44:10

한때 세존께서 사아왓티에 머물고 계셨다. 많은 유행승들과 여러 종파의 바라문들이 사아왓티로 탁발을 나왔다. 그들은 견해와 취향과 신념이 각기 달랐고 자기의 견해만 옳다고 주장했다. 몇몇 사문과 바라문은 '세상은 영원하다. 오직 이것만이 진실이고 다른 모든 것은 그릇된 것이다.'라는 것을 믿고 주장했다. 그리고 다른 이들은 나머지 아홉 가지 서로 다른 견해[143]를 믿고 주장했다. 그들은 말다툼을 하고 소란을 벌이고 "담마는 이와 같고 담마는 이와 같지 않다. 담마는 이와 같지 않고 담마는 이와 같다."라고 논쟁을 하면서 서로에게 말로 화살을 쏘아 상처를 입혔다.

그때 몇몇 비구들이 탁발을 하고 돌아와서 세존께 그 소동에 대해 말씀드렸다. 세존께서 말씀하셨다.

"비구들이여, 예전에 사아왓티에 왕이 있었소. 왕이 어떤 사람에게 말했소. '자, 가서 사아왓티에 있는 사람들 중에 태어날 때부터 장님인 사람들을 모두 데려오너라.' '예, 대왕이시여.' 그는 대답했소. 그가 명령대로 한 후, 왕에게 보고하자 왕이 말했소. '그럼 그들에게 코끼리를 보여주어라.' 그는 명령에 따라 이렇게 말했소. '눈먼 사람들이여, 코끼리는 이런 것이라네.' 그리고 그는 몇몇 이에게는 코끼리의 머리를, 또 다른 이들에게는

143 [역주] 아홉 가지 서로 다른 견해: 앞서 말한 열 가지 무기無記(열 가지 입장을 밝히지 않은 문제) 중에 나머지 9가지 견해를 의미한다.

코끼리의 귀를, 또 다른 이들에게는 엄니를, 또 다른 이들에게는 코를, 또 다른 이들에게는 발을, 또 다른 이들에게는 궁둥이를, 또 다른 이들에게는 꼬리를, 또 다른 이들에게는 꼬리 끝에 달린 총채 같은 털을 만져보게 해주었소. 그러고 나서 그는 왕에게 가서 자신이 한 일을 보고했소. 그러자 왕은 태어날 때부터 장님인 사람들에게 가서 물어보았소. '너희에게 코끼리를 만져보게 해주더냐?' '네, 대왕이시여,' '그럼 코끼리가 어떻게 생겼는지 말해보아라.' 코끼리의 머리를 만져본 사람들이 대답했소. '대왕이시여, 코끼리는 항아리처럼 생겼습니다.' 귀를 만져본 사람들이 대답했소. '곡식을 까부르는 키처럼 생겼습니다.' 엄니를 만져본 사람들이 대답했소. '막대처럼 생겼습니다.' 코를 만져본 사람들이 대답했소. '쟁기 자루처럼 생겼습니다.' 몸통을 만져본 사람들이 대답했소. '곡물 창고처럼 생겼습니다.' 발을 만져본 사람들이 대답했소. '기둥의 아랫부분처럼 생겼습니다.' 궁둥이를 만져본 사람들이 대답했소. '절구처럼 생겼습니다.' 꼬리를 만져본 사람들이 대답했소. '절굿공이처럼 생겼습니다.' 꼬리 끝에 달린 털을 만져본 사람들이 대답했소. '빗자루처럼 생겼습니다.' 그들은 자기네들끼리 주먹을 휘두르고 고함을 지르면서 싸웠소. '코끼리는 이렇게 생겼다. 그렇지 않다! 코끼리는 이렇게 생기지 않았다. 코끼리는 그렇게 생겼다!' 하지만 왕은 만족했소. 비구들이여, 외도 수행자들도 저들과 마찬가지로 눈이 멀고 제대로 보지 못한다오. 그래서 그들은 말다툼을 하고, 소란을 벌이고 '담마는 이런 것이고 담마는 이런 것이 아니다. 담마는 이런 것이 아니고 담마는 이런 것이다.'라면서 논쟁을 하며 서로에게 말로 화살을 쏘아 상처를 입힌다오."

《우다아나》 6:4

해설자 1 따라서 붓다의 담마가 세상을 완벽하게 설하려는 시도라든가 논리로 이루어진 형이상학적 체계라고 부르는 것은 잘못된 것으로 볼 수 있겠다. 그렇다면 붓다의 담마는 윤리적 계명인가? 계시적 신앙인가? 아니면 단순히 금욕적 행동 지침인가? 이런 질문들에 대한 답을 찾으려고 시도하기 전에 붓다께서 설하신 담마에 대하여 '연구 조사'가 필요하다. 경전에 실려 있는 내용은 사실상 하나의 지도를 만들기 위한 자료라고 할 수 있다. 자료 하나하나는 각각 지도를 만드는 데 필요하지만 결국 모두 같은 방향을 가리킨다. 같은 방향을 향하고 있는 이러한 설법들은 개개인이 경험을 통해서 어떤 설법이 자신에게 적합한지 스스로 판단할 수 있게 해준다. 붓다의 가르침을 담은 경전은 여러 설법이 겹치는 경우가 많다. 존재라는 것을 면밀히 살피면 존재란 신기루라는 것과 그 이면에 존재를 드러나 보이도록 하는 어떤 것이 있다는 역설적인 면을 항상 발견하게 된다. 이 사실은 매우 역설적이다. 경전에는 수많은 각기 다른 내용들이 기록되어 있는데, 다양한 조합과 맥락 속에서 이들 중 어떤 것은 여러 번 반복되어 나오기도 한다. 이것을 보면 지도를 만들기 위해 찍은 항공사진들의 모음이 연상된다. 경전의 요체는 사성제이고, 경전의 내용들은 모두 고苦의 멸滅을 향하고 있다. 경전 자료들 일부를 가지고 견본 지도를 만들어보자. 이런 경우, 반드시 어딘가를 시작점으로 두어야 한다면 태어남을 기준으로 삼을 수 있다. 평범한 인간에게는 태어남과 죽음은 매일 겪는 현상이면서 동시에 풀 수 없는 불가사의이다.

첫 시작점을 알 수 없다

해설자 2 과거가 없이 식識이 있을 수 있겠는가? 식에 시작이 있다고 말할 수 있는가?

첫 번째 목소리 "비구들이여, 윤회에는 시작이 없소. 무명에 가려 있고 갈애에 사로잡혀서 여기저기 헤매며 돌고 도는 중생들은 윤회의 첫 시작점을 알 수 없소."

《상응부》 15:1

"여래와 그대들 모두는 네 가지 성스러운 진리[四聖諦]를 통찰하지도 깨닫지도 못했기 때문에 그렇게 오랫동안 여기저기 헤매고 윤회해야만 했소. 그 네 가지란 무엇인가? 1. '고'라는 성스러운 진리[苦聖諦] 2. '고의 원인'이라는 성스러운 진리[集聖諦] 3. '고의 멸'이라는 성스러운 진리[滅聖諦] 4. '고의 멸에 이르는 길'이라는 성스러운 진리[道聖諦]이오."

《장부》 16

사성제

해설자 2 이제부터 사성제에 대한 설명이다.

첫 번째 목소리 1. "'고라는 성스러운 진리'는 무엇인가?' 태어남이 고苦이고 늙음이 고이고 병듦이 고이고 죽음이 고이고, 슬픔·비탄·고통·근심·고뇌도 고이오. 좋아하지 않는 대상과 가까워지는 것이 고이고 좋아하는 대상과 멀어지는 것이 고이며 원하는 것을 얻지 못하는 것도 고이오. 요컨대 다섯 가지 집착의 쌓임[五取蘊][144]이 고이오."

《상응부》 56:11

144 다섯 가지 집착의 쌓임[五取蘊]: 오취온은 가장 넓은 의미에서 모든 경험들을 분석, 논의할 수 있게 편의상 다섯 가지로 분류한 것으로 잘 알려져 있다. 오취온의 각 요소는 나머지 요소와 분리되어 독립적으로 존재할 수도 없고, 발생할 수도 없다. 또 구조적으로 상호의존적이다. 마치 유리잔이 성분(유리), 감성적 요소(호감이나 반감이나 무관심), 개별적 특성(모양 색상 등), 정해진 용도(명칭과 형상[名色]을 이루는 모든 것), 그리고 이 모든 요소에 대한 식識이 동시에 합쳐진 것이지 나누어 인식할 수 없는 것과 같다.

2. "'고의 원인이라는 성스러운 진리는 무엇인가?' 고의 원인은 갈애이다. 즐김과 욕망이 어울려 여기저기서 즐거움을 찾게 하여 거듭 태어나게 한다. 다시 말해 감각적 욕망에 대한 갈애[欲愛], 존재에 대한 갈애[有愛], 존재하지 않음에 대한 갈애[無有愛]이오. 하지만 이러한 갈애는 어디에서 생기고 극성해지는가? 즐겁고 기분 좋은 것이 있으면 거기서 갈애가 생기고 극성해진다오."

《장부》 22

"무명을 조건으로 해서 형성작용들[諸行]이 있게 되고, 형성작용들을 조건으로 해서 식識이 있게 되오. 식을 조건으로 해서 명색名色이 있게 되고, 명색을 조건으로 해서 육처六處가 있게 되오. 육처를 조건으로 해서 접촉[觸]이 있게 되고, 접촉을 조건으로 해서 느낌[受]이 있게 되오. 느낌을 조건으로 해서 갈애[愛]가 있게 되고, 갈애를 조건으로 해서 취착[取]이 있게 되오. 취착을 조건으로 해서 존재[有]가 있게 되고, 존재를 조건으로 해서 태어남[生]이 있게 되오. 태어남을 조건으로 해서 늙음·죽음·슬픔·비탄·고통·근심·고뇌가 있게 되오. 이렇게 해서 모든 괴로움의 쌓임[苦蘊]이 생겨난다오. 이것을 고의 원인이라는 성스러운 진리라고 하오."

《증지부》 3:61

3. "'고의 멸이라는 성스러운 진리'는 무엇인가?' 고의 멸은 실로 갈애를 남김없이 없애고 버리고 놓고 벗어나는 것이오. 이 갈애는 어디에서 버려지고 소멸하는가? 즐겁고 기분 좋은 것이 있으면 거기서 갈애가 버려지고 소멸하오."

《장부》 22

"무명이 남김없이 사라지고 소멸하면 형성작용들[諸行]이 소멸하오. 형성작용들이 소멸하면 식識이 소멸하오. … 태어남과 늙음 죽음이 소멸하면, 슬픔·비탄·고통·근심·고뇌 역시 소멸하오. 이렇게 모든 괴로움의 무더기[苦蘊]가 소멸하오. 이것을 고의 멸이라는 성스러운 진리라고 하오."

《증지부》 3:61

4. "'고의 멸에 이르는 길이라는 성스러운 진리는 무엇인가?' 그것은 팔정도이오. 즉 바른 견해[正見]·바른 사유[正思]·바른 말[正語]·바른 행위[正業]·바른 생계[正命]·바른 노력[正精進]·바른 마음챙김[正念]·바른 집중[正定]이오."

《장부》 22

"이 네 가지 성스러운 진리 가운데서 고라는 성스러운 진리는 고를 완전히 알아야 하고, 고의 원인이라는 성스러운 진리는 갈애를 없애야 하고, 고의 멸이라는 성스러운 진리는 갈애를 없앰으로써 실현해야 하고, 고의 멸로 이끄는 길이라는 성스러운 진리인 팔정도를 닦고 계발해야 하는 것이오."

《상응부》 56:11 ; 《상응부》 56:29 (번안)

"이 네 가지 성스러운 진리[四聖諦]는 참다운 것이고 거짓이 아니며 있는 그대로와 다르지 않소."

《상응부》 56:27

해설자 1 이제 사성제를 하나하나 분석해서 자세하게 그 뜻을 밝혀보겠다.

고성제苦聖諦

해설자 2 붓다께서는 고라는 성스러운 진리[苦聖諦]를 말씀하시면서 "요컨대 오취온五取蘊이 고"라고 하셨다.

첫 번째 목소리 "오취온이란 무엇인가? 오취온은 색취온色取蘊·수취온受取蘊·상취온想取蘊·행취온行取蘊·식취온識取蘊이오."

《장부》 22

"왜 '색色'이라고 하는가? 색, 즉 형상은 변형되는 것이어서

'형상'이라 하오.[145] 무엇에 의해 변형되는가? 냉기와 열기, 배고픔과 갈증 그리고 등에, 각다귀, 바람, 햇볕, 기어다니는 것들과 접촉하는 것에 의해 변화된다오."

《상응부》 22:79

"형상이란 무엇인가? 사대四大[지·수·화·풍]와 취착으로 인해 사대에서 파생된 것은 무엇이든 형상이라 부르오."

《상응부》 22:56

"몸 안에 있고, 무엇이든 개개인에 속하고, 단단하고, 굳어 모양이 있고, 업에 의해 생긴 것은 무엇이든 땅의 요소[146]라고 부르오. 예를 들어 머리털·체모·손발톱·치아·피부·살·힘줄·뼈·골수·신장·심장·간·횡격막·비장·허파·대장·창자·위·똥이나 그 외에도 몸 안에 있고, 개개인에 속하고, 굳어 모양이 있고, 업에 의해 생긴 것들은 무엇이든 땅의 요소라 부르오. 몸 안에 있는 땅의 요소든 바깥에 있는 땅의 요소든, 땅의 요소는 단지 땅의 요소일 뿐이오."

---

145 [역주] 색色: 색은 빠알리어로 rūpa인데 색, 즉 형상은 '변화되다, 변형되다'를 뜻하는 ruppati에서 나온 단어이다.

146 땅의 요소: '땅'은 견고성, '물'은 유동성과 응집성, '불'은 온도와 성숙성, '바람'은 팽창과 운동, 움직여주는 힘을 나타낸다.

"몸 안에 있고, 개개인에 속하고, 물이고, 물의 속성을 지니고, 업에 의해 생긴 것은 무엇이든 그것들을 물의 요소라 부르오. 예를 들어 쓸개즙·가래·고름·피·땀·굳기름·눈물·피부의 기름기·침·콧물·관절 활액·오줌 등이나 그 외에도 몸 안에 있고, 개개인에 속하고, 물이고, 물의 속성을 지니고, 업에 의해 생긴 것들은 무엇이든 물의 요소라고 부르오. 몸 안에 있는 물의 요소든 바깥에 있는 물의 요소든, 물의 요소는 단지 물의 요소일 뿐이오."

"몸 안에 있고, 무엇이든 개개인에 속하고, 불이고, 불의 속성을 지니고, 업에 의해 생긴 것은 무엇이든 불의 요소라고 부르오. 예를 들어 그것으로 주위를 따뜻하게 하고 시들게 하고 소모시키며, 그것으로 먹고 마시고 씹고 맛보고 소화하고 흡수되게 하는 것들이나 그 외에도 몸 안에 있고, 개개인에 속하고, 불이고, 불의 속성을 지니고, 업에 의해 생긴 것들은 무엇이든 불의 요소라고 부르오. 몸 안에 있는 불의 요소든 바깥에 있는 불의 요소든, 불의 요소는 단지 불의 요소일 뿐이오."

"몸 안에 있고, 무엇이든 개개인에 속하고, 기체이고, 기체의 속성을 지니고, 업에 의해 생긴 것은 무엇이든 바람의 요소라고 부르오. 예를 들어 위로 올라가는 바람의 힘·아래로 내려가는 바람의 힘·배와 뱃속에 있는 바람의 힘·사지에 스며들어 있는 바람의 힘·들이쉬는 숨과 내쉬는 숨이나 그 외에도 몸 안에 있고, 개개인에 속하고, 기체이고, 기체의 속성을 지니고, 업에 의해 생긴 것들은 무엇이든 바람의 요소라고 부르오. 몸 안에 있는 바람의 요소든 바깥에 있는 바람의 요소든, 바람의 요소는 단지 바람의 요소일 뿐이오."

"몸 안에 있고, 무엇이든 개개인에 속하고, 비어 있고, 비어 있는 속성을 지니고, 업에 의해 생긴 것은 무엇이든 공空의 요소라고 부르오. 예를 들면 귓구멍, 콧구멍, 입 그리고 먹고 마시고 씹고 맛본 것이 넘어가는 목구멍, 먹고 마시고 씹고 맛본 것으로 채우는 배, 먹고 마시고 씹고 맛본 것이 나가는 구멍이나 그 외에도 몸 안에 있고, 개개인에 속하고, 비어 있고, 비어 있는 속성을 지니고, 업에 의해 생긴 것들이면 무엇이든 공의 요소라고 부르오. 몸 안에 있는 공의 요소든 바깥에 있는 공의 요소든, 공의 요소는 단지 공의 요소일 뿐이다. 또한 공의 요소는 그 자체로는 어디에도 자리할 수 없소."

《중부》 62

"그것이 어떠한 형상[色]이든, 과거의 것이든 미래나 현재의 것이든, 안에 있든 밖에 있든, 거칠든 섬세하든, 열등하든 우월하든, 멀리 있든 가까이 있든, 번뇌에 물들어 취착을 유발하는 형상은 어떠한 것이든 그것을 색취온色取蘊이라 하오."

《상응부》 22:48

"왜 '느낌[受]'이라고 일컫는가? 느껴진다고 해서 느낌이라고 하오. 어떻게 느껴지는가? 즐거움으로 느껴지고, 괴로움으로 느껴지고, 괴롭지도 즐겁지도 않은 것으로 느껴진다오."

《상응부》 22:79 ; 《중부》 43 (참조)

"신체적으로나 정신적으로 즐겁고 만족스럽게 느껴지는 모든 것을 즐거운 느낌이라고 하오. 신체적으로나 정신적으로나 괴롭고 불만족스럽게 느껴지는 모든 것을 괴로운 느낌이라고 하오. 신체적으로나 정신적으로나 만족스럽지도 불만족스럽지도 않게 느껴지는 모든 것을 괴롭지도 즐겁지도 않은 느낌이라고 하오."

즐거운 느낌은 그 느낌이 있는 동안에는 즐겁고, 그 느낌이 바뀌면 괴롭소. 괴로운 느낌은 그 느낌이 있는 동안에는 괴롭고, 그 느낌이 바뀌면 즐겁소. 괴롭지도 즐겁지도 않은 느낌은 그 느낌을 통찰하면 즐거움이고 통찰하지 못하면 괴로움이오."

《중부》 44경

"여섯 가지 느낌이 있소. 눈과 접촉해서 생긴 느낌, 귀와 접촉해서 생긴 느낌, 코와 접촉해서 생긴 느낌, 혀와 접촉해서 생긴 느낌, 몸과 접촉해서 생긴 느낌, 의意와 접촉해서 생긴 느낌들이오."

《상응부》 22:56

"그것이 어떠한 느낌이든, 과거의 것이든 미래의 것이든 현재의 것이든, 안의 것이든 밖의 것이든, 거칠든 섬세하든, 저열하든 우월하든, 멀리 있든 가까이 있든 번뇌에 물들어 취착을 유발하는 느낌은 어떠한 것이든 그것을 수취온受取蘊이라 하오."

《상응부》 22:48

"왜 '인식[想]'이라고 일컫는가? 그것은 인식한다고 하여 인식이라고 하오. 무엇을 인식하는가? 예를 들면 푸르고 노랗고 빨갛고 하얀 것을 인식하오."

《상응부》 22:79

"여섯 가지 인식이 있소. 형상을 인식하고, 소리를 인식하고, 냄새를 인식하고, 맛을 인식하고, 감촉을 인식하고 그리고 담마를 인식하오."

《상응부》 22:56

"그것이 어떠한 인식이든, 과거의 것이든 미래의 것이든 현재의 것이든, 안의 것이든 밖의 것이든, 거칠든 섬세하든, 저열하든 우월하든, 멀리 있든 가까이 있든 번뇌에 물들어 취착을 유발하는 인식은 어떠한 것이든 그것을 상취온想取蘊이라고 부르오."

《상응부》 22:48

"왜 '형성작용들[諸行][147]'이라고 하는가? 그것들은 형성된 것을 형성한다고 해서 형성작용들이라 하오. 어떻게 형성된 것을 형성하는가? 형상[色]이 형상이게끔 하는 것이 형성작용들이고, 느낌이 느낌이게끔 하는 것이 형성작용들이고, 인식이 인식이게끔 하는 것이 형성작용들이고, 형성작용들이 형성작용이게끔 하는 것이 형성작용들이오. 식識이 식이게끔 하는 것이 형성작용들이오."

《상응부》 22:79

"형성작용들에는 세 가지가 있소. 공덕이 되는 행(功德行: 선한 과보를 받는 행위)과 공덕이 되지 않는 행(非功德行: 불선한 과보를 받는 행위)과 흔들림 없는 행(不動現行: 무색계의 선정 상태를 과보로 받는 행위. 선정 상태가 지속되는 한 형상의 인식, 거부, 분별에 의해 흔들리지 않음)이오"

《장부》 33

"행에는 신행身行, 구행口行, 심행心行의 삼행三行이 있소. 들숨과 날숨은 몸에 속해 있고 몸과 연관되어 있으며 몸의 형성작용

---

147 형성작용들[諸行]: "업을 형성하는 특징을 지닌 것은 그 무엇이건 모두 한데 묶어 행온이라고 알아야 한다. … 여기서 [업을] 형성하는 특징은 응집하는 특성을 지닌다. … 그 기능은 집적하는 것이다."《청정도론》(비구 냐아나몰리 영역) 14장 131. (냐나뽀니까 테라 주)

인 신행이오. 생각이 일어나고 그 생각이 지속된 후에 말이 되어 나온다오. 그래서 생각의 일어남[尋]과 생각 지속[伺]은 말의 형성작용인 구행이오. 인식[想]과 느낌[受]은 마음에 속해 있고, 마음과 연관되어 있소. 그래서 인식과 느낌은 마음의 형성작용인 심행이오."

《중부》 44 ; 《중부》 9 (참조)

"형성작용들을 일으키는 것은 무엇인가? 여섯 가지 의도[148]가 그것이오. 형상에 대한 의도, 소리에 대한 의도, 냄새에 대한 의도, 맛에 대한 의도, 감촉에 대한 의도 그리고 담마에 대한 의도이오."

《상응부》 22:56

"여래는 이 의도를 업業이라고 하오."

《증지부》 6:63

"그것이 어떠한 형성작용들이건, 과거의 것이든 미래의 것이든 현재의 것이든, 안의 것이든 밖의 것이든, 거칠든 섬세하든, 저열하든 우월하든, 멀리 있건 가까이 있건 번뇌에 물들어 취착

148 의도: 빠알리어로 cetanā인데 보통 '의지', '의도' 등으로 번역된다. (냐나뽀니까 테라 주)

을 유발하는 형성작용들은 어떠한 것이든 그것을 행취온行取蘊 이라고 하오."

《상응부》 22:48

"왜 '식識'이라고 일컫는가? 구별하여 인식한다고 해서 식이라고 한다오. 무엇을 구별하여 인식하는가? 예를 들면 신 것, 쓴 것, 매운 것, 단 것, 떫은 것, 떫지 않은 것, 짠 것, 짜지 않은 것을 구별하여 인식하오."

《상응부》 22:79

"식은 무엇을 구별하여 아는가? 예를 들어 '즐거움이다', '괴로움이다', '즐겁지도 괴롭지도 않음이다'라고 구별하오."

《중부》 43 ; 《중부》 140

"여섯 가지 식이 있소. 안식眼識, 이식耳識, 비식鼻識, 설식舌識, 신식身識, 의식意識이오."

《상응부》 22:56

"식識은 그것이 일어나는 조건에 따라 다르게 불린다오. 식이 눈과 형상을 조건으로 하여 일어나면 안식眼識이라 하고, 귀와 소리를 조건으로 하여 일어나면 이식耳識이라 하고, 코와 냄새를 조건으로 하여 일어나면 비식鼻識이라 하고, 혀와 맛을 조건으로 하여 일어나면 설식舌識이라 하고, 몸과 감촉을 조건으로 하여 일어나면 신식身識이라 하고, 마음과 담마를 조건으로 하여 일어나면 의식意識이라 하오."

《중부》 38

"느낌[受], 인식[想], 식識은 분리되어 있지 않고 서로 결합되어 있으며, 이들을 분리하여 각각의 차이를 말하는 것은 불가능하오. 느끼는 것을 인식하고, 인식하는 것을 구별하여 알기 때문이오. 다섯 가지 감각기능과 분리된 청정한 마노 식[意識]으로 공空이 무한하다는 것을 알게 되면 '공무변처空無邊處'에 이를 수 있소. 식이 무한하다는 것을 알게 되면 '식무변처識無邊處'에 이를 수 있고, 그 식조차도 없다는 것을 알게 되면 '무소유처無所有處'에 이를 수 있소. 이렇게 이를 수 있는 담마는 통찰지의 눈, 즉 혜안慧眼으로 꿰뚫어 알 수 있소."

《중부》 43

"식識은 감각기관인 내육처內六處와 감각대상인 외육처外六處를 짝으로 반연하여 일어나오."

《상응부》 35:93

"그것이 어떠한 식識이든, 그것이 과거의 것이든 미래나 현재의 것이든, 안에 있든 밖에 있든, 거칠든 섬세하든, 저열하든 우월하든, 멀리 있든 가까이 있든, 번뇌에 물들어 취착을 유발하는 식은 어떠한 것이든 그것을 식취온識取蘊이라 하오."

《상응부》 22:48

"오취온五取蘊은 갈애에 뿌리를 두고 있소. … 사대四大(지·수·화·풍)가 원인과 조건이 되어 색취온이 되오. 접촉이 원인과 조건이 되어 수취온受取蘊, 상취온想取蘊, 행취온行取蘊이 되오. 명색은 식의 쌓임[識蘊]을 드러내 보이는 원인과 조건이오."

《중부》 109

"어떤 사문이나 바라문들이 다양한 방식으로 그들의 전생에서 무엇을 기억해내든지 그들은 모두 갈애로 인한 오취온五取蘊이나 오취온 중 어느 한 가지를 기억하는 것이오."

《상응부》 22:79

집성제集聖諦

해설자 2 이제 두 번째 '고의 원인이라는 성스러운 진리, 집성제集聖諦'에 대해 살펴보자.

첫 번째 목소리 "오취온은 갈애에 뿌리를 두고 있소. …… 취착[取]

은 오취온과 같지도 않지만 그것과 다르지도 않소. 오취온에 대한 갈애와 탐욕이 바로 취착이오."

《중부》 109

"이것이 있으면 저것이 있게 되고, 이것이 일어나면 저것이 일어난다."[149]

《중부》 38

"(연기緣起에 관한 말씀에서)[150] '늙음'이란 무엇인가? 다양한 중생의 무리에서 어떤 중생이 나이를 먹고, 치아가 망가지며 머리카락이 하얗게 세고 주름이 생기고, 생명이 쇠하며 감각기관의 기능이 떨어지는 것이 늙음이오. '죽음'이란 무엇인가? 다양한 중생의 무리에서 어떤 중생이 세상을 떠나고 해체되고 모습이 사라지고 주어진 시간이 다하고 오온이 흩어지고 주검이 되는 것이오. '태어남[生]'이란 무엇인가? 다양한 중생의 무리에서 어떤 중생이 태어나고, 출생하고, 자궁에 들고, 발생하고, 오온이 나타나고, 감각기관이 생기는 것이오. '존재 가능성[有]'이란 무엇인가? 세 가지 존재 가능성이 있다. 욕계의 존재, 색계의 존

---

149 연이생緣已生: 이것은 필요조건이라는 의미이다.

150 연기의 순관은 《청정도론》 17장 참고.

재, 무색계의 존재가 그것이오. '취착[取]'이란 무엇인가? 취착에는 네 가지가 있소. 감각적 욕망에 대한 취착[欲取], 그릇된 견해에 대한 취착[見取], 계율과 의례의식에 대한 취착[戒禁取][151], '나'가 있다는 생각에 대한 취착[我語取]이오. '갈애[愛]'란 무엇인가? 여섯 가지 갈애가 있소. 형상, 소리, 냄새, 맛, 감촉, 대상에 대한 갈애이오.

'느낌[受]'이란 무엇인가? 여섯 가지 느낌이 있소. 눈과 접촉해서 생긴 느낌, 귀와 접촉해서 생긴 느낌, 코와 접촉해서 생긴 느낌, 혀와 접촉해서 생긴 느낌, 몸과 접촉해서 생긴 느낌, 의意와 접촉해서 생긴 느낌이 그것이오.

'접촉[觸]'[152]이란 무엇인가? 여섯 가지 접촉이 있소. 눈으로 접촉, 귀로 접촉, 코로 접촉, 혀로 접촉, 몸으로 접촉, 의意로 접촉하는 것이오.

'여섯 감각기관[六處]'란 무엇인가? 눈, 귀, 코, 혀, 몸, 의意라는 감각기관이 육처이오.

151 Sīlabbat'upādāna: 계율과 의례의식에 대한 취착. (냐나뽀니까 테라 주)

152 접촉[觸]: '접촉'은 감각기관(내육처)과 감각대상(외육처)의 접촉이며, 이것은 식識이 있어야만 일어날 수 있다. 다섯 가지 감각기관이나 의意가 대상을 인식하여 어떤 것이 복잡하게 형성되는 기본 요소이다.

'명색名色'[153]이란 무엇인가? 느낌[受], 인식[想], 의도[154], 접촉[觸], 주의[作意]를 명名이라 하고, 사대四大와 그것들로 이루어진 것을 색色이라 하오. 그러므로 이 명과 색을 합쳐서 명색이라 일컫는다오.

'식識'이란 무엇인가? 여섯 가지 식이 있소. 눈의 식, 귀의 식, 코의 식, 혀의 식, 몸의 식, 의意의 식이오. '형성작용들[諸行]'이란 무엇인가? 세 가지 형성작용들이 있소. 몸의 형성작용[身行], 말의 형성작용[口行], 마음의 형성작용[心行]이다. '무명無明'이란 무엇인가? 고에 대해 알지 못하는 것, 고의 원인에 대해 알지 못하는 것, 고의 멸에 대해 알지 못하는 것, 고의 멸에 이르는 길에 대해 알지 못하는 것이오."

《상응부》 12:2

"눈과 형상에 의존하여 눈의 식[眼識]이 일어나오. 이 셋의 화합이 접촉이오. 접촉에 연하여 느낌이 일어나오. 느낌에 연하

---

153 명색名色: 명색은 인식과 인식대상을 아우르며, 경험되고 인식되어 이름 붙일 수 있는 것이다. 이것은 '이미지-물질'로서 어떤 대상을 개별화하고 결정지어 주관적으로 인식하게 한다. 명색은 식에 연하여 있게 되는데, 경에서는 명색에 식은 포함하지 않고 있다. 후기 문헌에서는 식을 '명' 안에 포함시키고 있어서 이것이 '정신-물질'로 대립시키는 근거가 된다.

154 의도: choice라고 영역했는데 빠알리어로 cetanā이며, 다르게 옮기면 의지 volition나 의도intention이다.

여 갈애가 일어나오. 이것이 고의 원인이오. 귀, … 코, … 혀, … 몸, … 의意도 이와 마찬가지라오."

《상응부》 12:43

"탐욕[貪]으로 흥분하고, 증오[瞋]로 격분하고, 어리석음[癡]으로 판단이 흐려지고 그것들에게 압도되어 마음이 사로잡히면, 중생은 스스로를 괴롭게 하거나 남을 괴롭게 하거나 혹은 둘 다를 괴롭게 하여 고통과 비탄을 경험하게 된다오."

《증지부》 3:55

"중생들은 그들 업의 주인이며 업의 상속자이오. 업은 중생이 태어난 근원이고 또한 책임져야 할 권속이며 의지처이오. 수승한 중생과 하열한 중생으로 나누는 것이 바로 업이오."

《중부》 135

"이전의 업이란 무엇인가? 눈·귀·코·혀·몸·마음[意]은 이전의 업으로써 형성된 것이고 의도된 것이고 느껴지는 것이라고 알아야 하오. 새로운 업이란 무엇인가? 몸으로든 말로든 마음[意]으로든 지금 짓고 있는 모든 업이 새로운 업이오."

《상응부》 35:145

“이 몸은 그대의 것도 아니고 다른 이의 것도 아니오. 이 몸은 이전의 업으로써 형성된 것이고 의도된 것이고 느껴지는 것이라고 알아야 하오.”

《상응부》 12:37

“여래는 의도를 업이라고 부르오. 사람은 몸과 말과 마음[意]으로 업을 짓는다오. 업에 따라 지옥에서 축생계에서 아귀계에서 인간계에서 천상계에서 각각의 과보를 겪게 될 것이오. 업의 결실은 세 가지로 맺을 수 있소. 지금·여기에서, 다음 생에서, 그 이후의 생에서 결실을 맺는다오.”

《증지부》 6:63

“중생이 어디에 태어나든 자신이 탐·진·치로 지은 업은 그곳에서 무르익는다오. 업이 익은 그곳에서, 지금·여기나 다음 생이나 그 이후의 생에서 그 과보를 받는다오.”

《증지부》 3:33

“가늠할 수 없는 네 가지가 있소. 그것을 가늠하려고 애쓰면 좌절하게 되거나 미치게 된다오. 그 네 가지는 무엇인가? 붓다들의 경지, 선禪의 경지, 업의 과보, 세상에 대한 사변思辨이오.”

《증지부》 4:77

"세상은 마음[心]에 의해 끌려다닌다오."

《상응부》 1:62[155]

멸성제滅聖諦

해설자 2 이제 세 번째 '고의 멸이라는 성스러운 진리, 멸성제滅聖諦'에 대해 자세히 살펴보자.

첫 번째 목소리 "이것이 있지 않을 때 저것이 있지 않게 된다. 이것이 멸하면 저것이 멸한다."

《중부》 38

"눈과 형상에 의존하여 눈의 식[眼識]이 일어나오. 이 셋의 화합이 촉觸이오. 촉에 의존하여 느낌이 일어나며, 그것에는 즐거운 느낌, 괴로운 느낌, 괴롭지도 즐겁지도 않은 느낌이 있소. 즐거운 느낌이 일어날 때 그것을 좋아하지도 반가워하지도 않고 움켜쥐지 않으면, 그에게 탐욕의 잠재성향이 자리 잡지 않소. 괴로운 느낌이 일어날 때 근심하지 않고 상심하지 않고 슬퍼하지 않고 가슴을 치고 울부짖고 몸부림치지 않으면, 그에게 적의의 잠재성향이 자리 잡지 않소. 괴롭지도 즐겁지도 않은 느낌이 일어날 때, 그 느낌의 일어남, 사라짐, 달콤함, 위험함, 벗어남을

---

155 [역주] 저자는 《상응부》 1:72의 인용이라 하나 《상응부》 1:62의 인용이다.

있는 그대로 알면, 그에게 무지의 잠재성향이 자리 잡지 않소. 그가 참으로 즐거운 느낌에 대해 탐욕의 잠재성향을 버리고, 괴로운 느낌에 대해 적의의 잠재성향을 제거하고, 괴롭지도 즐겁지도 않은 느낌에 대해 무지의 잠재성향을 뿌리 뽑는다면, 고는 진정 끝날 것이오."

《중부》 148

"탐욕과 성냄과 어리석음을 버리면 자신을 괴롭히지도 않고, 타인을 괴롭히지도 않으며, 양쪽 모두를 괴롭히지도 않소. 그렇게 열반은 지금·여기에 있게 되고, 시간이 걸리지 않고, 누구든 와서 보라고 하고, 향상으로 이끌고 지혜로운 이가 각자 경험할 수 있는 경지이오."

《증지부》 3:55

"탐욕과 성냄과 어리석음이 모두 사라지고 나면 무탐無貪·무진無瞋·무치無癡로 지은 업은 사라지고, 뿌리가 잘리고 줄기가 잘린 야자수처럼 버려지고 더 이상 업은 생기지 않는다오."

《증지부》 3:33

"무색계無色界는 색계色界보다 더 평온하오. 열반은 무색계보다 더 평온하다오."[156]

《여시어경》 3:24

"흙도 물도 불도 바람도 없고, 공무변처·식무변처·무소유처·비상비비상처도 없고, 이 세상도 저세상도 없고, 달과 해도 없는 경지가 있소. 그리고 열반의 경지에서는 오고 감도 없고, 머묾도 없고, 죽음도 다시 태어남도 없다고 여래는 천명하오. 열반의 경지에서는 그 무엇도 의지함이 없고, 전개됨이 없고, 지탱됨이 없소. 열반은 고의 끝남이오."

"있는 그대로를 보기 어렵고
진리를 보기는 쉽지 않소.
아는 자는 갈애를 꿰뚫어보고
꿰뚫어보는 자에게는 어떤 갈애도 없다오."

"태어나지 않음·존재하지 않게 됨·형성되지 않음·조건지어지지 않음의 경지가 있소. 그런 경지가 없다면, 여기에 태어난 이들, 존재하게 된 이들, 만들어진 이들, 형성된 이들에게 '벗어남'

---

156 무색계와 열반: 무색계(無色界 *arūpa*)와 형성되지 않음(조건 지어지지 않은 상태 *asaṅkhata*)를 혼동해서는 안 된다. 무색계는 존재 상태*bhava*에 해당하여 항상 조건에 매여 있는 반면, 형성되지 않음*asaṅkhata*은 형성작용*saṅkhāra*이 없고 조건이 없는 상태를 뜻하며 열반을 나타내는 용어에 해당한다.

을 천명할 수 없을 것이오. 하지만 태어나지 않음·존재하지 않게 됨·만들어지지 않음·형성되지 않음의 경지가 있기에 태어나고, 존재하게 되고, 만들어지고 형성된 이들에게 '벗어남'을 천명할 수 있소."

《우다아나》 8:1~3

"열반계에는 두 가지가 있소. 어떤 두 가지인가? 생명의 연료가 여전히 남아 있는 열반계[有餘涅槃]가 있고, 생명의 연료가 남아 있지 않은 열반계[無餘涅槃]가 있소. 생명의 연료가 여전히 남아 있는 열반계는 무엇인가? 여기 번뇌[漏]가 사라져 아라한이 된 한 비구가 있소. 그는 생을 살아냈고, 해야 할 일을 해 마쳤고, 짐을 내려놓았고, 가장 높은 목표에 이르렀으며, 존재의 족쇄를 부수었소. 그리고 구경의 지혜를 통해 해탈을 이루었소. 그의 다섯 감각기관은 남아 있기에 그는 여전히 마음에 들거나 마음에 들지 않는 것들과 마주치고, 여전히 즐거움과 괴로움을 경험한다오. 그에게 탐욕과 성냄과 어리석음이 완전히 사라졌기에 이를 생명의 연료가 여전히 남아 있는 열반계라고 한다오. 그러면 생명의 연료가 남아 있지 않은 열반계는 무엇인가? 여기 아라한이 된 한 비구가 있소. 그는 생을 살아냈고 … 그리고 구경의 지혜를 통해 해탈을 이루었소. 그는 자신이 느끼는 모든 것을 즐기지 않기에 느끼는 모든 것에 대해 여기 바로 이생에서 초연하게 된다오. 이를 생명의 연료가 남아 있지 않은 열반계라고 한다오."

《여시어경》 2:17

"탐욕과 성냄과 어리석음의 멸진을 열반이라고 하오."

《상응부》 38:1

세존께서 말씀하셨다.

"우빠시이와여, 불꽃이 바람의 힘에 꺼지고 나면
더 이상 불꽃이라 할 수 없으니,
정신적인 것들에서 해탈한 고요한 성자도 이와 같소."
"그렇다면 그는 소멸한 것입니까? 더 이상 존재하지 않는 것입니까?
아니면 불멸의 존재가 된 것입니까?
성자께서 깨달으셨으니
저에게 말씀해 주십시오."

세존께서 말씀하셨다.

"우빠시이와여, 해탈한 사람을 가늠할 수 없소,
그에 대해서는 말할 수 있는 것이 아무것도 없소.
모든 현상이 끊어지면

말로 할 수 있는 길도 끊어진다오."

《숫따니빠아따》 5:7

도성제道聖諦

해설자 2 네 번째 '고의 멸에 이르는 길이라는 성스러운 진리, 도성제道聖諦'는 성팔지도聖八支道이다. 여덟 가지 항목 각각에 대해 살펴보자.

1) 바른 견해 [正見 *Sammā Diṭṭhi*]

첫 번째 목소리 "여명이 태양이 떠오르는 것을 미리 알리고 보여주듯이 바른 견해는 사성제에 대한 통찰을 있는 그대로 미리 알리고 보여준다오."

《상응부》 56:37

해설자 2 바른 견해는 여러 측면에서 볼 수 있다. '업의 과보'에서부터 바른 견해를 하나씩 살펴보자. 붓다께서는 경우에 따라 업의 과보를 여러 방법으로 설하신다.

첫 번째 목소리 "바른 견해가 맨 앞에 선다오.[157] 어떻게 바른 견해

---

157 사성제의 처음 세 가지 진리[고苦, 집集, 멸滅]는 지금까지 자세히 설명하였고 여기에서는 단지 분석적인 세부사항만 제시하고 이 세 진리를 어떻게 보아야 하는지 서술한다.

가 먼저인가? 그릇된 견해는 그릇된 견해라고 꿰뚫어 알고, 바른 견해는 바른 견해라고 꿰뚫어 안다오. 그릇된 견해란 무엇인가? '보시도 없고 희생도 없고 봉헌도 없고,[158] 잘하고 잘못한 행위들의 결실과 과보도 없고, 이 세상도 없고 저세상도 없고, 어머니도 없고, 아버지도 없고, 화생化生하는 존재도 없고, 이 세상과 저세상을 수승한 지혜로 스스로 깨닫고 선언하는, 바르게 가고 바른 길에 든 사문과 바라문은 이 세상에 없다.'라는 견해, 이것이 그릇된 견해이오."

"어떤 것이 바른 견해인가? 바른 견해에는 두 가지가 있소. 번뇌[漏]에 물들고, 공덕으로 이어지고, 존재의 기반이 되는 바른 견해가 있고, 번뇌에 물들지 않고 출세간의 것이고 팔정도의 요소인 성스러운 바른 견해가 있소. 비구들이여, 그러면 어떤 것이 번뇌에 물들고, 공덕으로 이어지고, 존재의 기반이 되는 바른 견해인가? '보시가 있고, 희생과 봉헌이 있고, 잘하고 잘못한 행위들의 결실과 과보가 있고, 이 세상과 저세상이 있고, 어머니와 아버지가 있고, 화생하는 존재가 있고, 이 세상과 저세상을 수승한 지혜로 스스로 깨닫고 선언하는, 바르게 가고 바른 길에 든 사문과 바라문이 이 세상에 있다.'는 견해, 이것이 번뇌에 물들 수 있고, 공덕으로 이어지고, 존재의 기반이 되는

---

158 이러한 행위들에는 도덕성이 없음을 뜻한다.(냐나뽀니까 테라 주)

바른 견해이오. 비구들이여, 그러면 어떤 것이 번뇌에 물들지 않고 출세간의 것이고 팔정도의 요소인 성스러운 바른 견해인가? 성스러운 마음을 가졌고, 번뇌 없는 마음을 가졌으며, 성스러운 팔정도를 구족하여 성스러운 도를 닦는 이가 있으니, 그가 가진 통찰지, 통찰지의 기능[慧根], 통찰지의 힘[慧力], 담마를 검토하는 깨달음의 구성인자[擇法覺支], 팔정도의 요소인 성스러운 바른 견해, 이것이 번뇌에 물들지 않고 출세간의 것이고 팔정도의 요소인 성스러운 바른 견해이오."

《중부》 117

해설자 2 다음으로 연기緣起의 관점에서 바른 견해를 살펴보자. 연기는 '모든 붓다들의 고유한 가르침'의 기본 구조이며, 세존께서 새롭게 발견하신 가르침 중 으뜸이다. 그 무엇도 다른 것을 조건으로 하지 않고 홀로 생길 수 없다.

두 번째 목소리

'생겨나는 모든 것들은 생겨남의 원인이 있으며,
생겨난 것은 사라지게 된다.'는 것을 여래는 가르치셨습니다.
대사문은 이러한 가르침을 주셨습니다.

"사아리뿟따 존자에게 티끌 없고 때 묻지 않은 법안法眼이 열렸다. '생겨나는 모든 것은 사라지기 마련이다.'"

《율장》〈대품〉1:23

첫 번째 목소리 "이것이 있을 때 저것이 있게 된다. 이것이 일어나면 저것이 일어난다. 이것이 있지 않을 때 저것은 있지 않게 된다. 이것이 멸하면 저것이 멸한다."

《중부》38

"연기緣起를 보는 이는 담마를 보고 담마를 보는 이는 연기를 본다."

《중부》28

"여래들이 세상에 출현하거나 않거나 간에 현상은 조건에 의해 구조적으로 결정된다는 연기법이 존재한다오. 세존께서는 연기를 발견하고 가르치신다오."

《상응부》12:20

"어떤 식으로든 어떤 곳에서든 태어남이 전혀 없다면, … 태어남이 그쳐서 더 이상 태어남이 없다면, 늙음과 죽음을 말할 수 있겠는가?" "없습니다, 세존이시여." "따라서 태어남이 늙음과 죽음의 이유이고, 원인이고, 기원이고, 조건이오." 연기법의 순서에 따라 다른 항목들도 이렇게 연이어 계속 설명하신다.

《장부》 15

"세존이시여, '바른 견해, 바른 견해'라고들 말합니다. 무엇을 '바른 견해'라 합니까?"

"깟짜야나여, 일반적으로 세상은 '있다'는 관념과 '없다'는 관념 두 가지에 좌우된다오. 하지만 세상사의 일어남을 있는 그대로 바른 지혜로 보는 이에게 세상사에는 없다는 관념이 존재하지 않소. 세상사의 소멸을 있는 그대로 바른 지혜로 보는 이에게 세상사에는 있다는 관념이 존재하지 않소."

"일반적으로 세상은 편견, 취착 그리고 '자아'라는 주장에 사로잡혀 있소. 그러나 바른 견해를 지닌 이는 그러한 편견을 지니거나 취착하지도 않고 '자아'라는 견해에 머물지도 않소. '일어나는 것은 단지 고苦일 뿐이고 그치는 것은 고일 뿐이다.'라고 의심 없이 확실히 안다오. 또한 그의 이러한 지혜는 다른 이에게 의지하지 않소. 이것이 '바른 견해'라 하는 것이오. '어떤 것이 존재한다.'는 것은 극단이며, '어떤 것이 존재하지 않는다.'는 것 또한 극단이오. 어느 한쪽의 극단에 의지하지 않고 여래는 중中에 의해 담마를 설한다오. '무명에 연하여 형성작용들[諸行]이 있고, 형성작용들에 연하여 식識이 있소. 식에 연하여….' (이와 같이 일어남과 사라짐이 계속된다.)"

《상응부》 12:15

“‘고苦를 만드는 이가 고를 겪는다.’라고 한다면, 이는 ‘고가 처음부터 있었고 그의 고는 스스로 만드는 것이다.’라고 주장하게 되어 상견常見[159]에 떨어지게 되오. 반면 ‘다른 이가 고를 만들고 다른 이가 고를 겪는다.’라고 하면, 이는 ‘느낌에 압도된 이가 고는 남이 만든 것이다.’라고 주장하는 것이 되어 단견斷見에 떨어진다오. 여래는 이 양극단 어느 한쪽에도 치우치지 않고, 중中으로 담마를 설한다오.’ … 즉 연하여 일어남과 사라짐[연기緣起의 순관과 역관]으로 설한다오.”

《상응부》 12:17

“모든 존재들은 자양분으로 유지된다오.”

《장부》 33경 ; 《증지부》 10:27, 28 ; 《소송경》 2

“자양분이란 무엇인가? 이미 태어난 중생들을 유지하기 위해

---

159 [역주] 일곱 가지 그릇된 견해:

(1) 사견邪見: 인과(因果)의 이치를 부정하는 견해.
(2) 아견我見: 나에 변하지 않는 고유한 실체가 있다는 견해. 자아自我에 변하지 않고 항상 독자적으로 존속하는 실체가 있다는 견해.
(3) 상견常見: 세간世間과 자아自我는 사후死後에도 없어지지 않는다는 견해.
(4) 단견斷見: 세간과 자아는 사후에 없어진다는 견해.
(5) 계도견戒盜見: 그릇된 계율이나 금지 조항을 바른 것으로 간주하는 견해.
(6) 과도견果盜見: 그릇된 행위로 얻은 결과를 바른 것으로 간주하는 견해.
(7) 의견疑見: 붓다의 가르침을 의심하는 견해.

시공 불교사전, 곽철환, 참조.

그리고 다시 태어나고자 하는 중생들을 돕기 위해 네 가지의 자양분이 있소. 첫째는 영양분으로서의 거칠거나 부드러운 먹는 자양분[段食]이고, 둘째는 접촉 자양분[觸食], 셋째는 의도 자양분[意思食], 넷째는 식 자양분[識食]이오."

《상응부》 12:63 ; 《중부》 38

해설자 2 바른 견해의 핵심은 무엇보다도 연기를 포함하여 '모든 붓다의 고유한 가르침'인 사성제를 이해하는 것이다. 그것이 최초 법문[初轉法輪]의 주제이다.

첫 번째 목소리 "바른 견해란 무엇인가? 그것은 고에 대한 지혜, 고의 원인에 대한 지혜, 고의 멸에 대한 지혜, 고의 멸에 이르는 길에 대한 지혜이오. 이것을 바른 견해라 하오."

《상응부》 45:8 ; 《장부》 22

(1) **"'네 마리의 독사'는 사대[지·수·화·풍]를 지칭한다."**

《상응부》 35:197

"형상[色]은 거품 덩어리[氣泡]와 같고
느낌[受]은 물거품[水泡]과 같고
인식[想]은 신기루와 같고

형성작용[行]은 파초 줄기[160]와 같고
식識은 마술 놀음에 지나지 않는다고
태양의 후예께서 비유로 설하셨다."

《상응부》 22:95

"내육처內六處는 텅 비어 있는 마을이라 말할 수 있소. 현명한 이가 내육처인 눈, 귀, 코, 혀, 몸, 마음[意]을 아무리 관찰한다고 해도 그 속에는 아무것도 없고, 비어 있으며, 공하게 보이기 때문이오. 외육처外六處는 마을을 급습한 강도들이라 말할 수 있소. 눈은 마음에 들거나 마음에 들지 않는 형상으로 인하여, 귀는 그러한 소리로 인하여, 코는 그러한 냄새로 인하여, 혀는 그러한 맛으로 인하여, 몸은 그러한 감촉으로 인하여, 마음[意]은 그러한 마음의 대상들[法]로 인하여 시달리기 때문이오."

《상응부》 35:197

(2) "여래는 이 세상에서 존재하고자 하는 갈애[有愛]로 인해
괴로워하는 인간들을 본다오.
인간들은 가련하게도 그 어떤 존재로라도
다시 태어나기를 여전히 갈망하고 바라며

---

160 파초 줄기: 파초나 바나나 줄기는 심이 없고 그냥 벗겨지는 껍질들로 이루어져 있다.

죽음의 문턱에서 투덜거린다오.
그들이 '내 것'이라고 우기며
얼마나 벌벌 떠는지 보라.
말라가는 개울의 물웅덩이 속에 있는 물고기들 같구나."

《숫따니빠아따》 4:2

(3) **"이것은 가장 평온하고, 최상의 목표이며, 모든 형성작용들[諸行]의 멈춤, 존재의 모든 기반을 놓아버림, 갈애의 멸진, 소멸, 열반이오."**

《증지부》 10:60

(4) **"세속에서 얻을 수 있는 가장 좋은 것은 병 없음이오.**
최상의 행복은 열반이오.
팔정도는 안전하게 불사不死에 이르게 하는 최상의 길이라오."

《중부》 75

해설자 2 또한 바른 견해는 무상無常·고苦·무아無我라는 세 가지 보편적 특상[三法印]에 대해 올바로 이해하는 것이고, 삼법인은 연기緣起가 무엇인지 구조적이고 포괄적으로 나타내는 것이다. 이것이 부처님의 두 번째 법문인 〈무아의 특상特相 경〉의 주제이다.

첫 번째 목소리 "형성된 것[有爲]에는 형성된 것[161]의 세 가지 특징이 있소. '일어남'이 분명하고, '사라짐'이 분명하고, '현존하는 것의 변화함'이 분명하오. 형성되지 않은 것[無爲]에는 형성되지 않은 것의 세 가지 특징이 있소. 일어나지 않음이 분명하고, 사라지지 않음이 분명하고, 현존하는 것의 변화하지 않음이 분명하오."

《증지부》 3:47

"형상·느낌·인식·형성작용·식, 오온과 그리고 육처가 무상하다는 것을 확실히 이해할 때, 바른 견해를 지니게 된다오."

《상응부》 22:51 ; 《상응부》 35:155

"모든 것은 무상하오. 무상한 모든 것은 무엇인가? 눈[眼]은 무상하고, 형상[色]은 무상하고, 눈의 식[眼識]은 무상하고, 눈의 접촉[眼觸]은 무상하다오. 눈의 접촉에서 생겨난 즐거운 느낌, 괴로운 느낌, 괴롭지도 즐겁지도 않은 느낌, 모든 느낌은 무상하다오. 귀는 … 코는 … 혀는 … 몸은 … 마음[意]은 무상하

161 형성된 것formed: 빠알리어는 saṅkhata이며, '합성된 것' 또는 '조건 지어진 것'으로 번역될 수 있다. '형성되지 않은 것unformed'은 asaṅkhata이며 '합성되지 않은 것' 또는 '조건 지어지지 않은 것'으로 번역될 수 있다. 후자는 열반과 동일한 것으로 본다.(냐나뽀니까 테라 주)

다오. 마음의 대상[法]은 … 마음의 식[意識]은 … 마음의 접촉[意觸]은 무상하다오. 마음의 접촉에서 생겨난 즐거운 느낌, 괴로운 느낌, 괴롭지도 즐겁지도 않은 느낌, 모든 느낌은 무상하다오."

《상응부》 35:43

"무상한 것은 고이고, 고는 자아가 아니오[無我]."

《상응부》 35:1 ; 《상응부》 22:46

"여래들이 세상에 출현하거나 않거나 간에 '모든 형성작용은 무상[諸行無常]하고, 모든 형성작용은 고[諸行皆苦]이고, 모든 현상은 무아[諸法無我]이다.'라는 이 요소, 이 현상은 견고하며 확실하다오."

《증지부》 3:134

"비구들이여, 여래는 세상과 다투지 않소. 세상이 나와 다툰다오. 담마를 선포한 이는 세상에서 누구와도 다투지 않는다오. 세상에 현자들이 없다고 할 때 여래 또한 없다고 하고, 세상의 현자들이 있다고 할 때 여래 또한 있다고 하오. 세상의 현자들이 항상하고, 지속되고, 영원하고 변하지 않는 형상[色]은 없다고 할 때 여래 또한 없다고 하오. 느낌[受], 인식[想], 형성작용

[行], 식識에 관해서도 마찬가지라오. 세상의 현자들이 무상하고 고통스럽고 변하기 마련인 형상[色]이 있다고 할 때 여래 또한 있다고 하오. 느낌, 인식, 형성작용, 식에 관해서도 마찬가지라오."

《상응부》 22:94

"이 몸은 무상하며, 형성된 것이며, (조건에) 의존하여 일어나는[緣已生] 것이오."

《상응부》 36:7

"담마를 배우지 못한 범부는 지·수·화·풍 사대로 이루어진 몸을 자아라고 여기는 편이 마음[心][162]을 자아라고 여기는 것보다 나을 것이오. 왜 그런가? 이 몸은 일 년, 이 년 … 백 년 동안 지속적으로 볼 수 있기 때문이오. 그러나 '마음[心]·의意·식識'이라 불리는 것은 밤낮으로 일어났다가 사라졌다 하면서 변하오. 마치 원숭이가 숲속에서 이 나뭇가지를 붙잡았다 놓아버리고 또 다른 가지를 붙잡았다 놓으면서 돌아다니는 것과 같소."

《상응부》 12:61

"보시 행위에는 공덕이 있소. … 그러나 청정심으로 붓다와

---

162 찟따*citta*: 마음mind, 정신mentality, 인식cognizance. (냐나뽀니까 테라 주)

담마와 승가에 귀의하고 오계를 지키는 것이 더 큰 공덕이오. … 그것이 공덕이기는 하지만 … 그러나 암소 젖을 짜는 동안만큼이라도 자애심을 지니는 것이 더 큰 공덕이오. … 그것이 공덕이기는 하지만 … 그러나 손가락 한번 튕기는 동안만큼이라도 무상에 대한 인식[無常想]을 거듭거듭 닦는 것이 훨씬 더 큰 공덕이오."

《증지부》 9:20 (축약)

"눈, 귀 … 등을 즐기는 이는 고통을 즐기는 것이오. 그는 고통에서 벗어나지 못할 것이라고 여래는 말하오."

《상응부》 35:19

"어떤 것이 고의 과보인가? 고에 압도되고 마음이 비탄에 사로잡힌 사람은 슬퍼하고 탄식하며 가슴을 치고 울부짖으며 몸부림친다. 또는 '고를 사라지게 할 한 마디, 두 마디를 해줄 사람이 어디 없을까?'라며 밖에서 찾기 시작한다. 고는 어리석음과 밖에서 찾는 과보를 가져온다고 여래는 말하오."

《증지부》 6:63

"형성작용[行]을 즐거움으로 간주하고 열반을 괴로움으로 간주하며 그래서 그것이 진리에 부합한다고 생각해서는 안 되오.

… 반대로 형성작용들을 괴로움으로 간주하고 열반을 행복으로 간주하며 그래서 그것이 진리에 부합한다고 생각해야 하오."

《증지부》 6:99

"모든 형상, 느낌, 인식, 형성작용, 식은 그것이 어떤 종류이든, 그것이 과거의 것이든 미래의 것이든 현재의 것이든, 안에 있든 밖에 있든, 거칠든 섬세하든, 저열하든 우월하든, 멀리 있든 가까이 있든, 그 모든 것을 '있는 그대로 바른 지혜'로 보아야 하오. 즉 '이것은 나에게 속한 것이 아니다. 이것은 나가 아니다. 이것은 나의 자아가 아니다.'라고."

《상응부》 22:59

"사람들은 '세상'을 통해 세상을 인식하고 생각하는데, 그렇게 인식하고 생각한 것을 세존의 율에서 '세상'이라고 말한다오. 그러면 사람들은 무엇을 통해서 세상을 인식하고 생각하는가? 눈, 귀, 코, 혀, 몸, 마음[意], 즉 육처六處를 통해 세상이라 인식하고 세상이라 생각한다오."

《상응부》 35:116

"'세상'이라고 일컫는 이유는 허물어지기 때문이오."

《상응부》 35:82

"세존이시여, '공한 세상, 공한 세상'이라고들 합니다. 어떤 의미로 '공한 세상'이라고 합니까?" "아아난다여, 자아가 공하고 자아에 속하는 것이 공하기 때문에 '공한 세상'이라고 한다. 자아와 자아에 속하는 것이 공하다는 것은 무엇인가? 눈[眼] … 형상[色] … 안식眼識 … 안촉眼觸 … 안촉에서 비롯된 즐거운 느낌, 괴로운 느낌, 괴롭지도 즐겁지도 않은 느낌은 무엇이건 자아가 없고[空] 자아에 속하는 것이 없기 때문에 공하다. 코 … 냄새 … 코의 식 … 코의 접촉 …, 혀 … 맛 … 혀의 식 … 혀의 접촉 …, 등등에서 비롯된 즐거운 느낌, 괴로운 느낌, 괴롭지도 즐겁지도 않은 느낌은 무엇이건 자아가 없고 자아에 속하는 것이 없다."

《상응부》 35:85

"비구가 (오온에 대해) 무상이라는 인식을 거듭거듭 닦아 확고히 하고 머물면 이익과 존경과 명성을 좇지 않고, 그의 마음은 물러서고 움츠러들고 돌아서게 되오. 마치 불 위에 던져진 수탉의 깃털이나 한 가닥 힘줄이 오그라들고 말리고 줄어드는 것과 같소. … 비구가 무상한 (오온에 대해) 괴로움이라는 인식을 거듭거듭 닦아 확고히 하고 머물면 그의 마음에는 게으름, 나태함, 방종, 방일함, 수행하지 않음, 반조하지 않음이 두렵다는 강한 인식이 자리잡으니, 이는 마치 칼끝을 겨누고 있는 살인자에 대해 느끼는 두려움과 같소. … 비구가 괴로움에는 자아가 없다는 인식을 거듭거듭 닦아 확고히 하고 머물면 식識으로 모든 바깥 대상을 인식하는 이 몸을 '나'와 '나의 것'으로 생각하는 아만이 마음속에서 사라지게 된다오."

《증지부》 7:46

해설자 2 그럴듯한 '자아론'은 무어라 표현하든 '견해이자 족쇄'인데, 인식 과정에서 일어나는 미묘하고 근본적인 어떤 왜곡 즉 "'내가 있다.'는 아만"에 기반을 두고 있다. 여기서 '내가 있다.'는 아만[163]은 '견해가 아니라 오히려 족쇄'에 해당한다. 한편 자아론들은 실제로 체계적으로 정립될 수도 있고 아닐 수도 있는데 체계적으로 정립되려면 오온과 관련지어야만 명확하게 설명할 수 있다. 그 때문에 모든 자아론은 소위 '유신견'[164]이라 할 수 있다. 예류과에 든 이는 유신견은 완전히 버렸지만 '내가 있다.'라는 아만은 버리지 못했다.

첫 번째 목소리 "유신견은 어떻게 생겨납니까?"

---

163 [역주] 아만: 10가지 족쇄 중 하나이며 들뜸, 무명과 함께 아라한이 되어야 비로소 사라진다.

164 유신견Embodiment view: 유신견에서 유신에 해당하는 빠알리어 sakkāya는 sa('존재하는' 혹은 '자신의'라는 뜻) + kāya(몸)으로 분석할 수 있다. 오온의 하나나 둘 이상을 자아*attā*로 알면 오온을 가진 자아를 '몸Embodiment'으로 여기게 되어 그릇된 견해를 갖게 만든다. sakkāyadiṭṭhi는 보통은 '유신견有身見'으로 번역된다. (냐아나뽀니까 테라 주)

"담마를 배우지 못한 범부는 성자들을 존중하지 않고, 성스러운 담마와 율을 잘 알지 못하여 … 오온을 자아로, 오온을 가진 것을 자아로, 오온이 자아 속에 있는 것으로, 자아가 오온 속에 있는 것으로 여긴다오. 담마를 잘 배운 성스러운 제자들은 그렇게 여기지 않소."[165]

《중부》 44 ; 《중부》 109

"담마를 듣지 못한 범부는 성자들을 존중하지 않으며 … 이렇게 지혜롭지 못하게 생각한다오. '나는 과거에 존재했을까? 나는 과거에 존재하지 않았을까? 나는 과거에 무엇이었을까? 과거에 나는 어떠했을까? 나는 과거에 무엇이었다가 무엇으로 변했을까? 나는 미래에 존재할까? 나는 미래에 존재하지 않을까? 나는 미래에 무엇이 될까? 나는 미래에 어떻게 될까? 나는 미래에 무엇이다가 무엇으로 변할까? 그렇지 않으면 그 범부는 지금 현재에 대해서도 스스로에게 이런 의문을 갖소. '나는 존재하

---

165 [역주] 20가지 유신견有身見 *sakkāya-diṭṭhi*: 유신견은 개아가 있다는 믿음인데 인간을 윤회로부터 벗어나지 못하도록 묶고 있는 열 가지 족쇄*saṁyojana* 중 첫 번째이다. 유신견이란 우리가 오온 하나하나에 대해 다음 네 가지 믿음을 가짐으로써 생기므로 모두 스무 가지이다. (1-5) 색·수·상·행·식이 자아라는 믿음. (6-10) 자아가 색·수·상·행·식을 소유한다는 믿음. (11-15) 색·수·상·행·식 안에 자아가 있다는 믿음. (16-20) 자아 안에 색·수·상·행·식이 있다는 믿음. 유신견은 예류과를 성취하면 완전히 떨어지게 된다. 《중부》 44 ; 《상응부》 22:1 ; 법륜·열둘 《염수경》 (냐나뽀니까 테라 엮음, 규혜 스님 옮김, 〈고요한소리〉) 참조.

는가? 나는 존재하지 않는가? 나는 무엇인가? 나는 어떠한가? 이 존재는 어디서 왔는가? 어디로 가게 될 것인가?'"

"그 범부가 이런 식으로 지혜롭지 못하게 생각한다면 여섯 가지 견해들 가운데 한 가지가 일어나고 그것을 진실로 여기고 확신한다오. 그 여섯 가지는 다음과 같소. '나에게 자아는 있다.', 또는 '나에게 자아는 없다.', 또는 '나는 자아로 자아를 인식한다.', 또는 '나는 자아로 무아를 인식한다.', 또는 '나는 무아로 자아를 인식한다.', 또는 '말하고 느끼고 여기저기서 선행이나 악행의 과보를 경험하는 것은 바로 나의 자아이다. 그런 나의 자아는 항상하며, 영구하며, 변화하지 않고, 영원히 지속될 것이다.' 이러한 견해에 빠지는 것을 견해의 덤불, 견해의 황무지, 견해의 뒤틀림, 견해의 흔들림, 견해의 족쇄라 하오. 견해의 족쇄에 묶인, 담마를 듣지 못한 범부는 태어남·늙음·죽음·슬픔·비탄·고통·근심·고뇌에서 벗어날 수 없소. 여래가 이르노니, 그는 괴로움에서 벗어날 수 없소."

《중부》 2

"비구들이여, 상견常見과 단견斷見이라는 두 가지 그릇된 견해가 있으니 천신과 인간들이 그러한 견해에 사로잡히면 어떤 이들은 담마를 받아들이는 데 머뭇거리고 어떤 이들은 담마를 간과해 버린다오. 오직 눈 밝은 이들만 담마를 본다오. 어찌하여 어떤 이들은 머뭇거리는가? 어떤 천신과 인간은 존재를 좋아하고, 존재를 기뻐하고, 존재를 즐긴다오. 그러한 천신과 인간들에게 존재의 멸에 관한 담마를 설하면 그들의 마음은 담마에 가닿지 않고, 확신하지 못하고 진지하게 결단하지 못하오. 그래서 그들은 머뭇거리는 것이오. 어찌하여 어떤 이들은 간과해 버리는가? 이들은 존재를 부끄러워하고 창피해하며 역겨워하고 존재하지 않기를 바라며 이렇게 말한다오. '여보시오, 몸이 무너지면 자아가 끊어지고 절멸하여 따라서 사후에는 더 이상 아무것도 없다오. 그것이 모두에게 가장 평화로우며 가장 수승한 목표이며 진실이라오.' 어떤 이들은 이처럼 간과해 버린다오. 그러면 눈 밝은 이들은 어떻게 보는가? 여기 한 비구가 있어 생겨난 것은 무엇이든 그저 생겨난 것으로 본다오. 그렇게 보고 그들은 생겨난 것에 대해서 싫어하여 떠남, 탐욕이 사라짐, 그침을 실천하는 길로 들어선다오. 눈 밝은 이들은 이렇게 본다오."

《여시어경》 2:22

"비구들이여, 소유물이 항상하고 영원하며 … 그대들은 항상하고 불변하는 그러한 소유물을 본 적이 있는가?"

"본 적이 없습니다, 세존이시여."

"'자아론에 취착' 할 때 슬픔·비탄·고통·근심·고뇌가 일어나지 않는 그런 아어취我語取를 본 적이 있는가?"

"본 적이 없습니다, 세존이시여."

"'견해에 취착' 할 때 슬픔·비탄·고통·근심·고뇌가 일어나지 않는 그런 견취見取를 본 적이 있는가?"

"본 적이 없습니다, 세존이시여."

"비구들이여, 자아가 있으면 자아에 속하는 것이 있겠는가?"

"있습니다, 세존이시여."

"그러면 자아에 속하는 것이 있으면, 자아가 있겠는가?"

"있습니다, 세존이시여."

"비구들이여, 자아와 자아에 속한 것이 있다고 정말 확실히 생각한다면 '이것이 세상이고, 이것이 자아다. 죽고 난 후, 나는 항상하고 영원하며 변하지 않을 것이고, 나는 영원히 그대로 존재할 것이다.'라는 견해를 갖게 될 텐데 그런 견해는 전적으로 완전히 어리석지 않은가?"

"어찌 그렇지 않겠습니까, 세존이시여, 그것은 전적으로 완전히 어리석은 생각입니다."

《중부》 22

"사문이나 바라문이 자아를 여러 가지로 본다 해도 그들은 모두 오취온五取蘊을 보거나 오취온 중 어느 한 가지를 본다오. 세존을 존중하지 않고 담마를 배우지 못한 범부는 … 자아를 형상[色]으로, 또는 형상을 지닌 것을 자아로, 자아 속에 형상이 있는 것으로, 또는 형상 속에 자아가 있다고 본다오. 수취온受取蘊 상취온想取蘊 행취온行取蘊 식취온識取蘊도 마찬가지이오. 범부는 이렇게 보며 '내가 있다.'고 생각하지만 '내가 있다.'고 생각하는 한, 눈, 귀, 코, 혀, 몸이라는 다섯 가지 감각기능이 있게 되오. 그러면 거기에 마음[意]이 있고, 마음의 대상인 현상들이 있고, 무명의 요소가 있소. 담마를 배우지 못한 범부가 무명에 연하여 느낌이 일어날 때, 그는 '내가 있다.', '나는 이것이다.', '나는 있을 것이다.', '나는 없을 것이다.', '나는 형상으로 존재할 것이다.', '나는 형상 없이 존재할 것이다.', '나는 인식할 것이다.', '나는 인식하지 않을 것이다.', '나는 인식하지도 않고 인식하지 않을 것도 아니다.'라고 생각한다오. 그러나 가르침을 잘 받은 성스러운 제자에게는 다섯 가지 감각기능이 그대로 남아 있지만, 무명이 버려지고 명지明智가 일어나오. 그래서 그에게 '내가 있다.'거나 … '나는 인식하지도 않고 인식하지 않을 것도 아니다.'라는 생각이 더 이상 일어나지 않는다오."

《상응부》 22:47

해설자 2 범부는 미묘하고도 근본적인 성향, '내가 있다.'는 아만이라는 잠재성향을 인식하지 못한다. 아만은 범부가 대상을 인식할 때 자동적이고 즉각적으로 '나'와 대상과의 관계를 설정하면서 '나'의 관점에서 나와 인식대상을 동일시하거나 내가 대상에 포함되어 있다거나 그것과 분리되어 있다거나 그것을 소유하고 있다고 생각하게 한다. 이러한 생각, 이러한 사고방식은 아라한과를 증득하기 전까지는 버리지 못한다. 《중부》 1과 《중부》 49 (참조)

첫 번째 목소리 "'내가 있다.'라는 것은 오온에 대한 취착이지, 취착이 아닌 것이 아니오. 무엇에 대한 취착인가? 형상, 느낌, 인식, 형성작용과 식에 대한 취착이오."

《상응부》 22:83

"어떤 사문이나 바라문이 무상하고 괴로우며 변하기 마련인 색色·수受·상想·행行·식識을 두고 '나는 우월하다.' '나는 동등하다.' '나는 열등하다.'라고 하면, 그것은 있는 그대로를 보지 못하는 눈먼 자가 아니고 무엇이겠소?"

《상응부》 22:49

장로 비구들의 질문을 받고, 케마까 존자가 다음과 같이 대답했다. "나는 이러한 취착의 대상이 되는 오온[五取蘊]을 자아나 자아에 속하는 것으로 보지 않습니다. … 그러나 나는 번뇌를 멸진한 아라한은 아닙니다. 오히려 오취온에 대해서 나는 여전히 '내가 있다.'라고 생각합니다. 그렇지만 오취온을 두고 '내가 이것이다.'라고 보지는 않습니다. … 나는 '내가 형상이다.' 혹은 '내가 느낌이다.' 혹은 '내가 인식이다.' 혹은 '내가 형성작용이다.' 혹은 '내가 식識이다.'라고 말하지는 않습니다. 그렇다고 해서 '형상과 별개로 내가 있다, … 식과 별개로 내가 있다.'라고도 말하지 않습니다. 오취온을 '내가 이것이다.'라고 보지는 않지만 여전히 '내가 있다.'라고 생각합니다. 성스러운 제자는 다섯 가지 낮은 단계의 족쇄는 버렸을지 모르지만 오취온에 대해서 그에게는 여전히 '내가 있다.'라는 아만, '내가 있다.'라는 욕구, '내가 있다.'는 잠재성향이 여전히 없어지지 않고 남아있습니다. 나중에 '이러한 것이 형상[色]이고, 이러한 것이 형상[色]의 일어남이고, 이러한 것이 형상[色]의 사라짐이구나.'라고 일어남과 사라짐을 수관하며 머뭅니다. 수受·상想·행行·식識에 대해서도 마찬가지로 일어남과 사라짐을 수관하며 머뭅니다. 그때 비로소 '내가 있다.'는 미세한 아만조차 완전히 뿌리 뽑히게 될 것입니다."

《상응부》 22:89

해설자 2 이제 우리는 열 가지 족쇄를 다루게 되었다. 이 족쇄들은 깨달음의 네 단계를 증득해 감에 따라 점진적으로 부서질 것이다.

첫 번째 목소리 "세존을 친견하지 못하고 담마를 배우지 못한 범부는 …. 유신견, 의심, 계율과 의례의식에 대한 잘못된 생각,[166] 감각적 욕망, 악의에 사로잡혀 묶인 채 살아간다오. 그런 것들이 마음속에 일어날 때 벗어나는 방법을 알지 못한다오. 그것들이 그 사람 안에서 습관이 되고 근절되지 않은 채 남아있으면 낮은 단계의 다섯 가지 족쇄[下五分結]라고 하오."

《중부》 64

"나머지 다섯 가지 족쇄[上五分結]는 색계에 대한 탐욕, 무색계에 대한 탐욕, '내가 있다'는 아만, 들뜸, 무명이오."

《장부》 33

"하오분결 가운데 세 가지 족쇄를 끊어내고 예류과에 든 비구들이 있소. 그들은 이제 파멸처로 떨어지지 않으며, 해탈이 확실하며 올바른 깨달음에 이를 것이오. 세 가지 족쇄가 끊어지고, 탐욕과 성냄과 어리석음이 엷어져 일래과에 든 비구들이 있소. 그는 한 번만 이 세상에 되돌아와서 괴로움을 끝낼 것이오. 하오분결을 끊어내어 화생化生[167]으로 정거천에 태어나 이 세상으로 되돌아오지 않고 그곳에서 열반에 드는 불환과의 비

---

166 계율과 의례의식에 대한 잘못된 생각: 계율과 의례의식에 대한 취착*sīlabbata parāmāsa*을 말한다. (냐나뽀니까 테라 주)

167 [역주] 화생化生: 불교에서 말하는 사생四生(태생胎生, 난생卵生, 습생濕生, 화생化生)의 하나이다.

구들이 있소. 모든 번뇌를 소멸하고, 성스러운 삶을 다 살아냈고, 할 일을 다 해 마쳤고, 짐을 내려놓았고, 가장 높은 목표에 도달했고, 존재의 족쇄를 끊어버린 아라한들이 있소. 그들은 궁극의 지혜로 완전히 해탈한 비구들이오."

《중부》 118

"탐욕과 성냄과 어리석음의 멸진을 일러 아라한이 됨이라 하오."

《상응부》 38:2

"도반들이여, 비구가 여러 지방에 가면, 여러 신분의 배운 사람들이 그에게 질문할 것입니다. '존자의 스승은 무슨 말씀을 하십니까? 어떤 가르침을 설하십니까?'라고 배우고 호기심 많은 이들이 물어볼 것입니다. 그러면 마땅히 이렇게 대답해야 합니다. '우리의 스승은 욕구와 감각적 욕망을 없애는 것을 가르치십니다.' 그리고 '무엇에 대한 욕구와 욕망을 없애는 것입니까?'라고 질문을 받는다면 이렇게 대답해야 합니다. '형상·느낌·인식·형성작용·식에 대한 욕구와 감각적 욕망을 없애는 것입니다.' '그런데 형상·느낌·인식·형성작용·식 속에서 어떤 위험을 봅니까?'라고 질문을 받는다면 이렇게 대답해야 합니다. '사람이 형상·느낌·인식·형성작용·식에 대한 욕구와 감각적 욕망과 애착과 목마름과 열망과 갈애가 있을 때, 그것들이 바뀌고 변하면서 슬픔·비탄·고통·근심·고뇌가 생깁니다.' 그리고 '형상·느낌·인식·형성작용·식을 없애면 어떤 이익이 있습니까?'라고 질문을 받는다면 이렇게 대답해야 합니다. '사람이 형상·느낌·인식·형성작용·식에 대한 욕구와 감각적 욕망과 애착과 목마름과 열망과 갈애에서 벗어나면 그것들이 바뀌고 변해도, 슬픔·비탄·고통·근심·고뇌가 생기지 않습니다.'"

《상응부》 22:2

2) 바른 사유 [正思 *Sammā Saṅkappa*]

해설자 2 바른 견해에 대해 살펴보았다. 팔정도에서 바른 견해 다음의 항목은 바른 사유이다.

첫 번째 목소리 "바른 사유란 무엇인가? 그것은 감각적 욕망을 떠남[出離], 악의 없음, 해치지 않음이다. 그것을 바른 사유라 하오."

《상응부》 45:8 ; 《장부》 22

"성스러운 제자가 '감각적 욕망이란 달콤함은 적고, 많은 괴로움과 많은 절망이 따라오는 것이어서 거기에는 재난이 더 많다.'라고 있는 그대로 바르게 통찰지로 명료하게 본다면 그는 감각적 욕망과 불선법不善法으로부터 멀어져 희열과 행복, 그보다 더 높은 평온을 얻는다오. 그때 비로소 그는 더 이상 감각적 욕망에 흔들리지 않는다오."

《중부》 14

"산적 무리들이 양쪽에 날이 달린 톱으로 그의 사지를 마디마디 절단한다고 해도 그것 때문에 마음에 증오를 품는다면 그는 여래의 가르침을 행하는 이가 아니오."

《중부》 21

"비구는 자신을 괴롭히지도 않고, 남을 괴롭히지도 않고, 양쪽 모두를 괴롭히지도 않는다오."

《중부》 13

3) 바른 말[正語 *Sammā Vācā*]

해설자 2 팔정도의 앞 항목인 바른 견해와 바른 사유는 '혜慧'에 해당한다. 이제 세 번째 항목은 바른 말이다.

첫 번째 목소리 "바른 말이란 무엇인가? 거짓말[妄語], 이간하는 말[兩舌], 거친 말[惡口], 쓸데없는 말[綺語]을 삼가는 것이오. 그것을 바른 말이라 하오."

《상응부》 45:8 ; 《장부》 22

“여기 어떤 자는 거짓말을 삼가오. 그가 법정이나 회의, 친척들, 상인 단체나 왕족들 앞에 증인으로 불려와서 ‘그러면, 선남자여, 당신이 아는 바를 말해보시오.’라는 질문을 받을 때 아는 바가 없으면 ‘저는 알지 못합니다.’라고 대답하고, 아는 바가 있으면 ‘제가 압니다.’라고 대답하고, 보지 못했으면 ‘저는 보지 못했습니다.’라고 대답하고, 보았으면 ‘제가 보았습니다.’라고 대답하오. 그는 자신을 위해서도 다른 사람을 위해서도, 또 어떤 사소한 물질적 이익을 위해서도 고의로 거짓을 말하지 않는다오. 그는 이간하는 말[兩舌]을 삼가고, 이간하려고 여기에서 들은 말을 다른 곳에 옮기지 않으며, 다른 곳에서 들은 말을 여기에 옮기지 않소. 사이가 틀어진 이들을 화해시키고, 우정을 돈독하게 하며, 화합을 좋아하고 기뻐하고 즐긴다오. 그는 화합을 북돋우는 말을 하고, 거친 말을 삼가오. 그는 청정하고, 들어서 기쁘고 다정하고 심금을 울리는 말을 하며, 예의 바르고 많은 이들에게 바람직하고 친근한 말을 하오. 그는 쓸데없는 말을 삼가고, 시기적절하고 사실에 기반을 둔 말과 선한 말을 하며, 담마와 율에 관한 말을 하오. 그는 적절한 때에 마음에 새길 만한 말을 하고, 합당하고 분명하며 유익한 말을 하오.”

《중부》 41

4) 바른 행위[正業 *Sammā Kammanta*]

해설자 2 이제 네 번째 항목, 바른 행위이다.

첫 번째 목소리 "바른 행위란 무엇인가? 살생을 삼가고 도둑질을 삼가고 삿된 음행을 삼가는 것, 이를 바른 행위라고 하오."

《상응부》 45:8 ; 《장부》 22

"재가자가 오계를 갖추고 신심을 지닌 채 살다가 죽으면 그는 누가 데려다 놓은 듯 천상에 화현할 것이오. 오계란 무엇인가? 살생, 도둑질, 삿된 음행, 거짓말, 술과 같은 취하게 하는 것을 삼가는 것이오."

《증지부》 5:172~73

5) 바른 생계[正命 *Sammā Ājīva*]

해설자 2 그다음 다섯 번째 항목은 바른 생계이다.

첫 번째 목소리 "바른 생계란 무엇인가? 성스러운 제자는 그릇된 생계 수단을 버리고 바른 생계로 생활해 나간다오."

《상응부》 45:8 ; 《장부》 22

"사기, 요설, 점술, 속임수, 고리대금업 등 부당한 부의 획득, 이것이 비구들에게는 그릇된 생계이오."

《중부》 117

"재가자들이 취급하면 안 되는 다섯 가지 거래가 있소. 그 다섯 가지가 무엇인가? 무기, 사람, 육류, 술이나 독약 거래이오."

《증지부》 5:177

6) 바른 노력[正精進 *Sammā Vāyāma*]

해설자 2 팔정도 중에서 앞서 언급한 세 가지 항목, 바른 말, 바른 행위, 바른 생계는 '계戒'에 해당한다. 팔정도 가운데 이 세 항목은 예비 단계로 알려져 있다. 이제 여섯 번째 항목인 바른 노력이다.

첫 번째 목소리 "무엇이 바른 노력인가? 여기 한 비구가 아직 일어나지 않은 악하고 불선한 상태가 일어나지 않도록 열의를 내고 노력하고 힘쓰고 분발하고 애를 쓴다오. 그는 이미 일어난 악하고 불선한 상태를 극복하기 위해 마음을 다잡소. 그래서 그는 노력하고 … 그는 아직 일어나지 않은 선한 상태를 일어나게 하기 위해 노력하고 … 그는 이미 일어난 선한 상태를 지속시키고 사라지지 않게 하고 증장시키고 유지하고 충만하게 하기 위해 마음을 다잡고 애를 쓴다오. 그러기 위해 그는 노력하고 힘쓰고 분발하고 애를 쓴다오. 이것을 바른 노력이라고 하오.

《상응부》 45:8 ; 《장부》 22

7) 바른 마음챙김[正念 *Sammā Sati*]

해설자 2 이제 일곱 번째 항목인 바른 마음챙김이다.

첫 번째 목소리 “무엇이 바른 마음챙김인가? 여기 한 비구가 몸에서 몸을 열심히, 분명히 알아차리고, 마음챙김하면서 지낸다오. 그는 세상과 관련된 욕심과 근심을 내려놓은 채 지낸다오. 그는 느낌에서 느낌을 …, 마음에서 마음을 …, 담마에서 담마를 열심히 분명히 알아차리고 마음챙김하면서, 세상과 관련된 욕심과 근심을 내려놓은 채 지낸다오. 이것을 바른 마음챙김이라 하오.”

《상응부》 45:8 ; 《장부》 22

“어떻게 비구는 몸에 대한 마음챙김을 닦는가? 어떤 비구가 숲속에 가거나, 나무 아래 가거나, 한적한 곳에 가서 앉는다오. 가부좌를 틀고 몸을 곧게 세우고 자신의 면전에 마음챙김을 확립하고서 마음챙겨 숨을 들이쉬고, 마음챙겨 숨을 내쉰다오.[168] 숙련된 도공이나 그의 도제가 길게 돌릴 때 ‘길게 돌린다.’고 알고 짧게 돌릴 때 ‘짧게 돌린다.’고 안다오. 그와 같이 숨을 길게

168 여기서 말하는 수행은 내적으로 관觀하는 것이지, 하타요가에서처럼 신체적 계발이나 호흡조절을 가리키지 않는다. 이 〈염처경*Satipaṭṭhāna sutta*〉(《중부》 10경)은 오늘날 명상을 위한 기초로 많이 암송된다. 이 경의 주제인 마음챙김의 확립은 붓다의 가르침의 주춧돌이라고 할 수 있겠다.

들이쉬면서 비구는 '나는 길게 들이쉰다.'고 알고, 길게 내쉬면서 비구는 '나는 길게 내쉰다.'고 안다오. 짧게 들이쉬면서 비구는 '나는 짧게 들이쉰다.'고 알고, 짧게 내쉬면서 비구는 '나는 짧게 내쉰다.'고 안다오. 그는 '온몸을 경험하면서 들이쉬리라, 온몸을 경험하면서 내쉬리라.'고 공부짓고, '신행身行을 가라앉히면서 들이쉬리라, 신행身行을 가라앉히면서 내쉬리라.'고 공부짓는다오."[169]

"이와 같이 그는 안으로, 밖으로,[170] 안팎으로 몸에 대한 마음챙김을 하며 지낸다오."

"그는 몸에서 일어나는 것, 사라지는 것, 일어나고 사라지는 것을 마음챙김한다오."

"지혜가 있는 만큼 마음챙김하는 만큼 '몸이 있구나.'라는 몸에 대한 마음챙김이 그에게 확립된다오. 그는 무엇에도 의존하지 않고, 세상의 그 무엇에도 집착하지 않으며 지낸다오."

"이와 같이 비구는 몸에 대한 마음챙김을 하며 지낸다오."

---

169 온몸을 경험하면서: 주석서에 의하면, 들숨과 날숨 전체를 온전히 알아차리는 것을 의미한다. '몸의 형성작용[身行]을 가라앉히면서'는 점점 더 고요하게 숨을 가라앉히는 것을 의미한다. (비구 보디 주)

170 [역주] 밖으로: 주석서에 의하면, 다른 사람의 몸 등을 말한다. (하지만 자신의 몸을 순전히 객관적으로 바라보는 것을 의미하기도 한다.)
후렴구의 첫 구절은 집중을 강조한다. 두 번째 구절은 일어남과 사라짐에 대한 통찰(바른 견해)을 가리킨다. 세 번째 구절은 궁극적 깨달음을 성취한 사람이 지닌 완전한 알아차림을 말한다.

"그리고 비구는 걸어가면서 '걷고 있다'고 알고, 서 있으면서 '서 있다'고 알며, 앉아있으면서 '앉아있다'고 알고, 누워있으면서 '누워있다'고 안다오. 또는 그의 몸이 다른 어떤 자세를 취하고 있건 간에 그 자세대로 안다오."

"그는 … 안팎으로 몸에 대한 마음챙김을 하며 지낸다오."

"그는 일어나고 사라지는 것을 마음챙김한다오."

"그에게 '몸이 있구나'라는 마음챙김이 확립되어 … 세상의 그 무엇에도 집착하지 않으며 지낸다오."

"그렇게 비구는 몸에 대한 마음챙김을 하며 지낸다오."

"그리고 비구는 나아갈 때 물러날 때 자신의 거동을 잘 알아차리고, 앞을 볼 때 뒤돌아볼 때 잘 알아차리고, 구부릴 때 펼 때 잘 알아차리고, 누더기 가사[糞掃衣]를 입을 때 발우와 다른 법의를 지닐 때 잘 알아차리고, 먹을 때 마실 때 씹을 때 맛볼 때 잘 알아차리고, 대소변을 볼 때 걸을 때 설 때 앉을 때 잠들 때 잠을 깰 때 말할 때 침묵할 때 잘 알아차리면서 행한다오."

"그는 마음챙김하며 지낸다오."

"이와 같이 비구는 몸에 대한 마음챙김을 하며 지낸다오."

"그리고 비구들이여, 이는 마치 양쪽이 트인 자루에 벼, 현미, 콩, 완두, 기장, 백미 등 여러 가지 곡식이 가득 담겨 있는데, 어떤 눈 밝은 사람이 그 자루를 풀고 일일이 헤쳐 보면서 '이것은 벼, 이것은 현미, 이것은 콩, 이것은 완두, 이것은 기장, 이것은 백미다.'라고 하는 것과 같이 비구는 이 몸이 여러 가지 부정한 것으로 가득 차 있음을 발바닥에서부터 위로 올라가며 살피고 그리고 머리털에서 아래로 내려가며 살핀다오. '이 몸에는 머리털·몸털·손발톱·이·살갗·살·힘줄·뼈·골수·콩팥·염통·간·횡격막·지라·허파·큰창자·작은창자·위·똥·뇌·쓸개즙·가래·고름·피·땀·굳기름·눈물·피부의 기름기·콧물·침·관절활액·오줌 등이 있다.'고."

"그는 마음챙김하며 지낸다오."

"이와 같이 비구는 몸에 대한 마음챙김을 하며 지낸다오."

"그리고 마치 솜씨 좋은 백정이나 그의 도제가 소를 잡아서 각을 뜬 다음 큰길 네거리에 이를 벌여 놓고 앉아 있는 것과 같이 비구는 이 몸을 놓여 있는 대로, 향하고 있는 대로, 요소별로 살핀다오. '이 몸에는 땅·물·불·바람의 요소가 있다.'고."

"그는 마음챙김하며 지낸다오."

"이와 같이 비구는 몸에 대한 마음챙김을 하며 지낸다오."

"그리고 비구는 마치 묘지에 버려진, 죽은 지 하루나 이틀 또는 사흘 된 시체가 부풀고 검푸러지고 문드러지는 것을 보는 듯이 자신의 몸을 거기에 비추어 바라본다오. '이 몸도 또한 그와 같고, 그와 같이 될 것이며, 거기에서 벗어나지 못하리라.'고."

"그는 마음챙김하며 지낸다오."

"이와 같이 비구는 몸에 대한 마음챙김을 하며 지낸다오."

"그리고 비구는 마치 묘지에 버려진 시체를 까마귀가 마구 쪼아 먹고, 솔개가 마구 쪼아 먹고, 독수리가 마구 쪼아 먹고, 개가 마구 뜯어 먹고, 자칼이 마구 뜯어 먹고, 수없이 많은 갖가지 벌레 떼들이 덤벼들어 파먹는 것을 보는 듯이 자신의 몸을 거기에 비추어 바라본다오. … 마치 묘지에 버려진 시체가 살과 피가 묻은 채 힘줄로 얽히어 서로 이어진 뼈대만 남은 것을 보는 듯이, … 마치 묘지에 버려진 시체가 살은 없이 피만 엉긴 채 힘줄로 얽히어 서로 이어진 뼈대만 남은 것을 보는 듯이, … 마치 묘지에 버려진 시체가 살과 피는 없고 힘줄만 남아 서로 이어진 뼈대만 남은 것을 보는 듯이, … 마치 묘지에 버려진 시체가 힘줄도 사라지고 해골이 되어 뼈들이 흩어져서 여기에는 손뼈, 저기에는 발뼈, 저기에는 정강이뼈, 저기에는 넓적다리뼈, 저기에는 엉덩이뼈, 저기에는 등뼈, 저기에는 두개골 등이 사방에 널려 있는 것을 보는 듯이, … 마치 묘지에 버려진 시체가 조개껍데기 색깔같이 뼈가 하얗게 백골이 된 것을 보는 듯이, … 마치 묘지에 버려진 시체가 해가 지나서 뼈들만 남아 있는 것을 보는 듯이, … 마치 묘지에 버려진 시체가 세월이 지나 뼈들이 삭아 가루가 된 것을 보는 듯이 자신의 몸을 거기에 비추어 바라본다오. '이 몸 또한 이와 같고, 이와 같이 될 것이며, 거기에서 벗어나지 못하리라.'라고."

"그는 마음챙김하며 지낸다오."

"이와 같이 비구는 몸에 대한 마음챙김을 하며 지낸다오."

"어떻게 비구는 느낌에 대한 마음챙김을 하며 지내는가?"

"여기 즐거운 느낌을 느낄 때 비구는 '나는 즐거운 느낌을 느낀다.'고 알고, 괴로운 느낌을 느낄 때 그는 '나는 괴로운 느낌을 느낀다.'고 알고, 괴롭지도 즐겁지도 않은 느낌을 느낄 때 그는 '나는 괴롭지도 즐겁지도 않은 느낌을 느낀다.'고 알고, 물질적인 것에 즐거움[171]을 느낄 때 그는 '나는 물질적인 것에 즐거움을 느낀다.'고 알고, … 나머지 두 가지 느낌도 마찬가지로 안다오. 비물질적인 것에 즐거움을 느낄 때, 그는 '나는 비물질적인 것에 즐거움을 느낀다.'고 알고, … 나머지 두 가지 느낌도 마찬가지로 안다오."

"그는 이와 같이 안으로, 밖으로, 안팎으로 느낌에 대한 마음챙김을 하며 지낸다오."

"그는 어떤 느낌들이 일어나는지, 어떤 느낌들이 사라지는지, 어떤 느낌들이 일어나고 사라지는지를 마음챙김한다오."

"지혜가 있는 만큼 마음챙김하는 만큼 '느낌이 있구나.'라는 마음챙김이 그에게 확립된다오. 그는 무엇에도 의존하지 않고, 세상의 그 무엇에도 집착하지 않으며 지낸다오."

"이와 같이 비구는 느낌에 대해 마음챙김을 하며 지낸다오."

---

171 물질적*āmisa*: 음식, 옷 등과 같은 사물을 말한다. 여기서는 그것과 관련된 느낌을 가리킨다.

"그러면 어떻게 비구가 마음에 대해 마음챙김하며 지내는가?"

"비구는 탐욕이 있는 마음을 탐욕이 있는 마음이라고 알고, 탐욕을 여읜 마음을 탐욕을 여읜 마음이라고 안다오. 그는 성냄이 있는 마음을 성냄이 있는 마음이라고 알고, 성냄을 여읜 마음을 성냄을 여읜 마음이라고 안다오. 그는 미혹이 있는 마음을 미혹이 있는 마음이라고 알고, 미혹을 여읜 마음을 미혹을 여읜 마음이라고 안다오. 그는 정돈된 마음을 정돈된 마음이라고 알고, 산란한 마음을 산란한 마음이라고 안다오. 그는 (출가) 장부심을 장부심이라고 알고, 범부의 마음을 범부의 마음이라고 안다오. 그는 유상심有上心을 유상심이라고 알고, 무상심無上心[172]을 무상심이라고 안다오. 그는 바른 집중에 든 마음을 바른 집중에 든 마음이라고 알고, 바른 집중에 들지 못한 마음을 바른 집중에 들지 못한 마음이라고 안다오. 그는 해탈한 마음을 해탈한 마음이라고 알고, 해탈하지 못한 마음을 해탈하지 못한 마음이라고 안다오. 그는 이와 같이 안으로, 밖으로, 안팎으로 마음에 대한 마음챙김을 하며 지낸다오."

"그는 어떤 마음들이 일어나는지, 어떤 마음들이 사라지는지, 어떤 마음들이 일어나고 사라지는지를 마음챙김한다오."

---

172 무상심無上心: 무상심이란 더 능가할 데가 없는 정이나 깨달음에 이른 마음이다.

"지혜가 있는 만큼 마음챙김하는 만큼 '마음이 있구나.'라는 마음챙김이 그에게 확립된다오. 그는 무엇에도 의존하지 않고, 세상의 그 무엇에도 집착하지 않으며 지낸다오."

"이와 같이 비구는 마음에 대해 마음챙김을 하며 지낸다오."

"그러면 어떻게 비구는 대상[法]에 대해 마음챙김하며 지내는가?"

"여기 비구가 다섯 장애[五蓋][173]라는 대상에 대해 마음챙김하며 지낸다오. 어떻게 비구가 대상에 대해 마음챙김을 하며 지내는가? 자신에게 감각적 욕망이 일어날 때 그는 '나에게 감각적 욕망이 있다.'라고 알고, 자기에게 감각적 욕망이 일어나지 않을 때 그는 '나에게 감각적 욕망이 없다.'라고 알고 그리고 그는 전에 없던 감각적 욕망이 어떻게 일어나는지 알며, 일어난 감각적 욕망이 어떻게 사라지는지 안다오. 사라진 감각적 욕망이 미래에 어떻게 다시 일어나지 않는지 안다오. 그에게 악의가 일어날 때 …. 그에게 해태와 혼침이 일어날 때 …. 그에게 들뜸과 회한이 일어날 때 …. 그에게 회의적 의심이 일어날 때 …. 그는 사라진 회의적 의심이 미래에 어떻게 다시 일어나지 않는지 안다오."

"그는 이와 같이 안으로, 밖으로, 안팎으로 대상에 대해 마음챙김을 하며 지낸다오."

---

173 장애hindrance: 수행의 길을 막는 장애물이라고 볼 것이 아니라 오히려 수행자를 탐·진·치의 흐름 속에 가둬두는 장애물이라는 의미로 보아야 할 것이다.

"그는 어떤 대상들이 일어나는지, 어떤 대상들이 사라지는지, 어떤 대상들이 일어나고 사라지는지를 마음챙김한다오."

"지혜가 있는 만큼 마음챙김하는 만큼 '대상들이 있구나.'라는 마음챙김이 그에게 확립된다오. 그는 무엇에도 의존하지 않고, 세상의 그 무엇에도 집착하지 않으며 머문다오."

"이와 같이 비구는 다섯 가지 장애라는 대상에 대해 마음챙김을 하며 머문다오."

"다시 비구는 오취온이라는 대상에 대해 마음챙김을 하며 지낸다오. 어떻게 비구가 오취온이라는 대상에 대해 마음챙김을 하며 지내는가? 비구는 다음과 같이 안다오. '형상[色]은 이러하고, 그것의 일어남은 이러하고, 그것의 사라짐은 이러하다. 느낌[受]은 이러하고, 그것의 일어남은 이러하고, 그것의 사라짐은 이러하다. 인식[想]은 이러하고, 그것의 일어남은 이러하고, 그것의 사라짐은 이러하다. 형성작용[行]은 이러하고, 그것의 일어남은 이러하고, 그것의 사라짐은 이러하다. 식識은 이러하고, 그것의 일어남은 이러하고, 식의 사라짐은 이러하다.'"

"그는 마음챙김하며 지낸다오."

"이와 같이 비구는 오취온이라는 대상에 대해 마음챙김을 하며 지낸다오."

"그리고 비구가 육내외처六內外處라는 대상에 대해 마음챙김하며 지낸다오. 어떻게 비구가 육내외처라는 대상에 대해 마음챙김을 하며 지내는가? 비구는 눈[眼]을 알고 형상[色]과 이 두 가지로 인해 생기는 족쇄[結]를 알고, 그는 전에 없던 족쇄가 어떻게 생기는지 알고, 생겨난 족쇄가 어떻게 사라지는지 알고 그리고 사라진 족쇄가 어떻게 미래에 생겨나지 않는지를 안다오. 그는 귀와 소리 …. 코와 냄새 …. 혀와 맛 …. 몸과 감촉 …. 마음[意]과 담마 그리고 그 두 가지들로 인해 생기는 족쇄를 알고, … 그리고 그는 사라진 족쇄가 어떻게 미래에 생겨나지 않는지를 안다오."

"그는 마음챙김하며 지낸다오."

"이와 같이 비구는 안팎으로 육내외처라는 대상에 관하여 마음챙김하며 지낸다오."

"그리고 비구는 깨달음의 일곱 가지 구성인자[七覺支]라는 대상에 대해 마음챙김을 하며 지낸다오. 어떻게 비구가 칠각지라는 대상에 대해 마음챙김을 하며 지내는가? 자신에게 마음챙김이라는 깨달음의 요소[念覺支]가 있다면, 비구는 '나에게 마음챙김이라는 깨달음의 요소가 내면에 있다.'고 안다오. 자신에게 마음챙김이라는 깨달음의 요소가 없다면, 그는 '나에게 마음챙김이라는 깨달음의 요소가 없다.'고 안다오. 그리고 그는 전에 없던 마음챙김이라는 깨달음의 요소가 어떻게 생겨나는지 알며, 생겨난 마음챙김이라는 깨달음의 요소가 어떻게 수행되고 완성되는지 안다오. 자신에게 담마를 검토하는 깨달음의 요소[擇法

覺支]가 있다면 …. 자신에게 정진력이라는 깨달음의 요소[精進覺支]가 있다면 …. 자신에게 희열이라는 깨달음의 요소[喜覺支]가 있다면 …. 자신에게 고요함이라는 깨달음의 요소[輕安覺支]가 있다면 …. 자신에게 집중이라는 깨달음의 요소[定覺支]가 있다면 …. 자신에게 평온함이라는 깨달음의 요소[捨覺支]가 있다면, 비구는 '나에게 평온함이라는 깨달음의 요소가 있다.'고 안다오. 자신에게 평온함이라는 깨달음의 요소가 없다면, 그는 '나에게 평온함이라는 깨달음의 요소가 없다.'고 안다오. 그리고 그는 전에 없던 평온함이라는 깨달음의 요소가 어떻게 일어나는지 알며, 일어난 평온함이라는 깨달음의 요소가 어떻게 수행되고 완성되는지 안다오."

"그는 마음챙김하며 지낸다오."

"이와 같이 비구는 깨달음의 일곱 가지 구성인자[七覺支]라는 대상에 대해 마음챙김을 하며 지낸다오."

"그리고 다시 비구가 사성제라는 대상에 대해 담마를 있는 그대로 마음챙김하며 지낸다오. 어떻게 비구가 사성제를 마음챙김하며 지내는가? 비구는 '이것이 고苦이다.' 그리고 '이것이 고의 원인[集]이다.' 그리고 '이것이 고의 멸滅이다.' 그리고 '이것이 고의 멸에 이르는 길[道]이다.'라고 있는 그대로 안다오."

"이와 같이 비구는 안으로, 밖으로, 안팎으로 사성제라는 대상에 대해 마음챙김을 하며 지낸다오."

"그는 대상들에서 일어나는 요소들과 사라지는 요소들, 일어나고 사라지는 요소들을 마음챙김한다오."

"지혜가 있는 만큼 마음챙김하는 만큼 '대상이 있구나.'라는 마음챙김이 그에게 확립된다오. 그는 무엇에도 의존하지 않고, 세상의 그 무엇에도 집착하지 않으며 지낸다오."

"이와 같이 비구는 사성제에 대해 마음챙김을 하며 지낸다오."

"비구들이여, 누구든지 이러한 네 가지 마음챙김의 확립[四念處]을 일곱 해 동안 수행한다면 … 일곱 해는 아니더라도, … (6년, 5년, 4년, 3년, 2년, 1년, 7개월, 6개월, … 1개월, 보름) … 이레만이라도 수행한다면, 두 가지 결과 중 하나를 기대할 수 있을 것이오. 그 두 가지 결과는 지금·여기에서 궁극적 지혜를 얻거나 불환과에 드는 것이오."

《장부》 22 ; 《중부》 10

"비구들이여, 여래는 사념처의 일어남과 사라짐에 대하여 설할 것이오. 자양분이 일어나므로 몸[身]이 일어나고, 자양분이 그치므로 몸이 사라진다오. 촉觸이 일어나므로 느낌[受]이 일어나고, 촉이 그치므로 느낌이 사라진다오. 명색名色이 일어나므로 식識이 일어나고, 명색이 그치므로 식識이 사라진다오. 주의를 기울이므로 대상[法]이 일어나고, 주의 기울임이 그치므로 대상이 사라진다오.

《상응부》 47:42

“모든 대상[法]은 열의를 뿌리로 하며, 모든 대상은 주의 기울임을 근원으로 하고, 모든 대상은 촉으로부터 일어나며, 모든 대상은 느낌으로 귀결되며, 모든 대상은 삼매[定]를 앞세우며, 모든 대상은 마음챙김의 지배하에 있으며, 모든 대상은 통찰지를 최상으로 하며, 모든 대상은 해탈을 핵심으로 하오.”

《증지부》 8:83

“스스로를 보호하고자 한다면, 네 가지 마음챙김의 확립이 계발되어야 하오. 남을 보호하고자 한다면 네 가지 마음챙김의 확립이 계발되어야 하오. 스스로를 보호하는 이는 남을 보호하고, 남을 보호하는 이는 스스로를 보호한다오.”

《상응부》 47:19

8) 바른 집중[正定 *Sammā Samādhi*]

해설자 2 이제 마지막 여덟 번째 항목인 바른 집중에 이르렀다.

첫 번째 목소리 “바른 집중이란 무엇인가?” “여기 한 비구는 모든 감각적 욕망을 떨치고 불선한 것들을 떨쳐버린 후, 생각의 일어남[尋]과 생각 지속[伺]이 있으며, 떨쳐버림[遠離]에서 온 희열[喜]

과 행복[樂]이 있는 초선初禪에 들어 머문다오."

《장부》 2 ; 《장부》 22 ; 《중부》 39 ; 《상응부》 45:8

"마치 솜씨 좋은 때밀이나 그의 도제가 금속 대야에 목욕 가루를 쏟아붓고 물을 알맞게 부어가며 계속 이기면 그 목욕 가루덩이에 안팎으로 물기가 흠뻑 스며들지만 물기가 밖으로 흘러나오지 않는 것과 같소. 이와 같이 비구는 떨쳐버렸음에서 생긴 희열과 행복감으로 이 몸을 흠뻑 적시고 두루 스며들게 하고 두루 채우고 고루 배게 한다오. 온몸 속속들이 떨쳐버렸음에서 생긴 희열과 행복이 스며들지 않은 데가 없다오."

《장부》 2 ; 《중부》 39

"생각의 일어남과 생각 지속이 가라앉으면 그는 이선二禪에 든다오. 그는 확신이 있고 마음이 전일해지고 생각의 일어남과 생각 지속이 없이 삼매에서 생긴 희열과 행복이 있는 이선二禪에 머문다오."

《장부》 2 ; 《장부》 22 ; 《중부》 39 ; 《상응부》 45:8

"마치 밑바닥에 있는 샘에서 나오는 물로 채워지는 못에 동서남북 어디로부터도 흘러들어오는 물이 없고, 하늘에서 때때로 소나기도 내리지 않는다면 밑바닥 샘으로부터 솟아나는 차

가운 물이 그 못을 차가운 물로 흠뻑 적시고 두루 스며들게 하고 두루 채우고 고루 배게 하고, 못 전체에 그 어느 한 부분도 이 차가운 물이 배어들지 않은 곳이 없는 것과 같소. 바로 이와 같이 비구는 이 몸을 삼매에서 생긴 희열과 행복감으로 흠뻑 적시고 두루 스며들게 하고 두루 채우고 고루 배게 한다오. 온 몸 속속들이 삼매에서 생긴 희열과 행복이 배어들지 않은 데가 없다오."

《장부》 2 ; 《중부》 39

"비구는 희열이 사라지고 마음챙김하고 알아차림하며 평온[捨]에 머문다오. 몸으로는 여전히 행복을 경험하면서, '평온함을 이루어 마음챙김하며 행복하게 머문다.'고 성자들이 일컫는 삼선三禪에 들어 머문다오."

《장부》 2 ; 《장부》 22 ; 《중부》 39 ; 《상응부》 45:8

"마치 청련 못이나 홍련 못이나 백련 못에 있는 청련이나 홍련이나 백련들이 물속에서 발아하여 물속에서 자라 물 밖으로 나오지 않고 물속에 잠긴 채 우거져 있는데 차가운 물이 그 꽃들을 꼭대기에서 뿌리까지 흠뻑 적시고 두루 스며들고 두루 채우고 고루 배어든다면 그 어느 청련이나 홍련이나 백련도 물이 배어들지 않은 것이 없는 것과 같소. 이와 같이 비구는 희열이 없는 행복으로 이 몸을 흠뻑 적시고 두루 스며들게 하고 두루 채우고 고루 배게 한다오. 온몸 속속들이 희열이 없는 행복이 배어들지 않은 데가 없다오."

《장부》 2 ; 《중부》 39

"비구는 행복감도 버리고 괴로움도 버리고, 그 이전에 이미 기쁨과 슬픔은 사라져서 불고불락不苦不樂인, 평온에 기인한 마음챙김의 청정함이 있는 사선四禪에 들어 머문다오."

《장부》 2 ; 《장부》 22 ; 《중부》 39 ; 《상응부》 45:8

"마치 어떤 사람이 머리에서 발끝까지 하얀 천을 덮어쓰고 앉아 있는데 그의 몸 어느 부분도 하얀 천으로 덮이지 않은 곳이 없는 것과 같소. 바로 이와 같이 비구는 이 몸을 극히 청정하고 극히 순결한 마음으로 고루 채우고 온몸 속속들이 극히 청정하고 극히 순결한 마음이 배어들지 않은 데가 없다오."

《장부》 2 ; 《중부》 39

"성스러운 바른 집중은 어떤 조건들을 갖추어야 하는가? 바른 집중은 팔정도의 나머지 일곱 요소들을 갖추고 마음이 한곳에 모아진 것[心一境性]이오. 바른 견해가 맨 앞에 선다오. 그릇된 견해·그릇된 사유·그릇된 말·그릇된 행위·그릇된 생계가 모두 그릇된 것임을 안다오. 바른 견해·바른 사유·바른 말·바른 행위·바른 생계가 모두 바른 것임을 안다오. 그런데 바른 견해·바른 사유·바른 말·바른 행위·바른 생계는 두 가지로 말할 수 있소. 번뇌가 있고 공덕으로 이어지고 존재의 기반이 남아 있는 바른 견해가 있고, 번뇌가 없고 세속을 초탈한 성스러운 팔정도의 요소인 바른 견해가 있소. 그릇된 견해·그릇된 사유·그릇된 말·그릇된 행위·그릇된 생계를 버리고자 노력하고, 바른 견해·바른 사유·바른 말·바른 행위·바른 생계를 구족하려고 노력하는 것이 바른 노력이오. 바른 견해로 마음을 챙겨 그릇된 견해·그릇된 사유·그릇된 말·그릇된 행위·그릇된 생계를 버리고, 바른 견해·바른 사유·바른 말·바른 행위·바른 생계를 구족하여 머무는 것이 바른 마음챙김이오."

《중부》 117 (축약)

해설자 2 팔정도의 마지막 세 항목인 바른 노력, 바른 마음챙김, 바른 집중이 '정定'을 이룬다. 팔정도 여덟 항목에 바른 지혜와 바른 해탈을 합해 '바른 열 가지[十正支]'라 한다. 이런 '바름에 대한 확신'은 예류과에서 얻게 된다. 바른 집중이라는 이 주제를 끝내기 전에 덧붙이자면, 집중은 계속 나아가면 '무색계라 불리는 네 경지[四無色處]'에 이를 수 있다. 그러나 이 사무색처는 바른 집중인 사선四禪과는 별개이다.

첫 번째 목소리 "일체 색에 대한 인식을 완전히 넘어서고, 감각적 반응에 대한 인식을 소멸하고 갖가지 인식에 주의를 기울이지 않기 때문에 '무한하구나, 허공은.' 하며 공무변처空無邊處에 들어 머문다오."

"일체 공무변처를 완전히 초월하여 '무한하구나, 식識은.' 하며 식무변처識無邊處에 들어 머문다오."

"일체 식무변처를 완전히 초월하여 '없구나, 아무것도.' 하며 무소유처無所有處에 들어 머문다오."

"일체 무소유처를 완전히 초월하여 비상비비상처非想非非想處에 들어 머문다오."

"색계 사선四禪은 성자의 율에서 번뇌의 소멸이라고 부르지 않는다오. 그것은 성자의 율에서 '지금·여기에서의 행복한 머묾'이라 부른다오. 무색계의 네 경지는 성자의 율에서 번뇌의 소멸이라 부르지 않는다오. 그것은 성자의 율에서 '고요한 머묾'이라 부른다오."

《중부》 8

색계 사선四禪과 무색계 네 경지[四處]를 수행하는 비구는 마아라의 눈을 가리고, 대상을 보는 마아라의 시야를 일시적으로 차단하여 사악한 마아라의 눈에 띄지 않게 된다오.

《중부》 25

해설자 2 색계 사선과 무색계 사처를 붓다들의 고유한 가르침은 아니라고 주장하기도 한다.[174] 바른 견해 없이 사선과 사처를 닦는 것으로는 천상에 이를 수 있을 뿐 열반에 이를 수는 없다. 붓다들의 고유한 가르침은 '사성제'이다. 아홉 번째인 '상수멸정想受滅定의 증득'은 깨달음의 가장 높은 두 경지인 불환과와 아라한과에서만 이를 수 있다고 한다. 따라서 붓다들과 그 제자들에게만 가능하다.

첫 번째 목소리 "비구는 비상비비상처를 완전히 넘어서서 상수멸정에 들어 머문다오. 통찰지로 번뇌를 남김없이 멸한다오. 그때 비구는 마아라의 눈을 가리고 대상을 보는 마아라의 시야를 차단하여 사악한 마아라의 눈에 띄지 않게 된다오. 그리하여 세상에 대한 모든 집착을 극복했다고 말한다오."

《중부》 25

"지혜로운 이는 계戒가 확립되어
마음과 통찰지를 닦을 때,
근면하고 슬기로운 비구는
갈애로 인한 엉킴을 푼다오."

《상응부》 1:23

174 사무량심 또한 고유한 가르침은 아니라고 알려져 있다.

"비구들이여, 한 사람이 한 겁劫에 걸쳐 윤회하며 그가 남긴 뼈들이 흩어지지 않고 모여서 파괴되지 않는다면 그 뼈 더미, 뼈 쌓임, 뼈 무더기가 웨뿔라산 높이만큼 수북이 쌓일 것이오."

《여시어경》 1:24

"어떤 사람이 구멍이 하나 뚫린 멍에를 바다속에 던진다면 그것이 동풍이 불면 서쪽으로 밀려가고, 서풍이 불면 동쪽으로 밀려가고, 북풍이 불면 남쪽으로 밀려가고, 남풍이 불면 북쪽으로 밀려갈 것이오. 눈먼 거북이 하나가 백 년 만에 한 번씩 수면으로 나온다면 비구들이여, 어떻게 생각하느냐, 그 눈먼 거북이가 그 멍에의 하나뿐인 구멍 속으로 마침내 머리를 집어넣을 수 있겠는가?"

"세존이시여, 오랜 세월이 지난 후에야 그럴 수도 있을 것입니다."

"비구들이여, 거북이가 멍에의 구멍 속에 머리를 집어넣는 것이 악처에 떨어진 어리석은 자가 인간계로 되돌아올 길을 찾는 것보다 빠를 것이오."

《중부》 129

"비구들이여, 이와 같이 여래가 잘 설한 담마는 분명하고 열려 있고 명확하고 군더더기가 없소. 이렇게 잘 설한 담마 안에서, 여래에 대한 믿음이 깊고 여래를 좋아하는 사람은 누구나 천상으로 향하게 된다오."

《중부》 22

"제자들의 안녕을 바라고 측은히 여기는 스승이 애정에서 우러나 제자들을 위해 해야 할 일을 여래가 그대들을 위해 했소. 여기 나무 밑, 한적한 곳이 있소. 비구들이여, 참선하시오, 나중에 후회하지 않도록 방일하지 마시오. 이것이 그대들에게 주는 모든 붓다들의 당부이오."

《중부》 8 ; 《중부》 152

해설자 2 이 정도로 팔정도의 개관을 마무리한다. 그렇다면 어떻게 그 길을 실제로 따라야 하는가?

팔정도 수행

첫 번째 목소리 어느 날 아침 아아난다 존자가 채비를 하고 발우와 가사를 들고 사아왓티로 탁발을 나갔다. 자눗소니 바라문이 네 필의 암말이 끄는 온통 새하얀 수레를 몰고 사아왓티에서 나오는 것을 보았다. 말도 마구도 수레도 덮개도 신발도 모두 하얀색이었다. 심지어 흰 부채로 부채질을 받고 있었다. 사람들이 그 광경을 보고 말했다. "정말 신성한 수레구나! 참으로 신이 타는 수레 같아!"

탁발을 마치고 돌아온 아아난다 존자가 세존께 그 광경을 전하며 여쭈었다. "세존이시여, 이 담마와 율에서 신성한 수레라고 부를 만한 것이 있습니까?"

"그럴 만한 것이 있다, 아아난다여." 세존께서 말씀하셨다. "'신성한 수레'는 팔정도를 부르는 이름이다. 또한 '담마의 수레'라고도 하고 '전투에서 거둔 위없는 승리'라고도 한다. 성스러운 팔정도의 모든 구성요소들은 탐욕·성냄·어리석음의 멸진으로 완결되기 때문이다."

《상응부》 45:4

"한 아기가 수태되고, 태어나 젊은이로 자람에 따라 감각기능이 성숙해지면 그는 다섯 가닥의 감각적 욕망을 갖추게 되고 그것을 즐긴다오. 눈으로 인식되는 형상이 바라고 원하고 기분좋고 마음에 드는 것일 때 그것은 감각적 욕망과 탐욕을 부추긴다오. 귀로 인식하는 소리, 코로 인식하는 냄새, 혀로 인식하는 맛, 몸으로 인식하는 감촉도 마찬가지이오.

눈으로 형상을 보고, 귀로 소리를 듣고, 코로 냄새를 맡고, 혀로 맛을 음미하고, 몸으로 감촉하고, 마음[意]으로 그 대상을 인식할 때 마음에 들면 그것을 갈망하게 되고, 마음에 들지 않으면 혐오를 일으킨다오. 몸에 대한 마음챙김이 확립되지 않고 마음이 치우쳐 있으면 불선하고 불건전한 상태가 남김없이 그치는 심해탈心解脫과 혜해탈慧解脫을 있는 그대로 알지 못하오. 즐거운 느낌이거나 괴로운 느낌이거나 괴롭지도 즐겁지도 않은 느낌이거나 간에 그 느낌에 매이게 되오. 그래서 그 느낌을 확신하고 받아들이고 그 느낌에 길들여진다오. 그러한 느낌들에 길들여지는 것이 곧 취착이오. 취착이 조건이 되어 존재 가능성이 있게 되오. 존재 가능성이 조건이 되어 태어남이 있게 된다오. 태어남이 조건이 되어 늙음과 죽음이 있게 되고, 슬픔·비탄·고통·근심·고뇌가 뒤따른다오. 이렇게 모든 고온苦蘊이 일어난다오."

"비구들이여, 여래가 이 세상에 출현하신다오. 그분은 아라한이며, 완전히 깨달은 분[正等覺者]이며, 지혜와 실천을 갖춘 분[明行足]이며, 최상의 행복인 열반에 잘 도달한 분[善逝]이며, 세간을 아는 분[世間解]이며, 가장 높은 분[無上士]이며, 사람들을 잘 다루는 지도자[調御丈夫]이고, 신과 사람의 스승[天人師]이며, 깨달은 분[佛]이며, 세존이시오. 그분은 이 세간의 모든 중생들, 즉 신들과 마아라들 범천들이 있는 세상에서 그리고 사문과 바라문, 왕자들과 인간들을 포함하는 중생들 가운데서 당신 스스로 위없는 지혜로 깨달으신 담마를 선언하신다오. 처음도 좋고 중간도 좋고 끝도 좋은 담마, 의미와 표현을 구족하여 더할 나위 없이 완벽한 담마를 설하신다오. 청정하디 청정한 삶, 그 성스러운 삶을 드러내신다오."

"몇몇 장자나 그의 아들, 혹은 어느 가문 출신이 그 담마를 듣는다면 담마를 듣고 그는 여래를 믿게 된다오. 믿음을 갖고 그는 숙고한다오. '세속의 삶은 번잡하고 먼지투성이다. 출가의 삶은 넓게 열려 있다. 세속에 살면서는 잘 닦인 조개껍데기처럼 지극히 완전하고 순수하게 청정범행을 닦기가 쉽지 않다. 머리카락과 수염을 깎고, 황색 가사를 입고, 집을 떠나 집 없는 삶으로 출가를 하면 어떨까?'"

그리고 얼마 후 가진 재산이 적든 많든 버리고, 일가친척이 적든 많든 인연을 끊고, 그는 머리카락과 수염을 깎고, 황색 가사를 입고, 집을 떠나 출가하여 비구들의 학습 계목을 받아 지니고 비구의 생활 방식을 지켜나가면서, 그는 살아있는 존재를 죽이는 것을 삼가고, 몽둥이와 칼을 버리고, 부끄러움을 알고, 자비를 보이고, 모든 살아있는 생명의 이익을 위해 연민하며 머문다오. 그는 주어지지 않은 것을 갖지 않고, 주어진 것만을 취하고, 주어진 것만을 바라면서, 도둑질하지 않고 스스로 청정하게 머문다오. 그는 독신으로 지낸다오. 그는 독신으로 홀로 지내며 저속한 감각적 욕망을 삼간다오. 그는 거짓말을 삼가고 진실한 말만을 하며, 믿을 만하며 올곧고 신뢰할 수 있으며, 세상을 속이지 않는다오. 그는 이간하는 말을 하지 않고 거친 말을 하지 않고 쓸데없는 말을 하지 않는다오. 그는 적당한 때에 기억할 만한 가치가 있고 합당하며 목적이 분명하고 유익한 말을 한다오.[175]"

"그는 모든 종류의 씨앗과 초목에 해를 끼치는 것을 멀리한다오. 그는 하루에 한 번만 먹고, 야식과 때아닌 때의 공양을 멀리한다오. 그는 춤 노래 음악 연극 관람을 삼간다오. 화환을 두르지 않고, 향수를 뿌리지 않으며 화장으로 꾸미지 않고 높고 큰 침상을 사용하지 않는다오. 금과 은, 날곡식과 생고기, 여자와 소녀, 여자 노예와 남자 노예, 염소와 양, 닭과 돼지, 코끼리와 소, 수말과 암말, 땅과 밭을 받지 않는다오. 삯된 심부름을 가는 것, 물건을 사고파는 것, 저울을 속이는 것, 금속을 속이는 것, 치수를 속이는 것을 멀리 여읜다오. 속이고 기만하고 횡령하는 것을 멀리 여읜다오. 상해, 살해, 감금, 약탈, 노략질, 폭력을 멀리 여읜다오."

"그가 몸을 보호하는 정도의 옷으로 만족하고 탁발 음식은 허기를 견딜 정도로 만족한다오. 그래서 날개 있는 새들이 날아다닐 때 늘 자신의 날개만 사용하여 날듯이 그는 어디를 가든 꼭 필요한 물품만 지니고 다닌다오. 이렇게 그는 성자들의 계온戒蘊을 구족하여 비난받을 일이 없는 행복을 스스로 느낀다오."

175 전문은 본서 12장 '바른 말' 부분 참조.

“그는 눈[眼]으로 형상[色]을 볼 때 바깥 대상의 전체상이나 세부상을 취하지 않는다오. 만약 그가 눈의 감각기능[眼根]을 단속하지 못한 채 있다면 그 전체상과 세부상을 통해 탐심과 근심이라는 불선한 것들이 그에게 밀어닥칠 것이오. 그래서 그는 안근眼根을 단속하기 위해 수행을 하고, 안근을 방호하여, 안근을 단속한다오. 마찬가지로 귀[耳]로 소리[聲]를 들을 때, 코[鼻]로 냄새[香]를 맡을 때, 혀[舌]로 맛[味]을 볼 때, 몸[身]으로 감촉[觸]할 때, 의意로 대상[法]을 인식할 때도 그러하다오. 이렇게 성자들이 지니는 감각기능 방호[根防護]를 갖추고 있기에 그는 청정한 행복을 스스로 느낀다오.”

“그는 앞으로 나아갈 때나 뒤로 돌아갈 때 그리고 침묵할 때도 분명한 알아차림을 한다오.”[176]

“이렇게 성자들의 계온을 잘 구족하고 감각기능을 잘 방호하고 마음챙김[正念]하고 알아차림[正知]하며, 그는 한적한 곳을 찾아 숲으로 나무 아래로 바위로 골짜기로 산속의 동굴로 묘지로 덤불로 공터로 짚단이 쌓인 곳으로 간다오. 탁발하고 돌아와 공양을 하고 나서 가부좌를 틀고 상체를 곧게 세우고 면전에 마음챙김을 확립하여 앉는다오.”

“세속에 대한 탐욕을 떨치고, 탐욕 없는 마음으로 지내며, 탐

---

176 전문은 본서 12장 ‘바른 마음챙김’ 부분 참조.

욕으로부터 마음을 청정하게 한다오. 악의와 증오를 떨쳐내고, 악의 없는 마음으로 지내며, 살아있는 모든 생명의 이익을 위하여 연민하며 그는 악의와 증오로부터 마음을 청정하게 한다오. 해태와 혼침을 떨치고, 해태와 혼침 없이 지내며, 해태와 혼침으로부터 마음을 청정하게 한다오. 광명을 인식하며 마음챙김하고 알아차림하며 지낸다오. 들뜸과 회한을 떨치고, 들뜨지 않고 지내며, 안으로 고요히 가라앉은 마음으로 그는 들뜸과 회한으로부터 마음을 청정하게 한다오. 그는 의심을 떨치고, 의심 없는 마음으로 지내며, 선법善法에 아무런 의심이 없어서 그는 의심으로부터 마음을 청정하게 한다오."

《중부》 38

"어떤 사람이 빚을 내어 사업을 했는데 그 일이 성공해서 묵은 빚을 모두 갚았고 그뿐 아니라 아내와 자식을 부양할 여분의 재산이 남았다고 합시다. 그 생각을 하면 그는 기쁘고 즐거울 것이오. 또는 어떤 사람이 위중한 병에 걸려 고통스럽고 극심하게 아프고 음식을 먹을 수 없어 몸에 전혀 힘이 없는데, 나중에 병에서 회복되어 힘이 다시 생겼다고 합시다. 또는 어떤 사람이 감옥에 갇혔으나 나중에 안전하고 건강하게 풀려나고 재산의 손실도 없다고 합시다. 또는 어떤 사람이 종이 되어 자기 생각대로 할 수 없고 남에게 매여 가고 싶은 곳에 갈 수도 없는데 나중에 종살이에서 풀려나 자기 생각대로 할 수 있고 남에게 매이지 않고 가고 싶은 곳에 갈 수 있는 자유인이 되었다고 합시다. 또는 어떤 사람이 재산과 물건들을 가지고 사막을 가로지르는 길에 들어갔다가 나중에 그가 사막을 안전하고 건강하게 지나왔고, 재산의 손실도 없었다고 합시다. 그런 생각들을 하면 그는 기쁘고 즐거울 것이오. 이와 마찬가지로 비구는 자기 마음속에서 이들 다섯 가지 장애[五蓋]를 떨쳐 버리지 못하는 한, 그 장애들을 빚으로 질병으로 감옥으로 속박으로 사막을 건너는 길로 생각한다오. 그러나 이들 다섯 가지 장애가 자기 안에서 제거되면, 비구는 그것을 빚 없음, 병 없음, 감옥에서 석방, 속박에서 벗어남 그리고 안전한 곳에 이른 것으로 생각한다오."

《중부》 39

"지혜를 흐리는 정신적 결함들인 이 다섯 가지 장애를 떨쳐 버리고, 감각적 욕망과 불선한 것에서 완전히 떠나, 그는 초선 … 이선 … 삼선… 사선에 들어 머문다오."

"눈으로 형상을 보고 귀로 소리를 듣고 코로 냄새를 맡고 혀로 맛을 음미하고 몸으로 감촉하고 마음[意]으로 그 대상을 인식할 때, 즐거운 느낌이 일어나도 그는 그것을 갈망하지 않는다오. 괴로운 느낌이 일어나도 그것을 싫어하며 피하지 않는다오. 몸에 대한 마음챙김을 확립하고 무량한 마음으로 머물 때, 불선하고 불건전한 상태가 남김없이 사라진 심해탈心解脫과 혜해탈慧解脫을 있는 그대로 안다오. 이렇게 좋아함이나 싫어함을 떨쳐버렸기에 즐거운 느낌이거나 괴로운 느낌이거나 괴롭지도 즐겁지도 않은 느낌이거나 간에 어떤 느낌을 느낄 때, 그 느낌을 확신하지도 않고 받아들이지도 않고 그 느낌에 길들여지지도 않는다오. 느낌에 길들여지지 않으면 취착이 없어진다오. 취착이 없어지면 존재 가능성이 없어진다오. 존재 가능성이 없어지면 태어남이 없소. 태어남이 없으면 늙음과 죽음이 없고 또한 슬픔·비탄·고통·근심·고뇌가 없어진다오. 이렇게 모든 고의 쌓임[苦蘊]이 없어지게 된다오."

《중부》 38

방편들

"뱀을 잡고 싶은 어떤 사람이 커다란 뱀을 본다고 합시다. 그가 잘못하여 뱀의 몸통이나 꼬리를 잡는다면, 뱀은 몸을 돌려 그를 물게 될 것이고, 그 때문에 그 사람은 죽음에 이르거나 치명적인 고통을 당할 것이오. 왜 그런가? 그가 뱀을 잘못 잡았기 때문이오. 이와 마찬가지로 몇몇 어리석은 사람들은 가르침의 뜻을 지혜롭게 살피지 않은 채 담마를 배우기 때문에, 그 담마는 그들에게 확립되지 않는다오. 그 대신 배운 담마로 남을 헐뜯고 논박하는 데 쓰기 때문에 담마를 배우는 참 목적을 알지 못하는 것이오. 담마를 잘못 이해하면 오랫동안 불이익과 고통을 받게 된다오. 반면 뱀을 잡고 싶은 사람이 커다란 뱀을 보았을 때, 그래서 그가 끝이 갈라진 막대로 올바르게 뱀의 목을 눌러 잡는다면, 뱀이 그의 손이나 팔이나 사지를 감을 수는 있지만 죽음에 이르거나 치명적인 고통을 당하지는 않을 것이오. 이와 마찬가지로 몇몇 훌륭한 가문의 자제들이 담마를 배우고, 가르침의 뜻을 지혜로 살핀다면, 그들은 그 담마를 깊이 생각하기를 즐기게 된다오. 남을 헐뜯고 논박하려고 담마를 배우는 것이 아니기에, 그들은 담마를 배우는 참 목적을 알게 된다오. 또한 올바로 가르침을 이해한다면 오래오래 안녕과 행복을 누리게 된다오."

"비구들이여, 어떤 나그네가 길을 가다가 큰 강을 만났다고 합시다. 이쪽 기슭은 위험하고 두렵고 건너편 기슭은 안전하고 두렵지 않은데 건너갈 배도 없고 다리도 없었소. 그래서 곰곰이 생각한 후, 풀과 잔 나뭇가지와 큰 나뭇가지와 나뭇잎을 모아 한데 묶어 뗏목을 만들어 그 뗏목에 의지하여 손과 발을 열심히 움직여 안전하게 건너갔소. 그는 큰 강을 건너고 나서 생각할 것이오. '이 뗏목은 나에게 매우 도움이 되었다. 그것에 의지해서 안전하게 큰 강을 건넜으니까. 이 뗏목을 머리에 이거나 어깨에 메고서 내가 갈 곳으로 가면 어떨까?' 자, 그렇다면 그는 뗏목에 대해 제대로 생각하는 것이오?"

"세존이시여, 아닙니다." "그는 뗏목을 어떻게 해야 하는가? 그가 안전하게 큰 강을 건넜다면, 그는 이렇게 생각할 것이오. '이 뗏목은 나에게 매우 도움이 되었다. 그것에 의지하여 안전하게 큰 강을 건넜으니까. 이 뗏목을 마른 땅으로 끌어 올려놓거나 물 위에 띄워놓고 내가 갈 곳으로 가면 어떨까?' 그것이 그가 그 뗏목에 대해 제대로 생각하는 해야 할 바를 하는 것이오. 이와 같이 여래가 그대들에게 뗏목에 비유하여 담마를 설했나니, 그것은 건너기 위한 것이지 움켜쥐기 위한 것이 아니오. 비구들이여, 그대들이 이 뗏목의 비유를 이해한다면, 담마도 버려야 하거늘, 하물며 그릇된 담마야 말해서 무엇하리오!"

《중부》 22 (축약)

끝맺음

"탐욕, 성냄과 어리석음의 멸진은 형성되지 않음[無爲], 끝, 번뇌 없음, 진리, 피안, 미묘함, 매우 알기 힘듦, 늙지 않음, 견고함, 허물어지지 않음, 드러나지 않음, 희론戲論 없음, 평온함, 불사不死, 숭고함, 축복, 안온함, 갈애의 멸진, 경이로움, 미증유, 재난 없음, 고난 없는 상태, 열반, 병 없음, 탐욕의 사라짐, 청정함, 벗어남, 집착 없음, 섬, 의지처, 피난처, 귀의처, 피안에 도달함."

《상응부》 43:1~44

13. 데와닷따

해설자 2 데와닷따는 붓다의 사촌이었다. 그가 붓다의 지위를 찬탈하려고 시도한 것은 붓다께서 깨달음을 성취하시고 37년이 지난 후 붓다의 연세가 일흔둘 즈음이었다.

해설자 1 그 이야기는 율장에 이렇게 나온다.

두 번째 목소리 이와 같은 일이 있었다. 예전에 데와닷따가 홀로 앉아 정진하고 있을 때 그에게 이런 생각이 떠올랐다. "내가 많은 이득과 존경과 명성을 얻으려면 누구의 신뢰를 받아야 할까?" 그는 생각해냈다. "아자아따삿뚜 왕자가 있구나. 그는 명예로운 미래가 보장된 젊은이다. 내가 그의 신뢰를 얻으면 어떨까? 그렇게 되면 나에게는 많은 이득과 존경과 명성이 따르게 될 것이다."

그래서 데와닷따는 잠자리를 치워놓고, 발우와 가사를 챙겨 들고 라아자가하로 향했고 마침내 그곳에 이르렀다. 그곳에서 그는 원래 자신의 모습을 감추고, 뱀으로 허리띠를 두른 젊은이의 모습으로 아자아따삿뚜 왕자 바로 앞에 나타났다. 그러자 아자아따삿뚜 왕자는 겁에 질려 두려워하고 미심쩍어하며 불안에 떨었다. 데와닷따가 물었다. "왕자여, 제가 두렵습니까?"

"그렇소. 나는 무섭소. 당신은 누구요?"

"저는 데와닷따입니다."

"당신이 정말 데와닷따라면, 존자시여, 당신의 원래 모습을 보여주십시오."

데와닷따는 젊은이의 모습에서 벗어나 발우를 들고 누덕누덕 기운 가사와 승복을 입은 모습으로 아자아따삿뚜 왕자 앞에 섰다. 데와닷따의 놀라운 신통력을 본 아자아따삿뚜 왕자는 그를 매우 신뢰하게 되었다. 그 후로 왕자는 아침저녁으로 5백 대의 수레에 5백 명분의 우유죽을 싣고 와서 그에게 공양했다. 데와닷따는 많은 이득과 존경과 명성에 매몰되었고 야심에 차 이런 소망이 생겼다. "내가 비구들의 승가를 다스릴 것이다." 그런 생각을 품자마자 그의 신통력은 사라져버렸다.

《율장》〈소품〉 7:2 ; 《상응부》 17:36 (참조)

세존께서 꼬삼비에 머물고 싶은 만큼 머무신 후, 라아자가하를 향해 출발해서 천천히 유행하시다가 마침내 라아자가하에 이르셨다. 세존께서는 죽림정사의 깔란다까니와아빠에 머무셨다. 그때 많은 비구들이 세존을 찾아와 여쭈었다. "세존이시여, 아자아따삿뚜 왕자가 매일 아침저녁으로 데와닷따에게 5백 대의 수레에 5백 명분의 우유죽을 싣고 와서 공양하며 섬기고 있습니다."

"비구들이여, 데와닷따가 얻은 이득과 존경과 명성을 부러워하지 마시오. 그것은 마치 사나운 개의 코 앞에 담즙을 뿌리면 개가 더 사나워지는 것과 같소. 이와 마찬가지로 아자아따삿뚜 왕자가 지금처럼 데와닷따를 섬기는 한, 데와닷따에게 퇴보가 예상되고 선법善法이 증장하지 않을 것이오. 마치 파초가 열매를 맺음으로써 자멸하고 몰락하는 것처럼 데와닷따 또한 이득과 존경과 명성을 얻으면 자멸하고 몰락하게 될 것이오."

《율장》〈소품〉 7:2 ; 《상응부》 17:35~36 (참조) ; 《증지부》 4:68 (참조)

또 이와 같은 일도 있었다. 세존께서 왕과 많은 사람들에게 둘러싸여 담마를 설하고 계실 때였다. 데와닷따가 자리에서 일어나 가사 자락을 한쪽 어깨에 걸치고 두 손을 모아 합장하며 세존께 말씀드렸다. "세존이시여, 세존께서는 이제 나이 들어 늙고 쇠하여 힘도 들뿐더러 노년에 이르러 사실 날도 얼마 남지 않으셨습니다. 그러니 이제 세존께서는 편안하게 쉬십시오. 지금·여기서 행복하게 지내십시오. 비구들의 승가를 저에게 넘겨주십시오. 제가 비구들의 승가를 이끌겠습니다."

"그만하라, 데와닷따여. 비구들의 승가를 이끌겠다는 생각을 품지 말라."

데와닷따가 다시 같은 제안을 했고, 같은 대답을 들었다. 그가 세 번째 같은 제안을 하자, 세존께서 말씀하셨다. "여래는 비구들의 승가를 사아리뿟따에게도 목갈라아나에게도 넘겨주지 않을 것이다. 하물며 침이나 뱉는 건달 같은 그대에게 넘기겠느냐?"

그러자 데와닷따는 생각했다. "많은 사람들 앞에서, 그것도 왕까지 있는 자리에서, 세존께서는 사아리뿟따와 목갈라아나는 치켜세우면서 나에게는 '침을 뱉는 건달'이라며 모욕했다." 그는 화가 나서 앙심을 품었다. 그는 세존께 경배를 드리고 나서 자신의 오른쪽을 세존께 향하게 하고 세존을 돌아서 그 자리를 떠났다. 이것이 그가 세존께 앙심을 품게 된 첫 번째 사건이다.

세존께서 비구들을 향해 말씀하셨다. "자, 비구들이여, 승가는 라아자가하로 가서 데와닷따의 잘못을 공개적으로 알려야 하오. '데와닷따는 예전과는 달리 이제 그의 성품이 변했소. 데와닷따가 하는 어떤 말이나 행동도 불·법·승과는 관련이 없으며 오직 데와닷따 자신에게 책임이 있소.'"

그때 세존께서 사아리뿟따 존자에게 말씀하셨다. "사아리뿟따여, 그대가 라아자가하에 가서 데와닷따의 잘못을 알려야 하오."

"세존이시여, 이제까지 저는 데와닷따를 칭송했습니다. '고디의 아들은 강력하고 위대한 신통력이 있다.'라고요. 그러니 제가 어떻게 그의 잘못을 알릴 수 있겠습니까?"

"데와닷따를 그렇게 칭찬할 때 그대는 진실을 말한 것이잖소."

"그렇습니다, 세존이시여."

"그와 마찬가지로 라아자가하에서도 사실을 말하면서 그의 잘못을 알리면 되오."

"세존이시여, 알겠습니다." 사아리뿟따 존자가 대답했다.

사아리뿟따 존자는 정식으로 승가의 위임을 받은 후, 승가의 많은 비구들과 함께 데와닷따의 잘못을 알리기 위해 라아자가하로 갔다. 믿음과 확신이 없고, 현명하지도 않은 경솔한 사람들이 말했다. "사끼야의 후손인 저 사문들은 데와닷따가 얻은 이익과 존경과 명성을 시기하고 있다." 반면 믿음과 확신이 있고, 현명하며 신중한 사람들은 말했다. "세존께서 라아자가하에서 데와닷따의 잘못을 알리라고 하신 것은 보통 일이 아니다."

그러자 데와닷따는 아자아따삿뚜 왕자에게 가서 말했다. "옛날 사람들은 오래 살았습니다. 하지만 요즘 사람들의 수명은 짧습니다. 어쩌면 왕자님도 그냥 왕자인 채로 죽을지도 모릅니다. 그러니 왕자님은 아버지를 죽이고 왕이 되면 왜 안 됩니까? 그리고 저는 세존을 죽이고 붓다가 되겠습니다."

아자아따삿뚜 왕자는 생각했다. "데와닷따 존자는 강력하고 위대한 신통력이 있으니 잘 알고 있을 거야." 그는 허벅지에 단검을 찼다. 그리고 겁에 질려서 걱정하고 미심쩍어 불안에 떨면서 대낮에 왕궁의 내전으로 숨어 들어가려 했다. 내전 입구를 지키고 있던 왕의 대신들이 숨어 들어가려는 왕자를 보고 붙잡아서 몸을 수색하다가 왕자의 허벅지에 찬 단검을 발견했다. "왕자님, 이것으로 무엇을 하려 했습니까?" 대신들이 물었다.

"내 아버지를 죽이려 하오."

"이런 짓을 하라고 누가 부추긴 겁니까?"

"데와닷따 존자요."

몇몇 대신들이 왕자와 데와닷따 그리고 그를 따르는 비구들 모두 함께 죽여야 한다고 주장했다. 또 다른 대신들은 데와닷따를 따른 비구들은 아무 잘못도 없으니 죽여서는 안 되지만 왕자와 데와닷따는 죽여야 한다고 주장했다. 나머지 대신들은 왕자나 데와닷따, 비구들을 죽이기보다는 왕에게 알려서 왕의 명령을 따라야 한다는 의견을 냈다.

그래서 대신들은 아자아따삿뚜 왕자를 마가다국의 세니야 빔비사아라 왕 앞으로 데려갔다. 그리고 무슨 일이 있었는지 설명했다.

"대신들의 의견은 어떠했소?"

그들은 왕에게 자신들의 의견을 말했다.

"불·법·승이 이 일에 무슨 관련이 있겠는가? 세존께서는 이미 라아자가하에서 데와닷따의 잘못을 알리지 않으셨소?"

그러고 나서 아자아따삿뚜 왕자와 데와닷따 그리고 그를 따르는 비구들 모두 함께 죽여야 한다는 의견을 낸 대신들에게 왕은 급료를 주지 않았다. 그리고 비구들은 아무 잘못도 하지 않았으니 죽여서는 안 된다고 했으나 왕자와 데와닷따는 죽여야 한다고 주장한 대신들을 강등시켰다. 그리고 왕자도 데와닷따도 비구들도 죽이기보다는 왕에게 이 사실을 알린 후 왕의 명령대로 해야 한다는 의견을 낸 대신들은 승진시켰다. 그리고 빔비사아라 왕은 물었다. "왕자여, 왜 나를 죽이려 했는가?"

"저는 왕위를 원합니다. 대왕이시여."

"왕자여, 왕위를 원한다면 왕위는 너의 것이다."

왕은 그렇게 말하고 왕자에게 왕위를 넘겨주었다.

데와닷따가 아자아따삿뚜 왕자를 찾아와 말했다. "위대한 왕이시여, 사문 고따마의 목숨을 빼앗을 병사 몇 명을 보내주십시오."

그래서 아자아따삿뚜 왕자가 몇 사람을 불러 명령을 내렸다. "데와닷따 존자가 시키는 대로 하라." 데와닷따는 그들 중 한 사람에게 말했다. "내 말을 잘 듣게. 사문 고따마가 이러저러한 곳에 살고 있네. 그곳에 가서 그의 목숨을 빼앗고 이러저러한 길로 돌아오게." 그리고 다른 두 사람을 그 길로 보내면서 일렀다. "그 길로 돌아오는 사람을 죽이고 다른 길로 돌아오게." 그러고 나서 그는 네 사람을 그 길로 보냈고 … 여덟 사람을 그 길로 … 열여섯 사람을 그 길로 보냈다.

첫 번째 사람이 칼과 방패를 가지고 활과 화살집을 챙겨서 세존께서 계신 곳으로 갔다. 하지만 가까이 갈수록 그의 두려움이 점점 커졌고 마침내 몸이 완전히 굳은 채 멈춰 서버렸다. 세존께서 그런 그를 보고 말씀하셨다. “벗이여, 두려워 말고 오라.” 그러자 그 사람이 자기 칼과 방패를 옆으로 치우고, 활과 화살집을 내려놓았다. 그는 세존께 다가가 발밑에 엎드린 채 말씀드렸다. “세존이시여, 저는 죽을 죄를 지었습니다. 미혹되어 얼간이처럼 엄청난 죄를 저질렀습니다. 저는 사악한 마음과 살의를 품고 이곳에 왔습니다. 세존이시여, 세존께서는 저의 중죄를 용서해 주십시오. 앞으로 다시는 그런 일을 저지르지 않도록 하겠습니다.”

“벗이여, 그대가 분명 미혹되어 어리석게도 사악한 마음과 살의를 품고 이곳에 온 것은 엄청난 죄를 저지른 것이오. 하지만 그와 같은 잘못을 그대가 알았고, 담마에 맞게 참회하니, 우리는 그대의 참회를 받아들이오. 누구든 잘못을 깨닫고 담마에 맞게 참회하고 앞으로 스스로 단속한다면, 세존의 율에서는 그 자체가 성장이기 때문이오.”

그러고 나서 세존께서는 그에게 차제 설법을 해주셨다. … 마침내 그에게 티끌 없고 때 묻지 않은 법안이 열렸다. … 세존의 교법 안에서 다른 이들에게 기대지 않게 되었다. 그는 말씀드렸다. “세존이시여, 숭고하십니다! … 세존이시여, 저를 제자로 받아주십시오.” 세존께서 그에게 말씀하셨다. “벗이여, 돌아갈 때는 그 길로 가지 말고 이 길로 가게.” 하시며 세존께서는 그를 다른 길로 가게 하셨다. 그때 그를 기다리던 두 사람은 생각했다. “이게 어떻게 된 일인가? 이 사람이 올 때가 한참 지났는데 돌아오지 않는군.” 그들은 그 길을 따라갔고 마침내 세존께서 나무 아래에 앉아 계시는 것을 보았다. 그들은 세존께 다가가 경배를 드리고 나서 한쪽 옆에 앉았다. 세존께서 그들에게 차제설법을 해주셨다. 마침내 그들이 말씀드렸다. “세존이시여, 숭고하십니다! … 세존께서는 저희를 제자로 받아주십시오.”

그러자 세존께서 그들을 다른 길로 보내셨다. 네 사람에게도 같은 일이 일어났고, 여덟 사람과 열여섯 사람에게도 같은 일이 일어났다. 그러자 처음에 혼자 갔던 사람이 데와닷따에게 가서 말했다. “저는 세존의 목숨을 빼앗지 못했습니다. 세존께서는 강력하고 위대한 신통력을 가지신 분입니다.”

“그만두게, 벗이여. 사문 고따마를 죽이려 애쓰지 말게. 내가 직접 사문 고따마의 목숨을 빼앗을 테니.” 바로 그 무렵 세존께서 독수리봉의 그늘 아래에서 행선을 하고 계셨다. 그때 데와닷따가 독수리봉에 올라가 커다란 바위를 아래로 굴려 떨어뜨리며 생각했다. “내가 이렇게 사문 고따마의 목숨을 빼앗을 것이다.”

데와닷따가 굴려 떨어뜨린 돌은 바위의 돌출부 두 군데에 부딪쳐 부서졌다. 그런데 부서진 돌 조각이 세존의 발에 떨어져 피가 났다. 세존께서 데와닷따를 올려다보고 말씀하셨다. "어리석은 자여, 그대는 많은 잘못을 저질렀다. 사악한 마음과 살의를 품고서 여래가 피를 흘리게 했다." 세존께서 비구들에게 다음과 같이 설하셨다. "비구들이여, 데와닷따는 사악한 마음과 살의로 여래에게 피를 흘리게 했소. 이것은 그가 지은 첫 번째 무간업[177]으로 재생에 곧바로 영향을 미치는 것이오."

《율장》〈소품〉 7:3

첫 번째 목소리 그때, 돌조각으로 발에 상처를 입은 세존께서는 극심한 통증을 겪으셨다. 그 통증은 쓰라리고 날카롭고 혹독하고 불편하고 불쾌했다. 세존께서는 마음챙김하고 알아차림하면서 힘들어하지 않고 그 모든 통증을 참아내셨다. 버려진 천으로 기워 만든 큰 가사를 네 겹으로 접어 깔고 그 위에 오른쪽 옆구리가 아래로 가도록 한 후, 발을 다른 발에 포개서 사자가 자는 자세로 마음챙김하고 알아차림하면서 누우셨다.

---

177 [역주] 무간업無間業 *ānantariyakamma*: 무간지옥에 떨어지게 하는 업을 말한다. '무거운 업*bhāriyakamma*'이라고도 함. 다섯 가지 무거운 업은 어머니의 목숨을 빼앗는 것, 아버지의 목숨을 빼앗는 것, 아라한의 목숨을 빼앗는 것, 사악한 마음으로 여래의 몸에 피를 내는 것, 승가를 분열시키는 것을 말한다. 《증지부》 5:129 참조.

그러자 사악한 마아라가 나타나 세존을 향해 게송을 읊었다.

"어찌 멍하니 누워 있습니까?
아니면 시상에 취해 있습니까?
아직 할 일이 많지 않습니까?
왜 한적한 곳에 혼자 머물며
졸린 얼굴로 꿈속을 헤매는 겁니까?"

"여래는 멍하니 누워있는 것도 아니고
시상에 취해 있는 것도 아니오.
할 일을 해 마쳤고 슬픔을 벗어났다오.
한적한 곳에 홀로 머물며
여래는 모든 존재에 대한 연민을 품고 누워있노라."

그러자 마아라는 말했다. "세존이 나의 정체를 알아버렸구나, 선서가 나의 정체를 알아버렸구나." 괴롭고 실망하여 그는 곧 사라졌다.

《상응부》 4:13

두 번째 목소리 비구들이 이런 소문을 들었다. "데와닷따가 세존을 살해하려 했다." 그들은 세존을 수호하고 방호하고 위호하기 위해 높은 소리, 큰 소리로 독송하며 세존의 거처 주변을 오르내리며 빙빙 돌았다. 세존께서 이 소리를 듣고 아아난다 존자에게 물으셨다. "아아난다여, 이 높고 큰 독송 소리는 무슨 곡절인가?"

"세존이시여, 비구들이 데와닷따가 세존을 살해하려 했다는 이야기를 들었습니다." 그리고 아아난다 존자는 그들이 무슨 일을 하고 있는지 말씀드렸다.

"그러면 아아난다여, 비구들에게 '스승이 존자들을 부른다.'라고 여래의 이름으로 전하라."

"알겠습니다, 세존이시여." 아아난다 존자가 대답했다. 그리고 비구들에게 가서 말했다. "스승께서 존자들을 부르십니다."

"알겠습니다." 존자들이 대답하고 세존께 갔다. 세존께서 그들에게 말씀하셨다. "비구들이여, 누구도 여래의 목숨을 폭력으로 빼앗을 수 없으며, 그런 일은 일어날 수 없소. 모든 여래들의 완전한 열반[無餘涅槃]은 타인의 폭력에 의해서는 이루어질 수 없소. 비구들이여, 그대들의 거처로 돌아가시오. 여래들은 위호를 필요로 하지 않소"

그 무렵 라아자가하에는 사람을 해치는 '나알라기리'라고 불리는 사나운 코끼리가 있었다. 데와닷따는 라아자가하로 들어가 코끼리 우리로 가서 코끼리 조련사들에게 말했다. "우리는 왕의 친척이며 세력 있는 사람들이다. 우리는 지위를 올려줄 수 있고, 음식과 급료도 올려줄 수 있다. 그러니 사문 고따마가 이 길을 지나갈 때, 코끼리 나알라기리를 길에 풀어 놓아라." "예, 그렇게 하겠습니다." 코끼리 조련사들이 대답했다.

아침이 되자 세존께서 채비를 하시고, 발우와 가사를 챙겨 들고 여러 비구들과 함께 탁발을 하러 라아자가하로 가셨다. 세존께서 그 길로 접어드셨다. 코끼리 조련사들이 세존을 보고 코끼리 나알라기리를 길에 풀어 놓았다. 코끼리는 멀리서 세존께서 다가오시는 것을 보았다. 세존을 보자 코끼리는 코를 들어 올렸고 귀와 꼬리를 세우고 세존을 향해 달려갔다.

비구들이 멀리서 코끼리가 다가오는 것을 보고 이렇게 말씀드렸다. "세존이시여, 사람을 해치는 사나운 코끼리 나알라기리를 길에 풀어 놓았습니다. 세존께서는 되돌아가십시오. 선서께서는 되돌아가셔야 합니다."

"비구들이여, 두려워하지 마시오. 그런 일은 일어나지 않을 것이오. 누구도 여래의 목숨을 폭력으로 빼앗을 수 없소. 모든 여래들이 반열반에 들 때, 그것은 타인의 폭력에 의해서는 아니오."

비구들이 두 번 세 번 같은 요청을 드렸으나 같은 대답이 돌아왔다.

그때 사람들이 대저택이나 크고 작은 집의 지붕에 올라가서 지켜보고 있었다. 그들 가운데 믿음과 확신이 없고, 현명하지 못하고 경솔한 사람들이 말했다. "저 용모 수려하고 위대한 사문을 코끼리가 해칠 것이다." 반면 믿음과 확신이 있고, 현명하며 신중한 사람들은 말했다. "곧 코끼리의 우두머리와 우두머리 코끼리[178]가 맞붙을 것이다."

그때 세존께서 코끼리 나알라기리를 향해서 자애의 마음을 보내셨다. 코끼리는 코를 아래로 늘어뜨리고 세존께 다가와 바로 앞에 섰다. 세존께서 코끼리 머리를 오른손으로 쓰다듬으시며 이런 게송을 읊으셨다.

"코끼리여, 우두머리 코끼리에게 맞서지 말라.
우두머리 코끼리에 맞서는 것은 해로운 일이다.
우두머리 코끼리를 죽이는 자는
내세에 선처에 태어날 수 없다.

교만하지 말고 방일하지 말라.
방일한 자 또한 선처에 태어날 수 없다.
그러니 슬기롭게 행동하면
선처에 태어나리라."

---

178 [역주] 나아가*nāga*: 빠알리어로 '코끼리 또는 용'을 뜻한다. 붓다는 인간 가운데 코끼리, 또는 인간 가운데 용이라고 불린다. 여기서는 두 마리의 용 또는 두 마리의 우두머리 코끼리를 의미한다.

코끼리 나알라기리는 세존의 발에 묻은 흙먼지를 코로 들이켜 자기 머리 위에 뿌렸다. 그러고 난 후 코끼리는 세존이 보이지 않을 때까지 뒷걸음질 쳐서 물러났다. 그리고 코끼리는 우리로 돌아가 자기 자리에 섰다. 이렇게 해서 코끼리는 길들여졌다. 사람들이 그것을 보고 이런 게송을 읊었다.

"어떤 이들은 몽둥이로 길들이고,
어떤 이들은 곤봉과 채찍으로 길들인다.
여기 위대한 성자는 몽둥이도 무기도 없이
코끼리를 길들이셨다."

이 사태를 본 사람들이 화가 나서 낮은 목소리로 단언했다. "이 비열한 데와닷따가 저토록 강력하고 위대한 신통력을 지니신 사문 고따마를 죽이려고 했다니 정말로 사악하구나!" 데와닷따의 이득과 그에 대한 존경은 줄고 세존의 이득과 세존에 대한 존경심은 점점 더 커졌다.

《율장》〈소품〉 7:3

이제 데와닷따의 이득과 명예가 사라졌건만 그와 그의 추종자들은 마을 사람들에게 무엇이 먹고 싶다고 미리 알려주고 무리 지어 마을을 찾아가 공양을 하곤 했다. 사람들은 짜증이 나서 웅성거리며 말했다. "어떻게 사끼야의 후손인 사문들이 무엇이 먹고 싶다고 미리 알려주고 무리 지어 마을에 몰려와 공양을 할 수 있단 말인가? 좋은 음식을 즐기지 않는 사람이 있을까? 맛있는 음식을 좋아하지 않는 사람이 있을까?" 마찬가지로 바라는 것이 거의 없는 비구들도 화가 났다. 그들은 세존께 그 일을 말씀드렸다. 세존께서 데와닷따에게 물으셨다. "사람들이 말한 대로 그대가 그렇게 하고 있는 게 사실인가?"

"사실입니다. 세존이시여."

세존께서는 데와닷따를 질책하셨고, 담마를 설하신 후 비구들에게 이렇게 말씀하셨다. "비구들이여, 이제 비구들이 마을에서 셋 이상 무리지어 공양하는 것을 허락하지 않을 것이오. 여기에는 세 가지 이유가 있소. 그릇된 마음을 가진 사람들을 통제하고 합당하게 행동하는 수행승들의 평안을 위해서이며, 악하고 불건전한 것을 원하는 자들이 무리지어 승가 내부를 분열시키지 않도록 하기 위해서이며 그리고 마을 사람들을 염려해서이오. 무리지어 공양하면 이미 정해진 율에 따라 처분받을 것이오."

《율장》 〈소품〉 7:3 ; 《율장》 〈경분별〉 〈참회죄〉 32

데와닷따는 수행승들인 꼬까알리까, 까따모라까 띳사, 칸다아데위이뿟따, 사뭇다닷따를 찾아가서 말했다. "자, 도반들이여, 우리가 고따마 승가의 화합을 방해하고 분열을 꾀합시다." 그러자 꼬까알리까가 말했다. "도반이여, 사문 고따마께서는 강력하고 위대한 신통력을 지니고 계시오. 우리가 어떻게 그렇게 할 수 있겠소?"

"자, 도반들이여, 우리는 사문 고따마께 가서 다섯 가지 조항을 요구할 것이오. '세존이시여, 바라는 바가 적으며, 지족하고 버리고 없애는 숭고한 삶을 살며, 두타행을 하고 청정하고 쌓아 모으지 않으며, 열심히 정진하는 사람을 세존께서는 여러 방식으로 칭찬하셨습니다. 이제 그러한 사람이 되기 위한 다섯 가지 조항을 말씀드리겠습니다. 세존이시여, 비구들은 평생 숲속에서 살아야 하며, 마을에 내려가 살면 죄를 범하는 것입니다. 평생 탁발한 음식만 먹고 살아야 하며, 초대에 응하게 되면 죄를 범하는 것입니다. 평생 분소의만 입어야 하며, 재가자에게 가사를 받으면 죄를 범하는 것입니다. 비구들은 평생 나무 밑에서만 지내야 하며, 지붕 밑에 거주하면 죄를 범하는 것입니다. 평생 생선과 육류를 삼가야 하며, 그것을 먹으면 죄를 범하는 것입니다.' 사문 고따마는 이런 제안들을 결코 받아들이지 않을 것이오. 그러면 우리가 대중들에게 이 다섯 가지 조항을 알려주면 되오. 이러한 다섯 가지 조항으로 사문 고따마의 승가가 화합하는 것을 방해하고 분열을 꾀할 것이오. 사람들은 고행을 숭배하니까요."

그러고 나서 데와닷따는 그의 추종자들과 함께 세존을 찾아가 경배를 드리고 나서 한쪽 옆에 앉아서 말씀드렸다. "세존이시여, 바라는 바가 적으며, 지족하고 버리고 없애는 숭고한 삶을 살며, 두타행을 하고 청정하고 쌓아 모으지 않으며, 열심히 정진하는 사람을 세존께서는 여러 방식으로 칭찬하셨습니다. 이제 그러한 사람이 되기 위한 다섯 가지 조항을 말씀드리겠습니다." 그러고 나서 그는 다섯 가지 조항을 조목조목 열거했다.

"그만하라, 데와닷따여. 숲속에 머물고자 하는 이는 그렇게 하도록 두라. 마을에 머물고자 하는 이는 그렇게 하도록 두라. 탁발을 해서 먹고자 하는 이는 그렇게 하도록 두라. 초대를 받고자 하는 이는 그렇게 하도록 두라. 분소의를 입고자 하는 이는 그렇게 하도록 두라. 재가자가 주는 가사를 받아 입고자 하는 이는 그렇게 하도록 두라. 여래는 나무 밑에서는 일 년에 여덟 달 동안만 살고 우기에는 나무 밑에서 살지 말라고 말한 바 있다. 생선과 육류가 세 가지 면에서 청정하다면, 즉 그 사람을 위해서 일부러 죽이는 것을 보지 않았거나, 죽이는 소리를 듣지 않았거나, 그런 의심을 할 여지가 없다면, 먹어도 좋다고 허락했다."

데와닷따는 기뻐하며 의기양양해서 말했다. "세존께서 이 다섯 가지 조항을 받아들이지 않으셨소." 그는 추종자들과 함께 자리에서 일어나 세존께 경배를 드리고 나서 자신의 오른쪽을 세존께 향하게 하고 세존을 돌아서 그 자리를 떠났다.

그는 라아자가하로 가서 사람들에게 다섯 가지 조항에 대해 알렸다. "여러분, 우리가 사문 고따마를 만나러 가서 그에게 이 다섯 가지 조항을 요구했는데, …" 그런 다음 그들에게 다섯 가지 조항을 설명하고는 결론을 내렸다. "세존께서 이 다섯 가지 조항을 받아들이지 않으셨소. 그러나 우리는 다섯 가지 조항을 실천하며 살 것이오."

그러자 믿음이 없고 청정하지 못하고 어리석은 이들이 말했다. "사끼야의 후손들인 이 사문들은 두타행을 하고, 가진 것이 없는 검소한 삶을 사는구나. 그러나 사문 고따마는 사치스럽게 살고, 사치스러운 것만 생각하는 사람이다."라고. 하지만 믿음이 깊고 청정하고 현명한 이들은 화내면서 분노하고 그들을 멸시하며 말했다. "어떻게 데와닷따가 승가의 화합을 방해하면서 분열을 꾀할 수 있다는 말인가?"

비구들은 그 현명한 사람들이 다섯 가지 조항에 대해 못마땅하게 여기는 것을 들었다. 마찬가지로 바라는 것이 거의 없는 비구들도 못마땅하게 여겼다. 그들이 세존께 가서 이야기를 전해드렸다. 세존께서 데와닷따에게 물으셨다. "데와닷따여, 사람들이 말한 대로 그대가 승가의 화합을 방해하고 분열을 꾀하려 했다는 것이 사실인가?"

"그렇습니다. 세존이시여."

"그만하라, 데와닷따여. 승가가 화합하는 것을 방해하고 분열을 꾀하려고 시도하지 말라. 승가의 화합을 방해하는 자는 이 겁劫이 지속되는 동안 고통을 겪게 될 것이다. 그는 이 겁의 나머지 기간 동안 지옥에 가는 과보를 받을 것이다. 그러나 이미 분열된 승가를 다시 화합하게 하는 이는 가장 큰 공덕을 짓는 것이며 이 겁의 나머지 기간 동안 천상에서 즐길 것이다. 그만하라, 데와닷따여. 승가의 분열을 꾀하려 하지 말라. 승가의 분열은 중죄이다."

《율장》〈소품〉 7:3 ; 《율장》〈경분별〉〈승잔죄〉 10

아침이 되자, 아아난다 존자가 채비를 하고 발우와 가사를 챙기고 탁발하러 라아자가하로 들어갔다. 데와닷따가 아아난다 존자를 보고 가까이 다가와 말했다. "도반 아아난다여, 오늘부터 나는 세존과 비구들의 승가와 따로 포살일을 지키고 갈마를 할 것입니다."

탁발을 마치고 돌아온 아아난다 존자는 세존께 이 사실을 알려드렸다. 그 뜻을 아시고 세존께서 이런 게송을 읊으셨다.

"선한 이는 선을 행하기 쉽고
불선한 이는 선을 행하기 쉽지 않소.
불선한 이는 악을 행하기 쉽고

성자들은 악을 행하기 쉽지 않소."

그다음 포살일에 데와닷따는 투표를 실시했다. "도반들이여, 우리가 세존을 찾아가 다섯 가지 조항을 요구했소. 그는 거부했소. 이제 우리가 다섯 가지 조항을 실천하며 살아가려 하오. 이 다섯 가지 조항에 찬성하는 모든 존자들은 투표를 위한 표찰을 받으시오."

그때 웨사알리에서 왓지의 후손들인 비구 5백 명이 와 있었다. 그들은 신참 비구였으며 사리분별력이 부족하였다. "이것이 담마이고, 이것이 율이고, 이것이 스승의 가르침이다."라고 생각하며 그들은 투표를 했다. 이렇게 승가를 분열시킨 후 데와닷따는 5백 명의 비구들을 데리고 가야아시이사로 떠났다.

《율장》〈소품〉 7:3 ; 《우다아나》 5:8

첫 번째 목소리 세존께서 라아자가하의 독수리봉에 머물고 계실 때였다. 데와닷따가 막 떠난 후였다. 밤이 이슥해졌을 때 범천 사함빠띠가 경이로운 모습으로 독수리봉 전체를 환히 밝히며 세존을 찾아왔다. 세존께 경배를 드리고 나서 한쪽 옆에 섰다. 그러고 나서 세존을 향해 이렇게 게송을 읊었다.

"갈대와 파초와 대나무가

열매를 맺으면 죽게 되고
암노새가 새끼를 배면 죽는 것처럼
미천한 자가 숭배를 받으면 그와 같이 됩니다."

《상응부》 6:12 ; 《증지부》 4:68 (참조)

두 번째 목소리 사아리뿟따와 목갈라아나가 세존을 찾아가 말씀드렸다. "세존이시여, 데와닷따가 승가를 분열시키고 5백 명의 비구들과 함께 가야아시이사로 떠났습니다."

"사아리뿟따여, 그대 두 사람은 그 신참 비구들에게 연민을 느끼지 않소? 저들이 불운에 빠져 파멸에 이르기 전에 어서 가 보시오."

"알겠습니다, 세존이시여." 그들은 대답했다. 그리고 가야아시이사를 향해 떠났다. 그들이 떠나고 난 후, 세존과 그리 멀지 않은 곳에서 어떤 비구가 눈물을 흘리며 서 있었다. 세존께서 그에게 물으셨다. "비구여, 왜 울고 있는가?"

"세존이시여, 세존의 상수제자인 사아리뿟따와 목갈라아나가 데와닷따에게 갔으니, 두 사람도 그의 가르침에 넘어가 버릴 것입니다."

"비구여, 그럴 리 없소. 사아리뿟따와 목갈라아나가 데와닷따의 가르침에 넘어가는 일은 일어날 수 없소. 반대로 그 두 사람이 데와닷따에게 넘어간 비구들의 생각을 돌려놓을 것이오."

데와닷따가 많은 사람들에게 둘러싸인 채 앉아서 설법을 하고 있었다. 그는 멀리서 사아리뿟따 존자와 목갈라아나 존자가 다가오는 것을 보고는 비구들에게 말했다. "보시오, 비구들이여, 내가 담마를 얼마나 잘 선포했는지. 사문 고따마의 상수제자인 사아리뿟따와 목갈라아나도 와서 나의 가르침에 동의하게 될 것이오."

그 말을 듣고 꼬까아리까가 데와닷따에게 경고했다. "도반 데와닷따여, 저 두 사람을 믿어서는 안 되오. 저들은 나쁜 의도를 품고 있소."

"그만두게, 도반이여. 저들은 나의 가르침에 넘어오게 될 것이니 환영해 줍시다." 데와닷따가 사아리뿟따 존자에게 자기 자리의 반을 내주며 반갑게 맞이했다. "어서 오시오, 도반 사아리뿟따여, 여기 앉으시오."

"괜찮소, 도반이여." 사아리뿟따 존자가 대답하고 한쪽 옆에 자리를 잡고 앉았다. 목갈라아나 존자도 그렇게 했다. 데와닷따가 밤이 깊도록 비구들에게 설법을 하면서 가르치고 격려하고 일깨우고 북돋웠다. 그는 사아리뿟따 존자에게 청했다. "도반 사아리뿟따여, 여기 모여 있는 비구들은 여전히 해태와 혼침에 빠지지 않고 있소. 그대가 설해야 할 담마가 떠올랐다면 설하시오. 나는 등이 아파서 쉬겠소."

"그러지요, 도반이여." 사아리뿟따 존자가 대답했다. 그러자 데와닷따가 누더기 가사를 벗어서 네 겹으로 접어 깔고 오른쪽 옆구리가 바닥에 닿게 하여 잠든 사자처럼 누운 채 한 발 위에 다른 발을 포갰다. 그는 피곤해서 마음챙김을 하지도 알아차림 하지도 못한 채 잠깐 사이에 잠에 빠졌다.

그때 사아리뿟따 존자가 남의 마음을 읽는 놀라운 신통으로 비구들에게 담마를 설하면서 충고하고 타일렀다. 목갈라아나 존자도 놀라운 신통변화로 담마를 설하면서 충고하고 타일렀다. 그러자 마침내 비구들에게 티끌 없고 때 묻지 않은 법안이 열렸다. '생겨나는 것은 무엇이건 사라진다.'

그러자 사아리뿟따 존자가 비구들에게 말했다. "비구들이여, 우리는 세존께 돌아갈 것이오. 세존의 담마를 받드는 이는 누구든지 우리와 함께 돌아갑시다." 그렇게 해서 사아리뿟따 존자와 목갈라아나 존자는 5백 명의 비구들과 함께 죽림정사로 돌아갔다.

꼬까아리까가 데와닷따를 깨웠다. "도반 데와닷따여, 일어나시오! 사아리뿟따와 목갈라아나가 비구들을 이끌고 가버렸소! 내가 그대에게 그들이 나쁜 의도를 품고 있고, 나쁜 의도에 사로잡혀 있으니 믿어서는 안 된다고 말하지 않았소?" 그러자 그 자리에서 데와닷따의 입에서 뜨거운 피가 쏟아졌다.

사아리뿟따 존자와 목갈라아나 존자가 세존께 가서 말씀드렸다. "세존이시여, 승가의 분열을 일으킨 자의 편에 섰던 비구들에게 다시 구족계를 주시는 게 좋을 것 같습니다."

"그럴 필요 없소, 사아리뿟따여. 승가의 분열을 일으킨 자 편에 섰던 비구들에게 다시 구족계를 받도록 권유하지 마시오. 그들이 크고 무거운 죄를 지었음을 참회하도록 하시오. 그런데 데와닷따의 행동은 어떠하였소?"

"세존이시여, 데와닷따는 자신이 세존인 것처럼 행동했습니다. 밤이 깊도록 비구들에게 설법을 하면서 가르치고 격려하고 일깨우고 북돋운 후 저에게 이렇게 말했습니다. '사아리뿟따여, 여기 모여 있는 비구들은 여전히 해태와 혼침에 빠지지 않고 있소. 그대가 설해야 할 담마가 떠올랐다면 설하시오. 나는 등이 아파서 쉬겠소.'"

그러자 세존께서 비구들에게 말씀하셨다. "비구들이여, 옛날에 숲속에 있는 큰 연못 근처에 코끼리 무리가 살고 있었소. 그들은 연못 안으로 들어가서 코로 연꽃 줄기를 끌어당기곤 했다오. 코끼리들은 진흙을 깨끗이 씻어내고 깨끗한 줄기를 씹어 먹곤 했소. 그렇게 하면 코끼리는 외모도 좋아지고 건강도 좋아졌다오. 덕분에 코끼리는 죽거나 치명적인 고통에 시달리지 않았소. 그러나 코끼리 무리에서 가르침을 받지 못한 어린 새끼들이 연못에 들어가 코로 연꽃 줄기를 끌어당겨 깨끗이 씻지 않고 진흙이 묻어 있는 채로 씹어 먹었소. 그것은 외모에도 건강에도 좋지 않았소. 그 새끼들은 죽거나 치명적인 고통에 시달렸소. 비구들이여, 이와 마찬가지로 데와닷따는 여래를 흉내 내다가 비참하게 죽을 것이오."

"우두머리 코끼리가 연꽃 먹는 것을 따라하려면
조심스럽게 진흙을 털어내야 하는 것을.
진흙이 묻은 채 먹다가 죽는 새끼 코끼리처럼
여래의 흉내만 내다가 그는 비참하게 죽을 것이오."

《율장》〈소품〉 7:4

"비구들이여, 비구가 여덟 가지 자질을 지니면 불법을 전하는 소임에 적합한 사람이 되오. 여덟 가지 자질이란 무엇인가? 잘 듣는 사람, 남이 잘 듣도록 하는 사람, 잘 배우는 사람, 잘 기억하는 사람, 아는 사람, 남에게 잘 알게 하는 사람, 담마에 일치함과 불일치함을 능숙하게 아는 사람, 분쟁을 만들지 않는 사람이오. 비구가 이러한 여덟 가지 자질을 지니면 그는 불법을 전하는 소임에 적합한 사람이 되오. 사아리뿟따가 이러한 여덟 가지 자질을 지니고 있소. 그래서 그는 담마를 전하는 소임에 적합하오."

"그는 주저하지 않는다오.
맹렬한 논쟁자들 앞에서도.

붓다의 교법을 생략하지도 숨기지도 않소.
그는 망설이지 않고 말을 한다오.
어떤 질문에도 당황하지 않소.
이러한 비구가
담마를 전하는 소임에 적합하오."

《율장》〈소품〉 7:4 ; 《증지부》 8:16

"비구들이여, 데와닷따는 여덟 가지 사악함에 지배당하고 그의 마음이 사로잡혀 있소. 그 때문에 그는 남은 겁劫 내내 반드시 악처에 빠지고 지옥에 가게 될 것이오. 사악한 여덟 가지는 무엇인가? 그것은 이득과 손실, 명예와 불명예, 존경과 멸시, 사악한 원과 나쁜 도반들이오. 데와닷따는 이러한 여덟 가지 사악함에 지배당하고 그의 마음이 사로잡혔으므로 남은 겁 내내 반드시 악처에 빠지고 지옥에 가게 될 것이오."

"비구들이여, 이러한 여덟 가지가 생겨날 때마다 그때그때 모두 극복해야 하오. 비구가 그렇게 하면 어떤 측면에서 이득인가? 이러한 여덟 가지가 생겨날 때마다 그때그때 모두 극복하지 못했던 비구는 번뇌와 고뇌의 열병에 걸리게 되며, 이러한 여덟 가지가 생겨날 때마다 그때그때 모두 극복하는 이는 번뇌와 고뇌의 열병에 걸리지 않게 된다오. 그러므로 비구들이여, 이렇게 수행하시오. '우리는 이러한 것들이 제각각 생겨날 때마다 항상 그때그때 모두 극복할 것이다.'"

"데와닷따는 세 가지 사악함에 지배당하고 마음이 사로잡혀 있소. 그 때문에 그는 남은 겁劫 내내 반드시 악처에 떨어지고 지옥에 가게 될 것이오. 그 세 가지는 무엇인가? 사악한 원과 나쁜 도반들, 단지 세간적 초능력을 얻었을 뿐인데 수행을 중간에 멈춘 것, 이 셋이오."

《율장》〈소품〉 7:4 ;《증지부》 8:7 ;《여시어경》 3:40

해설자 2 경에서는 데와닷따의 죽음에 대해 자세히 설명되어 있지 않다. 주석서에 따르면 땅이 열려 그를 삼켜버렸고 그는 지옥에 떨어져 세상이 수축하는 다음 순환기에 지옥이 무너질 때까지 그곳에 남아있다고 한다. 경에는 없지만 주석서에서는 빔비사아라 왕이 퇴위한 후, 아자아따삿뚜 왕자가 아버지 부왕을 감옥에 가두고 나중에 죽게 했다고 전한다. 야심에 가득 찬 아자아따삿뚜가 왕으로 즉위하자 곧 두 강력한 마가다 왕국과 꼬살라 왕국 사이에 전쟁이 일어났다. 조카와 삼촌 사이의 전쟁이었다.

첫 번째 목소리 이와 같이 나는 들었다. 세존께서 사아왓티에 머무르실 때이다. 그 무렵 마가다 국의 왕 아자아따삿뚜 웨데히뿟따가 코끼리 기마 전차 보병으로 구성된 네 부대를 소집하여 꼬살라국의 왕인 빠세나디와 맞서기 위해 까아시국으로 진격했다. 빠세나디 왕이 이 소식을 듣고, 그도 네 부대로 이루어진 군대를 소집하고 까아시국으로 진군하여 아자아따삿뚜 왕과 전투에 임했다. 두 왕은 싸웠다. 그 전투에서 아자아따삿뚜 왕이 빠세나디 왕에게 승리를 거두었다. 빠세나디 왕은 자신의 수도인 사아왓티로 후퇴했다. 사아왓티에서 탁발을 하던 비구들이 이 소식을 듣고 세존께 가서 전해드렸다. 세존께서 말씀하셨다.

"비구들이여, 마가다국의 왕 아자아따삿뚜 웨데히뿟따에게는 나쁜 친구들, 나쁜 이웃들, 나쁜 동료들이 있소. 꼬살라국의 왕 빠세나디에게는 좋은 친구들, 좋은 이웃들, 좋은 동료들이 있소. 그러나 빠세나디 왕은 패배자로서 오늘 밤 고통으로 지새울 것이오."

"승리자는 적들을 만들고
패배자는 고통스럽게 지낸다오.
승리도 패배도 버리고 나서
마음이 고요해진 이는 행복하게 지낸다오."

훗날 두 왕은 예전처럼 전쟁을 치렀다. 그러나 이번 전투에서 빠세나디 왕은 아자아따삿뚜를 생포하였다. 그러자 빠세나디 왕은 이렇게 생각했다. '마가다국의 왕 아자아따삿뚜 웨데히뿟따는 자신에게 아무 해도 입히지 않은 나에게 해를 입히기는 했으나, 여전히 나의 조카이다. 내가 그의 코끼리 기마 전차 보병 부대를 압수하고 그를 산 채로 돌려보내면 어떨까?' 사아왓티에서 탁발을 하던 비구들이 이 소식을 듣고 세존께 가서 전해드렸다. 이 뜻을 아시고 세존께서 게송을 읊으셨다.

"어떤 사람이 마음대로 약탈을 하면
다른 이들이 앙갚음으로 약탈을 하고
약탈을 당한 이가 다시 그들을 약탈한다오.
어리석은 자는 악이 과보로 익을 때까지
자기가 운이 좋다고 믿는다오.
그러나 과보가 익으면
어리석은 자는 대가를 치른다오.

살인자는 살해를 당하고
승리자는 정복을 당하고
비난하는 자는 비난받게 되고
박해하는 자는 박해당하게 된다오.
업의 바퀴는 계속 돌아서
약탈하는 자는 약탈당하게 된다오."

《상응부》 3:14~15

14. 노년기

첫 번째 목소리 이와 같이 나는 들었다. 세존께서 사아왓티에 머물고 계시던 어느 날, 꼬살라국의 빠세나디 왕이 한낮에 세존을 뵈러 왔다. 세존께서 왕에게 물으셨다. "한낮에 어디서 오는 길입니까, 대왕이여?"

"세존이시여, 권력에 취하고 감각적 욕망에 대한 갈망에 사로잡혀 있으며, 나라를 안정시키고 넓은 영토를 정복하여 통치하는 관정식灌頂式을 마친 전사 왕들에게는 해야 할 나랏일들이 있습니다. 저는 요즈음 그 일에 성심을 다하고 있습니다."

"대왕이여, 당신은 어떻게 생각합니까? 만약 믿음직하고 신뢰할 만한 사람이 동쪽으로부터 당신을 찾아와 이렇게 말한다고 합시다. '대왕이시여, 저는 동쪽에서 왔습니다. 저는 그곳에서 하늘만큼 높은 거대한 산이 모든 살아있는 것들을 짓뭉개며 이리로 오고 있는 것을 보았습니다. 대왕께서 조치해 주십시오.' 그때 서쪽에서 한 사람이 왔고, 북쪽에서 한 사람이 왔고, 또 다른 사람이 남쪽에서 왔습니다. 그리고 각각 똑같은 말을 고했습니다. 이와 같은 크나큰 재난이 임박하고, 무자비하게 인간을 파멸하여 더 이상 인간이 존재할 수 없다면 그대는 무엇을 해야 합니까?"

"세존이시여, 그럴 때에는 제가 담마에 따라 살고, 올곧게 살고[179] 선을 계발하고 공덕을 쌓는 일 외에 무엇을 할 수 있겠습니까?"

"대왕이여, 여래는 그대에게 선언합니다. 늙음과 죽음이 그대를 향해 닥쳐오고 있습니다. 대왕이여, 늙음과 죽음이 그대에게 닥쳐오면 그대는 무엇을 해야 합니까?"

"세존이시여, 늙음과 죽음이 제게 닥쳐올 때, 제가 담마에 따라 살고 올곧게 살고 선을 계발하고 공덕을 쌓는 일 외에 무엇을 할 수 있겠습니까? 권력에 취하고 감각적 욕망에 대한 갈망에 사로잡혀 있으며, 나라를 안정시키고 넓은 영토를 정복하여 통치하는 관정식灌頂式을 마친 전사 왕들에게는 해야 할 일, 다시 말해 늙음과 죽음이 제게 닥쳐올 때에는 코끼리 기마 전차 보병부대를 거느리고 전쟁하려고 병력을 동원하는 전략은 아무런 방도도 대책도 되지 않습니다. 저의 궁정에는 진격해 오는 적들을 혼란스럽게 할 수 있는 전문가인 신하들이 있습니다. 그러나 늙음과 죽음이 제게 닥쳐올 때, 신하를 동원한 전략은 아무런 방도도 대책도 되지 않습니다. 저의 궁정에는 진격해 오는

179 [역주] 올곧게 살고: 빠알리어로 samaccariya인데 정행正行, 적정행寂靜行을 의미한다. 주석서에 의하면 십선업도十善業道를 뜻한다.

적들을 매수할 수 있을 만큼 많은 황금과 금괴가 지하에 묻혀 있고 창고에 쌓여 있습니다. 그러나 늙음과 죽음이 제게 닥쳐올 때 재물을 동원한 전략은 아무런 방도도 대책도 되지 않습니다. 늙음과 죽음이 제게 닥쳐온다면, 제가 담마에 따라 살고 올곧게 살고 선을 계발하고 공덕을 쌓는 일 외에 무엇을 할 수 있겠습니까?"

"그렇습니다. 대왕이여, 그렇습니다. 늙음과 죽음이 닥쳐올 때, 담마에 따라 살고 올곧게 살고 선을 계발하고 공덕을 쌓는 일 외에 달리 무엇을 할 수 있겠습니까?"

《상응부》 3:25

세존께서 사아왓티의 동쪽 사원인 녹자모강당에 머물고 계실 때의 일이다. 세존께서 저녁 무렵 선정에서 나오셔서 저녁노을의 햇살로 등을 덥히며 앉아 계셨다. 아아난다 존자가 세존께 다가와 경배를 드리고 나서 세존의 팔다리를 주물러드리면서 말씀드렸다. "세존이시여, 놀랍고 전에 없던 일입니다! 세존의 피부 빛깔은 이제 맑지도 빛나지도 않습니다. 세존의 팔다리는 모두 탄력이 없고 주름졌으며 몸은 앞으로 굽었고 그리고 눈·귀·코·혀·몸의 감각기능이 전과 다른 것 같습니다."

"그러하다, 아아난다여, 그러하다. 젊음은 시들어 늙기 마련이고 건강은 시들어 병들기 마련이며 생명은 시들어 죽기 마련이다. 이제 여래의 피부 빛깔은 맑지도 빛나지도 않는다. 여래의 팔다리는 탄력이 없고 주름졌으며 몸은 앞으로 굽었고 그리고 눈·귀·코·혀·몸의 감각기능은 전과 다른 것 같다."

세존께서는 이렇게 말씀하신 뒤 게송을 읊으셨다.

"보기 싫구나!
늙음이 추함을 빚어내는구나.
한때 보기 좋았던 모습은
늙음의 발에 짓밟히고 있구나.
백 년을 산 자도 그 끝은 죽음
그 누구도 면할 수 없는 죽음
모든 것을 짓밟고 마는구나."

《상응부》 48:41

세존께서 사끼야족이 사는 지역인 사아마가아마에 머무실 때였다. 그때는 니간타 나아타뿟따가 빠아와에서 세상을 떠난 직후이다. 니간타의 제자들이 두 파로 나뉘어 언쟁을 하며 다툼을 벌이고 옥신각신하면서 서로에게 말 화살을 날리며 상처를 입혔다. "그대는 이 담마와 율을 알지 못한다. 그대가 어떻게 이 담마와 율을 이해할 수 있겠는가? 그대의 길은 틀렸다. 나의 길이 옳다. 나는 일관성이 있다. 그대는 일관성이 없다. 그대는 가장 먼저 말해야 하는 것을 가장 나중에 말했다. 그대는 가장 나중에 말해야 하는 것을 가장 먼저 말했다. 그대의 논의는 전도되었다. 그대의 교설은 논박되었다. 그대는 졌다. 가서 더 배워라. 아니면 그대 스스로 해결해 보든가." 니간타 나아타뿟따의 제자들 사이에서 치명적인 분쟁이 일어난 것처럼 보였다. 그러자 하얀 옷을 입고 다니는 그의 재가 신도들은 실망하고 경악하여 니간타 나아타뿟따의 제자들을 혐오하게 되었다. 이처럼 완전히 깨닫지 못한 이에 의해서 선포된 그릇된 담마와 율은 납득될 수 없었고, '윤회에서 벗어남'으로 인도하지 못했고, 고요함으로 이끌지 못했고, 그 담마와 율의 기반은 무너졌고, 귀의처가 되지 못했다.

그때 빠아와에서 안거를 마친 쭌다 사미가 아아난다 존자를 찾아와서 무슨 일이 일어났는지 이야기했다. 그들은 함께 세존께 갔다. 그리고 아아난다 존자가 쭌다 사미에게 들은 이야기를 전해드리며 덧붙였다. "세존이시여, 저는 이렇게 생각합니다. '세존께서 세상을 떠나시고 난 후에 분쟁이 없도록 해야 합니다. 분쟁은 많은 이들에게 이익도 행복도 주지 못합니다. 많은 신과 사람들에게 손실과 불이익과 괴로움을 가져올 것입니다.'"

"아아난다여, 그대 생각은 어떠한가? 여래가 직접 깨달아서 그대에게 가르친 이 가르침, 즉 네 가지 마음챙김의 확립[四念處], 네 가지 바른 정진[四正勤], 네 가지 성취 기반[四如意足], 다섯 가지 기능[五根], 다섯 가지 힘[五力], 일곱 가지 깨달음의 구성인자[七覺支] 그리고 성팔지도聖八之道를 단 두 명의 비구라도 서로 다르게 설명하는 것을 본 적이 있는가?"

"세존이시여, 본 적이 없습니다. 하지만 지금은 세존을 따르며 살고 있지만 세존께서 세상을 떠나시면 승가 안에서 생계에 관해서나 승가의 계목에 관해서 분쟁을 일으킬지도 모릅니다. 그러한 분쟁은 많은 이들에게 이익도 행복도 주지 못할 것입니다."

"아아난다여, 생계나 승가의 계목에 관한 분쟁은 사소한 것이다. 그러나 팔정도나 팔정도를 닦는 길에 대한 분쟁이 승가 안에서 일어난다면, 그러한 분쟁은 참으로 많은 이들에게 불운과 불행이 될 것이다."

《중부》 104

세존께서 웨사알리에서 서쪽 외곽의 숲에 머무실 때였다. 그때 릿차위 족의 후손인 수낙캇따가 이 담마와 율을 떠나 환속했다. 그는 웨사알리 집회에서 이런 말을 했다. "사문 고따마는 세간도를 넘어 성자의 지견知見에 적합한 탁월한 경지를 증득하지 못했다. 사문 고따마는 머릿속에 떠오르는 대로 생각해 낸 것을 담마로 가르치고 있다. 그 가르침을 받은 사람은 누구든 자신의 이득을 위해서 담마를 수행하기만 하면 완전한 고의 멸진에 이르게 된다고 가르친다. 단지 그뿐이다."

사아리뿟따 존자가 이 말을 전해드리자 세존께서 말씀하셨다. "사아리뿟따여, 어리석은 수낙캇따는 분노에 사로잡힌 사람이오. 그리고 그는 분노에 차서 그런 말을 한 것이오. 여래를 폄하하려는 생각을 하면서 실제로는 여래를 칭송하고 있소. '담마를 배운 사람은 누구든 자신의 이득을 위해서 그것을 수행하기만 하면 완전한 고의 멸진에 이르게 된다.'라고 말하는 것은 여래에 대한 칭송이기 때문이오."

"그렇게 살아낸 사람으로서, 여래는 네 가지 요소를 갖춘 청정범행을 직접 실천했소. 여래는 극단적으로 고행하며, 극단적으로 거칠게, 극단적으로 기피하며, 극단적으로 은둔하며 수행했소."

"여래의 고행[180]은 이러했소. 관습을 거부하고 벌거벗고 다녔소. 손바닥에 받아 핥아 먹고, 오라고 할 때 가지 않았고, 서라 하면 서지 않았소. 가져다주는 음식이나 특별히 나를 위해 만든 것을 받지 않았고, 초대를 받아들이지 않았소. 냄비에서 나온 것, 그릇에 담은 것, 문지방을 넘어온 것, 막대기를 넘어와서 준 것, 절굿공이를 넘어 준 것, 두 사람이 함께 먹을 때 준 것, 임신부가 준 것, 젖 먹이는 여자가 준 것, 남자와 관계를 한 여자가 준 것, 음식을 나눠주는 곳에서 준 것, 개가 기다리고 있

180 여래의 고행: 여기서 묘사되고 있는 고행은 주로 자이나교에서 권장되고 있는 것들이다.

는 곳에서 준 것, 파리떼가 날아다니는 곳에서 준 것은 어떤 것도 받지 않았소. 생선도, 육류도 받지 않았으며, 곡주, 과일주, 발효 음료를 마시지 않았소. 한 집에서 음식 한 조각을, 두 집에서 음식 두 조각을 … 일곱 집에서 음식 일곱 조각을 받는다는 원칙을 지켰소. 하루에 한 종지만큼의 음식을, 두 종지만큼의 음식을 … 일곱 종지만큼의 음식을 먹고 살았소. 하루에 한 번 음식을 먹었고, 이틀에 한 번 … 일주일에 한 번 음식을 먹었소. 그렇게 계속하여 두 주일에 한 번 먹게 되었소. 일정한 간격을 두고 음식을 먹는 수행을 계속했소. 채소, 기장, 현미, 가죽 부스러기, 이끼, 쌀겨, 쌀뜨물, 참깨가루, 풀, 쇠똥을 먹는 자였소. 바람에 떨어진 열매만 먹고 사는 자로서 나무뿌리나 열매를 먹고 살았소. 삼베옷, 삼베가 섞인 옷, 수의, 분소의, 나무껍질로 만든 옷, 영양 가죽옷, 꾸사 풀이나 나무껍질이나 나무 조각으로 만든 옷, 머리카락으로 짠 옷, 동물의 꼬리털로 만든 옷, 올빼미의 깃털로 만든 옷을 입었소. 머리카락과 수염을 뽑는 수행을 하였소. 앉는 것을 거부하여 계속 서 있었소. 쪼그려 앉아 있는 자세를 유지하는 데 전념하여 계속 쪼그려 앉아 있었소. 침상에 못을 박아 사용하였소. 하루에 세 번 목욕하며 밤이 되어 세 번째 목욕을 하는 수행을 지속적으로 했소. 사실 여래는 여러 방식으로 몸을 괴롭히는 고행을 지속적으로 추구했소. 여래는 그렇게 고행했소."

"여래의 거친 삶은 이러했소. 오랜 세월 동안 때와 먼지가 쌓여서 더께가 앉았다가 벗겨져 떨어지는 띤두까나무의 그루터기처럼 때와 먼지가 오랜 세월 동안 내 몸에 쌓여서 더께가 앉았다가 벗겨져 떨어졌소. 그래도 다음과 같은 생각은 들지 않았소. '오, 내가 때와 먼지를 손으로 문질러 없애야겠다. 아니면 누군가에게 때와 먼지를 문질러 없애 달라고 해야겠다.' 하는 생각은 결코 일어나지 않았소. 여래는 그렇게 거칠게 살았소."

"살생을 기피하는 여래의 삶은 이러했소. 앞으로 걸을 때도 뒤로 돌아 걸을 때도 언제나 마음챙김을 했고 한 방울의 물도 충만한 연민으로 대했소. '땅 틈새에 있을지도 모를 작은 미물들을 해치는 일이 없기를' 기원하며 살았소. 여래는 그렇게 살생을 피하며 살았소."

"여래의 홀로 머무는 삶은 이러했소. 멀리 숲속으로 들어가 머물곤 했소. 숲속에서 자란 사슴처럼 사람을 보면 수풀에서 수풀로, 덤불에서 덤불로, 계곡에서 계곡으로, 언덕에서 언덕으로 달아났소. 마찬가지로 소치기나 양치기를 보았을 때도 혹은 나뭇가지와 풀을 모으는 사람을 보았을 때도 나무꾼을 보았을 때도 수풀에서 수풀로, 덤불에서 덤불로, 계곡에서 계곡으로, 언덕에서 언덕으로 달아났소. 왜 그랬는가? 그들이 여래를 보지 못하게 하고 여래도 그들을 보지 않으려는 것이었소. 여래는 그렇게 홀로 머물렀소."

"여래는 가축과 소치기가 밖으로 나가고 나면 외양간으로 기어들어 가서 젖먹이 송아지의 똥을 먹곤 했소. 여래 몸에서 똥오줌이 나오는 동안은 그것을 먹고 살았소. 그렇게 크게 잘못된 섭생을 했소."

"여래는 두려움을 일으키는 숲으로 가서 살았소. 탐욕으로부터 벗어난 사람이 아니라면 보통은 두려움에 머리카락이 곤두서는 그런 곳이었소. 추운 겨울밤에는 '서리가 내리는 여드레'라는 기간 동안 노천에 머물렀고 낮에는 숲에 머물렀소. 더운 계절의 마지막 한 달 동안 낮에는 노천에 머물렀고 밤에는 숲에 머물렀소. 그리고 그곳에서 한 번도 들어본 적 없는 게송이 저절로 머릿속에 떠올랐소."

"밤에는 추위에 낮에는 더위에 시달리면서
두려움이 엄습하는 숲속에 홀로 있네.
벌거벗은 채 쬘 곁불도 없이
홀로 머무는 자는 궁구를 거듭한다."

"여래는 묘지에서 죽은 이들의 뼈를 베개 삼아 잤소. 소치는 아이들이 와서 여래에게 침을 뱉고, 소변을 보고, 오물을 던졌으며, 막대로 귀를 찌르기도 했소. 하지만 여래는 그들이 나쁘다고 전혀 생각하지 않았소. 이와 같이 평온하게 머물렀소."

"음식의 절제를 통해 청정해진다는 것을 주장하고 믿는 사문과 바라문들이 있소. 그들은 말한다오. '대추를 먹고 살자.' 그리고 그들은 대추를 먹고, 대추 가루를 먹고, 대추즙을 마신다오. 그리고 대추를 섞은 여러 종류의 음식들을 만들어 먹는다오. 여래는 하루에 대추 한 알만 먹으며 살았던 적이 있었소. 그런데 사아리뿟따여, 그대는 아마도 그 당시 대추가 지금보다 더 컸을 거라고 생각할지도 모르겠소. 그러나 그렇게 생각해서는 안 되오. 그 당시 가장 큰 대추도 지금과 비슷한 크기였소. 하루에 단 한 알의 대추만 먹었더니 여래 몸은 심하게 쇠약해졌소. … 그리고 또 음식의 절제를 통해 청정해진다는 것을 주장하고 믿는 또 다른 사문과 바라문들이 있소. 그들은 말한다오. '콩을 먹고 살자.' … '참깨를 먹고 살자.' … '쌀을 먹고 살자.' … 여래는 하루에 콩 한 알만 … 참깨 한 톨만 … 쌀 한 톨만 … 먹고 살았던 적이 있소. 그러나 그러한 행위, 그러한 관례적 실천, 그러한 고행으로도 여래는 세간도를 넘어 성자의 지견知見에 적합한 탁월한 경지를 증득하지 못했소. 왜 그랬을까? 그것은 성스러운 통찰지를 증득하지 못했기 때문이오. 성스러운 통찰지를 증득해야만 성스러운 해탈로 이끌고, 그런 수행을 하는 이를 고의 완전한 멸진으로 이끌기 때문이오."

"윤회를 통해 청정해진다는 것을 주장하고 믿는 사문과 바라문들이 있소. '그러나 이렇게 긴 생사의 여정에서 정거천淨居

天[181]을 제외하고는 여래가 윤회하며 거치지 않은 곳이 있겠는가? 여래가 정거천에 태어났더라면 이 세상으로 결코 돌아오지 않았을 것이오.'"

"희생물을 바치는 제사를 통해 청정해진다는 것을 주장하고 믿는 사문과 바라문들이 있소. 그러나 여래가 이 긴 생사의 여정에서 관정식을 마친 크샤트리아 왕이거나 부유한 바라문 계급의 일원으로 지내지 않은 제사란 찾을 수 없소."

"불을 숭배함으로써 청정해진다는 것을 주장하고 믿는 사문과 바라문들이 있소. 그러나 여래가 이 긴 생사의 여정에서 관정식을 마친 크샤트리아 왕이거나 부유한 바라문 계급의 일원으로 숭배하지 않은 불이란 찾을 수 없소."

이렇게 주장하고 믿는 사문과 바라문들이 있소. "'머리카락이 검고 축복받은 인생의 초년기의 젊은이는 총명하고 명석하다. 그러나 늙고 나이 들고 노쇠해져 인생의 노년에 접어들고 말년에 이르러 여든, 아흔, 백 세가 되면 총명함과 명석함을 잃게 된다.'라고. 그러나 그렇지 않소. 여래는 이제 늙었고 나이가 들었고 노쇠하여 인생의 노년에 접어들었고, 말년에 이르렀소. 여

---

181 [역주] 정거천淨居天: 정거천은 색계 4선의 무번천無煩天, 무열천無熱天, 선현천善現天, 선견천善見天, 색구경천色究竟天을 말하는데, 불환과를 얻은 성자들이 화생化生하는 다섯 하늘이다. 정거천에 태어나면 다시는 세상에 돌아오지 않고 열반에 든다고 한다.

래 나이 이제 여든이 되었소. 수명이 백 년이라 백 년을 살 수 있는 네 명의 제자가 있다고 합시다. 마치 장비를 잘 갖추고 훈련하고 연습하여 시험에 통과한 궁수가 야자나무 그늘을 가로질러 가벼운 화살을 쉽게 쏠 수 있듯이, 그 네 제자들도 완벽한 마음챙김과 집중력과 암송력과 명료한 지혜를 갖추고 있다고 합시다. 그들이 끊임없이 사념처에 대해 여래에게 물을 때마다 여래가 대답한다고 합시다. 그래서 그들은 그 대답을 모두 기억하고 더 이상 결코 부차적인 질문을 하지 않을 것이오. 먹고 마시고 씹고 맛보고 그리고 대소변을 볼 때와 졸음과 피로를 쫓기 위해 휴식을 취할 때 외에는 질문을 멈추지 않는다고 합시다. 그래도 여래의 설법, 담마 요소의 설명, 질문에 대한 대답은 끝나지 않을 것이오. 그러는 동안 백 년을 살 수 있는 네 명의 제자들은 그 백 년의 수명이 다하여 죽을 것이오. 사아리뿟따여, 그대가 여래를 침상으로 옮겨줄 만큼 노쇠한 때가 와도 여래의 통찰지의 명석함은 변함이 없을 것이오."

《중부》 12

해설자 1 붓다의 일생 마지막 몇 년 동안 성가신 일들이 많이 일어났다. 세속적인 판단으로는 성가실 수도 있는 사건들이었다. 한때 붓다를 시봉한 적이 있던 비구 수낙캇따가 자신이 붓다를 떠났음을 선언하면서 사람들 앞에서 공공연히 붓다를 비방하며 다녔고 붓다의 신통력이 세간적이라고 폄훼했다. 붓다께서는 이에 대해 온갖 고행을 다 해보았고 자신을 청정하게 하는 방법을 다 실천해보았다는 '사자후'를 토하셨다. 그즈음에 붓다의 두 상수제자가 세상을 여의었다. 한편, 40년이 넘는 오랜 세월 동안 헌신적으로 붓다를 후원했던 꼬살라 왕국의 빠세나디 왕은 정치적 혼란 때문에 점점 더 힘들어지고 있었다.

해설자 2 빠세나디 왕은 붓다와 같은 나이인 여든 살이었다. 왕은 조카인 마가다 왕국의 아자아따삿뚜 왕과 소득 없는 전쟁을 계속하였고 이로 인해 곤란을 겪었고 또한 나라 안에서 빈번히 일어나는 정치적 혼란도 골칫거리였다. 궁중에서 벌어진 음모 때문에 왕의 군대 수장인 반둘라 장군이 반란을 모의했다는 혐의를 받아 사형에 처해졌다. 그러나 나중에 왕은 장군의 무죄를 알게 되었다. 회한이 그를 덮쳤다. 왕이 장군의 조카 디이가 까아라아야나를 그 자리에 임명한 것은 보상을 해주고 싶은 마음에서였을 것이다.

《중부》 89의 주석서 ; 《장부》 16의 주석서

해설자 1 빠세나디 왕은 사아왓티에 머물고 계시던 붓다를 찾아뵈었다. 자신의 헌신적인 배우자 말리까 왕후가 세상을 떠나 실의에 빠져 위안을 받고 싶어서였다.

《증지부》 5:49 (참조)

해설자 2 왕궁도 화려한 수도도 이제 빠세나디 왕에게 아무런 즐거움을 주지 못했다. 별다른 계획 없이 그는 잠시 그곳을 떠나 많은 수행원을 이끌고 이곳저곳을 유행했다.

해설자 1 이런저런 생각으로 편치 않은 여정에서 늙은 왕의 행로는 이따금 붓다의 행로와 교차하곤 했다. 그럴 때면 왕은 붓다를 찾아뵈었다. 왕의 죽음에 대해서 경에는 기록되어 있지 않다. 그러나 왕이 죽기 직전 일어난 사건들 가운데 붓다께서 하신 설법이 주석서에 나온다. 이제 두 사람의 마지막 만남에 관한 이야기를 해보겠다.

첫 번째 목소리 이와 같이 나는 들었다. 세존께서 사끼야족의 도시 메달룸빠에 머무실 때의 일이다. 꼬살라국의 빠세나디 왕은 이런저런 일이 있어 나아가라까에 도착했다. 그때 왕이 디이가 까아라아야나에게 말했다. "까아라아야나여, 아주 멋진 궁정 마차들을 준비시켜 주게. 아름다운 광경을 보러 공원으로 가세."

"예, 대왕이시여."라고 디이가 까아라아야나는 대답했다. 그는 마차를 준비하고 나서 왕에게 알렸다. "대왕이시여, 마차가 준비되었습니다. 이제 언제든 떠나실 수 있습니다."

그래서 빠세나디 왕은 마차에 올랐다. 그리고 왕다운 위풍당당함으로 공원을 향해 마차를 몰았다. 그는 마차가 다닐 수 있는 길의 끝까지 들어갔다. 그리고 마차에서 내려 걸어서 더 들어갔다. 운동 삼아 여기저기 걸어 다니다 나무 아래 앉을 만한 자리를 보았는데 이런 믿음과 확신이 들었다. '이곳은 고요하고, 소음으로 방해받지 않은 차분한 분위기이다. 사람들을 떠나 홀로 앉아 정진하기에 좋은 곳이다.' 그 광경을 보고 왕은 세존을 떠올렸다. 그때 왕이 말했다. "디이가 까아라아야나여, 이곳은 … 우리가 아라한이며 정등각자이신 세존을 찾아뵙고 경의를 표하곤 했던 곳과 비슷하구나. 아라한이며 정등각자이신 세존께서는 지금 어디에 머물고 계시는가?"

"대왕이시여, 메달룸빠라고 불리는 사끼야족 마을이 있습니다. 아라한이며 정등각자이신 세존께서는 지금 그곳에 머물고 계십니다."

"나가라까에서 메달룸빠는 얼마나 떨어져 있는가?"

"그리 멀지 않습니다, 대왕이시여. 3요자나쯤 됩니다. 아직 해가 남아있으니 충분히 갈 수 있습니다."

"그러면 마차를 준비시켜라. 아라한이며 정등각자이신 세존을 뵈러 가자."

"그렇게 하겠습니다, 대왕이시여." 디이가 까아라아야나가 대답했다. 그래서 왕은 마차로 나아가라까에서 메달룸빠의 사끼야족 마을로 갔다. 그곳에 도착했을 때는 아직 해가 떨어지지 않았다. 그는 공원을 향해 갔고, 마차가 다닐 수 있는 길 끝까지 들어갔다. 그리고 마차에서 내려 걸어서 더 들어갔다.

그때 몇몇 비구들이 바깥에서 경행을 하고 있었다. 왕은 그들에게 다가가 물었다. "존자들이여, 아라한이며 정등각자이신 세존께서는 지금 어디에 머물고 계십니까? 우리는 아라한이며 정등각자이신 세존을 뵙고 싶습니다."

"대왕이시여, 문이 닫혀 있는 저곳이 세존의 거처입니다. 조용히 다가가서 서두르지 말고 현관으로 올라가세요. 그리고 헛기침으로 기척을 한 후 문을 두드리세요. 세존께서 문을 열어 주실 것입니다."

빠세나디 왕은 칼을 내려놓고 왕의 터번을 벗었다. 그리고 그것들을 디이가 까아라아야나에게 맡겼다. 까아라아야나는 생각했다. "대왕께서 이제 홀로 독대를 하려나 보다. 이제 여기서 혼자 기다려야만 하나?" 왕은 시키는 대로 문으로 다가갔다. 그가 문을 두드리자 세존께서 문을 여셨다. 왕은 세존의 거처로 들어가서 세존의 발에 엎드려 경배를 드렸다. 그는 세존의 발에 입을 맞추었고 손으로 발을 쓰다듬으며 자신의 이름을 아뢰었다. "세존이시여, 저는 꼬살라국의 왕 빠세나디입니다. 세존이시여, 저는 꼬살라국의 왕 빠세나디입니다."

"그런데 대왕이여, 그대에게 무슨 이득이 있어서 이 몸에게 이런 최상의 경의를 표하고 친밀감을 나타내는 것이오?"

"세존이시여, 저는 '세존께서는 정등각자이시고, 담마는 세존에 의해 잘 설해졌으며, 세존의 제자들인 승가는 바른 길을 잘 가는 분들이시다.'라고 믿고 있습니다. 세존이시여, 어떤 사문과 바라문들은 십 년, 이십 년, 삼십 년, 사십 년 등 일정 기간 동안 청정한 삶을 살고 있습니다. 하지만 그들에게 다섯 가지 감각적 쾌락이 주어질 때는 그 쾌락에 탐닉하는 것을 봐 왔습니다. 그러나 여기 비구들은 목숨이 다할 때까지 온전히 청정한 삶을 살아갑니다. 세존이시여, 참으로 여기처럼 완전한 청정범행이 실천되는 것을 어디에서도 보지 못했습니다. 이런 연유로 저는 '세존께서는 정등각자이시고, 담마는 세존에 의해 잘 설해졌으며, 세존의 제자들인 승가는 바른 길을 잘 가는 분들이시다.'라고 믿고 있습니다."

"세존이시여, 왕들은 왕들끼리 다투고, 전사들은 전사들끼리 다투며, 바라문들은 바라문들끼리 다투고, 장자들은 장자들끼리 다투고, 어머니는 자식과, 자식은 어머니와, 아버지는 자식과, 자식은 아버지와, 형제는 형제와, 형제는 자매와, 자매는 형제와, 친구는 친구와 다툽니다. 하지만 이곳에서 제가 본 비구들은 화합하고 물과 우유가 잘 섞이듯이 분쟁 없이 살면서 서로를 다정한 눈으로 바라보고 있습니다. 세존이시여, 저는 어디에서도 이토록 조화로운 대중을 보지 못했습니다. 이런 연유로 저는 '세존께서는 정등각자이시고, 담마는 세존에 의해 잘 설해졌으며, 세존의 제자들인 승가는 바른 길을 잘 가는 분들이시다.'라고 믿습니다."

“세존이시여, 저는 이 공원에서 저 공원으로 이 정원에서 저 정원으로 걸어서 돌아다녔습니다. 거기서 야위고 불쌍하고 추하고 누렇게 뜨고 팔다리에 핏줄이 서고, 그 누구도 다시는 그들을 보고 싶어 하지 않을 것 같은 그런 사문과 바라문들을 보았습니다. 저는 이런 생각이 들었습니다. ‘분명히 이 존자들은 청정한 삶이 만족스럽지 않거나 어떤 범죄를 저지른 적이 있는데 그것을 숨기고 있는 것처럼 보인다.’ 저는 그들에게 다가가서 왜 그들이 그러한지 물었습니다. 그러자 그들이 이렇게 대답했습니다. ‘대왕이시여, 우리는 유전병을 앓고 있습니다.’ 그러나 이곳에서 사는 비구들은 미소를 짓고 즐겁고 진정으로 기뻐하고 소박하게 즐거워하고 감관은 청정하고 들떠 있지 않고 침착하고 다른 사람들이 보시한 것으로 살아가고 야생의 사슴 같은 마음으로 머뭅니다. ‘참으로 이곳의 존자들이 세존의 교법에서 탁월한 경지를 순차적으로 얻은 것이 틀림없구나.’라는 생각이 들었습니다. 이 때문에 제가 세존의 가르침이 참으로 진실이라고 믿습니다.”

“세존이시여, 관정식을 마친 전사 왕으로서, 저는 처형당해야 할 자는 처형할 수 있고, 벌금을 내야 할 자는 벌금을 내게 할 수 있고, 추방당해야 할 자는 추방할 수 있습니다. 그러나 제가 신하들과 회의를 하고 있노라면, 신하들이 저의 말을 끊기도 합니다. 비록 제가 ‘대신들이여, 회의를 하고 있을 때 내 말을 끊지 말라. 내가 끝낼 때까지 기다리라.' 하고 말을 한다고 해도, 그들은 여전히 저를 방해합니다. 하지만 이곳에서 저는 수백 명의 비구들이 귀를 기울이고 있는 것을 봅니다. 세존께서 담마를 설하시는 동안에 제자들은 기침을 하거나 목을 가다듬는 소리조차 내지 않습니다. 한번은 세존께서 수백 명의 비구들에게 담마를 설하시는데, 어떤 제자 하나가 헛기침 소리를 냈습니다. 그러자 어떤 도반이 그의 무릎으로 넌지시 건드리며 말했습니다. '존자여, 조용히 하십시오. 소리를 내지 마십시오. 세존께서 담마를 설하고 계십니다.' 저는 생각했습니다. '놀랍고 대단한 일이다! 몽둥이나 무기 없이도 대중들이 이렇게 공부가 잘 되어 있다니.' 참으로 세존이시여, 저는 어디에서도 이렇게 공부가 잘 되어 있는 대중을 보지 못했습니다. 이 때문에 제가 세존의 가르침이 참으로 진실이라고 믿습니다."

"세존이시여, 저는 이곳에서 크샤트리아 계급인 학자들, 바라문인 학자들, 현명한 장자인 학자들, 사문인 학자들을 보았습니다. 그들은 현명했고, 머리카락을 쪼갤 정도로 뛰어난 명사수가 활쏘기에 대해 아는 것처럼 다른 이들의 이론도 잘 알고 있었습니다. 생각건대, 그들은 분명히 자신이 아는 것을 가지고 잘못된 견해를 논파하고 다닌다고 할 것입니다. '사문 고따마가 이러 저러한 마을과 도시를 방문할 것이다.'라는 소문을 들으면 그들은 질문을 만들어냅니다. '그가 이런 질문을 받으면, 그는 이렇게 대답할 것이다. 그러면 우리는 이렇게 그의 이론을 반박할 것이다. 그리고 그가 이런 질문을 받으면, 그는 이렇게 대답할 것이다. 그러면 우리는 이렇게 그의 이론을 반박할 것이다.' '사문 고따마가 이러 저러한 마을과 도시를 방문했다.'라는 말을 들으면 그들은 사문 고따마를 찾아갑니다. 그런데 사문 고따마는 담마로 그들을 가르치고 격려하고 일깨우고 북돋웁니다. 그 후로 그들은 세존께 질문조차 할 수 없는데 어떻게 그들이 세존의 말씀을 반박하겠습니까? 실제로 그들은 세존의 제자가 됩니다. 이 때문에 제가 세존의 가르침이 참으로 진실이라고 믿습니다."

"세존이시여, 저에게는 도목수인 이시닷따와 뿌라아나가 있습니다. 그들은 제가 주는 음식과 생활비로 먹고삽니다. 제가 그들에게 생계수단을 제공하고 명성을 얻게 해줍니다. 그럼에도 그들은 저보다 세존을 더 존경합니다. 예전에 제가 군대를 이끌고 훈련을 나갔을 때 아주 비좁은 거처에서 목수들과 함께 지내면서 이들을 시험해 보았습니다. 그때 두 목수가 밤늦도록 법담을 했습니다. 그러고 나서 그들은 세존께서 계시던 곳을 향해 머리를 두고 제 쪽으로는 발을 두고 누웠습니다. '참으로 놀랍구나, 참으로 경이롭구나! 참으로 이 현명한 이들은 세존의 교법에서 탁월한 경지를 순차적으로 얻은 것이 틀림없구나.'라는 생각이 들었습니다. 이 때문에 제가 '세존께서는 정등각자이시고, 담마는 세존에 의해 잘 설해졌으며, 세존의 제자들인 승가는 바른 길을 잘 가는 분들이시다.'라고 참으로 믿고 있습니다."

"세존이시여, 세존께서는 크샤트리아이시고, 저도 크샤트리아입니다. 세존께서는 꼬살라국 사람이시고 저도 꼬살라국 사람입니다. 세존께서는 여든이시고 저도 여든입니다. 이런 연유로 세존께 이런 최상의 경의를 표하고 친밀감을 나타내는 것이 당연하다고 생각합니다. 세존이시여, 이제 우리는 떠나겠습니다. 바쁘고 해야 할 일이 많습니다."

"대왕이여, 이제 당신이 떠날 시간이라고 생각되면 그렇게 하십시오." 잠시 후 꼬살라국의 빠세나디 왕이 자리에서 일어나 세존께 경배를 드리고 세존의 오른쪽으로 돌아서 물러났다.

그가 떠나자 세존께서 비구들에게 말씀하셨다. "비구들이여, 빠세나디 왕이 자리에서 일어나 떠나기 전에 담마에 대해서 기념비적인 말을 했다. 담마에 대한 기념비적인 말을 숙지하고 기억하라. 왜냐하면 기념비적인 말은 유익하고 청정범행의 기초가 되기 때문이다." 그것이 세존께서 하신 말씀이다. 비구들은 만족했고, 그 말을 들으며 기뻐했다.

《중부》 89

해설자 1 왕이 세존을 친견하고 떠난 후 일어난 일은 주석서에만 기록되어 있다.

해설자 2 왕의 징표를 디이가 까아라아야나에게 맡기고 왕이 붓다가 계신 거처로 들어갔을 때, 디이가 까아라아야나는 화가 났고 의심을 품고 있었다. 그는 왕이 전에도 붓다와 독대한 후에 대장이었던 자신의 삼촌을 처형했다고 제멋대로 공상하기 시작했고, 이제 자신의 차례가 다가온다고 생각했다. 왕이 붓다의 거처로 들어가자마자, 디이가 까아라아야나는 왕의 징표를 가지고 야영지로 돌아갔다. 그곳에서 그는 왕의 아들인 위두우다바 왕자에게 당장 왕위에 오르라고 요구했고 그러지 않으면 자기가 왕이 되겠다고 협박했다. 왕자는 요구에 응했다. 그러고 나서 말 한 필과 검 한 자루와 궁녀 한 사람을 그곳에 남겨두고, 디이가 까아라아야나와 나머지 수행원들은 사아왓티를 향해 서둘러 떠났다. 남겨진 궁녀한테 빠세나디 왕에게 목숨을 부지하려면 자신들을 따라오지 말라는 경고를 전하도록 했다. 빠세나디 왕이 붓다의 거처에서 나왔을 때 그곳에는 아무도 없었다. 그는 야영지로 갔다. 시중을 들던 궁녀가 그에게 무슨 일이 있었는지 말해주었다.

빠세나디 왕은 자기의 조카 아자아따삿뚜에게 도움을 청하기로 결심했다. 라아자가하로 가는 길에 그는 전에는 먹어본 적이 없는 거친 음식을 먹고 물을 많이 마셨다. 그가 라아자가하에 도착했을 때는 너무 늦은 시각이어서 성문은 이미 닫혀 있었다. 그래서 그는 객사에서 밤을 보내야 했다. 밤새도록 그는 심하게 앓다가 새벽에 시중을 들던 궁녀의 품에서 숨을 거두었다. 그러자 궁녀는 큰 소리로 한탄했다. "두 나라를 다스리던 꼬살라의 왕이 가난한 처지로 죽음을 맞이하여 남의 나라 성 밖 빈민촌에 거지처럼 누워있구나!" 그 소식이 아자아따삿뚜 왕에게 전해졌다. 그는 즉시 왕의 장례식을 성대하게 치르도록 명령했다. 그는 새로 왕이 된 사촌 위두다바를 응징하기 위해 분노하며 공격 명령을 내렸다. 그러자 대신들은 늙은 빠세나디 왕은 이미 죽었으므로 그러한 시도는 헛되고 부적절하기 때문에 사촌의 왕위 승계를 정식으로 인정하는 게 좋겠다고 설득했고, 그는 대신들의 말을 받아들였다.

15. 마지막 해

해설자 1 이제부터 이어지는 일들은 붓다께서 반열반에 드시기 전 일 년 동안 벌어진 것이다. 두 상수제자가 마지막 숨을 거둔 이야기를 제외하고, 이 모든 일들은 동일한 경에 기록되어 있다. 그동안 일어난 일들이 시기순으로 요약되고 있는 경은 이 경뿐이다.

첫 번째 목소리 이와 같이 나는 들었다. 세존께서 라아자가하의 독수리봉에서 머무실 때의 일이다. 그때 아자아따삿뚜 왕은 왓지족을 공격하려고 별렀다. "나는 그토록 강성하고 위력적이라는 왓지족을 몰살시킬 것이다. 나는 그들을 멸망시키고 고통과 파멸을 안겨줄 것이다."라고 말하곤 했다.

아자아따삿뚜 왕은 마가다 왕국의 대신인 바라문 왓사까아라에게 말했다. "자, 바라문이여, 세존께 가서 말씀드리시오. '세존이시여, 마가다 국왕 아자아따삿뚜 웨데히뿟따가 세존의 발에 머리를 조아려 경배드립니다. 그리고 세존께서는 불편하시거나 편찮으신 데는 없으신지, 몸이 가뿐하고 건강하고 편안하신지 여쭙습니다.' 그리고 전해 드리시오. '세존이시여, 마가다

국왕 아자아따삿뚜 웨데히뿟따가 왓지족을 공격하려 합니다. 그토록 강성하고 위력적이라는 왓지족을 몰살시킬 것이며, 그들을 멸망시키고 고통과 파멸을 안겨줄 것이라고 왕은 말합니다.'라고. 그리고 세존께서 대답하신 말씀을 잘 기억하고 있다가 나에게 보고하시오. 여래들은 결코 거짓말을 하지 않으신다오."

"예, 그렇게 하겠습니다." 왓사까아라가 대답했다.

그다음 왓사까아라는 마차 여러 대를 준비시켰다. 마차에 오른 후, 그는 라아자가하의 독수리봉을 향해 달려가 마차가 갈 수 있는 길 끝까지 들어갔다. 그리고 마차에서 내려 세존께서 계신 곳으로 걸어갔다. 그는 세존께 인사를 드리고 한쪽 옆에 앉았다. 그러고 나서 그는 왕의 말을 전해드렸다.

세존께서 뒤에 서서 부채질을 하고 있던 아아난다 존자에게 말씀하셨다. "아아난다여, 왓지인들이 자주 모이고 모임에 참여를 잘한다는 말을 들은 적이 있느냐?"

"세존이시여, 그렇다고 합니다."

"아아난다여, 그러하다면 그들은 번성하고 쇠퇴하지 않겠구나. 그대는 그들이 화합하여 모이고 화합하여 해산하며 화합하여 왓지인으로서의 의무를 다하는지, 제정되지 않은 것은 제정하기를 피하고 제정된 것은 폐지하지 않으며 제정되어 내려온 오래된 왓지의 법들을 준수하고 있는지, 왓지 원로들을 우러르고 섬기고 공경하고 경배하는지, 원로들의 말을 경청해야 한다고 여기는지, 그들 종족의 여성들과 소녀들을 강간하거나 납치하는 일 없이 살고 있는지, 성안이나 밖에 있는 탑묘에 이미 바쳤던 법다운 봉헌을 철회하지 않고 탑묘를 우러르고 섬기고 공경하고 경배하는지, 왓지인들이 아라한들을 담마에 따라 보호하고 보살피고 지켜서 그들의 영토에 아직 오지 않은 아라한을 오게 하는지, 이미 그들의 영토에 온 아라한들이 평안하게 지내는지 들어본 적이 있는가?"

"세존이시여, 그들은 그렇게 합니다."

"아아난다여, 그리하기만 하면 왓지인들은 번성하고 쇠퇴하지 않겠구나."

그러자 세존께서 왓사까아라에게 말씀하셨다. "바라문이여, 여래가 웨사알리의 사아란다다 탑묘에 머물렀을 때, 왓지인들에게 이러한 일곱 가지 쇠퇴하지 않는 담마를 가르쳤소. 왓지인들이 이 일곱 가지 담마를 유지하고 준수하기만 하면 그들은 번성하고 쇠퇴하지 않을 것이오."

이 말을 듣자 왓사까아라가 말씀드렸다. "고따마 존자시여, 왓지인들이 일곱 가지 가운데 단 한 가지라도 지킨다면 그들은 번성하고 쇠퇴하지 않을 것입니다. 그런데 그들이 일곱 가지 법들을 모두 지킨다면 무슨 말을 더할 수 있겠습니까? 고따마 존자시여, 참으로 왓지인들을 금품으로 매수하여 불화를 일으키지 않는 한, 아자아따삿뚜 왕은 결코 전투로는 이기지 못할 것입니다. 고따마 존자시여, 이제 저희는 가야 합니다. 바쁘고 해야 할 일이 많습니다."

"바라문이여, 이제 그대가 떠날 시간이라고 생각되면 그렇게 하시오."

왓사까아라는 만족하였고 세존의 말에 기뻐하며 일어나 감사를 표한 후 그 자리를 떠났다. 그가 떠나자마자 세존께서 아아난다 존자에게 말씀하셨다. "아아난다여, 가서 라아자가하 근처에 머물고 있는 모든 비구들을 불러 집회소에 모이도록 하라."

"세존이시여, 그렇게 하겠습니다." 아아난다 존자가 대답했다. 비구들에게 모이라고 이르고 나서 세존께 말씀드렸다. 그러자 세존께서 자리에서 일어나 집회소로 가셨다. 그리고 그곳에 준비된 자리에 앉으시고 비구들에게 말씀하셨다. "비구들이여, 내가 그대들에게 퇴보하지 않도록 하는 일곱 가지 담마를 설하겠소. 여래가 하는 말에 귀 기울여 주의 깊게 들으시오."

"세존이시여, 그렇게 하겠습니다." 비구들이 응답했다.

세존께서 말씀하셨다. "비구들이 자주 모이고 모임에 잘 참여하는 한, 비구들이 화합하여 모이고 화합하여 해산하며 화합하여 승가의 일원으로서 의무를 다하는 한, 공인하지 않은 것은 인정하지 않고 공인한 것은 깨뜨리지 않으며 공인되어 온대로 학습 계목을 준수하는 한, 경험이 많고 출가한 지 오래된 승가의 어른들이자 지도자인 장로 비구들을 우러르고 섬기고 공경하고 경배하며 그들의 말을 경청해야 한다고 여기는 한, 갈애가 일어났을 때 그것에 휘둘리지 않는 한, 비구들이 숲속에 머묾을 중히 여기는 한 또한 비구들이 스스로 마음챙김을 잘 확립하여 그들에게 오지 않은 청정한 삶을 사는 훌륭한 도반들이 그들에게 오게 하고 이미 온 청정한 삶을 사는 훌륭한 도반들을 평온하게 머물게 하는 한, 오래도록 비구들은 향상하고 퇴보하지 않을 것이오."

"퇴보하지 않도록 하는 또 다른 일곱 가지 담마가 있소. 잡다한 일이나 잡담이나 잠자기나 무리 지어 살기 등을 좋아하지 않고 즐기지 않고 기뻐하지 않는 한, 삿된 원을 갖지 않고 그것에 끄달리지 않는 한, 나쁜 친구를 사귀거나 그들의 영향력에 휩쓸리지 않는 한, 낮은 단계이고 세속적인 특별한 경지를 얻었다고 중도에 향상의 길을 포기하지 않는 한, 비구들은 향상하고 퇴보하지 않을 것이오."

"퇴보하지 않도록 하는 또 다른 일곱 가지 담마가 있소. 비구들이 믿음이 있는 한, 양심이 있는 한, 수치심이 있는 한, 많이 배우는 한, 열심히 정진하는 한, 마음챙김을 확립하는 한, 통찰지를 증득하는 한, 비구들은 향상하고 퇴보하지 않을 것이오."

"퇴보하지 않도록 하는 또 다른 일곱 가지 담마가 있소. 비구들이 깨달음의 인자인 마음챙김[念], 법의 검토[擇法], 정진精進,

기쁨[喜], 고요[輕安], 집중[定], 평온[捨]을 유지하는 한, 비구들은 향상하고 퇴보하지 않을 것이오.

"퇴보하지 않도록 하는 또 다른 일곱 가지 담마가 있소. 비구들이 무상상無常想을 닦는 한, 무아상無我想을 닦는 한, 부정상不淨想을 닦는 한, 위험상을 닦는 한, 탐욕을 버림상을 닦는 한, 탐욕이 사라짐상을 닦는 한, 탐욕의 소멸상을 닦는 한, 비구들은 향상하고 퇴보하지 않을 것이오."

《장부》 16 ; 《증지부》 7:20

"퇴보하지 않도록 하는 여섯 가지 담마가 있소. 비구들이 대중적으로도 개인적으로도 몸이나 말이나 마음으로 청정한 삶을 함께 사는 도반들에게 자애심을 지니는 한, 담마에 따라 얻은 것들을 비록 자신의 발우 안에 있는 아주 적은 것일지라도 청정범행을 닦고 계를 잘 지키는 도반들과 공정하고 차별 없이 나누는 한, 대중적으로도 개인적으로도 훼손되지 않고 손상되지 않고 얼룩이 없고 무구無垢하고 해탈하게 하고 현자의 칭찬을 받고 오해받지 않고 집중에 도움이 되는 계戒를 구족하고 도반들과 함께 청정한 삶을 사는 한, 윤회에서 벗어나게 하고 그대로 실천하며 고의 완전한 멸진으로 이끄는 성스러운 견해를 구족하는 한, 비구들은 오래도록 향상하고 퇴보하지 않을 것이오."

"비구를 퇴보하지 않도록 하는 이러한 담마들이 지속되고 그것을 배우는 한, 비구들은 향상하고 퇴보하지 않을 것이오."

그리고 세존께서는 라아자가하의 독수리봉에 머무시는 동안 비구들에게 자주 이렇게 설법하셨다. "계戒란 그러한 것이고, 집중[定]이란 그러한 것이며, 통찰지[慧]란 그러한 것이오. 계로 다져진 집중은 큰 이득과 큰 결실을 가져온다오. 집중으로 다져진 통찰지는 큰 이득과 큰 결실을 가져온다오. 통찰지로 다져진 마음은 번뇌로부터, 즉 감각적 욕망이라는 번뇌, 존재라는 번뇌, 견해라는 번뇌, 무명이라는 번뇌로부터 완전히 해탈하게 된다오."

세존께서 라아자가하에 원하는 만큼 머무신 후에 아아난다 존자에게 말씀하셨다. "자, 아아난다여, 암발랏티까에 가자."

"예, 세존이시여." 아아난다 존자가 대답했다. 세존께서 승가의 많은 비구들과 함께 암발랏티까로 떠나셨다. 그곳에서 세존은 암발랏티까의 왕궁에 머무셨다.

그리고 그곳에 계시는 동안에도 비구들에게 자주 이와 같이 설법하셨다. "계戒란 그러한 것이고, 집중[定]이란 그러한 것이며, 통찰지[慧]란 그러한 것이오. 계로 다져진 집중은 큰 이득과 큰 결실을 가져온다오. 집중으로 다져진 통찰지는 큰 이득과 큰 결실을 가져온다오. 통찰지로 다져진 마음은 번뇌로부터, 즉 감각적 욕망이라는 번뇌, 존재라는 번뇌, 견해라는 번뇌, 무명이라는 번뇌로부터 완전히 해탈하게 된다오."

세존께서 암발랏티까에서 원하는 만큼 머무신 후에 아아난다 존자에게 말씀하셨다. "자, 아아난다여, 나알란다로 가자."

"예, 세존이시여." 아아난다 존자가 대답했다. 세존께서 승가의 많은 비구들과 함께 나알란다로 떠나셨다. 그곳에 계시는 동안 세존께서는 나알란다의 빠아와아리까 망고 숲에 머무셨다.

《장부》 16

그때 사아리뿟따 존자가 세존을 찾아와 말씀드렸다. "세존이시여, 저는 확신합니다. 세존을 능가하는 그 어떤 사문이나 바라문은 이제까지 없었고, 앞으로도 없을 것이며, 지금도 없습니다."

"사아리뿟따여, 우렁차고 당당하게 확신에 찬 사자후를 토하는구려. 그러면 그대가 아라한이며 정등각자인 과거의 모든 세존들에 대해 '그분들은 이런 계를 지녔고, 그분들의 집중은 이러했고, 그분들의 통찰지가 이러했고, 그분들의 머묾이 이러했고, 그분들이 성취한 해탈이 이러했구나.'라고 마음으로 그분들의 마음을 통하여 알게 되었소? "

"아닙니다. 세존이시여."

"아라한이며 정등각자인 미래의 모든 세존들에 대해 그대가 마음으로 그분들의 마음을 통하여 알게 되었소?"

"아닙니다, 세존이시여."

"아라한이며 정등각자인 여래에 대해 그대가 마음으로 마음을 통하여 알게 되었소?"

"아닙니다, 세존이시여."

"그렇다면 그대는 어떻게 이토록 우렁차고 당당하게 확신에 찬 사자후를 토할 수 있었소?"

"세존이시여, 저에게는 제 마음으로 과거와 미래, 현재의 아라한이며 정등각자이신 분들의 마음을 읽는 지혜[他心通]가 없습니다. 그렇지만 저는 담마에 대한 확신이 있습니다. 어떤 왕에게 견고한 해자, 성벽, 요새와 문이 하나밖에 없는 국경 도시가 있다고 한다면, 그 문을 지키는 현명하고 영리하며 명민한 문지기가 있어서 모르는 사람은 못 들어오게 하고 아는 사람만 들인다고 한다면, 그 문지기는 도시를 둘러싸고 있는 길을 한 바퀴 돌면서 요새에 어떤 틈이나 구멍도 없어서 고양이 한 마리도 지나갈 수 없음을 확인하고 몸집이 제법 큰 사람은 이 문으로 드나들 수밖에 없다는 것을 알게 됩니다. 세존이시여, 저는 담마에 대한 확신이 있습니다. 아라한이며 정등각자이신 과거의 모든 세존들께서는 다섯 장애[五蓋]를 제거하시고, 그분들의 마음을 마음챙김의 네 가지 기반[四念處]에 잘 확립하셨고, 통찰지를 약화시키는 다섯 가지 장애와 마음의 번뇌를 없앤 뒤 깨달음의 일곱 가지 구성인자[七覺支]를 계속 닦음으로써 위없는 정등각을 성취하셨습니다. 미래의 모든 아라한이며 정등각자이신 세존들께서도 그렇게 하실 것이고, 현재의 아라한이며 정등각자이신 세존께서도 그렇게 하셨습니다."

《장부》 16 ; 《상응부》 47:12

세존께서 나알란다에 있는 빠아와아리까의 망고 숲에 머무시는 동안, 비구들에게 자주 이 설법을 하셨다. "계戒란 그러한 것이고, 집중[定]이란 그러한 것이며, 통찰지[慧]란 그러한 것이오. 계로 다져진 집중은 큰 이득과 큰 결실을 가져온다오. 집중으로 다져진 통찰지는 큰 이득과 큰 결실을 가져온다오. 통찰지로 다져진 마음은 번뇌로부터, 즉 감각적 욕망이라는 번뇌, 존재라는 번뇌, 견해라는 번뇌, 무명이라는 번뇌로부터 완전히 해탈하게 된다오."

세존께서 나알란다에 원하는 만큼 머무시고 나서 아아난다 존자에게 말씀하셨다. "자, 아아난다여, 이제 우리 빠아딸리가아마로 가자."

"예, 세존이시여." 아아난다 존자가 대답했다. 세존께서 승가의 많은 비구들과 함께 빠아딸리가아마로 떠나셨다.

빠아딸리가아마의 재가자들이 그 소식을 들었다. "세존께서 빠아딸리가아마에 도착하셨다고 합니다." 그들은 세존을 찾아가 경배를 드리고 나서 한쪽 옆에 앉아서 말씀드렸다. "세존께서는 저희 객사에 머무르십시오." 세존께서 침묵으로 수락하셨다. 세존께서 수락하시는 것을 보고, 그들은 자리에서 일어나 경배를 드리고 나서 세존의 오른쪽으로 돌아 나갔다. 그들은 객사로 가서 바닥에 깔개를 깔았다. 그리고 앉으실 자리를 준비하고, 물대야에 물을 가득 채우고, 기름등을 매달았다. 그들은 세존께 자신들이 준비한 것을 말씀드리고 나서 이렇게 덧붙였다. "세존이시여, 이제 세존께서는 가실 때가 되었습니다."

그러자 세존께서 채비를 하시고 발우와 가사를 챙겨 객사로 향하셨다. 세존께서는 객사에 도착하셔서 발을 씻고 안으로 들어가서 가운데 기둥 가까이에서 동쪽을 향해 앉으셨다. 승가의 비구들도 발을 씻은 후 객사에 들어가 서쪽 벽을 등지고 동쪽을 향해 세존의 뒤에 앉았다. 빠아딸리가아마의 재가자들도 발을 씻고 객사로 들어와 동쪽 벽을 등지고 서쪽을 향해 세존을 바라보고 앉았다. 그러자 세존께서 빠아딸리가아마의 재가자들에게 설법을 시작하셨다.

"장자들이여, 계행을 갖추지 못한 자가 계를 파함으로써 이러한 다섯 가지 위험을 초래한다오. 그 다섯 가지는 무엇인가? 첫째, 계를 파해 계행을 갖추지 않은 자는 방일함으로 인해 재산에 큰 손실을 입는 고통을 당한다오. 둘째, 나쁜 평판을 얻게 되오. 셋째, 크샤트리아든 바라문이든 장자든 사문이든 그 어떤 집단에 들어가든 쭈뼛거리고 자신감이 없게 되오. 넷째, 혼미함 속에서 죽게 되오. 다섯째, 몸이 무너져 죽은 후 불행한 곳, 비참한 세계, 파멸처, 지옥에 떨어진다오."

"그러나 계행을 갖춘 자가 계를 올바로 지킴으로써 다섯 가지 이득을 얻는다오. 그 다섯 가지는 무엇인가? 첫째, 계를 잘 지켜 계행이 올바른 자는 방일하지 않고 성실한 덕분에 큰 재물을 얻게 되오. 둘째, 좋은 평판을 얻게 되오. 셋째, 크샤트리아든 바라문이든 장자든 사문이든 그 어떤 집단에 들어가든 자신감 있고 당당하게 되오. 넷째, 죽을 때 혼미하지 않소. 다섯째, 몸이 무너져 죽은 후 좋은 곳, 천상계에 다시 태어난다오."

세존께서 빠아딸리가아마의 재가자들을 밤늦도록 가르치고 격려하고 일깨우고 북돋우신 다음 그들을 보내면서 말씀하셨다. "장자들이여, 밤이 깊었소. 이제 그대들이 돌아갈 시간이오."

"예, 세존이시여." 그들이 대답하고 자리에서 일어나 세존께 경배를 드리고 나서 세존의 오른쪽으로 돌아 나갔다. 그들이 가자, 세존께서 빈방으로 들어가셨다.

그 무렵 마가다국의 대신인 수니다와 왓사까아라가 왓지족을 저지하기 위해 빠아딸리가아마에 도시를 건설하는 중이었다. 수천의 천신들이 그곳을 차지하고 있었다. 큰 위력을 가진 천신들은 큰 위력을 가진 왕과 대신들의 마음을 움직여 자신들이 차지하고 있는 곳에 거처를 만들게 했다. 보통의 위력을 가진 천신들은 보통의 위력을 가진 왕과 대신들의 마음을 움직여 자신들이 차지하고 있는 곳에 거처를 만들게 했다. 위력이 약한 천신들은 위력이 약한 왕과 대신들의 마음을 움직여 자신들이 차지하고 있는 곳에 거처를 만들게 했다.

인간을 넘어선 청정한 천안으로 세존께서 그 천신들을 보셨다. 동이 터올 무렵 세존께서 일어나셔서 아아난다 존자에게 물으셨다. "아아난다여, 누가 빠아딸리가아마에 도시를 건설하고 있는가?" "세존이시여, 수니다와 왓사까아라가 그 일을 하고 있습니다."

"그들은 마치 33천[忉利天]에 있는 신들의 조언을 받은 듯이 그 일을 하고 있구나." 세존께서 당신이 본 것을 말씀하시고는 덧붙이셨다. "고귀한 사람들의 거처 중에서, 모든 교역의 중심지 중에서, 빠아딸리가아마[182]는 재화 주머니를 열어놓는 것과 같은 거대한 도시가 될 것이오. 그곳에는 세 가지 재난이 있을 것이니 불과 물과 내분으로 인한 재앙이 그것이오."

그때 수니다와 왓사까아라가 세존을 찾아뵙고 다음날 공양을 올릴 수 있도록 허락해 주십사 하고 청을 드렸다. 공양을 마치시고 세존께서 발우를 손에서 내려놓으시자 그들은 낮은 곳

---

182 빠아딸리가아마*Pāṭaligāma*: 빠아딸리가아마의 이름이 새 도시의 건설에 즈음해서 빠아딸리뿟따*Pāṭaliputta*로 바뀐다(오늘날의 빠뜨나이다). 후에 마가다 왕국에서 연원한 아소까 제국의 수도가 되어 유명해진다.

에 자리를 잡고 한쪽 옆에 앉았다. 그러자 세존께서 게송으로 격려하셨다.

"현자는 거주하는 곳에서
계를 지니고 잘 제어된
청정범행을 닦는 자를 봉양한다오.
그리고 집에 있는 신들에게 공양을 올린다오.
그 신들도 현자를 존경하고 보호한다오.
신들이 그를 아끼는 마음은
자식을 향한 어머니의 마음과 같으니
신들이 아끼는 이는
늘 상서로움을 보리니."

그러고 나서 세존께서 자리에서 일어나 그곳을 떠나셨다. 수니다와 왓사까아라가 세존의 뒤를 따라 나오면서 이렇게 생각했다. "이제부터 세존께서 나가시는 저 문을 '고따마 문'이라고 불러야겠다. 세존께서 건너가시는 강가강 저 나루를 '고따마 나루'라고 불러야겠다." 그리고 세존께서 통과하셨던 문은 '고따마 문'이라고 불렸다. 그러나 세존께서 강가 강변으로 가셨을 때, 강물이 불어나 넘쳐흐를 지경이어서 까마귀들이 물을 마실 수 있을 정도였다. 건너편 강둑으로 건너가고자 하는 몇몇 사람들이 배를 찾고 있었고, 다른 사람들은 물에 뜰 만한 것을 찾고 있었다. 함께 뗏목을 엮는 사람들도 있었다. 그때 세존께서는 건장한 사람이 구부렸던 팔을 펴거나 폈던 팔을 구부리는 것처럼 순식간에 비구 승가와 함께 강가강의 이쪽 기슭에서 사라져 건너편 기슭에 서 계셨다. 세존께서는 강을 건너려고 배를 찾거나 물에 뜰 것을 찾거나 뗏목을 묶는 사람들을 보셨다. 그 뜻을 아시고 세존께서 이렇게 게송을 읊으셨다.

"불어난 강물을 건너려는 사람들은
깊은 물을 피하려 다리를 만들고
뗏목을 묶고 있지만
지혜로운 이들은 이미 건넜다오."

《장부》 16 ; 《우다아나》 8:6 ; 《율장》 〈대품〉 6:28

세존께서 아아난다 존자에게 말씀하셨다. "자, 아아난다여, 이제 우리 꼬띠가아마로 가자."

"예, 세존이시여." 아아난다 존자가 대답했다. 세존께서 승가의 많은 비구들과 함께 꼬띠가아마로 가서 머무셨다. 그리고 비구들에게 이렇게 말씀하셨다. "비구들이여, 네 가지 성스러운 진리를 알지 못하고 깨닫지 못했기 때문에 여래와 그대들은 그토록 오랫동안 이 윤회의 굴레에서 헤매야만 했소. 그 네 가지란 무엇인가? 고라는 성스러운 진리, 고의 원인이라는 성스러운 진리, 고의 멸이라는 성스러운 진리, 고의 멸에 이르는 길이라는 성스러운 진리라오. 여래가 이 네 가지 성스러운 진리를 알고 깨달았소. 그리하여 존재에 대한 갈애가 사라졌고 존재 가능성이 없어졌으며 이제 더 이상 재생은 없소."

세존께서 꼬띠가아마에 계실 때 비구들에게 자주 이렇게 설법하셨다. "계戒란 그러한 것이고, 집중이란 그러한 것이며, 통찰지란 그러한 것이오. 계로 다져진 집중은 큰 이득과 큰 결실을 가져온다오. 집중으로 다져진 통찰지는 큰 이득과 큰 결실을 가져온다오. 통찰지로 다져진 마음은 번뇌로부터, 즉 감각적 욕망이라는 번뇌, 존재라는 번뇌, 견해라는 번뇌, 무명이라는 번뇌로부터 완전히 해탈하게 된다오."

《장부》 16 ; 《율장》 〈대품〉 6:29

세존께서 꼬띠가아마에 원하는 만큼 머무시고 나서 아아난다 존자에게 이렇게 말씀하셨다. "자, 아아난다여, 우리 나아디까로 가자."

"예, 세존이시여." 아아난다 존자가 대답했다. 세존께서 승가의 많은 비구들과 함께 나아디까로 떠나셨다. 나아디까에서 세존께서는 벽돌집에 머무셨다.

그때 아아난다 존자가 세존을 찾아와 말씀드렸다. "세존이시여, 사알하라는 비구가 나아디까에서 세상을 떠났습니다. 그는 어디로 갔습니까? 그는 무엇으로 다시 태어납니까? 난다라는 비구니와 수닷따라는 재가 신도, 수자아따라는 재가 여신도와 까꾸다, 까알링가, 니까따 그리고 까띳사바, 뚯타, 산뚯타, 밧다와 수밧다, 이들이 나아디까에서 세상을 떠났습니다. 그들은 어디로 갔을까요? 그들은 무엇으로 다시 태어납니까?"[183]

"아아난다여, 비구 사알하는 번뇌를 소멸했기에 지금·여기에서 스스로 수승한 지혜로 깨달아 번뇌 없는 심해탈과 혜해탈에 들어 머물렀다. 난다 비구니는 다섯 가지 낮은 단계의 족쇄를 완전히 부수었고 이후 정거천에 화생化生하였다. 그리고 그곳에서 이 세상에 다시 돌아오지 않고 열반을 얻을 것이다. 재가 신도 수닷따는 세 가지 족쇄를 완전히 부수고 탐욕과 성냄과 어리석음이 엷어져서, 고를 끝내기 위해 이 세상에 한 번만 다시 돌아오면 되는 일래과에 들었다. 재가 여신도인 수자아따는 세 가지 족쇄를 완전히 부수어서 예류과에 들었고 더 이상 파멸처에 떨어지지 않고 올바름에 듦이 확정되었고 완전한 깨달음에 이를 것이다. 재가 신도인 까꾸다, 까알링가, 니까따 그리고 까띳사바, 뚯타, 산뚯타, 밧다와 수밧다 그리고 재가 신도 50명이 모두 불환과에 들었다. 재가 신도 90명은 일래과에 들었고 재가

---

183 주석서에는 이 시점에서 《장부》 18경 〈자나와사바 경〉이 설해졌다고 쓰여 있다.

신도 5백여 명은 예류과에 들었다."

"인간으로 태어난 자가 죽는 것은 자연스러운 일이다. 그러나 누군가가 죽을 때마다 와서 이런 질문을 한다면, 그것은 여래를 성가시게 하는 일이다. 그러니 여래가 그대에게 '담마의 거울'이라는 담마를 설할 것이다. 이 담마를 구족한 성스러운 제자는 자신이 원하기만 하면, '나는 더 이상 지옥으로 가지 않으며, 동물로 태어나지 않으며, 아귀의 세상으로 가지 않으며, 불행한 곳에 머물지 않으며, 비참한 세계, 파멸처로 떨어지지 않는다. 나는 예류과에 들었고, 파멸처에 이르지 않으며, 올바름에 듦이 확정되었고 완전한 깨달음에 이를 것이다'라고 자신에 대해 예견할 수 있다."

"그러면 어떤 것이 '담마의 거울'이라는 담마라고 설할 수 있는가? 여기 성스러운 제자는 '그분 세존께서는 바로 아라한[應供]이시며, 완전히 깨달으신 분[正等覺者, 正遍知]이시며, 지혜와 실천을 구족하신 분[明行足]이시며, 바른 길을 잘 가신 분[善逝]이시며, 세간을 잘 알고 계신 분[世間解]이시며, 가장 높은 분[無上士]이시며, 사람들을 잘 다루는 지도자[調御丈夫]이시고, 신과 사람의 스승[天人師]이며, 부처님[佛]이며 세존이시다.'라고 붓다를 전적으로 믿는다. 성스러운 제자는 '담마는 세존에 의해 잘 설해졌고 당장에 공덕을 드러내며, 시간이 걸리지 않고, 누구든 와서 볼 수 있는 것이고, 향상의 길로 이끌어주며, 지혜로운 이는 누구나 스스로 경험할 수 있는 것이다.'라고 담마를 전적으로 믿는다. 성스러운 제자는 '세존의 제자들로 이루어진 승가는 옳은 길을 잘 걷고 있으며, 바르게 걷고 있으며, 지혜롭게 걷고 있으며, 충실하게 걷고 있으니, 저 네 쌍, 여덟 단계에 계신 성자들[184]이다. 이들 세존의 제자들은 공양 올려 마땅하며, 시중들어 마땅하며, 보시하여 마땅하며, 합장드려 마땅하며, 이 세상에 다시없는 복밭[福田]이다.'라고 승가를 전적으로 믿는다. 계행을 잘 지키는 이는 훼손되지 않고 파괴되지 않고 얼룩이 없고 무구無垢하고 탐욕에서 벗어나게 하고 현자의 칭찬을 받고 오해받지 않고 집중에 도움이 되는 계행을 구족한다. 이것이 '담마의 거울'이라는 법문이다. 이 담마를 구족한 성스러운 제자는 '나는 더 이상 지옥으로 가지 않으며, … 나는 예류과에 들었고, 더 이상 파멸처에 떨어지지 않으며, 올바름에 듦이 확정되어 있고 해탈이 확정되었다.'라고 자신에 대해 예견할 수 있다."

세존께서 나아디까에서 벽돌집에 머무시는 동안 비구들에게 이러한 설법을 자주 하셨다. "계란 그러한 것이고, 집중이란 그러한 것이며, 통찰지란 그러한 것이오. 계로 다져진 집중은 큰

---

184 네 쌍[四雙], 여덟 단계의 성자들[八輩]: 수행 성취의 네 단계[四雙]와 각 단계를 증득한 이들[八輩]을 말한다. 각 단계에 들어서면 '과果'는 곧바로 뒤따른다고 한다. 그래서 '시간이 걸리지 않고, 지체없이'는 과의 증득은 죽을 때까지 기다릴 필요가 없다는 의미이다. (《숫따니빠아따》 2:1의 게송 5와 6 참조)

이득과 큰 결실을 가져온다오. 집중으로 다져진 통찰지는 큰 이득과 큰 결실을 가져온다오. 통찰지로 다져진 마음은 번뇌로부터, 즉 감각적 욕망이라는 번뇌, 존재라는 번뇌, 견해라는 번뇌, 무명이라는 번뇌로부터 완전히 해탈하게 된다오."

《장부》 16

세존께서 나아디까에 원하는 만큼 머무시고 나서 아아난다 존자에게 말씀하셨다. "자, 아아난다여, 우리 웨사알리로 가자."

"예, 세존이시여." 아아난다 존자가 대답했다. 세존께서 승가의 많은 비구들과 함께 웨사알리로 떠나셨다. 웨사알리에서 세존께서는 암바빠알리의 숲에 머무셨다. 그리고 비구들에게 이렇게 설법하셨다. "비구들이여, 비구는 마음챙김을 확립하고 분명히 알아차림하면서 머물러야 하오. 이것이 그대들에게 주는 여래들의 가르침이오. 그러면 비구는 어떻게 마음챙김을 확립해야 하는가? 비구는 세상과 관련된 탐욕과 근심을 내려놓고, 몸[身]을 있는 그대로 열심히 분명히 알아차림하고 마음챙겨 수관하면서 머물러야 하오. 그는 세상과 관련된 탐욕과 근심을 내려놓고, 느낌[受]을 있는 그대로 열심히 분명히 알아차림하고 마음챙김하면서 머물러야 하오. 그는 세상과 관련된 탐욕과 근심을 내려놓고, 마음[心]을 있는 그대로 열심히 분명히 알아차림하고 마음챙겨 수관하면서 머물러야 하오. 그는 세상과 관련된 탐욕과 근심을 내려놓고, 담마[法]를 있는 그대로 열심히 분명히 알아차림하고 마음챙김하면서 머물러야 하오. 그러면 비구는 어떻게 분명히 알아차림하는가? 비구는 나아갈 때도 물러날 때도, 앞을 볼 때도 뒤돌아볼 때도, 구부릴 때도 펼 때도, 법의 발우 의복을 지닐 때도, 먹을 때도 마실 때도 씹을 때도 맛볼 때도, 대소변을 볼 때도, 걸으면서 서면서 앉으면서 잠들면서 잠 깨면서 말하면서 침묵하면서 분명히 알아차림해야 하오. 비구는 마음챙김을 확립하고 분명히 알아차림하면서 머물러야 하오. 이것이 그대들에게 주는 여래들의 가르침이오."

《장부》16 ; 《장부》22 (참조)

유녀 암바빠알리는 세존께서 웨사알리로 오셔서 그녀의 망고 숲에 머무신다는 소문을 들었다. 그녀는 마차 여러 대를 준비시켜 마차에 타고 웨사알리에 있는 자신의 망고 숲으로 달려가 마차가 들어갈 수 있는 길의 끝까지 갔다. 그녀는 마차에서 내린 다음 세존께서 머물고 계시는 곳까지 걸어서 갔다. 세존께 경배를 드리고 나서 한쪽 옆에 앉았다. 그녀가 자리에 앉자 세존께서 설법하시면서 그녀를 가르치고 격려하고 일깨우고 북돋우셨다. 그러자 그녀가 말씀드렸다. "세존이시여, 세존과 비구들의 승가에 내일 제가 공양 올릴 수 있도록 해주십시오." 세존께서는 침묵으로 허락하셨다. 세존께서 허락하시는 것을 보고,

그녀는 자리에서 일어나 경배를 드리고 나서 오른쪽으로 세존을 돌아서 그곳을 떠났다.

그런데 웨사알리의 릿차위 사람들도 세존께서 암바빠알리의 망고 숲에 머물고 계신다는 소문을 들었다. 그들도 여러 대의 마차를 준비시킨 후 마차에 올라타 웨사알리를 향해 달려갔다. 어떤 이들은 푸른색 장신구에 푸른색 옷을 입고 푸른색으로 치장하여 온통 푸른색이었고, 어떤 이들은 노란색 장신구에 노란색 옷을 입고 노란색으로 치장하여 온통 노란색이었다. 어떤 이들은 붉은색 장신구에 붉은색 옷을 입고 붉은색으로 치장하여 온통 붉은색이었고, 어떤 이들은 하얀색 장신구에 하얀색 옷을 입고 하얀색으로 치장하여 온통 하얀색이었다.

유녀 암바빠알리는 릿차위 청년들과 맞닥뜨렸다. 차축과 차축이, 바퀴와 바퀴가, 멍에와 멍에가 서로 부딪쳤다. 그러자 릿차위 청년들이 그녀에게 물었다. "암바빠알리여, 왜 그대는 차축과 차축, 바퀴와 바퀴, 멍에와 멍에가 부딪칠 정도로 릿차위 청년들과 정면으로 마주치는 것이냐?"

"나리들, 저는 지금 막 세존과 비구들의 승가에 내일의 공양을 청하고 오는 길입니다."

"암바빠알리여, 그 공양청을 십만 냥에 우리에게 넘겨다오."

"나리들, 당신들이 웨사알리 땅 전부를 저에게 준다고 해도 내일 공양청을 넘겨드릴 수 없습니다."

그러자 릿차위 사람들이 손가락을 튕기며 말했다. "오, 망고 숲의 여자가 우리를 이겼네, 망고 숲의 여자가 우리보다 한발 앞섰네!" 그들은 암바빠알리의 숲을 향해 마차를 몰았다. 세존께서 그들이 오는 것을 먼발치에서 보셨다. 그리고 비구들에게 말씀하셨다. "33천의 천신들을 본 적이 없는 비구들이여, 릿차위 무리를 보시오. 릿차위 무리를 자세히 보시오. 릿차위 무리들이 33천의 천신들을 닮은 것을 알게 될 것이오."

릿차위 사람들은 마차로 갈 수 있는 길의 끝까지 갔다. 그리고 마차에서 내려 세존께서 계신 곳까지 걸어갔다. 그들은 세존께 경배를 드리고 한쪽에 앉았다. 그러자 세존께서 설법하시면서 그들을 가르치고 격려하고 일깨우고 북돋우셨다. 설법이 끝난 후 릿차위 사람들이 말씀드렸다. "세존이시여, 세존과 비구들의 승가에 내일 저희가 공양을 올릴 수 있게 해주십시오."

"그대들이여, 여래는 이미 유녀 암바빠알리의 공양청을 받았다오."

그러자 릿차위 사람들이 손가락을 튕기며 말했다. "오, 망고 숲의 여자가 우리를 이겼네, 망고 숲의 여자가 우리보다 한발 앞섰네!"

하지만 그들은 세존의 설법을 듣고 이에 기뻐하고 만족하여, 자리에서 일어나 경배를 드리고 나서 오른쪽으로 세존을 돌아 그곳을 떠났다.

그날 밤이 지나고, 유녀 암바빠알리는 자신의 숲에서 갖가지 좋은 음식을 준비했다. 그리고 공양 시간이 되었음을 알려드렸다. "세존이시여, 공양이 준비되었습니다." 세존께서 공양을 마치고 발우를 손에서 내려놓으셨다. 암바빠알리는 낮은 쪽에 있는 자리에 앉아서 말씀드렸다. "세존이시여, 저는 이 망고 숲을 세존께서 이끄시는 비구들의 승가에 보시하겠습니다." 세존께서는 그것을 받으셨다. 그리고 설법으로 그녀에게 가르침을 펴시고 나서 자리에서 일어나 그곳을 떠나셨다.

세존께서 웨사알리에 있는 암바빠알리의 망고 숲에 머무시는 동안, 비구들에게 자주 이렇게 설법하셨다. "계란 그러한 것이고, 집중이란 그러한 것이며, 통찰지란 그러한 것이오. 계로 다져진 집중은 큰 이득과 큰 결실을 가져온다오. 집중으로 다져진 통찰지는 큰 이득과 큰 결실을 가져온다오. 통찰지로 다져진 마음은 번뇌로부터, 즉 감각적 욕망이라는 번뇌, 존재라는 번뇌, 견해라는 번뇌, 무명이라는 번뇌로부터 완전히 해탈하게 된다오."

《장부》 16 ; 《율장》 〈대품〉 6:30

세존께서 암바빠알리의 숲에 원하는 만큼 머무시고 나서 아아난다 존자에게 말씀하셨다. "자, 아아난다여, 우리 벨루와가아마까로 가자." "예, 세존이시여." 아아난다 존자가 대답했다.

세존께서 승가의 많은 비구들과 함께 벨루와가아마까로 떠나셨다. 세존께서 벨루와가아마까에 한동안 머무시면서 비구들에게 말씀하셨다. "자, 비구들이여, 웨사알리 근처에 도반이나 동료나 지인들이 있는 곳 어디에서든 우안거를 지낼 곳을 찾으시오. 여래는 여기 벨루와가아마까에서 우안거를 지낼 것이오."

"예, 세존이시여." 그들은 대답했다. 그리고 그들은 그렇게 했다.

세존께서는 우안거를 지낼 곳을 정하시고 나서 위중한 병에 걸려 견디기 힘든 극심한 고통에 시달리셨다. 세존께서는 괴로워하지 않으면서 마음챙김과 분명한 알아차림을 하며 견뎌내셨다. 그리고 생각하셨다. "비구 승가에 알리지도 않고 여래를 돌보는 이들에게 작별인사도 남기지 않고 무여열반에 드는 것은 옳지 않다. 삶의 의지를 일으켜서 정진력으로 이 병을 억누르면 어떨까?" 그래서 세존께서는 그렇게 하셨고, 병은 가라앉았다.

세존께서는 건강을 회복하셨다. 병상에서 나와 그늘진 곳에 마련된 자리에 앉으셨다. 아아난다 존자가 세존께 와서 말씀드렸다. "세존이시여, 저는 세존의 편안한 모습도 보았고 견뎌내시는 모습도 보아왔습니다. 그런데 세존께서 병에 걸리시니 제 몸이 굳어버리는 것 같았습니다. 똑바로 보지도 못하고 머리가 혼미해졌습니다. 그러나 세존이시여, 저는 세존께서 비구 승가에 대해 아무 말씀도 없이 반열반에 들지 않으실 것임을 알기에 안심이 되었습니다."

"그런데 아아난다여, 승가는 여래에게 무엇을 기대하고 있는가? 여래는 비밀 없이 공공연하게 담마를 설하였다. 여래의 담마에는 좋은 뭔가를 감춘 '스승의 주먹'은 없다. 누군가 '내가 승가를 이끌 것이다.'라거나, '승가는 나를 믿는다.'라고 생각하는 자는 비구 승가에 대해 무슨 말을 선포할 것이다. 여래는 그렇게 생각하지 않는다. 그러니 어찌 여래가 비구 승가에 대해 선포할 말이 있겠는가?" 아아난다여, 여래는 이제 늙어 여든이 되었다. 마차가 낡으면 임시변통으로 끌고 가야 하듯이, 마찬가지로 여래가 보기에는 여래의 몸도 임시변통으로 움직여야 한다. 그래서 어떤 표상에도 주의를 기울이지 않고 느낌들이 모두 소멸할 때 편안하므로 여래는 전일한 심해탈에 들어 머문다. 그러니 아아난다여, 그대들 각자가 자신을 섬[185]으로 삼고 자신을 귀의처로 삼고, 남을 귀의처로 삼지 말라. 그대들 각자가 담마를 자신의 섬으로 삼고 담마를 자신의 귀의처로 삼고, 다른 것을 귀의처로 삼지 말라. 비구는 어떻게 그렇게 하는가? 비구는 몸을 있는 그대로 열심히 분명히 알아차림하고 마음챙김하면서 머문다. 그는 세상과 관련된 탐욕과 근심을 내려놓고 머문다. 그는 느낌을 … 마음을 … 담마들을 열심히 분명히 알아차림하고,

185 섬: 빠알리어로 dīpa인데' '섬' 또는 '등불'을 의미한다. 주석서는 '섬'으로 설명하고 있다.

마음챙김하면서 머문다. 그는 세상과 관련된 탐욕과 근심을 내려놓고 머문다. 지금도, 여래가 세상을 떠난 후에도, 누구든 자기 자신을 섬으로 삼고 자신을 귀의처로 삼고 남을 귀의처로 삼지 않는 이들, 담마를 자신의 섬으로 삼고 담마를 자신의 귀의처로 삼고 다른 것을 귀의처로 삼지 않는 이들이 수행하고자 하는 비구들 가운데서 가장 으뜸가는 사람이 될 것이다."

《장부》 16 ; 《상응부》 47:9

해설자 2 경전에는 이 부분이 명료하게 언급되어 있지 않지만, 붓다께서는 이 무렵 사아왓티를 방문하셨던 것으로 보인다. 그리고 그곳에 머무시는 동안 두 상수제자가 세상을 떠났다는 소식이 전해진다.

첫 번째 목소리 세존께서 사아왓티에 있는 제따 숲의 아나아타삔디까 승원에 머물고 계실 때였다. 그 무렵 사아리뿟따 존자는 마가다국의 나알라가아마까에 머물고 있었다. 그는 병으로 심한 고통을 겪고 있었고, 쭌다 사미가 시자侍子로 그를 돌보고 있었다. 사아리뿟따 존자는 그 병으로 인해 반열반에 들었다. 그러자 쭌다 사미가 사아리뿟따 존자의 발우와 가사를 챙겼다. 그리고 사아왓티의 제따 숲에 있는 아아난다 존자를 찾아가 경배를 하고 말했다.

"존자시여, 사아리뿟따 존자께서 반열반에 들었습니다. 이것이 그분의 발우와 가사입니다." "도반 쭌다여, 세존께 이 소식을 알려드려야 합니다. 함께 가서 세존을 뵙고 소식을 전합시다."

"예, 존자시여." 쭌다 사미가 대답했다. 그들은 함께 세존을 찾아가 경배를 드렸다. 그러고 나서 그들은 한쪽 옆에 앉았고 아아난다 존자가 말씀드렸다. "세존이시여, 쭌다 사미가 저에게 사아리뿟따 존자가 반열반에 들었다고 전했습니다. 이것은 그의 발우와 가사입니다. 세존이시여, 제가 이 소식을 들었을 때 제 몸이 굳어버리는 것 같았습니다. 똑바로 보지도 못하고 머리가 혼미해졌습니다."

"아아난다여, 왜 그러는가? 그가 반열반에 들면서 그대의 계행의 무더기[戒蘊], 집중의 무더기[定蘊], 지혜의 무더기[慧蘊], 해탈의 무더기[解脫蘊], 해탈지견의 무더기[解脫知見蘊]를 가져가기라도 했는가?"

"세존이시여, 그렇지 않습니다. 저는 사아리뿟따 존자가 충고하고 알려주고 가르치고 격려하고 일깨우고 북돋워 주면서 도반들이 청정한 삶을 사는 데에 얼마나 큰 도움이 되었는지를 생각했습니다. 사아리뿟따 존자가 도반들에게 담마를 가르치면서 얼마나 열심이었는지를 생각했습니다. 우리는 사아리뿟따 존자가 우리에게 담마로 양분을 주고 담마로 살찌우고 담마로 도움을 주었음을 기억합니다."

"아아난다여, 여래가 그대들에게 이미 소중하고 아끼는 모든 것들과는 헤어지기 마련이고, 멀어지기 마련이고 그리고 갈라지기 마련이라고 말하지 않았는가? 태어나고, 존재하게 되고, 형성되고, 쇠락하기 마련인 것이 어떻게 허물어지지 않을 수 있겠는가? 그것은 불가능하다. 그것은 마치 견고하고 튼튼하게 서 있는 커다란 나무의 몸통이 쓰러지고 마는 것과 같다. 그와 같이 든든하게 버티고 서 있던 비구 승가 안에서 사아리뿟따도 반열반에 든 것이다. 태어나고, 존재하게 되고, 형성되고, 쇠락하기 마련인 것이 어떻게 허물어지지 않을 수 있겠는가? 그것은 불가능하다. 그러니 아아난다여, 그대들 각자가 자신을 섬으로 삼고 자신을 귀의처로 삼고, 남을 귀의처로 삼지 말아야 한다. 그대들 각자가 담마를 자신의 섬으로 삼고 담마를 자신의 귀의처로 삼고, 다른 것을 귀의처로 삼지 말아야 한다."

《상응부》 47:13

한때 세존께서 승가의 많은 비구들과 함께 왓지국에 있는 욱까쩰라의 강가강 언덕에 머무셨다. 그때는 사아리뿟따 존자와 목갈라아나 존자가 반열반에 든 후 얼마 지나지 않아서였다. 그때 세존께서는 노천에서 비구 승가에 둘러싸여 앉아 계셨다. 침묵하고 있는 비구 승가를 둘러보시고 나서 말씀하셨다. "이제 사아리뿟따와 목갈라아나가 반열반에 들었으니 여래에게는 회중이 텅 빈 것 같구려. '사아리뿟따와 목갈라아나가 저기 머문다.'라고 말할 수 있는 곳은 아무 데도 없소. 과거의 세존, 아라한, 정등각자에게도 사아리뿟따와 목갈라아나 같은 한 쌍의 상수제자가 있었소. 그리고 미래에도 그러할 것이오. 그들이 얼마나 스승의 가르침을 잘 실행하고 스승의 교계를 따랐는지 그리고 그들이 얼마나 승가에 소중했는지, 얼마나 승가의 사랑과 존경과 숭배를 받았는지, 정말 놀랍고도 경이롭지 않은가! 여래가 그러한 제자들이 반열반에 들었음에도 슬픔이나 비탄에 잠기지 않다니, 정말 놀랍고도 경이롭지 않은가! 태어나고, 존재하게 되고, 형성되고, 쇠락하기 마련인 것이 어떻게 허물어지지 않을 수 있겠는가? 그것은 불가능하오."

《상응부》 47:14

어느 날 아침 세존께서 채비를 하시고, 발우와 가사를 챙겨 웨사알리로 탁발하러 가셨다. 웨사알리에서 탁발을 마치고 돌아와 공양을 끝내시고는 아아난다 존자에게 말씀하셨다. "자리를 챙겨라, 아아난다여. 짜아빠알라 탑묘로 가서 하루를 보내자."

"예, 세존이시여." 아아난다 존자가 대답했다. 그리고 자리를 챙겨 짜아빠알라 탑묘로 향하시는 세존의 뒤를 따랐다. 그곳에 가서 세존께서는 미리 준비된 자리에 앉으셨다. 아아난다 존자는 세존께 경배를 드리고 나서 한쪽에 앉았다. 그리고 나자 세존께서 말씀하셨다. "아아난다여, 웨사알리는 기분 좋은 곳이다. 우데나 탑묘도, 고따마까 탑묘도, 삿땀바까 탑묘도, 바후뿟따 탑묘도, 사아란다다 탑묘도, 짜아빠알라 탑묘도 기분 좋은 곳이구나. 누구든 네 가지 성취 기반[四如意足]을 닦고 계발하고, 그것을 수레로 삼고 기초로 삼고, 그것을 확립하고 굳건히 하고 잘 수행할 때, 그가 원하기만 한다면 한 겁을 다 살거나, 한 겁의 남아있는 시간을 살 수 있다. 아아난다여, 여래는 그 모든 것을 해냈다. 여래가 원하기만 한다면, 여래는 한 겁을 다 살 수도 있고 한 겁의 남아있는 시간을 살 수 있다."

세존께서 그런 암시와 분명한 신호를 주셨음에도 아아난다 존자는 여전히 그것을 꿰뚫어 알지 못했다. "세존이시여, 선서께서는 한 겁을 끝까지 살아주십시오, 많은 이들의 안녕과 행복을 위하여, 세상에 대한 연민으로, 신들과 인간의 이익과 안녕과 행복을 위하여 선서께서는 부디 한 겁을 끝까지 살아주십시오."라고 그는 세존께 간청하지 않았다. 그만큼 그의 마음이 마아라에게 사로잡혀 있었다.[186] 세존께서는 두 번, 세 번 같은 말씀을 하셨다. 아아난다 존자의 마음은 마아라에게서 벗어나지 못하고 있었다. 그러자 세존께서 아아난다 존자에게 말씀하셨다. "아아

186 붓다께서 신들의 요청에 의해서 담마를 설하기로 결정하셨고(본서 3장 참조), 여기서 마아라의 방해로 아아난다가 붓다께 수명의 연장을 요청하지 않아서 붓다께서 살고자 하는 의지를 포기하셨다는 점을 주목할 필요가 있다.

난다여, 물러가라, 이제 그대가 하고 싶은 일을 할 때다."

"예, 세존이시여." 그는 대답하고 자리에서 일어나 세존께 경배를 드리고 오른쪽으로 세존을 돌아 물러났다. 그리고 근처에 있는 나무 밑으로 가서 앉았다.

아아난다가 물러나고 얼마 되지 않아 사악한 마아라가 세존께로 와서 한편에 서서 말씀드렸다. "이제 세존께서는 반열반에 드십시오. 이제 선서께서는 반열반에 드십시오. 이제 세존께서 반열반에 드실 때입니다. 세존께서는 예전에 '여래는 반열반에 들지 않을 것이다. 사악한 자여, 비구와 비구니들, 남녀 재가신자들, 여래의 제자들이 현명하고 수행이 되고 완전한 확신감이 들고 충분히 배울 때까지 그리고 그들이 담마를 잘 호지하고 담마의 길을 닦고 진정한 길을 수행하고 담마에 따라 행할 때까지, 스승으로부터 가르침을 받고 나서 그들이 그것을 알리고 가르치고 선언하고 확립하고 밝히고 해설하고 설할 수 있을 때까지, 그들이 다른 교설이 나타날 때 그것을 합리적으로 논박할 수 있고 담마의 경이로움을 가르칠 수 있을 때까지.'라고 말씀하셨지요. 그러나 이제 그 모든 것이 이루어졌습니다. 세존께서는 지금 반열반에 드십시오. 세존께서는 '여래는 반열반에 들지 않을 것이다, 사악한 자여, 이 청정한 삶이 성공하고 번성하고 널리 퍼지고 많은 이들 사이에 전파될 때까지, 인간들이 청정한 삶을 실증할 때까지.'라고도 말씀하셨습니다. 그러나 이제 그 모든 것이 이루어졌습니다. 세존께서는 반열반에 드십시오."

이 말을 듣고 세존께서 대답하셨다. "사악한 자여, 안심해도 좋다. 여래가 오래지 않아 반열반에 들 것이다. 지금부터 석 달 후에 여래는 반열반에 들 것이다."

그리고 바로 그때 세존께서는 짜아빠알라 탑묘에서 마음챙김과 분명한 알아차림을 하시며 더 살겠다는 뜻을 버리셨다. 그러자 머리카락이 쭈뼛 설 만큼 무섭고 천상의 북이 울리는 듯한 엄청난 지진이 일어났다. 세존께서는 이 뜻을 아시고 게송을 읊으셨다.

"성자는 헤아릴 수 있든 헤아릴 수 없든
수명을 연장하려는 의지를 버렸다오.
안으로 삼매에 들어 고요한 성자는
갑옷을 벗듯이 자신의 존재 가능성을 벗어버렸다오."

아아난다 존자는 생각했다. "놀랍고도 경이로운 일이다! 머리카락이 쭈뼛 솟을 정도로 무섭고 엄청난 지진이 일어났고 하늘에서는 천둥이 쳤다. 어떤 원인과 어떤 조건으로 이렇게 엄청난 지진이 일어난 것일까?"

아아난다 존자는 세존께 가서 경배를 드리고 한쪽 옆에 앉았다. 그러고 나서 세존께 지진에 대해 여쭈었다.

“아아난다여, 엄청난 지진이 일어나는 여덟 가지 원인과 조건[187]이 있다. 그 여덟 가지란 무엇인가? 이 거대한 대지는 물 한가운데 버티고 있고, 물은 바람 한가운데 자리 잡고 있으며, 바람은 허공에 자리잡고 있다. 큰바람이 불고 큰 힘이 움직일 때가 있다. 큰바람이 불면 물이 진동하고, 물이 진동하면 땅이 흔들린다. 이것이 첫 번째 원인과 조건이다. 또한 사문과 바라문이 신통력을 지녀서 마음이 자유자재한 경지에 이르거나 천신들의 신통력이 크고 강할 수 있다. 땅에 대한 인식이 제한적으로 개발되고 물에 대한 인식이 무량하게 개발된 이는 땅을 흔들리게 하고, 움직이게 하고, 진동하게 하고, 요동치게 한다. 이것이 두 번째 원인과 조건이다. 또한 마음챙김과 분명한 알아차림을 하며 보살이 도솔천을 떠나 모태에 들 때, 땅이 움직이고 진동하고 흔들리고 요동친다. 이것이 세 번째 원인과 조건이다. 또한 마음챙김과 분명한 알아차림을 하면서 보살이 모태에서 나올 때, 땅이 움직이고 … 이것이 네 번째 원인과 조건이다. 또한 여래가 위없는 정등각을 얻을 때, 땅이 움직이고 … 이것이 다섯 번째 원인과 조건이다. 또한 여래가 위없는 담마의 바퀴를 굴릴 때, 땅이 움직이고 … 이것이 여섯 번째 원인과 조건이다. 또 다시 여래가 마음챙김과 분명한 알아차림을 하면서 수명을 연

---

187 여덟 가지 원인과 조건: 여기서 여덟 가지 회중, 여덟 가지 숙련의 경지[八勝處], 여덟 가지 해탈의 설명이 이어서 나오는데 여기서는 지면 관계상 생략했다.

장하려는 의지를 버릴 때, 땅이 움직이고 … 이것이 일곱 번째 원인과 조건이다. 또한 여래가 과거의 취착을 남김없이 버리고 무여열반계로 반열반에 들 때, 그때 땅이 흔들리고 … 이것이 여덟 번째 원인과 조건이다."

《장부》 16 ; 《증지부》 8:70 ; 《우다아나》 6:1

"아아난다여, 한때 여래가 처음 깨달음을 이루고 우루웰라에서 네란자라 강둑에 있는 아자빠알라 니그로다나무 아래에서 머물고 있을 때였다. 사악한 마아라가 다가와서 '이제 세존께서 반열반에 드십시오.'라고 말했다." 그러고 나서 세존께서는 당신과 마아라 사이에 일어났던 일을 모두 말씀해 주셨고 그 후에 이렇게 덧붙이셨다. "이제 아아난다여, 바로 오늘 짜아빠알라 탑묘에서 마음챙김과 분명한 알아차림으로 여래는 수명을 연장하려는 의지를 포기했다."

이 말을 듣자, 아아난다 존자가 "세존이시여, 세존께서는 한 겁을 끝까지 살아주십시오, 많은 이들의 안녕과 행복을 위하여, 세상에 대한 연민으로, 신들과 인간의 이익과 안녕과 행복을 위하여 선서께서는 한 겁을 끝까지 살아주십시오."라고 말씀드렸다.

"아아난다여, 그만하라. 이제 여래에게 그런 청을 하지 말라. 여래에게 그런 청을 할 시간은 이제 지나갔다."

아아난다 존자가 두 번째로 같은 청을 드렸고 같은 대답을 들었다. 세 번째에 세존께서 말씀하셨다. "아아난다여, 여래가 깨달았음을 믿는가?"

"예, 세존이시여."

"그러면 왜 여래에게 세 번이나 청을 하는가?"

"세존이시여, 저는 세존께서 이렇게 말씀하시는 것을 직접 들었습니다. '어떤 이든 네 가지 성취 기반[四如意足]을 닦고 계발하고, 그것을 수레로 삼고 토대로 삼고, 그것을 확립하고 굳건히 하고 잘 수행할 때, 그가 원하기만 한다면 한 겁을 다 살거나, 한 겁의 남아있는 시간을 살 수 있다. 아아난다여, 여래는 그 모든 것을 해냈다. 여래가 원하기만 한다면, 여래는 한 겁을 다 살거나 한 겁의 남아있는 시간을 살 수 있다.'라고요."

"아아난다여, 여래가 깨달았음을 믿는가?"

"예, 세존이시여."

"그러면 아아난다여, 그대는 잘못하였고, 잘못은 그대에게 있다. 여래가 그런 암시와 분명한 신호를 보냈을 때 그대는 알아듣지 못했었다. 그대는 여래에게 신들과 인간의 이익과 안녕과 행복을 위해 이 겁의 끝까지 살아달라고 간청하지 않았었다. 만약 그때 그대가 그렇게 했었다면 여래는 그대 말을 두 번은 거절했을 것이고, 그러고 나서 세 번째는 받아들였을 것이다."

"그러니 아아난다여, 그대는 잘못하였고, 잘못은 그대에게 있다. 여래가 라아자가하의 독수리봉에 머무르고 있었을 때, 그

때도 여래가 그대에게 다음과 같이 말했었다. '아아난다여, 라아자가하는 기분 좋은 곳이고, 독수리봉도 그러하다. 누구든 네 가지 성취 기반[四如意足]을 닦고, 계발하고 … 그가 원하기만 한다면, 그는 한 겁을 다 살거나 혹은 한 겁의 남아있는 시간을 살 수 있다. 아아난다여, 여래는 그 모든 것을 해냈다. 여래가 원하기만 한다면, 여래는 한 겁을 다 살거나 한 겁의 남아있는 시간을 살 수 있다.'라고. 이렇게 여래가 암시와 분명한 신호를 보냈음에도 그대는 알아듣지 못했었다. 그대는 여래에게 '세존이시여, 세존께서는 한 겁을 끝까지 살아주십시오, 많은 이들의 안녕과 행복을 위하여, 세상에 대한 연민으로, 신들과 인간의 이익과 안녕과 행복을 위하여 선서께서는 한 겁을 끝까지 살아주십시오.'라고 간청하지 않았었다. 그대가 그렇게 했었다면, 여래는 그대 말을 두 번은 거절했을 것이고 세 번째는 여래가 받아들였을 것이다. 그러니 아아난다여, 그대는 잘못하였고, 잘못은 그대에게 있다. 여래가 라아자가하에 있을 때, 니그로다 원림에서도 … 강도들의 절벽에서도 … 웨바아라 산비탈의 칠엽굴에서도 … 이시길리 산비탈에 있는 검은 바위 위에서도 … 차가운 숲에 있는 뱀 못의 비탈에서도 … 죽림정사의 깔란다까니와아빠에서도 … 지이와까의 망고 숲에서도 … 맛다꾸치의 사슴공원에서도 … 그리고 웨사알리에 있을 때에도 … 우데나 탑묘에서도 … 고따맛까 탑묘에서도 … 사땀바 탑묘에서도 … 바후뿟타 탑묘에서도 … 사란다다 탑묘에서도 … 그대가 그렇게 했었다면, 여래는 그대 말을 두 번은 거절했을 것이고 세 번째는 여래가 받아들였을 것이다. 아아난다여, 여래가 그대에게 소중하고 아끼는 모든 것들과는 헤어지기 마련이고, 멀어지기 마련이고, 갈라지기 마련이라고 전에 그처럼 말하지 않았는가? 태어나고, 존재하게 되고, 형성되고, 쇠락하기 마련인 것이 어떻게 허물어지지 않을 수 있겠는가? 그것은 불가능하다. 여래는 이미 수명을 연장하려는 의지를 포기했고 내려놓았고 놔두었고 벗어났고 단념했고 버렸다. 여래는 단호한 말로 이렇게 선언한다. '여래는 머지않아 반열반에 들 것이다. 지금부터 석 달 후에 여래는 반열반에 들 것이다. 여래의 말은 되돌릴 수 없다. 아아난다여, 대림원의 중각강당으로 가자.'"

"예, 세존이시여." 아아난다 존자가 대답했다. 그리고 그곳에서 세존께서 아아난다 존자에게 말씀하셨다. "아아난다여, 웨사알리 근처에 있는 모든 비구들에게 가서 강당으로 모이라고 전하라."

"예, 세존이시여." 아아난다 존자가 대답했다. 아아난다 존자는 비구들을 불러 모은 후 세존께 그 사실을 알려드렸다. 세존께서 강당으로 가셔서 미리 준비된 자리에 앉으셨다. 그리고 비구들에게 말씀하셨다.

"비구들이여, 여래가 그대들에게 가르친 것은 모두 여래가 최상의 지혜로 깨달은 것이오. 그대들이 이것을 철저히 배우고 닦고 계발하고 끊임없이 실행에 옮긴다면, 이 청정범행은 오래도록 지속될 것이오. 많은 이들의 안녕과 행복을 위하여, 세상에 대한 연민으로, 신들과 인간의 이익과 안녕과 행복을 위하여 그렇게 해야만 하오. 그러면 여래가 최상의 지혜로 깨달은 것은 무엇인가? 사념처四念處, 사정근四正勤, 사여의족四如意足, 오근五根, 오력五力, 칠각지七覺支, 팔정도八正道이오.[188] 신들과 인간의 이익과 안녕과 행복을 위하여 …. 그대들은 이 담마를 철저하게 배워야 하오."

---

188 [역주] 사념처四念處, 사정근四正勤, 사여의족四如意足, 오근五根, 오력五力, 칠각지七覺支, 팔정도八正道를 삼십칠조도품三十七助道品이라 한다. 초기 불교에 있어서 깨달음을 도와주는 서른일곱 가지 수행 방법이다. 37보리분법菩提分法, 37각분覺分, 37도품道品 등으로도 불린다.

① 사념처四念處: 신념처身念處, 수념처受念處, 심념처心念處, 법념처法念處,
② 사정근四正勤: 단단斷斷(이미 생긴 불선은 끊어 없애고), 율의단律儀斷(아직 생기지 않은 불선은 예방하고), 수호단隨護斷(이미 생긴 선은 지켜내고), 수단修斷(아직 생기지 않은 선은 닦아 개발함),
③ 사여의족四如意足: 욕신족欲神足, 정진신족精進神足, 심신족心神足, 사유신족思惟神足.(신神은 효용이 다양하고 무량함을 의미하고, 족足은 원인이나 원천을 뜻하는데 여기서는 선정을 가리킴.)
④ 오근五根: 신근信根, 정진근精進根, 염근念根, 정근定根, 혜근慧根
⑤ 오력五力: 신력信力, 정진력精進力, 염력念力, 정력定力, 혜력慧力
⑥ 칠각지七覺支: 염각지念覺支, 택법각지擇法覺支, 정진각지精進覺支, 희각지喜覺支, 경안각지輕安覺支, 정각지定覺支, 사각지捨覺支,
⑦ 팔정도八正道: 바른 견해[正見], 바른 사유[正思], 바른 말[正語], 바른 행위[正業], 바른 생계[正命], 바른 노력[正精進], 바른 마음챙김[正念], 바른 집중[正定].

《중부》 103경 〈어떻게 생각하는가 경*Kinti Sutta*〉, 보리수잎·열셋 《불교와 과학 / 불교의 매력》 (프란시스 스토리 지음, 박광서 옮김, 〈고요한소리〉) 참조.

그러고 나서 세존께서 비구들에게 이렇게 말씀하셨다. "비구들이여, 여래가 진정으로 그대들에게 선언하노라. 형성된 모든 것은 사라진다오. 방일하지 말고 힘써 정진하시오. 머지않아 여래는 반열반에 들 것이오." 세존이시고 선서이신 스승께서 이렇게 말씀하셨다.

"여래가 나이 들어 수명은 이제 얼마 남지 않았소.
여래는 그대들을 남겨두고 떠나오.
여래는 여래 자신을 귀의처로 삼았소.
방일하지 말고 마음챙김하며 계를 잘 지키시오.
비구들이여,
집중된 사유로 그대들의 마음을 잘 지키시오.
이 담마와 율에서 방일하지 않는 이는
윤회를 벗어나 고苦를 끝낼 것이오."

아침이 되었을 때, 세존께서는 채비를 하시고 발우와 가사를 챙겨 탁발을 하러 웨사알리로 들어가셨다. 웨사알리에서 탁발을 하고 돌아와 공양을 마치고 작별인사를 하듯이 몸을 돌려 웨사알리를 바라보셨다. 그러고 나서 아아난다 존자에게 말씀하셨다. "아아난다여, 지금 이 순간 여래가 웨사알리를 보는 마지막일 것이다. 자, 아아난다여, 이제 우리 반다가아마로 떠나자.”

“예, 세존이시여.” 아아난다 존자가 대답했다. 그러고 나서 세존께서는 승가의 많은 비구들과 함께 반다가아마로 떠나셨다. 한동안 세존께서는 그곳에 머무셨다. 그리고 비구들에게 이렇게 말씀하셨다. “비구들이여, 여래와 그대들이 네 가지 담마를 깨닫지 못하고 꿰뚫어 알지 못해서 그토록 긴 세월을 치달리고 윤회했소. 네 가지란 무엇인가? 그것은 성스러운 계, 성스러운 집중, 성스러운 통찰지, 성스러운 해탈이오. 그러나 여래가 이 네 가지 담마를 깨닫고 꿰뚫어 알았을 때, 존재에 대한 갈애는 끊어졌고, 존재로 이끄는 갈애는 제거되었소. 이제 여래는 더 이상 존재로 다시 태어나지 않는다오.”

《장부》 16 ; 《증지부》 4:1 (참조)

세존께서 반다가아마에 머무시는 동안, 비구들에게 자주 이렇게 설법하셨다. “계戒란 그러한 것이고, 집중이란 그러한 것이며, 통찰지란 그러한 것이오. 계로 다져진 집중은 큰 이득과 큰 결실을 가져온다오. 집중으로 다져진 통찰지는 큰 이득과 큰 결실을 가져온다오. 통찰지로 다져진 마음은 번뇌로부터, 즉 감각적 욕망이라는 번뇌, 존재라는 번뇌, 견해라는 번뇌, 무명이라는 번뇌로부터 완전히 해탈하게 된다오.”

세존께서 반다가아마에 원하는 만큼 머무시고 나서 아아난다 존자에게 말씀하셨다. "자, 아아난다여, 핫티가아마로 가자."

"예, 세존이시여." 아아난다 존자가 대답했다. 세존께서 승가의 많은 비구들과 함께 핫티가아마로 떠나셨다.

같은 방식으로 세존께서는 암바가아마와 잠부가아마로 가셨다. 세존께서 암바가아마와 잠부가아마에 머물 만큼 머무시고 나서 아아난다 존자에게 말씀하셨다. "자, 아아난다여, 이제 보가나가라로 가자."

"예, 세존이시여." 아아난다 존자가 대답했다. 그러고 나서 세존께서는 승가의 많은 비구들과 함께 보가나가라로 길을 떠나셨다. 세존께서는 보가나가라의 아아난다 탑묘에 머무셨다. 그곳에서 비구들에게 이렇게 말씀하셨다. "비구들이여, 여래가 그대들에게 '네 가지 큰 권위'에 대해 가르칠 것이오. 여래가 하는 말을 주의 깊게 듣고 마음에 새기시오."

"예, 세존이시여." 그들은 대답했다. 세존께서 이렇게 말씀하셨다.

"비구들이여, 이렇게 말하는 비구가 있을 수 있소. '나는 세존의 말씀을 직접 듣고 배웠습니다. 따라서 이것이 담마이고, 이것이 율이고, 이것이 스승의 가르침입니다.' 또는 이렇게 말하는 비구가 있을 수 있소. '어느 거처에 장로들과 스승들이 있는 승가가 있습니다. 나는 그 승가에서 직접 듣고 배웠습니다. 따라서 이것이 담마이고, 이것이 율이고, 이것이 스승의 가르침입니다.' 또는 이렇게 말하는 비구가 있을 수 있소. '어느 거처에 많이 배우고, 전승에 정통하며, 담마와 율과 논모論母를 수지한 장로들이 모여 살고 있는 승가가 있습니다. 나는 그 장로들로부터 직접 듣고 배웠습니다. 따라서 이것이 담마이고, 이것이 율이며, 이것이 스승의 가르침입니다', 또는 이렇게 말하는 비구가 있을 수 있소. '어느 거처에 많이 배우고, 전승에 정통하며, 담마와 율과 논모를 수지하는 학식 높은 장로 한 분이 있습니다. 나는 그 장로로부터 직접 듣고 배웠습니다. 따라서 이것이 담마이고, 이것이 율이고, 이것이 스승의 가르침입니다.'"

"비구의 그런 말들을 인정하지도 논박하지도 말아야 하오. 인정하지도 논박하지도 않고 그러한 그의 한마디 한마디를 잘 살펴보고 율과 경에서 확인해야 하오. 만약 그런 말들이 율과 경에서 확인되지 않는다면, 이런 결론을 내야 하오. '이것은 분명히 세존의 말씀이 아니다. 이는 세존의 말씀을 직접 들었다고 하는 그 비구가 승가가 장로들이 어떤 장로가 세존의 말씀을 잘못 이해한 것이다.' 그러면 그대들은 그것을 버려야 하오. 그러나 만약 그런 말들이 율에서 검증되고 경에서 확인된다면, 이런 결론을 내야 하오. '이것은 분명히 세존의 말씀이다. 세존의 말씀을 직접 들었다고 하는 비구가 승가가 장로들이 어떤 장로가 잘 이해한 것이다.' 그대들은 이러한 네 가지 큰 권위를 기억해야 하오."

《장부》 16 ; 《증지부》 4:180

세존께서 보가나가라의 아아난다 탑묘에 머무시는 동안 비구들에게 자주 이렇게 설법하셨다. "계戒란 그러한 것이고, 집중이란 그러한 것이며, 통찰지란 그러한 것이오. 계로 다져진 집중은 큰 이득과 큰 결실을 가져온다오. 집중으로 다져진 통찰지는 큰 이득과 큰 결실을 가져온다오. 통찰지로 다져진 마음은 번뇌로부터, 즉 감각적 욕망이라는 번뇌, 존재라는 번뇌, 견해라는 번뇌, 무명이라는 번뇌로부터 완전히 해탈하게 된다오."

《장부》 16

세존께서 보가나가라에 원하는 만큼 머무시고 나서 아아난다 존자에게 말씀하셨다. "자, 아아난다여, 이제 빠아와로 떠나자."

"예, 세존이시여." 아아난다 존자가 대답했다. 그러고 나서 세존께서는 승가의 많은 비구들과 함께 빠아와로 떠나셨다. 빠아와에서 세존께서는 금세공인의 아들인 쭌다 소유의 망고 숲에 머무셨다. 금세공인의 아들 쭌다가 자기 소유의 숲에 세존께서 머무신다는 말을 들었다. 쭌다가 세존을 찾아뵙고 경배를 드리고 한쪽에 앉았다. 그러자 세존께서 설법하시면서 그를 가르치고 격려하고 일깨우고 북돋우셨다. 그러고 나서 쭌다가 세존께 말씀드렸다. "세존이시여, 내일 제가 세존과 비구들의 승가에 공양을 올릴 수 있게 허락해주십시오."

세존께서는 침묵으로 동의하셨다. 세존께서 허락하시는 것을 보고, 쭌다는 자리에서 일어나 경배를 드리고 오른쪽으로 세존을 돌아 그곳을 떠났다.

밤이 지나고 날이 밝자, 그는 자기 집에서 여러 맛있는 음식을 마련했고 다진 돼지고기 요리[189]를 많이 준비했다. 그러고 나서 그는 공양 시간이 되었음을 알려드렸다. "세존이시여, 공양

---

189 다진 돼지고기*sūkara maddava*: 이 말은 초기부터 논란의 대상이 되었다. 이 경의 주석서에는 다음과 같이 쓰여 있다. "이것은 당시 이미 시장에서 팔던 고기이다.(《율장》〈대품〉 6:31 참조) 아주 어리거나 너무 늙지도 않은 돼지로 만들어 부드럽고 촉촉하다. 또한 미리 준비하여 충분히 요리가 되었다는 뜻이다. (그러나 어떤 사람들은 'cow-drink'가 음료의 이름을 말하듯이 sūkara maddava는 소에서 생산되는 다섯 가지 재료로 끓인 쌀죽을 만드는 조리법이라고 한다. 또 다른 사람들은 영약의 일종이라고 한다. 쭌다가 세존께서 반열반에 드시지 않게 해달라면서 불사의 영약을 준비했지만 4대륙과 2천여 섬에 거주하던 신들이 그 영약에 다른 약제를 넣었다고 한다.)(괄호 안의 내용은 어느 판본에나 다 있는 것은 아니다.)

그 밖에도 《우다아나》 주석서에는 다음과 같이 쓰여 있다. "스리랑카 대주석서(*Great Sinhalese Commentary*, 현존하지 않음)에 의하면 다진 돼지고기*sūkara maddava*는 그 당시 이미 시장에서 만들어 파는 부드럽고 촉촉한 돼지고기 요리라고 한다. 그러나 어떤 사람들은 돼지고기가 아니고 돼지가 밟아 뭉갠 죽순이라고 한다. 다른 사람들은 돼지가 짓밟은 곳에서 자라는 버섯 종류라고도 한다. 또 다른 사람들은 영약이라고 하는데, 이는 금세공인이 그날 세존께서 반열반에 드실 것이라는 말을 듣고 이 영약을 드시면 더 오래 계실 것이라고 생각하여 삶을 더 연장시켜 드리고 싶은 마음으로 세존께 드렸다고 한다."(《우다아나》 주석서 8:5) 다음 세 가지 조건을 갖추었을 때만 붓다께서 육식을 허락하셨다. 고기를 먹는 자가 그 동물을 죽이는 것을 보지 않았거나, 죽이는 소리를 듣지도 않았거나, 자신을 위해 죽였다고 의심을 살 여지가 없을 경우이다.(《중부》 55 ; 《율장》〈대품〉 6:31 ; 《증지부》 4:44 ; 《율장》〈소품〉 7:4 ; 본서 13장 542쪽 참조) 다진 돼지고기 요리가 정확히 무엇을 의미하는지 우리는 아마도 영원히 알 수 없을 것이다. 여기서 다진 돼지고기로 정한 이유는 중립적이고 원어에 가장 가깝기 때문이다. sūkara=돼지, maddava=달다(sweet) 음식 이름인 'bulls' eyes(눈깔사탕)', 'angel on horseback(일종의 베이컨 말이 꼬치 요리)'과 비슷한 용례이다.

이 준비되었습니다." 아침이 되어 세존께서 채비를 하시고 발우와 가사를 챙기셨다. 그리고 비구 승가와 함께 금세공인의 아들 쭌다의 집으로 향하셨다. 세존께서는 마련된 자리에 앉으셨다. 그리고 쭌다에게 말씀하셨다. "쭌다여, 그대가 준비한 다진 돼지고기 요리는 여래에게 가져오고, 준비된 다른 음식들은 비구 승가에게 대접하시오."

"예, 세존이시여." 쭌다가 대답하고 그렇게 했다. 그러자 세존께서 말씀하셨다. "쭌다여, 만약 다진 돼지고기 요리가 남았으면, 그것을 구덩이에 파묻으시오. 신과 마아라와 범천을 포함한 세상에서, 사문과 바라문, 왕자들과 인간들을 포함한 중생들 가운데서 여래를 제외한 어느 누구도 이 음식을 먹고 소화시킬 수 있는 사람을 여래는 보지 못했소."

"예, 세존이시여." 쭌다가 대답했다. 그리고 남은 다진 돼지고기 요리를 구덩이에 파묻었다. 그리고 나서 쭌다는 세존께 가서 경배를 드리고 한쪽 옆에 앉았다. 세존께서 설법을 하시면서 가르침을 펴신 후 자리에서 일어나 그곳을 떠나셨다.

세존께서 금세공인의 아들 쭌다가 대접한 음식을 드신 후, 혈변이 나오는 위중한 병에 걸려 견디기 힘든 극심한 고통에 시달리셨다. 세존께서는 괴로움을 내색하지 않으시면서 마음챙김과 분명한 알아차림을 하며 견디셨다. 그리고 아아난다 존자에게 말씀하셨다. "자, 아아난다여, 꾸시나아라로 가자."

"예, 세존이시여." 아아난다 존자가 대답했다.

가시는 길에 세존께서 길을 벗어나 나무 밑으로 향하셨다. 그리고 아아난다 존자에게 말씀하셨다. "아아난다여, 여래의 가사를 네 겹으로 접어서 깔아라. 지쳐서 좀 앉아야겠다."

"예, 세존이시여." 아아난다 존자가 대답했다. 세존께서 마련된 자리에 앉아 말씀하셨다. "아아난다여, 물 좀 떠 오라. 목이 말라서 물을 마셔야겠구나."

아아난다 존자가 대답했다. "세존이시여, 5백 대의 마차가 방금 지나갔습니다. 마차 바퀴가 물을 휘저어 놨습니다. 흐르는 물의 양이 적고 혼탁하고 더럽습니다. 여기서 그리 멀지 않은 까꿋타 강은 깨끗하고 맑고 차가우며, 강물은 그득하고 강변은 평탄하여 그곳은 쾌적합니다. 세존께서 그곳에 가셔서 물을 드시고 팔다리를 식히시면 좋겠습니다."

세존께서 같은 부탁을 다시 하셨고 같은 대답이 돌아왔다. 세존께서 세 번째 말씀하셨다. "아아난다여, 물 좀 떠 오라. 목이 말라서 물을 마셔야겠구나."

"예, 세존이시여." 아아난다 존자가 대답했다. 아아난다 존자는 물그릇을 들고 냇가로 향했다. 그런데 마차 바퀴가 휘저어 놨고 흐르는 물의 양도 적고 혼탁했던 개울물이 아아난다 존자가 도착했을 때 맑고 투명하고 깨끗하게 흐르기 시작했다. 아아난다 존자는 놀랐다. 그는 마실 물을 그릇에 담아 세존께 돌아갔다. 그리고 무슨 일이 있었는지 말씀드리고 나서 덧붙였다. "세존이시여, 이 물을 드십시오. 선서께서 이 물을 드십시오." 세존께서는 그 물을 드셨다.

《장부》 16 ; 《우다아나》 8:5

바로 그 무렵 아알라아라 까알라아마의 제자이며 말라족인 뿍꾸사가 꾸시나아라에서 빠아와로 가는 길을 걷고 있었다. 그가 나무 밑에 앉아 계시는 세존을 보고 다가왔다. 그는 세존께 경배를 드리고 나서 한쪽 옆에 앉아서 말씀드렸다. "세존이시여, 놀랍습니다. 출가한 이들이 이처럼 고요하게 머문다니 경이롭습니다." "한때 아알라아라 까알라아마가 유행을 하다가 길을 벗어나 근처에 있는 나무 아래 앉아 낮시간을 보내고 있었습니다. 그때 그의 곁으로 5백 대의 마차가 지나갔습니다. 그 마차 무리 뒤를 따르던 어떤 남자가 아알라아라 까알라아마에게 다가와 물었습니다. '존자시여, 마차 5백 대가 지나가는 것을 보셨습니까?' '벗이여, 나는 보지 못했소.' '그러면 존자시여, 마차가 지나가는 소리를 들으셨습니까?' '벗이여, 나는 듣지 못했소.' '어떻게 그러실 수 있습니까, 존자시여, 주무셨나요?' '벗이여, 나는 잠들지 않았소.' '어떻게 그러실 수 있습니까. 존자시여, 그렇다면 의식이 깨어 있었나요?' '그렇소, 벗이여.' '그러면 존자시여, 의식이 깨어 있었는데 그토록 가까운 곳을 지나가는 마차

5백 대를 보지도 못하고 소리를 듣지도 못하셨습니까? 겉옷에는 흙먼지가 묻어 있잖습니까?' '벗이여, 그렇소.' 그러자 그 남자가 생각했습니다. '놀랍습니다. 출가한 이들이 이처럼 고요하게 머문다니 경이롭습니다. 그동안 의식이 깨어있으면서도 마차 5백 대가 지나가는 것을 보지도 못하고 그 소리를 듣지도 못하다니!' 그는 아알라아라 까알라아마에게 지극한 신뢰를 표한 후 제 갈 길을 갔습니다."

"뿍꾸사여, 어떻게 생각하오? 의식이 깨어있는 사람이 매우 가까운 곳을 지나가는 마차 5백 대를 보지도 그 소리를 듣지도 못하는 것과 의식이 깨어있는 사람이 비가 억수같이 퍼붓고 천둥 번개가 치는데 그것을 보지도 듣지도 못하는 것 중에 어느 쪽이 더 어렵고 힘든 일이겠소?"

"세존이시여, 마차 5백 대나 6~7백 대, 8~9백 대나 1천 대가 지나간들 숫자가 무슨 의미가 있겠습니까? 의식이 깨어있는 사람이 비가 억수같이 퍼붓고 천둥 번개가 치는데 그것을 보지도 듣지도 못하는 쪽이 훨씬 더 어렵습니다."

"뿍꾸사여, 예전에 여래는 아아뚜마 근처의 탈곡장에 머문 적이 있었소. 비가 억수같이 퍼붓고 천둥 번개가 쳐서 형제 사이인 두 농부와 소 네 마리가 죽었소. 아아뚜마에서 많은 사람들이 죽은 형제와 소들을 보러왔다오. 그때 여래는 탈곡장에서 나와 입구 근처에서 경행하고 있었소. 군중 속에서 어떤 남자가 여래에게 다가와 경배를 하고 한쪽 옆에 섰소. 여래는 그에게 물었소. '벗이여, 왜 이렇게 많은 사람들이 모여 있는 것이오?' '세존이시여, 비가 퍼붓고 천둥 번개가 치면서 농부 두 명과 소 네 마리가 목숨을 잃었습니다. 그래서 이곳에 사람들이 많이 모여 있는 것입니다. 하지만 세존이시여, 어디에 계셨습니까?' '여래는 이곳에 있었다오, 벗이여.' '그런데 그 일을 모르셨습니까?' '여래는 몰랐다오.' '세존이시여, 빗소리를 듣지 못하셨습니까?' '듣지 못했다오.' '그러면 주무시고 계셨습니까?' '잠들지 않았다오.' '그러면 의식이 깨어있으셨습니까?' '그랬다오.' '그렇다면 세존이시여, 비가 억수같이 퍼붓고 천둥 번개가 치는 동안 의식이 깨어있었는데도 비가 오는 것을 보지도 듣지도 못하셨습니까?' '그렇다오, 벗이여.' 그러자 그 남자는 생각했다. '출가한 이들이 이처럼 고요하게 머문다니 놀랍고도 경탄할 만한 일이다. 비가 억수같이 퍼붓고 천둥 번개가 치는데 의식이 깨어 있는 사람이 그것을 보지도 듣지도 못하다니!' 그는 여래에게 지극한 신뢰를 표하고 나서 경배를 하고 오른쪽으로 여래를 돌아 그곳을 떠났소."

"세존이시여, 제가 아알라아라 까알라아마에게 품었던 신뢰는 세찬 바람에 날려 보내고 격렬한 물살에 떠내려 보냈습니다. 경이롭습니다, 세존이시여, 경이롭습니다, 세존이시여! … 저는 세존과 담마와 승가에 귀의합니다. 세존이시여, 오늘부터 목숨이 붙어 있는 날까지 세존께 귀의합니다. 저를 제자로 받아주십시오."

그러고 나서 말라족의 뿍꾸사가 한 사람에게 부탁했다. "곧 입을 수 있도록 손질된 황금색 가사 두 벌을 나에게 가져다주시오."

"예, 존자시여." 그는 대답을 하고 나서 가사를 갖다 주었다. 그러자 뿍꾸사는 그것을 들고 세존께 갔다. "세존이시여, 세존께서 연민의 마음으로 제가 드리는 이 황금빛 가사를 받아주십시오."

"그러면 뿍꾸사여, 한 벌은 여래에게 주고 다른 한 벌은 아아난다에게 주게나."

"예, 세존이시여." 그는 대답하고 그렇게 했다. 그러자 세존께서 설법하시면서 말라족의 뿍꾸사를 가르치고 격려하고 일깨우고 북돋우셨다. 설법이 끝난 후 뿍꾸사는 자리에서 일어나 세존께 경배를 드리고 오른쪽으로 세존을 돌아 그곳을 떠났다.

뿍꾸사가 떠난 후 아아난다 존자는 곧 입을 수 있게 잘 손질된 황금빛 가사 한 벌을 세존의 몸에 대어보았다. 그러자 마치 옷의 광채가 사라진 것 같았다. 아아난다 존자가 말씀드렸다. "세존이시여, 세존의 피부 빛깔이 얼마나 맑고 환한지 놀랍고도 경이롭습니다! 이 황금빛 가사를 제가 세존의 몸에 대어보았더니, 마치 옷의 광채가 사라진 것 같습니다."

"그렇구나, 아아난다여, 그렇구나. 여래의 피부 빛깔이 특별히 맑고 환하게 되는 경우가 두 번 있다. 어떤 경우인가? 정등각을 얻은 날 밤과 무여열반으로 반열반에 드는 밤, 이 두 경우이다. 아아난다여, 오늘밤 삼경에 꾸시나아라 근처 말라족의 사알라 숲에 있는 한 쌍의 사알라나무 사이에서 여래는 반열반에 들 것이다."

"예, 세존이시여." 아아난다 존자가 대답했다.

그러고 나서 세존께서는 승가의 많은 비구들과 함께 까꿋타 강으로 가셨다. 물속으로 들어가 목욕을 하고 물을 드신 후 다시 망고 숲으로 돌아오셨다. 그곳에서 쭌다까 존자에게 말씀하셨다. "쭌다까여, 가사를 네 겹으로 접어서 깔아놓으시오. 지쳐서 누워야겠소."

"예, 세존이시여." 쭌다까 존자가 대답한 후 그렇게 했다. 그러자 세존께서 마음챙김과 분명한 알아차림을 하며 일어날 시간을 마음에 정하시고 나서 오른쪽 옆구리가 아래로 가도록 하고 한 발 위에 다른 발을 포개어 사자가 자는 자세로 누우셨다. 쭌다까 존자가 세존 앞에 앉아 있었다.

《장부》 16

세존께서 아아난다 존자에게 말씀하셨다. "아아난다여, 누군가가 '쭌다여, 그대가 올린 마지막 공양을 드시고 여래께서 반열반에 드셨으니, 그 일은 그대에게 아무런 이득이 없고 손해만 되었구나.'라고 말해서 금세공인의 아들 쭌다가 자책하게 될지도 모르겠구나. 그가 어떤 자책을 하든 이렇게 대처해야 한다. '쭌다여, 그대가 올린 마지막 공양을 드시고 여래께서 반열반에 드셨으니 그 일은 그대에게 공덕이고, 그 일은 큰 이득이오.'라고 세존께서 직접 이렇게 말씀하시는 것을 듣고 알았소. 또한 '탁발 음식 가운데 두 경우는 두루두루 결실과 과보를 가져오며, 그 결실과 과보는 다른 어떤 이가 올린 탁발 음식보다 훨씬 더 크다. 그 두 경우는 어떤 것인가? 여래가 궁극의 완전한 깨달음을 이루기 직전의 탁발 음식과 무여열반계인 반열반에 들기 직전의 탁발 음식이다. 금세공인의 아들 쭌다는 공덕을 쌓은 것이고, 그 공덕으로 장수할 것이며, 훌륭한 지위를 얻을 것이며, 행복과 명성을 얻고 천상에 갈 것이다.'라고 말씀하시는 것을 들었다고 하고 존자가 자책하지 않도록 대처하라."

이러한 뜻을 아시고, 세존께서 게송을 읊으셨다.

"보시를 하면 그의 공덕이 쌓일 것이오.
자제하는 사람에게는 어떤 적의도 자랄 수 없소.
지혜로운 사람은 악을 멀리한다오.
그들은 탐욕과 성냄과 어리석음을 없애고
열반을 얻는다오."

《장부》 16 ; 《우다아나》 8:5

그 후 세존께서 아아난다 존자에게 말씀하셨다. "자, 아아난다여, 히란냐와띠강 저편 꾸시나아라 근처에 있는 말라족의 사알라나무 숲으로 가자."

"예, 세존이시여." 아아난다 존자가 대답했다. 세존께서는 승가의 많은 비구들과 함께 히란냐와띠강 저편의 꾸시나아라 근처에 있는 말라족의 사알라나무 숲으로 향하셨다. 그곳에서 아아난다 존자에게 말씀하셨다. "아아난다여, 한 쌍의 사알라나무 사이에 머리를 북쪽으로 두도록 누울 자리를 마련해다오. 지쳐서 누워야겠다."

"예, 세존이시여." 아아난다 존자가 대답하고 그렇게 해드렸다. 그러자 세존께서는 마음챙김과 분명한 알아차림을 하며 오른쪽 옆구리가 아래로 가도록 하고 한 발 위에 다른 발을 포개어 사자가 자는 자세로 누우셨다.

그러자 한 쌍의 사알라나무에 때아닌 꽃이 가득 피어났다. 나무들은 꽃잎을 떨구고 흩뿌려 세존의 몸을 뒤덮으며 경배했다. 천상의 만다라 꽃과 천상의 전단향 가루가 하늘에서 쏟아지고 흩뿌려져 세존의 몸을 뒤덮으며 경배했다. 그리고 천상의 음악과 천상의 노래가 하늘에 울려 퍼지며 세존을 경배했다.

그러자 세존께서 아아난다 존자에게 말씀하셨다. "아아난다여, 한 쌍의 사알라나무에 때아닌 꽃이 가득 피어 있구나. 나무들은 꽃잎을 떨구고 흩뿌려 여래의 몸을 뒤덮으며 경배하는구

나. 천상의 만다라 꽃과 천상의 전단향 가루가 하늘에서 쏟아져 흩뿌려져 여래의 몸을 뒤덮으며 경배하는구나. 그리고 천상의 음악과 천상의 노래가 하늘에 울려 퍼지며 여래를 경배하는구나. 하지만 이렇게 여래를 우러르고 공경하고 존숭하고 경배하기보다는, 비구나 비구니, 남녀 재가 신도들이 담마에 따라 여법하게 살고, 올바른 길에 들어서며 담마에 따라 행하는 것이 참으로 여래를 우러르고 공경하고 존숭하고 경배하는 것이다. 그러므로 아아난다여, 이렇게 수행하라. '우리는 담마를 따르며 살 것이며, 올바른 길에 들어서서 담마를 따라 행할 것이다.'라고."

그때 우빠와아나 존자가 세존의 앞에 서서 부채질을 해드렸다. 그러자 세존께서 이렇게 말씀하시면서 그를 물러나게 하셨다. "저리 좀 물러나오, 비구여. 여래 앞을 가로막지 마시오." 아아난다 존자가 생각했다. '우빠와아나 존자는 오랫동안 곁에서 세존의 시중을 들었고 가까이 지낸 이다. 그러나 마지막 순간에 세존께서 그를 물러나게 하시는구나. '저리 좀 물러나오, 비구여. 여래 앞을 가로막지 마시오.' 하시다니. 그 이유는 뭘까?' 그 이유를 세존께 여쭙자, 세존께서 대답하셨다. "아아난다여, 시방세계의 천신들 대부분이 여래를 보러 왔구나. 사알라 나무숲 주위로 12요자나까지 털끝만큼의 빈자리도 없이 천신들이 둘러싸고 있고 그들이 항의하는 중이구나. '우리는 멀리서부터 여래를 뵈러 왔소. 여래, 아라한, 정등각자는 아주 드물게 세상에 나타납니다. 오늘 밤 삼경에 여래의 반열반이 있을 것입니다. 그런데 큰 위력을 가진 비구가 세존을 가로막고 서 있어서 우리가 마지막 순간에 여래를 친견할 수 없습니다.' 이렇게 천신들이 항의하고 있는 중이다, 아아난다여."

"그런데, 세존이시여, 세존께서는 어떤 천신들을 말씀하시는 겁니까?"

"허공에서 땅을 인식하는 천신들이 있다. 그들은 머리카락을 쥐어뜯으며 흐느끼고 있고, 팔을 뻗으며 흐느끼고 있고, 쓰러지고 앞뒤로 구르며 소리치고 있다. '이제 곧 세존께서 반열반에 드실 것이다! 이제 곧 선서께서 반열반에 드실 것이다! 눈을 가지신 분이 너무 일찍 세상에서 사라지려 하시는구나!' 또한 땅에서 땅을 인식하는 천신들이 있다. 그들은 머리카락을 쥐어뜯으며 … 소리치고 있다. … 하지만 탐욕에서 벗어난 천신들은 마음챙김과 분명한 알아차림을 하면서 '형성작용들[諸行]은 무상하다. 태어나고, 존재하게 되고, 형성되고, 쇠락하기 마련인 것이 어떻게 허물어지지 않을 수 있겠는가? 그것은 불가능하다.' 라고 여기며 받아들인다."

"세존이시여, 예전에는 다른 지역에서 안거를 보낸 비구들이 세존을 뵈러 오곤 했습니다. 그래서 저희들이 훌륭한 비구들을 친견하고 존경을 표할 수 있었습니다. 그러나 세존이시여, 세존께서 안 계시면 저희에게는 더 이상 그런 기회가 없을 것입니다."

"아아난다여, 신심 깊은 가문의 자제들이 친견해야 하고 감화를 받을 만한 장소가 네 군데 있다. 그 네 장소는 어디인가? 첫 번째는 여래가 태어난 곳이다. 그곳은 신심 깊은 가문의 자제들이 친견해야 하고 감화를 받을 만한 곳이다. 두 번째는 여래가 위없는 정등각을 얻은 곳이다. 그곳은 신심 깊은 가문의 자제들이 친견하고 감화를 받을 만한 곳이다. 세 번째는 여래가 위없는 담마의 바퀴를 굴리기 시작한 곳이다. 그곳은 신심 깊은 가문의 자제들이 친견해야 하고 감화를 받을 만한 곳이다. 끝으로 네 번째는 여래가 무여열반계로 반열반에 든 곳이다. 그곳은 신심 깊은 가문의 자제들이 친견해야 하고 감화를 받을 만한 곳이다. 신심 깊은 비구들과 비구니들과 남녀 재가 신도들은 이렇게 말하며 찾아올 것이다. '여기에서 여래께서 태어나셨다.' 그리고 '여기에서 여래께서 위없는 정등각을 이루셨다.' 그리고 '여기에서 여래께서 위없는 담마의 바퀴를 굴리기 시작하셨다.' 그리고 '여기에서 여래께서 취착을 남김없이 여의시고 무여열반인 반열반에 드셨다.' 그리고 믿음을 가지고 네 성지를 방문한 모든 이들은 몸이 무너져 죽고 난 후 선처에 다시 나거나 천상에 다시 태어날 것이다."

"세존이시여, 여인들을 어떻게 대해야 합니까?"

"아아난다여, 그들을 바라보지 말라."

"세존이시여, 만약 보게 되면, 어떻게 대해야 합니까?"

"아아난다여, 그들에게 말을 걸지 말라."

"세존이시여, 만약 그들에게 말을 걸게 되면, 그들을 어떻게 대해야 합니까?"

"아아난다여, 마음챙김을 유지해야 한다."

"세존이시여, 여래의 존체를 어떻게 모셔야 합니까?"

"아아난다여, 여래의 주검에 예를 갖추는 것을 걱정하지 말라. 부디 그대의 목표를 이루기 위해 노력하라. 목표를 이루기 위해 전념하라. 자신의 이익을 위해 게으르지 말고 열심히, 스스로 정진하며 머물도록 하라. 여래를 신봉하는 현명한 크샤트리아들과 현명한 바라문들과 현명한 장자들이 있으니, 그들이 여래의 주검을 받들 것이다."

"하지만 세존이시여, 여래의 존체를 어떻게 모셔야 합니까?"

"여래의 주검은 전륜성왕[190]의 주검을 수습하는 방식으로 하라."

"그렇다면 세존이시여, 전륜성왕의 존체는 어떻게 수습해야 합니까?" "그의 주검을 새 천으로 감싼다. 그러고 나서 잘 다듬어 편 솜으로 감싼다. 그러고 다시 새 천으로 감싼다. 그런 방식으로 5백 번을 감싼다. 그다음 천으로 감싼 주검을 철로 된 기

---

190 인도의 전륜성왕에 대한 전설은 《장부》 26과 《중부》 129 참조.

름통에 눕히고 철로 만든 덮개를 덮는다. 온갖 종류의 향나무로 화장 장작더미를 만들어 주검을 화장한다. 그다음에 사거리에 전륜성왕의 탑을 세운다. 이것이 전륜성왕의 주검을 수습하는 방식이다. 여래의 주검도 이와 같이 수습해야 한다. 여래의 탑은 사거리에 세워야 한다. 그곳에 꽃이나 향을 놓거나 회칠로 장엄하거나 참배를 하거나 거기서 마음의 평안을 얻거나 하는 자는 누구든지 이익과 행복을 오랫동안 누릴 것이다. 탑을 세워 기릴 만한 사람의 네 유형이 있다. 어떤 넷인가? 첫째는 여래이며 아라한이며 정등각자이고, 다음은 벽지불이고, 아라한이 된 여래의 제자이고 그리고 전륜성왕이 그 넷이다. 왜 그 넷이 탑을 세워 기릴 만하다고 생각하는가? 그 앞에서 이렇게 생각하면서 마음의 평안을 얻는 사람들이 많다. '이것이 세존·아라한·정등각자의 탑이구나.' '이것이 벽지불의 탑이구나.' '이것이 세존·아라한·정등각자 제자의 탑이구나.' '이것이 전륜성왕의 탑이구나.' 그들이 그곳에서 마음의 평안을 얻는다면, 몸이 무너져 죽은 후에 그들은 선처에 다시 나거나 천상에 다시 날 것이다."

그런 후 아아난다 존자가 오두막 안으로 들어갔다. 그는 문빗장에 기대어 서서 눈물을 흘렸다. "나는 해야 할 공부가 여전히 남아있는 유학일 뿐이다. 그런데 나를 가엾게 여기는 스승께서 이제 반열반에 들려고 하시는구나!"

그때 세존께서 비구들에게 물으셨다. "비구들이여, 아아난다가 어디에 있는가?"

"세존이시여, 그는 오두막 안으로 들어가 문빗장에 기대어 서서, '나는 해야 할 공부가 여전히 남아있는 유학일 뿐이다. 나를 가엾게 여기는 스승께서 이제 반열반에 들려고 하시는구나!'라며 울고 있습니다."

세존께서 한 비구에게 말씀하셨다. "자, 비구여. 아아난다에게 가서 여래의 이름으로 말하라. '스승께서 존자를 부른다네, 도반 아아난다여.'"

"예, 세존이시여." 비구가 대답했다. 그는 아아난다 존자에게 가서 말했다. "스승께서 자네를 부르신다네, 도반 아아난다여."

"알았소, 도반이여." 아아난다 존자가 대답했다. 그리고 그는 세존께 가서 경배를 드리고 나서 한쪽 옆에 앉았다. 세존께서 그에게 말씀하셨다. "아아난다여, 그만하라. 슬퍼하지 말고, 애통해하지 말라. 여래가 그대에게 이미 소중하고 아끼는 모든 것들과는 헤어지기 마련이고, 멀어지기 마련이고, 갈라지기 마련이라고 여러 번 말하지 않았는가? 태어나고, 존재하게 되고, 형성되고, 쇠락하기 마련인 것이 어떻게 허물어지지 않을 수 있겠는가? 그것은 불가능하다. 아아난다여, 그대는 오랫동안 자애롭고 배려하고 즐거워하며 진정으로 한결같이 여래를 시중들었다. 신업身業으로 구업口業으로 의업意業으로 그러했다. 아아난다여, 그대는 공덕을 쌓았다. 계속 정진하면 곧 번뇌를 벗어나게 될 것이다."

그러고 나서 세존께서 비구들에게 말씀하셨다. "비구들이여, 여래에게 아아난다가 있는 것처럼 과거세의 아라한이며 정등각자에게도 시자들이 있었소. 여래에게 아아난다가 있는 것처럼 미래세의 아라한이며 정등각자에게도 시자들이 있을 것이오, 비구들이여, 아아난다는 현명하오. 그는 '이제 비구들이 와서 여래를 뵐 시간이다. 이제 비구니들이 와서 여래를 뵐 시간이다. 이제 남자 재가 신도들이 와서 여래를 뵐 시간이다. 이제 여자 재가 신도들이 와서 여래를 뵐 시간이다. 이제 왕들이, 왕의 신하들이, 외도들과 그 제자들이 와서 세존을 뵐 시간이다.' 라고 알고 있소."

《장부》 16

"전륜성왕에게는 훌륭하고 경이로운 네 자질이 있소. 어떤 네 가지인가? 크샤트리아가 그를 보러 오면 그들은 그를 보아서 즐거워한다오. 그가 말을 하면 그들은 그의 말을 듣고 즐거워한다오. 그러나 그가 침묵하면 그들은 아쉬워한다오. 바라문이 그를 보러 오면 … 장자가 그를 보러 오면 … 사문의 무리가 그를 보러 오면 그들은 그를 보아서 즐거워한다오. 그가 말을 하면 그들은 그의 말을 듣고 즐거워한다오. 그러나 그가 침묵하면 그들은 아쉬워한다오. 아아난다에게도 훌륭하고 경이로운 네 자질이 있소. 어떤 네 가지인가? 비구의 무리가 그를 보러 오면 그들은 그를 보고 즐거워한다오. 그가 설법을 하면 그들은 그의 법문을 듣고 즐거워한다오. 그러나 그가 침묵하면 그들은 아쉬워한다오. 비구니의 무리가 그를 보러 오면 … 남자 재가 신도의 무리가 그를 보러 오면 … 여자 재가 신도의 무리가 그를 보러 오면 그들은 그를 보고 즐거워한다오. 그가 담마를 설하면 그들은 그의 담마를 듣고 즐거워한다오. 그러나 그가 침묵하면 그들은 아쉬워한다오."

《장부》 16 ; 《증지부》 4:129~130

세존께서 이렇게 말씀하시자 아아난다 존자가 말씀드렸다. "세존이시여, 세존께서는 토담집뿐인 이 벽지, 이 궁벽한 마을에서 반열반에 들지 마시옵소서. 짬빠, 라아자가하, 사아왓티, 사아께따, 꼬삼비, 바아라아나시 같은 큰 도시들이 있습니다. 세존을 신봉하는 뛰어난 크샤트리아와 바라문과 장자들이 많이 있는 그런 곳에서 반열반에 드시옵소서. 그들은 여래의 존체를 받들 것입니다."[191]

"아아난다여, 그렇게 말하지 말라. '토담집뿐인 이 벽지, 이

---

191 주석서에 의하면 〈마하 수닷사나 경〉(《장부》 17)은 이 시점에 설해졌다.

궁벽한 마을'이라고 말하지 말라. 한때 이곳에는 수닷사나 대왕이 살았다. 그는 사방을 정복한 여법하고 담마에 따라 산 전륜성왕이었으며 자기 나라를 안정시켰고 일곱 가지 보물을 소유했다. 수도는 꾸시나아라였고, 당시는 꾸사와띠라고 불렀다. 동쪽에서 서쪽까지 12요자나였고, 북쪽에서 남쪽까지 7요자나에 이르렀다. 왕국의 수도인 꾸사와띠는 신들의 수도인 아알라까만다만큼 풍요로웠고 사람들과 거주자들로 붐볐으며 부강하고 번창한 곳이었다. 꾸사와띠에서는 늘 열 가지 소리를 들을 수 있었다. 코끼리, 말, 마차, 북, 작은북, 류트, 노래, 심벌즈, 징소리였다. 그리고 열 번째 소리는 '먹어라! 마셔라! 즐겨라!'라는 외침이었다."

《장부》 16 ; 《장부》 17

"아아난다여, 이제 꾸시나아라로 가서 꾸시나아라의 말라인들에게 알려라. '와아셋타[192]여, 오늘밤 삼경에 여래께서 반열반에 드실 것입니다. 와아셋타여, 오십시오.' '여래께서 우리 마을 근처에서 반열반에 드셨는데도 우리가 여래의 마지막 시간에 뵈러 가지 않았구나.' 하고 생각하면서 나중에 자책하지 않도록."

"예, 세존이시여." 아아난다 존자가 대답했다. 그는 채비를 하

192 [역주] 와아셋타: 주석서에 의하면 꾸시나아라에 사는 말라인들의 족성이 와아셋타이다.

고, 발우와 가사를 챙겨서 다른 비구와 함께 꾸시나아라로 갔다. 마침 그때 꾸시나아라의 말라인들이 이런저런 일들로 집회소에 모여 있었다. 아아난다 존자가 집회소로 가서 그들에게 알렸다. "와아셋타여, 오늘 밤 삼경에 여래께서 반열반에 드실 것입니다. 와아셋타여, 오십시오. '여래께서 우리 마을 근처에서 반열반에 드셨는데도 우리가 여래의 마지막 시간에 뵈러 가지 않았구나.' 하고 생각하면서 나중에 자책하지 않도록."

아아난다 존자의 말을 듣고, 말라인들의 아들, 딸, 부인에 이르기까지 모든 말라인들이 놀라서 어쩔 줄 몰랐다. 슬픔에 빠져 어떤 이들은 머리카락을 쥐어뜯으며 흐느끼고 있고, 팔을 뻗으며 흐느끼고 있고, 쓰러지고 앞뒤로 구르며 소리쳤다. "이제 곧 세존께서 반열반에 드실 것이다! 이제 곧 선서께서 반열반에 드실 것이다! 이제 곧 눈을 가지신 분께서 세상에서 사라지실 것이다!"

말라인들의 아들, 딸, 부인에 이르기까지 다들 놀라서 어쩔 줄 몰라 꾸시나아라 근처에 있는 말라의 사알라나무 숲에 있는 아아난다 존자를 찾아갔다. 그때 아아난다 존자는 생각했다. '만약 꾸시나아라의 말라인들이 세존께 한 명씩 각각 인사를 드리게 한다면, 이 밤이 지나도록 다 마치지 못할 것이다. 내가 그들 각 부족의 대표 한 명씩을 세존께 데리고 가서, '세존이시여, 이러저러한 이름의 말라인이 자식과 아내와 수행원들과 친구들과 함께 세존의 발에 머리를 조아려 인사를 드리러 왔습니다.'라고 말하면 어떨까?' 그래서 그는 그렇게 했다. 그런 방식으로 초경 무렵에 말라인들이 세존께 인사를 마칠 수 있었다.

그런데 그 무렵 수밧다라고 불리는 유행승이 꾸시나아라에 머물고 있었다. 그가 소식을 들었다. "오늘 밤 삼경 무렵에 사문 고따마께서 반열반에 드실 것이다." 그래서 그는 생각했다. "외도의 장로들과 스승들에게 내가 듣기로는 여래·아라한·정등각자께서는 참으로 드물게 이 세상에 나타나신다고 했다. 그리고 오늘 밤 삼경 무렵에 사문 고따마께서 반열반에 드실 것이라고 한다. 내 마음속에 한 가지 의심이 남아있는데, 내가 믿건대 사문 고따마께서 나의 이러한 의심을 풀어줄 담마를 가르쳐 주실 수 있을 것이다."

그는 꾸시나아라 근처에 있는 말라인들의 사알라나무 숲으로 갔다. 아아난다 존자를 찾아가 자기 머릿속에 떠오른 생각을 말하면서 덧붙였다. "제가 사문 고따마를 만나 뵐 수 있을는지요, 아아난다 존자여."

아아난다 존자가 대답했다. "아니 되오, 도반 수밧다여, 여래를 성가시게 하지 마시오. 세존께서는 지치셨습니다."

유행승 수밧다가 두 번 세 번 질문을 되풀이했으나 같은 대답을 들었다. 세존께서 두 사람의 대화를 들으셨다. 그리고 아아난다 존자에게 말씀하셨다. "그만하라, 아아난다여. 수밧다를 막지 말라. 여래를 만나게 하라. 그가 여래에게 무엇을 질문하든 그는 오직 지혜를 얻기 위함이지 성가시게 하려는 게 아니다. 그리고 여래가 그에게 해주는 말을 그는 즉시 이해할 것이다."

그러자 아아난다 존자는 유행승 수밧다에게 이렇게 말했다. "들어가 보시오, 도반 수밧다여. 세존께서 허락하셨소."

수밧다가 세존께 가서 예의를 갖춰 인사를 드린 후 옆에 가서 앉았다. 그러고 나서 그가 세존께 여쭈었다. "스승 고따마시여, 각각 자신의 교단과 제자들이 있고, 무리를 이끌며 많은 이들이 성자로 칭송하는 명성이 있고 이름난 사상가들인 사문과 바라문들이 있습니다. 뿌우라나 깟사빠, 막칼리 고사알라, 아지따 께사깜발리, 빠꾸다 깟짜아야나, 산자야 벨랏티뿟따, 니간타 나아타뿟따가 그들입니다. 그들이 주장하듯이 그들은 수승한 지혜를 얻었습니까? 아니면 아무도 얻지 못했습니까? 아니면 그들 가운데 어떤 이는 얻었고 어떤 이는 얻지 못했습니까?"

"그만하시오, 수밧다여. 그들이 주장하듯이 그들 모두 수승한 지혜를 얻었든, 아무도 얻지 못했든, 누군가는 얻었고 누군가는 얻지 못했든 상관하지 마시오. 수밧다여, 여래가 그대에게 담마를 가르쳐줄 것이오. 여래가 하는 말을 듣고 마음에 새기시오."

"예, 세존이시여." 하고 그는 대답했다.

"수밧다여, 그 어떤 담마와 율에서든 성스러운 팔정도가 없으면 거기에는 첫 번째 사문이 없고, 두 번째 사문도 없고, 세 번째 사문도 없고, 네 번째 사문도 없소.[193] 그 어떤 담마와 율에서든 성스러운 팔정도가 있다면 거기에는 첫 번째 사문이 있고, 두 번째 사문도 있고, 세 번째 사문도 있고, 네 번째 사문도 있소. 이 담마와 율에는 성스러운 팔정도가 있소. 수밧다여, 오직 이 가르침 안에서만 첫 번째 사문이 있고, 두 번째 사문이 있고, 세 번째 사문이 있고, 네 번째 사문이 있소. 다른 교법에서는 그런 사문들이 없다오. 만약 여기 비구들이 바르게 산다면 세상에는 깨달음을 성취한 이, 아라한들이 있을 것이오.

"수밧다여, 나이 스물아홉에
여래는 무엇이 유익한 것[善]인지 찾기 위해 출가했소.
수밧다여, 여래가 출가한 후로
이제 오십 년 넘는 세월이 흘렀소.
이 가르침 밖에서는
담마의 길을 올바르게 따르는 사문은 없소."

"다른 교법에서는 두 번째 사문도, 세 번째 사문도, 네 번째 사문도 없소. 다른 이들의 교법에는 그런 사문들이 없소. 그러나 이곳의 비구들이 바르게 살면, 세상에는 아라한들이 있게

---

193 네 사문: 예류과豫流果에 도달한 자, 일래과一來果에 도달한 자, 불환과不還果에 도달한 자 그리고 아라한을 말한다.

될 것이오."

그러자 유행승 수밧다가 말씀드렸다. "경이롭습니다. 세존이시여, 경이롭습니다. 세존이시여! 마치 거꾸로 된 것을 바로 세우고, 가려진 것을 드러내고, 길 잃은 이에게 길을 알려주고, 눈 가진 자는 형상을 보도록 어둠 속에서 등불을 밝혀주는 것처럼 세존께서 여러 방편으로 담마를 명료하게 설해주셨습니다. 저는 세존과 담마와 비구들의 승가에 귀의하고자 합니다. 세존의 곁으로 출가하고자 합니다. 세존으로부터 구족계를 받고자 합니다."

"수밧다여, 외도에 속해 있는 이가 이 담마와 율에 출가하여 구족계를 받기를 원할 때는 보통 넉 달 동안 견습 기간을 둬야 하오. 넉 달이 지나서 비구들이 동의하면, 그때 그를 출가하게 하여 구족계를 받게 한다오. 그러나 여기에는 개인마다 차이가 있소."

"세존이시여, 만약 그렇다면, 제가 4년간 견습 기간을 거치게 해주십시오. 4년이 지난 후 비구들이 인정하면 그때 저를 출가하게 하여 비구가 되는 구족계를 받게 해주십시오."

그러자 세존께서 아아난다 존자에게 말씀하셨다. "아아난다여, 수밧다를 출가하게 하라."

"예, 세존이시여." 아아난다 존자가 대답했다.

그러자 유행승 수밧다가 아아난다 존자에게 말했다.[194] "도반 아아난다여, 당신들은 복이 많습니다. 도반 아아난다여, 여기서 스승의 앞에서 제자로서 수계를 받았으니 당신들은 복이 많습니다."

그리고 유행승 수밧다는 세존께서 계실 때 출가를 하고 계를 받았다. 구족계를 받은 지 얼마 지나지 않아, 홀로 은거하며 방일하지 않고 열심히 스스로 정진하여 수밧다 존자는 수승한 지혜로 지금·여기에서 깨달음을 얻어 좋은 가문의 자제들이 집을 떠나 집 없는 이의 삶으로 올바르게 출가하면서 얻고자 하는 청정한 삶의 궁극의 목표에 들어 머물게 되었다. 그리고 그는 통찰지로 깨달았다. "태어남은 다했다. 청정한 삶은 완성되었고 해야 할 일은 다 해 마쳤다. 이제 어떤 존재로도 다시 돌아오지 않는다." 그리고 수밧다 존자는 아라한이 되었다. 그는 세존께서 살아 계신 동안 구족계를 받은 마지막 제자였다.

세존께서 아아난다 존자에게 말씀하셨다. "아아난다여, 아마도 그대는 '스승의 말씀은 과거의 것이 되었구나. 이제 우리에게 스승은 없구나.'라고 생각할 것이다. 하지만 그렇게 생각하

---

194 주석서에는 다음과 같이 쓰여 있다. 수밧다가 이 말을 했을 때에는 외도의 스승들처럼 붓다도 마지막 순간에 구족계를 줄 수 있는 권한을 제자에게 부여하고 승가의 우두머리 자리를 계승시키는 것으로 잘못 알고 있었다. 그는 뒤에 나오는 수밧다와는 다른 인물이다.

지 말라. 여래가 가르치고 시설한 담마와 율이 여래가 떠난 후에 그대들의 스승이다. 지금까지는 비구들이 서로를 '도반'이라고 불렀다. 그러나 여래가 떠나고 난 후에는 그렇게 부르는 것을 그만두어야 한다. 연장자인 비구들은 젊은 비구들을 이름이나 성으로 부르거나 '도반'으로 불러야 한다. 젊은 비구들은 연장자인 비구들을 '존자'나 '장로'라고 불러야 한다. 여래가 떠나고 나서 승가는 원한다면 하찮고 사소한 규칙들을 없애도 좋다. 여래가 떠나고 나서 비구 찬나[195]에게는 심히 엄중한 벌을 주어야 한다.

"세존이시여, 무엇이 심히 엄중한 벌입니까?"

"비구 찬나가 무엇을 원하든, 무슨 말을 하든, 비구들은 그에게 말을 해서는 안 되고 충고를 하거나 가르침을 주어도 안 된다."

《장부》 16

그러고 나서 세존께서 비구들에게 말씀하셨다. "비구들이여,

---

195 비구 찬나: 싯닷타 고따마 왕자가 그의 마부 찬나와 그의 말 깐타까와 함께 밤에 집을 나온 이야기는 경에 나오지 않는다. 그러나 깐타까에 대해서는 《천궁사경天宮事經 *Vimānavatthu*》(7:7)에 나오며 전체 이야기는 붓다고사가 쓴 본생경 주석서의 서론에서 볼 수 있다. 비구 찬나는 오만하고 고집이 세며 고치라는 것을 받아들이지 못한다고 율장에 나온다. (《율장》 〈구빈죄〉 4 ; 《율장》 〈승잔죄〉 12) 붓다가 반열반에 든 후, 그가 얼마나 후회했는지 그리고 아아난다 존자에게 도움을 청한 것에 대하여는 경에 나온다. 아아난다 장로의 말을 듣고 난 다음에 그는 아라한이 되었다 (《상응부》 22:90).

어떤 비구든 붓다에 대해서나 담마와 승가 그리고 수행과 수행법에 대해서 의심이나 혼란이 있을지도 모르오. 비구들이여, 그러니 나중에 '스승은 우리와 함께 계셨다. 그런데 우리가 세존 앞에서 제대로 질문하지 못했다.'라고 후회하지 않도록 지금 질문하시오.

이 말을 듣고 비구들은 침묵했다. 두 번, 세 번 세존께서 같은 말씀을 하셨고, 그럴 때마다 비구들은 침묵했다. 그러자 세존께서 이렇게 말씀하셨다. "비구들이여, 스승에 대한 경외심 때문에 그대들이 질문하지 않는 것 같소. 그러니 도반끼리 서로 대화하도록 하시오."

이 말을 듣고도 비구들은 침묵했다. 그러자 아아난다 존자가 세존께 말씀드렸다. "놀랍습니다, 스승이시여, 경이롭습니다! 비구들이 승가에 대해 청정한 믿음이 있습니다. 그래서 저는 붓다와 담마와 승가와 수행과 수행법에 대해서 의심을 하거나 문제를 제기하는 비구는 아무도 없을 것이라 믿습니다."

"아아난다여, 그대는 믿음을 갖고 그렇게 말하는구나. 여래는 여기 비구들의 승가에는 붓다와 담마와 승가와 수행과 수행법에 대해 의심을 갖는 비구는 아무도 없음을 잘 알고 있다. 이 5백 명의 비구들 중에 가장 뒤늦은 자가 예류과이다. 그는 더 이상 파멸처에 떨어지지 않고, 올바름에 듦이 확정되어 있고, 완전한 깨달음에 이를 것이다." 그러고 나서 세존께서는 비구들에게 말씀하셨다. "비구들이여, 여래가 진정으로 그대들에게 말하노라. 생겨난 것은 무엇이건 모두 사라진다오. 방일하지 말고 힘써 정진하시오."[196]

《장부》 16 ; 《증지부》 4:76

이것이 여래의 마지막 말씀이었다.

그러고 나서 세존께서는 초선에 드셨다. 초선에서 나와 이선에 드셨다. 이선에서 나와 삼선에 드셨다. 삼선에서 나와 사선에 드셨다. 사선에서 나와 공무변처에 드셨다. 공무변처에서 나와 식무변처에 드셨다. 식무변처에서 나와 무소유처에 드셨다. 무소유처에서 나와 비상비비상처에 드셨다. 비상비비상처에서 나와 상수멸에 드셨다.

그때 아아난다 존자가 아누룻다 존자에게 말했다. "존자시여, 세존께서 반열반에 드셨습니다."

"도반이여, 그렇지 않네. 세존께서는 반열반에 드신 게 아니네. 상수멸에 들어 계신다네."

세존께서 상수멸에서 나와 비상비비상처에 드셨다. 비상비비

---

196 T.S. 엘리엇이 그의 작품 '황무지'에 인용하여 문학 용어가 된 리스 데이비즈 교수의 '정진하여 너의 구원을 성취하라Work out your salvation with diligence'라는 말은 너무 안이한 번역일지라도 그대로 받아들일 만하다. 빠알리어로 마지막 말씀은 다음과 같다. *Handa dāni bhikkave āmantayāmi vo; Vayadhammā saṅkhārā; appamādena sampādetha*.

상처에서 나와 무소유처에 드셨다. 무소유처에서 나와 식무변처에 드셨다. 식무변처에서 나와 공무변처에 드셨다. 공무변처에서 나와 사선에 드셨다. 사선에서 나와 삼선에 드셨다. 삼선에서 나와 이선에 드셨다. 이선에서 나와 초선에 드셨다. 그리고 초선에서 나와 이선에 드셨다. 이선에서 나와 삼선에 드셨다. 삼선에서 나와 사선에 드셨다. 그리고 세존께서는 사선에서 나오자 곧 반열반에 드셨다.

세존께서 반열반에 드시자 머리카락이 쭈뼛 설 만큼 무섭고 엄청난 지진이 일어났고 하늘에서는 천둥이 쳤다.

세존께서 반열반에 드시자 범천 사함빠띠가 게송을 읊었다.

"일시적 가합체인 이 세상의 모든 존재들은
스러지기 마련이다.
이 세상에서 비할 바 없는 스승,
전능하고 올바로 깨달으신
여래께서 반열반에 드셨다."

《장부》 16 ; 《상응부》 6:15

세존께서 반열반에 드시자 신들의 왕인 제석천이 게송을 읊었다.

"형성된 모든 것은 무상하고,
일어났다가는 사라지기 마련이며,
일어난 것은 소멸하지 않는 것이 없다.
진정한 행복은 제행諸行의 가라앉음에 있다."

《장부》 16 ; 《상응부》 6:15

세존께서 반열반에 드시자 아누룻다 존자가 게송을 읊었다.

"들숨 날숨을 멈추신 분, 마음이 제어되어 여여하신 분,
욕망을 여의신 분, 성인께서 고요에 드셨네.
흔들리지 않는 마음으로 온갖 느낌을 견뎌내셨으니
불꽃이 꺼지듯 그분의 마음은 해탈하셨네."

세존께서 반열반에 드시자 아아난다 존자가 게송을 읊었다.

"최상의 고귀함을 갖추신
정등각자께서 반열반에 드셨을 때
어찌할 바 모르게 두려웠고
머리카락이 쭈뼛 섰네."

《장부》 16 ; 《상응부》 6:15

세존께서 반열반에 드시자, 애착을 떨쳐버리지 못한 몇몇 비구들은 팔을 뻗으며 흐느꼈고, 쓰러져 앞뒤로 구르며 소리쳤다. "이렇게 빨리 세존께서 반열반에 드시다니! 이렇게 빨리 선서께서 반열반에 드시다니! 이렇게 빨리 눈을 가지신 분께서 세상에서 사라지시다니!" 그러나 애착에서 벗어난 비구들은 마음챙김과 분명한 알아차림을 하면서 "형성작용들은 무상하다. 태어나고, 존재하게 되고, 형성되고, 쇠락하기 마련인 것이 어떻게 허물어지지 않을 수 있겠는가? 그것은 불가능하다."라고 말했다.

그때 아누룻다 존자가 비구들에게 말했다. "도반들이여, 그만하십시오. 슬퍼하지도 애통해하지도 마십시오. 아끼고 사랑하는 모든 것들과 헤어지기 마련이고, 멀어지기 마련이고 그리고 갈라지기 마련이라고 세존께서 이미 말씀하시지 않으셨습니까? 태어나고, 존재하게 되고, 형성되고, 쇠락하기 마련인 것이 어떻게 허물어지지 않을 수 있겠습니까? 그것은 불가능합니다. 도반들이여, 천신들도 말합니다."

"그런데 아누룻다 존자시여, 존자는 어떤 천신들을 마음에 두고 있습니까?"

"도반 아아난다여, 허공에서 땅을 인식하는 천신들이 있습니다. 그들은 머리카락을 쥐어뜯으며 흐느끼고 있고, 팔을 뻗으며 흐느끼고 있고, 쓰러져 앞뒤로 구르며 소리치고 있습니다. '이렇게 빨리 세존께서 반열반에 드시다니! 이렇게 빨리 선서께서 반열반에 드시다니! 이렇게 빨리 눈을 가지신 분께서 세상에서 사라지시다니!' 그리고 땅에서 땅을 인식하며 그들처럼 행동하는 천신들이 있습니다. 그러나 탐욕에서 벗어난 천신들은 마음챙김과 분명한 알아차림을 하면서 '형성작용들은 무상하다. 태어나고, 존재하게 되고, 형성되고, 쇠락하기 마련인 것이 어떻게 허물어지지 않을 수 있겠느냐? 그것은 불가능하다.'라고 말합니다."

아누룻다 존자와 아아난다 존자가 법담을 나누며 그날 밤을 보냈다. 그때 아누룻다 존자가 아아난다 존자에게 말했다. "가십시오, 도반이여, 꾸시나아라로 가서 꾸시나아라의 말라인들에게 말하십시오. '와아셋타여, 세존께서 반열반에 드셨습니다. 이제 여러분이 가 보실 때입니다.'"

"그렇게 하겠습니다. 존자시여." 아아난다 존자가 대답했다. 아침이 되어서 그는 채비를 하고, 발우와 가사를 챙겨서 다른 비구와 함께 꾸시나아라로 갔다. 때마침 꾸시나아라의 말라인들이 이런저런 일들로 집회소에 모여 있었다. 아아난다 존자가 집회소로 들어가 그들에게 알렸다. "와아셋타여, 세존께서 반열반에 드셨습니다."

그들이 아아난다 존자의 말을 들었을 때, 꾸시나아라의 말라인들과 그들의 아들, 딸, 부인에 이르기까지 다들 놀라서 어쩔 줄 몰랐다. 어떤 이들은 머리카락을 쥐어뜯으며 흐느끼고, 팔을 뻗으며 흐느끼고, 쓰러져 앞뒤로 구르며 소리쳤다. "이렇게 빨리 세존께서 반열반에 드시다니! 이렇게 빨리 선서께서 반열반에 드시다니! 이렇게 빨리 눈을 가지신 분께서 세상에서 사라지시다니!"

그러자 꾸시나아라의 말라인들이 사람들에게 다음과 같이 일렀다. "꾸시나아라에 있는 향과 꽃, 악기들을 모두 가져오시오." 그들은 향, 꽃, 악기와 주검을 5백 번 감쌀 수 있는 길이의 천을 가지고 세존의 존체가 뉘어있는 꾸시나아라로 가는 모퉁이에 있는 말라의 사알라나무 숲으로 갔다. 그리고 그들은 그날 세존의 존체 주위에 천으로 된 덮개와 대형 천막을 세우고, 춤을 추고 노래하고 음악을 연주하고 화환을 만들고 향을 피우며, 우러르고 공경하고 존숭하고 경배를 올렸다. 그들은 생각했다. "지금은 세존의 주검을 화장하기에 너무 늦었으니 내일 해야겠다." 그렇게 그들은 둘째 날, 셋째 날, 넷째 날, 다섯째 날 그리고 여섯째 날도 보냈다.

이렛날 그들은 "춤을 추고 노래하고 음악을 연주하고 화환을 만들고 향을 피우며, 우러르고 공경하고 존숭하고 경배를 올리면서 세존의 존체를 마을 남쪽 외곽으로 운구해서 마을의 남쪽에서 세존의 존체를 다비해야겠다."라고 생각했다.

여덟 명의 말라인 지도자들은 머리를 감고 새 옷으로 갈아입었다. 세존의 존체를 들어 올리려 했으나 그렇게 할 수 없었다.

그들은 아누룻다 존자에게 그 이유를 물었다.

"와아셋타여, 그대들에게도 생각이 있겠지만 천신들의 뜻은 다릅니다."

"그렇다면 존자시여, 천신들의 뜻은 무엇입니까?"

"와아셋타여, 그대들의 생각은 이러합니다. '춤을 추고 노래하고 음악을 연주하고 화환을 만들고 향을 피우며 우러르고 공경하고 존숭하고 경배를 올리면서, 세존의 존체를 마을 남쪽 외곽으로 운구해서 마을의 남쪽에서 세존의 존체를 다비해야겠다.' 그러나 천신들의 뜻은 이러합니다. '춤을 추고 노래하고 음악을 연주하고 화환을 만들고 향을 피우며 우러르고 공경하고 존숭하고 경배를 올리면서, 세존의 존체를 운구해서 마을의 북쪽으로 옮겨 가서, 북쪽 문으로 들어가 마을의 중심을 통과하여 동쪽 문으로 나간 후, 마을 동쪽에 있는 말라인들의 탑묘 마꾸따반다나로 가서, 그곳에서 세존의 존체를 다비해야겠다.'"

"존자시여, 천신들의 뜻을 따르겠습니다."

그 무렵 꾸시나아라는 만다라 꽃이 무릎 높이로 뒤덮여 있었는데 두엄더미나 쓰레기더미까지도 온통 덮혀 있었다.

꾸시나아라의 말라인들과 천신들이 함께 신과 인간의 춤으로, 노래와 음악, 화환과 향으로 세존의 존체를 우러르고 공경하고 존숭하고 경배를 올리면서, 마을 북쪽으로 가서 북쪽 문으로 들어가 마을의 중심을 통과하여 동쪽 문으로 나간 후, 마을 동쪽에 있는 말라인들의 탑묘 마꾸따반다나로 운구했다. 그곳에서 그들은 존체를 내려놓았다.

그리고 꾸시나아라의 말라인들이 아아난다 존자에게 말했다. "아아난다 존자시여, 저희가 여래의 존체를 어떻게 모셔야 합니까?"

"와아셋타여, 여래의 존체는 전륜성왕의 존체를 모시듯 해야 합니다."

"하지만 아아난다 존자여, 그것은 어떻게 하는 것입니까?"

"와아셋타여, 전륜성왕의 존체를 새 천으로 감쌉니다. 그러고 나서 잘 다듬어 편 솜으로 감쌉니다. 그러고 다시 새 천으로 감쌉니다. 그런 방식으로 5백 번을 감쌉니다. 그다음 천으로 감싼 존체를 철로 된 기름통에 눕히고 철로 만든 덮개를 덮습니다. 온갖 종류의 향나무로 화장 장작더미를 만들어 존체를 다비합니다. 그다음에 사거리에 전륜성왕의 탑을 세웁니다. 이것이 전륜성왕의 존체를 모시는 방식입니다. 여래의 존체도 이와 같이 모셔야 합니다. 여래의 탑을 사거리에 세워야 합니다. 그곳에 꽃이나 향을 놓거나, 회칠로 장식하거나, 참배를 하거나, 그곳에서 마음의 평안을 얻는 자는 누구든지 안녕과 행복을 오랫동안 누릴 것입니다."

그러자 꾸시나아라의 말라인들은 잘 다듬어 편 솜을 사람들에게 모두 모아오도록 했다. 그리고 세존의 존체를 새 천으로 잘 감쌌다. 그러고 나서 잘 다듬어 편 솜으로 감쌌다. 그 후 새 천으로 잘 감쌌다. 이런 방식으로 세존의 존체를 5백 번 감쌌다. 그런 다음 존체를 철로 된 기름통에 눕히고 철로 만든 덮개를 덮었다. 온갖 종류의 향나무로 화장 장작더미를 쌓아 올리고, 그 위에 세존의 존체를 올려놓았다.

《장부》 16

그 무렵 마하 깟사빠 존자가 5백 명의 많은 비구들과 함께 빠아와에서 꾸시나아라로 향하는 큰길로 오고 있었다. 그들이 길에서 잠시 벗어나 나무 그늘에 앉아 있을 때였다. 어떤 외도 유행승이 꾸시나아라에서 가져온 만다라 꽃을 들고 그 길을 따라 걸어오고 있었다. 마하 깟사빠 존자가 그가 오는 것을 보자 물었다. "벗이여, 당신은 우리 스승을 알고 있습니까?"

"예, 벗이여, 나는 그분을 압니다. 사문 고따마께서 이레 전에 반열반에 드셨습니다. 거기서 이 만다라 꽃을 갖고 오는 것입니다."

애착을 채 떨쳐버리지 못한 몇몇 비구들은 팔을 뻗으며 흐느끼고, 쓰러져 앞뒤로 구르며 소리쳤다. "이렇게 일찍 세존께서 반열반에 드시다니! 이렇게 일찍 선서께서 반열반에 드시다니! 이렇게 일찍 눈을 가지신 분께서 세상에서 사라지시다니!" 한편 애착에서 벗어난 비구들은 마음챙김과 분명한 알아차림을 하면서 "형성작용들은 무상하다. 태어나고, 존재하게 되고, 형성되고, 쇠락하기 마련인 것이 어떻게 허물어지지 않을 수 있겠느냐? 그것은 불가능하다."라고 말했다.

그런데 그 무리들 가운데 늦은 나이에 출가한 수밧다[197]라는 이가 앉아 있었다. 그가 슬퍼하는 비구들을 향해 말했다. "도반들이여, 그만하십시오. 슬퍼하지도 애통해하지도 마십시오. 우리는 대사문에게서 잘 벗어났습니다. 그분은 '이것은 해도 좋다. 이것은 하면 안 된다.'라고 우리를 힘들게 하셨습니다. 그러니 이제 우리는 하고 싶은 대로 할 수 있고, 싫으면 하지 않아도 될 것입니다."

그때 마하 깟사빠 존자가 비구들에게 이렇게 말했다. "도반들이여, 그만하십시오. 슬퍼하지도 애통해하지도 마십시오. 아끼고 사랑하는 모든 것들과 헤어지고 멀어지고 갈라지게 된다고 세존께서 이미 말씀하시지 않았습니까? 태어나고, 존재하게 되고, 형성되고, 쇠락하기 마련인 것이 어떻게 허물어지지 않을 수 있겠습니까? 그것은 불가능합니다."

《장부》 16 ; 《율장》 〈소품〉 11:1

말라인의 지도자 네 사람은 머리를 감고 새 옷으로 갈아입은

197 [역주] 수밧다: 여기 나오는 '수밧다'는 붓다께서 마지막으로 수계하신 '수밧다'와는 다른 인물이다.

후 생각했다. "세존의 화장용 장작더미에 불을 붙이자." 그러나 그들은 그렇게 할 수 없었다. 그래서 아누룻다 존자에게 그 이유를 물었다.

"와아셋타여, 천신들의 뜻은 여러분들의 생각과는 다릅니다."

"그러면 존자시여, 천신들의 뜻은 어떠합니까?"

"와아셋타여, 천신들의 뜻은 이렇습니다. '마하 깟사빠 존자가 5백 명의 많은 비구들과 함께 빠아와에서 큰길을 따라 꾸시나아라로 오고 있습니다. 마하 깟사빠 존자가 세존의 발에 머리를 조아려 추모하기 전까지 장작더미에 불을 붙여서는 안 됩니다.'"

"존자시여, 천신들의 뜻대로 하겠습니다."

마하 깟사빠 존자가 꾸시나아라에 있는 말라인의 마꾸따반다나 탑묘에 준비된 세존의 화장용 장작더미 앞에 도착했다. 그는 가사 자락을 한쪽 어깨에 걸치고 합장을 하고는 장작더미를 오른쪽으로 세 바퀴 돌았다. 그러자 세존의 발이 드러났다. 그는 세존의 발에 머리를 조아려 경배했다. 그러자 5백 명의 비구들은 가사 자락을 한쪽 어깨에 걸치고 마하 깟사빠 존자가 하듯이 경배했다. 그들이 경배를 마치자마자, 장작더미에 저절로 불이 붙었다. 버터나 기름이 탈 때 재나 검댕이가 생기지 않는 것처럼 세존의 주검이 탈 때도 바깥 피부나 내장 또는 살이나 힘줄 또는 관절활액에서 재나 검댕이가 생기지 않았다. 오직 사리만 남았다. 두 겹으로 5백 번을 감싼 천의 바깥쪽에 있는 천부터 가장 안쪽에 있는 천까지 완전히 타버렸다.

세존의 존체가 전소되었을 때, 하늘에서 폭포수 같은 물이 쏟아져 장작더미의 불길을 껐다. 땅 밑에서도 샘물이 솟아올라 장작더미의 불길을 껐다. 꾸시나아라의 말라인이 온갖 향기가 나는 물로 장작더미의 불길을 껐다.

그러고 나서 말라인들이 세존의 사리를 이레 동안 집회소에 보관해 두고, 창으로 격자 모양의 틀을 만들고 그 주위를 활 모양으로 둥글게 쌓아 성처럼 만들었다. 그리고 그들은 춤과 노래, 연주, 화환과 향으로 우러르고 공경하고 존숭하고 경배의 예를 다했다.

마가다국의 아자아따삿뚜 왕이 소식을 들었다. "세존께서 꾸시나아라에서 반열반에 드셨습니다." 그는 꾸시나아라의 말라인들에게 사절을 보내 청했다. "세존께서는 크샤트리아셨습니다. 나도 크샤트리아입니다. 나는 세존의 사리를 나눠 가질 자격이 있습니다. 나 또한 탑을 세우고 추모의 예를 다할 것입니다."

웨사알리의 릿차위인들 역시 소식을 들었고 그들도 사절을 보내 청했다. "세존께서는 크샤트리아셨습니다. 우리도 크샤트리아입니다. 우리는 세존의 사리를 나눠 가질 자격이 있습니다. 우리 또한 탑을 세우고 추모의 예를 다할 것입니다."

까삘라왓투의 사끼야인들 역시 소식을 들었고 그들도 사절을 보내 청했다. "세존께서는 우리 혈족 중 가장 위대한 분이셨습니다. 우리는 세존의 사리를 나눠 가질 자격이 있습니다. 우리 또한 탑을 세우고 추모의 예를 다할 것입니다."

알라깝빠의 불리인들 역시 소식을 들었고 그들도 사절을 보내 청했다. "세존께서는 크샤트리아셨습니다. 우리도 크샤트리아입니다. 우리는 세존의 사리를 나눠 가질 자격이 있습니다. 우리 또한 탑을 세우고 추모의 예를 다할 것입니다."

라아마가아마의 꼴리아인들 역시 소식을 들었고 그들도 사절을 보내 청했다. "세존께서는 크샤트리아셨습니다. 우리도 크샤트리아입니다. 우리는 세존의 사리를 나눠 가질 자격이 있습니다. 우리 또한 탑을 세우고 추모의 예를 다할 것입니다."

웨타 섬의 바라문 역시 소식을 들었고 그도 사절을 보내 청했다. "세존께서는 크샤트리아셨습니다. 나는 바라문입니다. 나는 세존의 사리를 나눠 가질 자격이 있습니다. 나 또한 탑을 세우고 추모의 예를 다할 것입니다."

빠아와의 말라인들 역시 소식을 들었고 그들도 사절을 보내 청했다. "세존께서는 크샤트리아셨습니다. 우리도 크샤트리아입니다. 우리는 세존의 사리를 나눠 가질 자격이 있습니다. 우리 또한 탑을 세우고 추모의 예를 다할 것입니다."

이런 요구를 듣자, 꾸시나아라의 말라인들은 사절들을 모아놓고 다음과 같이 대답했다. "세존께서 우리가 사는 지역에서 반열반에 드셨습니다. 우리는 세존의 사리를 내주지 않을 것입니다."

그러자 바라문 도나가 모여 있는 사람들에게 이렇게 게송을 읊었다.

"존자들이여, 제 말 좀 들어보십시오.
우리의 부처님께서는 인욕을 가르치셨습니다.
그러니 숭고한 분의 사리를 두고
분쟁이 일어나는 것은 적절하지 않습니다.
여러분, 우리 모두 조화롭게 마음을 모아
여덟 등분으로 나눕시다.
탑을 도처에 널리 세워 많은 사람들이
눈을 가지신 분께 신심을 낼 수 있도록 합시다."

"그러면 바라문이여, 당신이 직접 세존의 사리를 여덟 등분으로 공평하게 나누고 분배해주십시오."

"그렇게 하겠습니다." 그는 대답하고 나서 세존의 사리를 여덟 등분으로 공평하게 나누어 주었다. 그러고 나서 모여 있는 사람들에게 청했다. "존경하는 여러분, 저에게 이 사리함을 주십시오. 저도 탑을 세우고 추모의 예를 다하고 싶습니다." 그래서 그들은 바라문 도나에게 사리함을 내주었다.

빱팔리와나의 모리야인들이 소식을 들었다. "세존께서 꾸시나아라에서 반열반에 드셨구나." 그들은 사절을 보내 요구했다.

"세존께서는 크샤트리아셨다. 우리도 크샤트리아이다. 우리는 세존의 사리를 나눠 가질 자격이 있다. 우리 또한 탑을 세우고 추모의 예를 다할 것이다."

"세존의 사리가 남아 있지 않습니다. 모두들 공평하게 나누어 가져갔습니다. 여기 있는 천이 타고 남은 재는 가져갈 수 있습니다." 그래서 그들은 재를 가져갔다. 마가다국의 아자아따삿투 웨데히뿟따 왕은 세존의 사리를 기리는 탑을 세우고 추모의 예를 다했다. 다른 모든 이들도 그렇게 했다. 그리하여 세존의 사리를 기리는 탑은 여덟 군데에 세워졌고, 한 군데는 사리함을, 다른 한 군데는 재를 모신 탑이 세워졌다. 열 개의 탑이 세워진 사정은 이러하다.

《장부》 16

16. 제1차 결집

해설자 1 붓다께서 반열반에 드신 후 비구들은 흩어져 꾸시나아라를 떠났다. 이제 마하 깟사빠 장로가 비구 승가에서 가장 중요한 인물로 대두된다.

해설자 2 일찍이 붓다께서 특별히 뛰어난 제자들 가운데 마하 깟사빠의 이름을 네 번째로 언급하셨다. 첫 번째는 붓다에게 귀의하여 제일 먼저 계를 받은 꼰단냐 장로이다. 두 번째와 세 번째는 이미 반열반에 든 상수제자인 사아리뿟따 장로와 목갈라아나 장로이다. 경전에는 마하 깟사빠 장로에 대한 많은 이야기가 나온다. 그는 엄격하고 강인한 성격이고, 완고하게 금욕에 전념하는 인물로 그려진다. 그리고 그는 아아난다 장로를 몇 차례 엄중하게 경책한 적이 있다. 아아난다 장로가 아라한을 이루어내려면 더 지속적으로 정진해야 하는데 남들을 도와주려는 이타적 선행에 지나치게 몰두하고 있다고 나무랐다. 마하 깟사빠 장로 자신은 이미 아라한을 성취한 터였다.

해설자 1 붓다께서 반열반에 드신 후 제1차 결집이 있기 전에 마하 깟사빠 존자의 성격을 잘 보여주는 사건이 일어난다.

첫 번째 목소리 이와 같이 나는 들었다. 마하 깟사빠 존자가 라아자가하의 죽림정사에 있는 깔란다까니와아빠에 머문 적이 있었다. 그 무렵 아아난다 존자는 승가의 많은 비구들과 함께 닥키나아기리를 유행하고 있었다. 그와 함께하는 비구들 가운데 서른 명이 수행을 포기하고 예전 생활로 되돌아갔는데 대부분은 젊은이들이었다.

아아난다 존자는 원하는 만큼 닥키나아기리를 유행하고 난 후, 마하 깟사빠 존자가 있는 라아자가하의 죽림정사로 갔다. 그는 마하 깟사빠 존자에게 인사를 드리고 나서 한쪽 옆에 앉았다. 마하 깟사빠 존자가 말했다. "도반 아아난다여, 세존께서 신도 집에서 세 명 이상 비구들이 무리지어 공양해서는 안 된다는 계목을 선포하신 것은 어떤 이익이 있소?"

"깟사빠 존자시여, 세존께서 그렇게 하신 것은 세 가지 이익이 있기 때문입니다. 행실이 거친 비구들을 제지하기 위함이고, 나쁜 의도로 승가를 분열시키지 못하게 하여 온후한 비구들이 승가 안에서 편히 머물게 하기 위함이며, 공양을 베푸는 신도 집을 염려하기 때문입니다."

"그렇다면 도반 아아난다여, 왜 그대는 감관의 문을 단속하지 않고, 음식을 적당히 먹지도 않고, 깨어있음에 전념하지 않는 이러한 신참 비구들과 더불어 유행遊行을 한단 말이오? 그대들이 농작물을 짓밟으며 돌아다닌다고 할 것이고 신도 집에 폐를 끼치며 돌아다닌다고 하지 않겠소? 그대를 따르는 이들이 흩어지고 있소. 그대의 신참 비구들은 이탈하고 있소. 그런데 아직도 이 아이는 자신의 분수조차 모르다니!"

"깟사빠 존자시여, 지금 제게는 흰 머리가 나고 있습니다. 그러니 마하 깟사빠 존자께서는 저를 아이라고 부르지 말아야 하지 않겠습니까?"

"그렇지만 도반 아아난다여, 그것이 그대의 모습이오. 그대는 감관의 문을 단속하지 않고, 음식을 적당히 먹지도 않고, 일념으로 깨어있지 못하는 신참 비구들을 데리고 유행하기 때문이오. 그대들이 농작물을 짓밟으며 돌아다닌다고 할 것이고 신도집에 폐를 끼치며 돌아다닌다고 하지 않겠소? 그대를 따르는 이들이 흩어지고 있고, 그대의 신참 비구들은 이탈하고 있소. 그런데 아직도 이 아이는 자신의 분수조차 모르다니!"

툴라아난다[198] 비구니가 이 말을 듣고는 "위데하의 성자인 아아난다 존자를 깟사빠 존자가 아이라고 불러서 기분이 상했겠네."라고 생각했다. 그래서 그녀는 불쾌하여 언짢은 말을 내뱉었다. "한때 외도에 속했던 깟사빠 존자가 어떻게 위데하의 성자인 아아난다 존자를 아이라고 불러 기분을 상하게 한단 말인가?"

198 툴라아난다 비구니: 율장에 자만심이 많고 영리하고 편 가르기를 잘하는 여인으로, 몇몇 계율들이 만들어진 원인으로 자주 등장한다.

마하 깟사빠 존자는 그 비구니가 이렇게 말하는 것을 들었다. 그래서 그는 아아난다 존자에게 이야기했다. "도반 아아난다여, 참으로 툴라아난다 비구니가 생각 없이 경솔하게 말을 하였소. 내가 머리카락과 수염을 깎고 황색 가사를 입고 재가자의 삶으로부터 집 없는 삶으로 출가한 이후로, 나는 아라한이며 정등각자이신 세존 이외의 다른 스승을 섬겨본 적이 결코 없소. 예전에 내가 재가 신자였을 때 나는 생각했소. '세속의 삶은 번잡하고 먼지투성이다. 출가의 삶은 넓게 열려 있다. 세속에 살면서 잘 닦인 조개껍질처럼 지극히 완전하고 순수한 청정범행을 닦기는 쉽지 않다. 머리카락과 수염을 깎고 황색 가사를 입고 집을 떠나 집 없는 삶으로 출가를 하리라.' 나중에 나는 낡은 천 조각들을 이어서 누더기 옷을 만들었고 세상에 계신 아라한들을 본보기로 삼아 머리카락과 수염을 깎고 황색 가사를 입고 집을 떠나 출가하였소."

"내가 출가를 하고 나서 길을 따라 유행하고 있을 때, 나는 라아자가하와 나알란다 사이에 있는 바후뿟따 탑묘에 앉아 계시는 세존을 뵈었소. 나는 그분을 보고 생각했소. '내가 만약 누군가를 스승으로 섬긴다면, 오직 세존만을 섬길 것이다. 내가 만약 누군가를 선서로 섬긴다면, 오직 세존만을 섬길 것이다. 내가 만약 누군가를 정등각자로 섬긴다면, 오직 세존만을 섬길 것이다.' 그러고 나서 세존의 발에 엎드려서 나는 말씀드렸소.

'세존이시여, 세존께서는 제 스승이십니다. 저는 제자입니다. 세존께서는 제 스승이십니다. 저는 제자입니다.' 그러자 세존께서 말씀하셨소. '깟사빠여, 그대와 같이 올곧은 마음을 지닌 제자에게 누군가가 알지 못하면서 "나는 안다."라고 하거나, 보지 못하면서 "나는 본다."라고 말한다면, 그의 머리는 터져버릴 것이오. 하지만 여래는 알기 때문에 "나는 안다."라고 말하고, 보기 때문에 "나는 본다."라고 말하오. 그러니 깟사빠여, 그대는 이렇게 수행해야 하오. '장로 비구들과 신참 비구들과 중진 비구들과 더불어 지낼 때 양심과 수치심을 꿋꿋하게 확립하리라.' 또한 그대는 이렇게 수행해야 하오. '선善으로 이끄는 담마는 무엇이건 온 마음을 다하여 경청하고 마음에 새기면서 귀 기울여 그 담마를 들으리라.' 또한 그대는 이렇게 수행해야 하오. '기쁜 마음으로 몸에 대한 마음챙김 수행을 놓아버리지 않으리라.' 그대는 이렇게 수행해야만 하오.' 세존께서 나에게 이런 가르침을 남기신 후 자리에서 일어나 떠나셨소."

"나는 단지 이레 동안 그 지방에서 빚진 사람[199]으로서 탁발 공양을 했소. 여드레째 되는 날 구경의 지혜가 생겼소. 그때 세존께서 길에서 벗어나 나무 아래로 가셨소. 나는 누덕누덕 기운 나의 낡은 가사를 네 번 접은 후, 세존께 말씀드렸소. '세존이시

199 [역주] 빚진 사람: '오염원이라는 빚을 지닌 자'라는 뜻으로 아라한이 되지 못한 비구를 말한다.

여, 세존께서 여기 앉으십시오. 그러면 저의 안녕과 행복이 오래도록 지속될 것입니다.' 세존께서 준비된 자리에 앉으셨소. 그리고 말씀하셨소. '그대의 낡은 가사가 푹신하구려, 깟사빠여.' '세존이시여, 연민의 마음으로 제 낡은 가사를 받아주십시오' '그러면 깟사빠여, 그대는 여래가 벗어놓은 삼베 분소의를 입겠소?' '세존이시여, 저는 세존께서 벗어놓은 삼베 분소의를 입겠습니다.' 나는 세존께 누덕누덕 기운 나의 낡은 가사를 드렸고, 그 대신 세존께서 벗어놓으신 삼베 분소의를 입었소. 누군가가 '그는 세존의 적자이며, 세존의 입에서 태어나고, 담마에서 태어나고, 담마로 만들어졌으며, 담마의 상속자이고, 세존이 벗어놓은 삼베 분소의를 받은 자이다.'라는 말을 들을 수 있다면, 그것은 참으로 나를 두고 하는 말일 것이오."

해설자 1 이어서 깟사빠는 자신이 원하기만 하면 사선정, 사무색처, 상수멸에 들어 머물 수 있음을 말했다. 그 외에도 세간적인 오신통, 다시 말해 신족통, 천이통, 타심통, 숙명통 그리고 업에 따라 죽고 다시 태어나는 존재를 볼 수 있는 천안통을 얻었다는 말과 함께 이렇게 결론을 지었다.

첫 번째 목소리 "내가 번뇌를 소멸했기에 아무 번뇌가 없는 심해탈과 혜해탈을 지금·여기에서 스스로 수승한 지혜로 깨달아 실현하여 원할 때마다 그에 들어 머문다오. 이러한 나의 육신통을 가릴 수 있다고 생각한다면 엄청나게 큰 우두머리 코끼리[200]를 야자수 잎 한 장으로 가릴 수 있다고 생각하는 것이 더 나을 것이오."

툴라아난다 비구니는 나중에 청정한 삶을 떠나 세속으로 돌아갔다.

《상응부》 16:11

해설자 2 붓다께서 반열반에 드시고 나서 몇 주 지나지 않은 때였다.

세 번째 목소리 마하 깟사빠 존자가 말했다. "자, 도반들이여, 가르침과 계율, 즉 경장과 율장을 결집합시다. 이미 그릇된 가르침과 그릇된 계율이 환심을 사고 있으며, 바른 가르침과 바른 계율은 조롱당하고 있습니다. 그리고 벌써 그릇된 가르침과 그릇된 계율의 옹호자들이 득세하고 있고, 바른 가르침과 바른 계율의 옹호자들이 밀려나고 있습니다."

"그러면 존자시여, 장로께서 비구들의 모임을 소집하도록 해 주십시오."

그래서 마하 깟사빠 존자는 5백 명에서 한 명이 모자라는 아라한들의 모임을 소집했다. 왜냐하면 비구들이 이렇게 말했기

---

200 [역주] 엄청나게 큰 우두머리 코끼리: 경에는 7~7.5큐빗(1큐빗은 약 18인치, 45.72센티미터에 해당) 정도나 되는 큰 코끼리라고 한다.

때문이다. "아아난다 존자가 있습니다. 아아난다 존자는 여전히 해야 할 공부가 남아있는 예류과이지만 탐욕과 성냄과 어리석음과 두려움 때문에 악처에 떨어지지는 않습니다. 그는 세존이 현존하실 때 다양하고 폭넓은 담마와 율을 거의 모두 통달하였습니다. 장로께서 아아난다 존자도 불러주셔야 합니다."

깟사빠 존자는 아아난다 존자도 불렀다. 그리고 비구들에게 물었다. "우리가 어디에서 가르침을 결집해야 할까요?"

장로 비구들이 생각했다. "라아자가하는 숙소가 많은 큰 지역입니다. 라아자가하로 가서 우안거를 그곳에서 보내는 게 어떨까요?" 그래서 마하 깟사빠 존자는 승가에 다음과 같은 취지로 방안을 내놓았다.

"승가의 도반들이여, 제 말을 들어주십시오. 만약 이 일이 승가에 적합하다면 승가는 다음 사항을 승인해주십시오. '이 5백 명의 비구들은 담마와 율의 가르침을 결집하는 목적으로 이번 우안거 동안 라아자가하에 머뭅니다. 다른 비구들은 우안거 동안 라아자가하에 머물지 못합니다.' 이것이 결의안입니다. 승가의 도반들이여, 제 말을 들어주십시오. 승가는 다음 사항을 승인해주십시오. '이 5백 명의 비구들은 담마와 율의 가르침을 결집하는 목적으로 우안거 동안 라아자가하에 머뭅니다. 다른 비구들은 우안거 동안 라아자가하에 머물지 못합니다.' 이 제안에 동의하는 이는 침묵하십시오. 이 제안에 동의하지 않는 이는 말을 해주십시오. 승가가 이 제안을 승인한다는 것에 동의하므로 승가는 침묵하고 있습니다. 그렇게 받아들이겠습니다."

그래서 장로 비구들이 담마와 율에 대한 가르침을 결집하기 위해 라아자가하에 모였다. 그들은 생각했다. "세존께서 망가지고 허물어진 승원을 수리하라고 권고하셨다. 그러니, 안거의 첫 번째 달에는 부서진 승원을 손보고, 두 번째 달에는 함께 모여 합송하면 어떨까."

한편 아아난다 존자는 이렇게 생각했다. "내일이 결집일이다. 나는 아직 해 마쳐야 할 공부가 남아있으니 유학有學인 내가 결집 장소에 가는 것은 마땅치 않다." 그는 몸에 대한 마음챙김 수행을 하며 밤을 지샜다. 동틀 무렵에 그는 몸에 대한 마음챙김을 지속하며 "이제 좀 누워야겠다." 하고 생각했다. 발을 바닥에서 떼고 머리가 베개에 닿기 전, 바로 그 순간 그의 마음이 취착이 없음으로 인해 번뇌에서 해탈했다. 마침내 아아난다 존자는 아라한으로 결집에 참가하게 되었다.

그러자 마하 깟사빠 존자가 승가에 공식적으로 알렸다. "도반들이여, 제 말을 들어주십시오. 승가가 동의한다면, 저는 우빠알리 존자에게 율에 대해 질문하겠습니다."

그러자 우빠알리 존자가 승가에 공식적으로 알렸다.

"존자들이시여, 제 말을 들어주십시오. 승가가 동의한다면, 저는 마하 깟사빠 존자가 율에 대해 질문하는 것에 답하겠습니다."

그러자 마하 깟사빠 존자가 우빠알리 존자에게 말했다.

"도반 우빠알리여, 첫 번째 승단 추방죄는 어디에서 시설施設되었습니까?"

"웨사알리에서입니다."

"누구로 인해서입니까?"

"수딘나 깔란다뿟따로 인해서입니다."

"어떤 문제에 대한 것입니까?"

"성행위에 대한 것입니다."

해설자 2 그때 마하 깟사빠 장로는 우빠알리 장로에게 첫 번째 승단 추방죄[驅擯罪]가 어떤 문제에 대한 것이었는지, 제정의 유래, 연관된 사람, 규정, 부가 규정, 어떤 것이 범계犯戒이고 어떤 것은 범계가 아닌지에 대해 질문했다. 그리고 마하 깟사빠 장로는 우빠알리 장로에게 승단 추방죄의 다른 세 가지 계목인 도둑질, 살인, 수행의 성취에 대한 거짓말에 대해 물었다. 이러한 방법으로 우빠알리 장로에게 두 가지 계본戒本, 즉 비구들의 계율과 비구니들의 계율에 대해 물었다. 또한 재가자들의 모든 다른 계율에 대해 물었다. 우빠알리 장로는 각각의 질문에 대답했다.

세 번째 목소리 그러고 나서 마하 깟사빠 존자는 승가에 공식적으로 알렸다. "도반들이여, 제 말을 들어주십시오. 승가가 동의한다면, 저는 아아난다 존자에게 담마에 대해 질문하겠습니다."

그러자 아아난다 존자가 승가에 공식적으로 알렸다. "존자들이시여, 제 말을 들어주십시오. 승가가 동의한다면, 저는 마하 깟사빠 존자가 담마에 대해 질문하는 것에 대해 답하겠습니다." 그러자 마하 깟사빠 존자가 아아난다 존자에게 말했다. "도반 아아난다여, 〈범망경〉은 어디에서 설해진 것입니까?"

"존자시여, 라아자가하와 나알란다 사이에 암발랏티까에 있는 왕의 별장에서입니다."

"누구로 인해서입니까?"

"숩삐야 유행승과 브라마닷따 바라문 학인 때문이었습니다."

해설자 2 깟사빠 장로는 아아난다 존자에게 《장부》 첫 번째 경인 〈범망경〉의 근원과 그것에 관련된 사람에 대해 물었다. 그러고 나서 같은 방식으로 《장부》 두 번째 경인 〈사문과경〉에 대해 물었다. 이와 같은 방식으로 그는 아아난다 존자에게 네 경장에 있는 법문에 대해 심층적으로 물었다.

세 번째 목소리 아아난다 존자가 장로 비구들에게 말했다. "존자들이시여, 세존께서 반열반에 드실 때 '내가 세상을 떠난 후, 승가가 원한다면 사소하고 중요하지 않은 계율을 폐기할 수 있다.' 라고 저에게 말씀하셨습니다."

"하지만, 도반 아아난다여, 무엇이 사소하고 중요하지 않은 계율인지 세존께 여쭤보았습니까?"

"존자들이여, 여쭤보지 않았습니다."

해설자 2 장로들은 네 가지 승단 추방죄를 제외하고는 어떤 계율이 덜 중요하고 사소한 것인지에 대해 서로 다른 의견을 표했다. 그러자 마하 깟사빠 존자가 승가에 공식적으로 알렸다.

세 번째 목소리 "도반들이여, 제 말을 들어주십시오. 우리 공부의 규범에는 재가자에 관한 것도 있습니다. 재가자들은 그 공부의 규범을 보고 사끼야족의 후손인 비구들에게 허락되는 것이 무엇인지, 허락되지 않는 것이 무엇인지 압니다. 만약 우리가 이렇게 덜 중요하고 사소한 계율을 삭제한다면 이렇게 말하는 이들이 있게 될 것입니다. '사문 고따마가 자신의 제자들에게 선포한 공부의 규범은 그분의 다비장에서 연기가 사그라질 때까지만 지켜지는 것이구나. 제자들은 스승의 공부 규범을 세존께서 살아 계신 동안에는 준수했다. 하지만 이제 세존께서 반열반에 드시고 나니 제자들은 그분의 공부 규범을 버리는구나.' 승가가 동의한다면, 아직 시설되지 않은 것은 시설하지 않을 것이고 이미 시설된 것은 폐기하지 않고 시설된 바에 따라서 공부의 규범을 지켜나가도록 합시다." 승가는 장로의 제안을 통과시켰다.

그러자 장로 비구들이 아아난다 존자에게 말했다. "도반 아아난다여, 세존께 무엇이 사소하고 덜 중요한 공부 규범인지를 여쭙지 않은 것은 그릇된 행위[惡作]를 범한 것입니다. 그릇된 행위임을 인정하시오."

"존자들이시여, 마음챙김을 확립하지 못한 탓에 제가 세존께 여쭙지 못했습니다. 저는 그것이 그릇된 행위라고 보지 않았습니다. 그럼에도 존자들을 신뢰하기에 그릇된 행위임을 인정하겠습니다."

"세존의 우기 옷을 바느질할 때 발로 밟은 것도 그릇된 행위를 범한 것입니다. 그릇된 행위임을 인정하시오."

"존자들이시여, 세존을 공경하지 않아서 그렇게 한 것은 아니었습니다. 저는 그것이 그릇된 행위라고 보지 않았습니다. 그럼에도 존자들을 신뢰하기에 그릇된 행위임을 인정합니다."

"여인들에게 제일 먼저 세존의 사리에 경배를 드리게 한 것도 그대가 그릇된 행위를 범한 것입니다. 그들은 눈물을 흘렸고, 그래서 세존의 사리에 눈물이 묻었습니다. 그대의 행위가 그릇된 행위임을 인정하시오."

"존자들이여, 그것은 그녀들이 부적합한 시간에 경배드리지 않게 하기 위해서입니다. 저는 그것을 그릇된 행위를 범한 것으로 보지 않았습니다. 그럼에도 존자들을 신뢰하기에 그릇된 행위임을 인정합니다."

"이것 또한 그대가 그릇된 행위를 범한 것입니다. 세존께서 암시와 분명한 신호를 주셨음에도 그대는 세존께 '세존이시여, 세존께서는 한 겁을 끝까지 살아주십시오. 많은 이들의 안녕과 행복을 위하여, 세상에 대한 연민으로, 신들과 인간의 이익과 안녕과 행복을 위하여 선서께서는 한 겁을 끝까지 살아주십시오.'라고 간청하지 않았습니다. 그대의 그릇된 행위를 인정하시오."

"그때 제 마음은 마아라에게 사로잡혀 있었기 때문에 세존께 그렇게 간청하지 못했습니다. 저는 그것이 그릇된 행위라고 보지 않았습니다. 그럼에도 존자들을 신뢰하기에 그릇된 행위임을 인정합니다."

"이것 또한 그대가 그릇된 행위를 범한 것입니다. 여래께서 설하신 담마와 율 속에서 그대가 여인들을 출가시키려고 노력한 것도 그릇된 행위를 범한 것이니 인정하십시오."

"존자들이여, 저는 세존의 이모이자 유모이며 젖을 먹이고 키우며 돌봐준 양모인 마하아빠자아빠띠 고따미를 생각하면서 그렇게 했습니다. 세존의 어머니가 돌아가셨을 때, 유모는 세존에게 젖을 먹였습니다. 저는 그것이 그릇된 행위라고 보지 않았습니다. 그럼에도 존자들을 신뢰하기에 그릇된 행위임을 인정합니다."

《율장》〈소품〉 11:1~10

그 무렵 뿌라아나 존자는 5백 명의 승가 비구들과 함께 닥키나아기리를 유행했다. 장로들이 담마와 율의 결집을 마치고 난 후, 뿌라아나 장로는 닥키나아기리에 원하는 만큼 머물렀다. 그러고 나서 라아자가하의 죽림정사에 있는 장로들에게 갔다. 장로들이 그에게 말했다. "뿌라아나 도반이여, 장로들에 의해 담마와 율이 결집되었습니다. 그 결집을 지지하십니까?"

"도반들이여, 담마와 율은 장로들에 의해 잘 결집되었습니다. 그렇지만 나는 세존께 직접 들은 대로, 직접 받아들인 대로 지니겠습니다."

《율장》〈소품〉 11:11

해설자 1 이제 마지막 일화이다. 이는 붓다에 의해서 설립된 승가가 붓다의 열반 이후에 성장 가능한 승가로 확립되었다는 것을 보여주는 이야기이다. 이 승가는 지난 2천5백여 년 동안 끊이지 않고 번성하여 오늘날까지 이어졌다.

세 번째 목소리 이와 같이 나는 들었다. 세존께서 반열반에 드신 후 얼마 지나지 않아, 아아난다 존자가 라아자가하의 죽림정사에 깔란다까니와아빠에 머물고 있을 때였다.

그 무렵 마가다 왕국의 아자아따삿뚜 웨데히뿟타 왕은 아완띠의 빳조따 왕을 믿을 수 없어서 라아자가하를 요새로 만드는 중이었다.

아침 무렵에 아아난다 존자가 채비를 하고, 발우와 가사를 챙겨서 라아자가하로 탁발을 하러 갔다. 그때 이런 생각이 떠올랐다. "라아자가하로 탁발하러 가기에는 아직 시간이 이르다.

국방대신 목갈라아나 바라문[201]의 일터로 가서 그의 작업이 얼마나 진척되고 있는지 보면 어떨까?"

아아난다 존자는 그렇게 했다. 바라문 목갈라아나는 그가 오는 것을 보고 말했다. "아아난다 존자시여, 어서 오십시오. 환영합니다. 아아난다 존자께서 오랜만에 이곳에 오셨습니다. 어서 자리에 앉으세요. 여기 자리가 마련되어 있습니다."

아아난다 존자가 마련된 자리에 앉았다. 그러자 바라문은 한옆 더 낮은 자리에 앉았다. 그가 물었다. "아아난다 존자시여, 모든 면에서 스승 고따마께서 구족하셨던 그런 탁월한 능력을 구족한 비구가 한 사람이라도 있습니까?"

"바라문이여, 그런 비구는 없습니다. 세존께서는 생기지 않은 길을 생기게 하신 분이고, 만들어지지 않은 길을 만드신 분이며, 설해지지 않은 길을 설하신 분입니다. 길을 아시는 분, 길을 보시는 분, 길에 정통하신 분입니다. 이제는 그 길에 합당하게 사는 제자들이 그분의 담마를 지니게 될 때 그분의 뒤를 따르는 것입니다."

그런데 그들의 대화는 여기서 중단되었다. 라아자가하의 공사를 감독하는 마가다 왕국의 대신 왓사까아라 바라문이 아아난다 존자가 있는 국방대신 목갈라아나 바라문의 일터에 나타

---

201 목갈라아나 바라문: 붓다의 십대제자 중 한 분인 마하 목갈라아나*Mahā Moggallāna*와는 다른 분이다.

났기 때문이다. 그는 예의를 갖춰 인사를 나눈 후 한옆에 앉아 말했다. "지금 두 분이 여기에 앉아 무슨 대화를 하다가 중단된 것입니까?" 아아난다 존자가 그에게 하던 대화의 내용을 말해 주고는 이렇게 덧붙였다. "이것이 대신께서 오셨을 때 우리가 미처 마무리하지 못하고 중단한 대화입니다."

"아아난다 존자시여, 스승 고따마께서 '여래가 열반에 든 후, 이 사람이 그대들의 귀의처가 될 것이다.'라고 지목하시어 존자들이 지금 의지하는 비구가 한 사람이라도 있습니까?"

"아시는 분, 보시는 분, 아라한, 정등각자이신 그분 세존께서는 어떤 비구도 지목하지 않으셨습니다."

"그렇다면 아아난다 존자시여, 승가나 장로 비구들 대다수가 '세존께서 반열반에 드신 후, 이 사람이 그대들의 귀의처가 될 것이다.'라고 선택한 비구가 하나라도 있어 존자들이 지금 의지할 수 있는 그런 분이 있습니까?"

"바라문이여, 그런 비구는 없습니다."

"아아난다 존자시여, 이처럼 귀의처가 없다면 무엇을 근거로 해서 화합하고 있습니까?"

"우리는 귀의처가 없는 것이 아닙니다, 바라문이여. 우리는 담마를 귀의처로 합니다."

"하지만 아아난다 존자시여, 그러한 말씀의 의미를 어떻게 받아들여야 합니까?"

"아시는 분, 보시는 분, 아라한, 정등각자이신 그분 세존께서는 비구들 학습 계목을 정하셨고, 승단의 계율인 계본을 제정하셨습니다. 한 마을에 머무는 대부분의 비구들은 보름에 한 번 포살일에 만납니다. 그럴 때 우리는 계본에 대해 잘 아는 비구에게 그것을 외우도록 요청합니다. 어떤 비구가 계율에 어긋나는 행위를 하였거나 담마를 위반한 경우, 담마에 따라 계본에 따라 조치를 합니다. 그런 조치는 존자가 하는 것이 아니라 담마에 따라 하는 것입니다."

"아아난다 존자시여, 존자께서 지금 우러르고 공경하고 존숭하고 경배하는 분, 우러르고 섬기고 의지하며 살아갈 만한 분이 한 분이라도 있습니까?"

"바라문이여, 그러한 비구는 있습니다."

"하지만 아아난다 존자시여, '스승 고따마께서 '내가 열반에 든 후, 이 사람이 너희들의 의지처가 될 것이다.'라고 지목한 비구가 한 분이라도 있습니까?'라는 질문을 드렸을 때, 존자께서는 그런 비구가 없다고 하셨습니다. 그리고 이런 질문도 드렸습니다. '승가나 혹은 비구들 대다수가 세존께서 열반에 드신 후 이분이 우리의 의지처가 될 것이라고 선택한 비구가 한 분이라도 있습니까?' 당신은 그런 비구는 없다고 하셨습니다. 그리고 이런 질문을 드렸습니다. '당신이 우러르고 공경하고 존숭하고 경배하는 분, 우러르고 섬기고 의지하며 살아갈 만한 비구가 한 분이라도 있습니까?' 당신은 그러한 비구가 있다고 하셨습니다. 이러한 말씀의 의미를 어떻게 받아들여야 합니까?"

"바라문이여, 아시는 분, 보시는 분, 아라한, 정등각자이신 그분 세존께서는 믿음과 신뢰를 불러일으키는 열 가지 담마를 설하셨습니다. 우리는 이러한 열 가지 담마를 구족하고 실천하는 이를 우러르고 공경하고 존숭하고 경배합니다. 그리고 우리는 그를 우러르고 섬기기에 의지하며 살아갑니다. 그 열 가지는 무엇일까요?"

"① 여기 한 비구가 있어, 계를 잘 지키며 계본에서 금하는 것을 자제하며 바른 행실과 행동 지침을 구족하고, 아주 사소한 잘못에서도 두려움을 보면서 학습 계목에 맞게 공부합니다. ② 그는 가르침을 많이 들었고, 그가 들은 것을 잘 지니고 잘 정리합니다. 처음도 좋고 중간도 좋고 끝도 좋은 담마, 의미와 표현을 구족하여 더할 나위 없이 완벽한 담마는 청정하고도 청정한 삶, 그 성스러운 삶을 드러냅니다. 그는 이러한 가르침들을 잘 배웠으며, 정리하고 있고, 암송으로 공고히 하며, 마음속에서 깊이 들여다보고, 바른 견해로 온전히 꿰뚫어 봅니다. ③ 그는 자신의 의복, 탁발 음식, 숙소 그리고 약품에 만족합니다. ④ 그는 보다 높은 마음인 선禪, 지금·여기서 행복한 주처住處를 제공해주는 네 가지 선[四禪]을 힘들이지 않고 쉽사리 마음 내키는 대로 누리게 됩니다. ⑤ 그는 여러 가지 신통을 얻습니다. 하나가 되었다가 여럿이 되기도 하고, 여럿이 되었다가 하나가 되기도 합니다. 그는 나타났다 사라졌다 합니다. 벽이나 담이나 산을 아무 장애도 받지 않고 통과하기를 마치 허공에서처럼 합니다. 땅에서도 잠겼다 떠올랐다 하기를 물속에서처럼 합니다. 물 위에서 빠지지 않고 걸어가기를 땅 위에서처럼 하며, 가부좌한 채 허공을 날기를 날개 달린 새처럼 합니다. 저 강렬하고 장대한 태양과 달을 손으로 만져 쓰다듬기도 하며, 심지어는 저 멀리 브라흐마의 세계[梵天]에까지도 자유자재로 출현합니다[神足通]. ⑥ 그는 또 인간의 능력을 넘어선 청정한 하늘귀[天耳]로 천상이나 인간의 소리를 멀든 가깝든 다 들을 수 있습니다[天耳通]. ⑦ 그는 또 마음으로 다른 존재나 다른 사람의 마음에 통함으로써 그 마음을 압니다. 그는 탐욕이 있는 마음을 탐욕이 있는 마음이라고 알고, 탐욕을 여읜 마음을 탐욕을 여읜 마음이라고 압니다. 그는 성냄이 있는 마음을 성냄이 있는 마음이라고 알고, 성냄을 여읜 마음을 성냄을 여읜 마음이라고 압니다. 그는 미혹이 있는 마음을 미혹이 있는 마음이라고 알고, 미혹을 여읜 마음을 미혹을 여읜 마음이라고 압니다. 그는 정돈된 마음을 정돈된 마음이라고 알고, 산란한 마음을 산란한 마음이라고 압니다. 그는 (출가) 장부심을 장부심이라고 알고, 범부의 마음을 범부의 마음이라고 압니다. 그는 유상심有上心을 유상심이라고 알고, 무상심無上心을 무상심이라고 압니다. 그는 바른 집중에 든 마음을 바른 집중에 든 마음이라고 알고, 바른 집중에 들지 못한 마음을 바른 집중에 들지 못한 마음이라고 압니다. 그는 해탈한 마음을 해탈한 마음이라고 알고, 해탈하지 못한 마음을 해탈하지 못한 마음이라고 압니다[他心通]. ⑧ 그는 한량없는 전생의 갖가지 삶들을 기억할 수 있습니다. 한 생, 두 생, 세 생, 네 생, 다섯 생, 열 생, 스무 생, 서른 생, 마흔 생, 쉰 생, 백 생, 천 생, 십만 생, 우주 수축의 여러 겁, 우주 팽창의 여러 겁, 우주 수축과 팽창의 여러 겁을 기억할 수 있습니다. '거기에서 나는 이름이 무엇이었고, 종족의 성이 무엇이었으며, 용모는 어떠했으며, 어떤 음식을 취했고, 내가 겪은 즐거움과 괴로움은 어떤 것이었고, 수명의 종말은 어떠했고, 거기서 죽어서는 어디에 태어났으며, 거기서는 다시 이름이 무엇이었고, … 거기서 죽어서는 여기에 다시 태어났습니다.' 이와 같이 그는 한량없는 전생의 갖가지 삶들을 사소한 일에 이르기까지 상세하게 기억해 낼 수 있습니다[宿命通]. ⑨ 그는 또 인간의 능력을 넘어선 청정한 하늘눈[天眼]으로 모든 중생들이 천박하거나 고상하게, 아름답거나 추하게, 좋은 곳[善趣]에 가거나 나쁜 곳[惡趣]에 가면서 죽고 나고 하는 것을 봅니다. 그는 중생들이 어떻게 지은 바 업에 따라서 가는지를 압니다. '어떤 이들은 몸으로 못된 짓을 골고루 하고 입으로 못된 짓을 골고루 하고 또 마음[意]으로 못된 짓을 골고루 하고, 성자들을 비방하고, 삿된 견해를 지니어 사견업邪見業을 지었습니다. 이들은 죽어서 몸이 무너진 다음에는 불행한 상태, 비참한 세계, 파멸처[202] 심지어 지옥에 생겨났습니다. 한편 어떤 이들은 몸으로 좋은 일을 골고루 하고, 입으로 좋은 일을 골고루 하고, 마음으로 좋은 일을 골고루 하고, 현자를 비방하지 않고, 바른 견해를 지니고, 정견업正見業을 지었습니다. 이들은 죽어서 몸이 무너진 다음에는 좋은 세계[203] 심지어 하늘 세계[天界]에 생겨났습니다.' 이와 같이 그는 인간의 능력을 넘어선 청정한 하늘눈으로 모든 중생들이 천박하거나 고상하게, 아름답거나 추하게, 좋은 곳에 가거나 나쁜 곳에 가면서 죽고 나고 하는 것을 봅니다. 이렇듯 그는 중생들이 어떻게 지은 바 업에 따라서 가는지를 압니다[天眼通]. ⑩ 그는 또한 번뇌를 소멸했기에 아무 번뇌가 없는 심해탈과 통찰지를 통한 혜해탈을 지금·여기에서 스스로 수승한 지혜로 깨달아 실현하여 그에 들어 머뭅니다[漏盡通]. 이것이 열 가지 담마입니다."

이 말을 듣고 왓사까아라 바라문이 몸을 돌려 우빠난다 장군에게 물었다. "장군, 당신의 견해는 어떻습니까? 이렇게 고귀한 사람들이 우러를 만한 사람을 우러른다면, 그들은 바르게 처신하는 것 아닙니까? 그들이 그렇게 하지 않는다면, 그들이

---

202 [역주] 파멸처: 불행한 상태*apāya*, 비참한 세계*duggati*와 유의어로 아수라, 축생, 아귀, 지옥의 네 가지 악도를 가리킨다.

203 [역주] 좋은 세계[善趣]: 인간계, 천상세계를 가리킨다.

누구를 우러르고 섬기고 공경하고 경배할 것이며, 그들은 누구를 우러르고 섬기고 의지하면서 살아야 하겠습니까?”

그러자 왓사까아라 바라문이 아아난다 존자에게 물었다.

“아아난다 존자께서는 지금 어디에 머물고 계십니까?”

“바라문이여, 나는 지금 죽림정사에 머물고 있습니다.”

“아아난다 존자시여, 저는 죽림정사가 쾌적하고 조용하기를, 소음이 들리지 않기를, 고요히 머물기에 적합한 장소이기를, 사람들을 피해서 홀로 앉아 정진하기에 적절한 곳이기를 바라는데, 그렇습니까?

“바라문이여, 죽림정사가 참으로 그 모든 요건을 갖추고 있는 것은 여러분 같은 분들이 보호하고 지켜주는 덕분입니다.”

“아아난다 존자시여, 죽림정사가 참으로 그러한 요건들을 갖추게 된 것은 선禪을 몸에 익히고 선을 수행하는 훌륭한 분들 덕분입니다. 이러한 훌륭한 분들은 참으로 선을 몸에 익히고 선을 수행하는 분들입니다. 한번은 고따마 존자께서 웨사알리에 있는 대림원의 중각강당에 머무셨습니다. 저는 그곳에 계신 그 분께 가까이 갔습니다. 그때 고따마 존자께서 선에 대해 여러 가지 방편으로 말씀하셨습니다. 고따마 존자께서는 선을 몸에 익히시고 선을 수행하시는 분이었습니다. 사실 고따마 존자께서는 모든 종류의 선을 칭찬하셨습니다.”

“바라문이여, 세존께서는 모든 종류의 선을 칭찬하지 않으셨습니다. 모든 종류의 선을 비난하지도 않으셨습니다. 세존께서 어떤 종류의 선을 칭찬하지 않으셨습니까? 여기 어떤 자가 탐욕에 홀리고 탐욕에 사로잡힌 마음으로 머뭅니다. 그는 탐욕에서 벗어남을 있는 그대로 꿰뚫어 알지 못합니다. 그는 여전히 무엇보다 탐욕을 우선으로 놓고 숙고하고, 지나치게 숙고하기도 하고, 숙고하지 못하기도 하고, 다시 숙고하기도 합니다. 그는 마찬가지로 악의나, 해태와 혼침, 들뜸과 후회, 의심에 사로잡혀 있습니다. 세존께서는 이러한 선을 칭찬하지 않으셨습니다."

"그러면 세존께서는 어떤 선을 칭찬하셨습니까? 여기 어떤 사람이 있어, 감각적 욕망과 불선한 법들에서 완전히 떠나, 생각의 일어남과 생각 지속이 있으며, 완전히 떠남에서 온 희열과 행복감이 있는 초선初禪에 들어 머뭅니다. 그리고 그는 이선, 삼선, 사선을 성취하여 머뭅니다. 세존께서는 그러한 선을 칭찬하셨습니다."

"그러면 아아난다 존자시여, 고따마 존자께서는 비난받을 만한 선은 비난하셨고, 칭찬할 만한 선은 칭찬하셨던 거군요. 아아난다 존자시여, 이제 우리는 물러가겠습니다. 우리는 바쁘고 해야 할 일이 많으니까요."

"바라문이여, 이제 당신이 해야 할 일을 하십시오."

그러자 마가다 왕국의 대신인 왓사까아라 바라문이 자리에서 일어났다. 그는 아아난다 존자의 설법에 동감하고 동의한 후

물러났다. 그가 떠나고 나서 얼마 안 되어 국방대신 목갈라아나 바라문이 말했다. "아아난다 존자께서는 우리의 질문에 대답하지 않으셨습니다."

"바라문이여, 우리가 이미 당신에게 말하지 않았습니까? '아라한, 정등각자이신 세존께서 모든 면에서 구족하셨던 그런 탁월한 능력을 구족한 비구는 한 명도 없습니다. 세존께서는 생기지 않은 길을 생기게 하신 분이고, 만들어지지 않은 길을 만드신 분이며, 설해지지 않은 길을 설하신 분입니다. 길을 아시는 분, 길을 보시는 분, 길에 정통하신 분입니다. 이제는 그 길에 따라 사는 제자들이 담마를 구족할 때 세존의 뒤를 따르는 것입니다.'"

《중부》 108

해설자 2 한편 아자아따삿뚜 왕은 강가강 건너편 북동쪽의 웨사알리가 수도인 대단히 강력한 이웃 나라인 왓지국을 쳐부수는 데 열중하고 있었다. 왓사까아라는 아자아따삿뚜 왕이 이러한 목표를 성취하는 것을 돕고자 반란을 꾀하는 체했다. 그는 스스로 자신이 반역자라고 선언하고 웨사알리로 망명했다. 그다음 3년 동안 그는 부족들이 서로 불신하고 의심하도록 교묘하게 이간질했다. 시기가 무르익었다고 판단했을 때, 그는 아자아따삿뚜 왕에게 비밀스럽게 알렸다. 웨사알리의 통치자들은 나라를 방어할 수 없을 정도로 분열되어 있었다. 머지않아 아자아따삿뚜 왕은 대학살로 침략에 성공했다. 이것으로 왓지족은 끝이 났다. 꼬살라 국의 위두우다바 왕은 재빨리 사촌의 선례를 따라 북동쪽 국경을 넘어 사끼야족과 꼴리야족의 영토를 침략하면서 똑같이 많은 사람들을 학살했다.

해설자 1 그것으로 인도 역사의 첫 번째 장면이 끝난다. 그다음 새 왕조인 마우리아 제국이 세워질 때까지 한 세기 반 동안에는 붓다께서 반열반에 드시고 백 년이 지나 아라한들이 두 번째 결집을 한 사실과 마가다 왕국의 왕들 이름 이외에는 아무런 기록도 없다. 그런데 그 당시 강대한 북방 왕국인 꼬살라국이 역사에서 사라졌는데 어떻게 사라졌는지 알 수 없다. 그리고 희랍의 역사 지리학자 메가스테네스가 산드로코또스라고 칭한 옛 마가다국의 후계자인 찬드라 굽따가 강가강 유역 전체를 지배하게 되었고, 그 수도는 현재의 빠뜨나(빠아딸리뿟따)였다.

두 번째 결집에 대한 기록이 결집 당시 율장에 덧붙여진 것은 의심할 나위가 없다. 그때 경전은 다시 암송되었으며, 첫 번째 결집 이후의 기간에 논의되었던 몇몇 경들은 이 무렵 경장에 들어갔을 것으로 추정된다. 세 번째 결집은 찬드라 굽따의 손자인 아쇼카 황제가 다스릴 때 이루어졌으며, 논장은 외도 편을 덧붙이는 것으로 완성되었고, 그리하여 삼장이 실질적으로 마무리되었다.

이 무렵 서로 다른 열여덟 '부파들'이 생겨났다. 그 자신이 불교를 신봉하던 아쇼카 왕 치하에서는 테라와다 장로들의 교리인 상좌부 불교가 주류가 되었다. 아쇼카의 아들(조카라는 설도 있음)인 아라한 마힌다가 빠알리 삼장을 그 주석서와 함께 실론으로 가져왔으며, 다른 장로들은 몇몇 다른 나라로 가져갔다. 이 빠알리 삼장이 바로 상좌부 불교가 여전히 번성하고 있는 실론[204]과 버마,[205] 태국, 캄보디아에 오늘날까지 보존되어 온 그 빠알리 삼장이다.

7세기 말에 실론으로 간 것이 아니라 인도로 간 중국인 순례자 의정義淨의 기록을 우리가 받아들인다면, 상좌부 불교는 인도의 남부지방에서 지배적이었고 설일체유부는 인도의 북부지방에서 성행했다. 설일체유부의 산스크리트어 경전은 빠알리어 경전보다 오래되지 않았다. 그 외의 다른 부파들은 다른 지역에 광범위하게 퍼져나갔다. 설일체유부 경전은 북쪽과 동쪽으로 퍼져나갔고, 빠알리 경전은 남쪽과 동쪽으로 퍼져나갔다. 설일체유부에 속했던 의정은 마하아야아나[大乘佛教]가 그 당시의 모든 부파, 혹은 대부분 부파의 근원이라고 보았던 것 같은데, 일반적으로 마하아야아나는 그 여러 부파 중 하나인 마하아상

204 실론: 오늘날의 스리랑카. (비구 보디 주)

205 [역주] 버마: 오늘날의 미얀마.

기까[大衆部]라는 부파에서 비롯되었다고 한다. 마하아야아나는 실론과 버마에서 이따금 융성하기도 하였으나 그들 나라에서 먼저 생겨나 더 오래된 상좌부 불교를 누를 수는 없었다. 하지만 인도에서는 모든 부류의 불교가 15세기경에 완전히 자취를 감춘 것으로 보인다. ❁

붓다의
일생

경전 출처 목록

경전	PTS 권 & 쪽		주제	쪽
율장: 대품				
1:1-4	i	1-4	깨달으신 후	85~93
1:5		4-7	가르치실 결심	98~101
1:6		7-14	최초의 다섯 제자	102~117
1:7-20		15-34	담마를 펼치시다	119~142
1:21-22		34-39	불의 설법	150~159
1:23-24		39-44	두 명의 상수제자	161~168
1:54		82-83	까삘라왓투로 귀향	175~179
2:1-2		01-2	담마를 설하는 날	333~334
2:3		102	계본 암송	339
3:1		137	우안거	218
5:1		179-83	비파 비유	356~359
5:13		194-97	소나 꾸띠깐나	348~352
6:28		226-31	마지막 여정	581~595
6:30		231-33	유녀 암바빠알리	601~604
8:12,13		287-89	승복 규정	346~348
8:15		290-94	위사아카	323~331
8:26		301-3	환자를 돌봄	372~375
10:1-5		337-57	꼬삼비 분쟁	236~256
율장: 소품				
5:33	ii	139-40	"자신의 언어로 배우라"	362~363
5:33		140	"세존이시여, 만수무강하소서."	363~364
6:4		154-59	아나아타삔디까	194~202
6:5-9		159-65	자고새의 청정범행	204~210
7:1		180-84	석가족들 출가하다	182~188
7:2-4		184-203	데와닷따	525~552
9:1		236-40	대양의 여덟 특성	339~344
10:1		253-56	여성의 출가	227~232
11:1		284-85	선서께서 반열반에 드시다	660~661
11:1-11		285-90	1차 결집	674~682
율장: 경분별				
구빈죄 1	iii	1-4	세상에서 으뜸인 자	266~270
구빈죄 1		6-11	웨란자에서의 우안거	270~278
승잔죄 10		171-72	승가의 분열	540~544
참회죄 32	iv	71-72	마을에서의 공양	539~540
참회죄 92		173	가사의 치수	407~408
장부				
2	i	73-76	사선四禪	504~507
9		195-202	세 가지 자아론	422~423

11		221-23	께왓다 경	315~320
14	ii	7	과거 여섯 붓다	383
14		7	고따마 붓다	384
15		57	태어남, 늙음, 죽음	465~466
16		72-166	대반열반경	581~666
22		291-304	바른 마음챙김	492~507
22		307-11	사성제	438~441
22		311	바른 견해	468
22		311-13	팔정도의 요소들 2-7	487~507
22		313	바른 집중	504~507
26	iii	75-76	멧떼야 붓다(미륵불)	414~415
33		211	자양분으로 유지되는 존재	467
33		217	세 가지 형성작용	447
33		234	상오분결上五分結	485
중부				
2	i	7-8	견해의 덤불	479
4		17-18	밀림에서 거주하다	54~56
8		41-42	무색계의 네 경지	508~509
8		46	"비구들이여, 참선하시오."	512
10		56-63	바른 마음챙김	492~503
12		69-72	여래십력如來十力과 사무외四無畏	387~389
12		77-83	붓다의 고행	561~568
13		90	바른 사유	488
14		91	감각적 욕망의 극복	487~488
21		129	톱의 비유	488
22		133-35	뱀과 뗏목 비유	520~522
22		137-38	자아와 자아에 속한 것	480~481
22		140	붓다를 부당하게 비난하다	421
22		142	믿음이 깊은 자	511~512
25		160	상수멸정想受滅定의 증득	510
26		163-66	보살의 추구	45
26		167	깨달음의 성취	79~80
26		167-73	가르치실 결심	98~101
28		190-91	"연기를 보는 이"	465
36		240	출가	46
36		240-46	깨달음을 위한 노력	69~73
36		246-47	길을 찾다	46
36		247-49	깨달음의 경지를 얻고자 함	56~61
36		249-51	미혹된 사람의 머묾	403~405
38		259	식識은 조건지어진다	449~450

38		261	네 가지 자양분	467~468
38		262-64	조건 제약	465
38		266-69	점진적 수행	513~518
38		270	고온苦蘊의 사라짐	519~520
39		275-76	다섯 가지 장애[五蓋]	518~519
39		276-78	사선四禪	504~507
41		288	바른 말	489
43		292, 293	식識의 기능	449
44		300	자아에 대한 견해들	477~478
44		301	삼행三行	447~448
44		302-3	세 가지 느낌	445
47		320	근거 있는 확신	415~416
49		326-31	자신은 영원하다는 범천의 소신	305~315
61		414-15	라아훌라에게: 거짓말에 대하여	189~192
62		420-21	라아훌라에게: 호흡관에 대하여	262~264
62		423-25	지·수·화·풍과 공의 요소	442~444
64		433	하오분결下五分結	485
67		456-59	붓다, 승가를 물러가게 하시다	301~305
72		485-86	견해의 족쇄	420~421
74		497-501	디이가나카와 담론	168-172
75		508	열반은 최상의 행복	470
86	ii	97-105	앙굴리마알라의 개종	286~298
87		108-12	아끼는 이로부터 슬픔이	211~215
89		118-25	빠세나디 왕 붓다께 예경하다	569~577
90		126-27	전지全知에 대한 질문	387
91		133-40	붓다의 특상과 품행	393~401
104		243-45	승가의 분쟁	559~561
107	iii	4-6	붓다, 길을 인도하시다	416~418
108		7-15	스승이 계시지 않는 경우	682~692
109		16	오취온五取蘊의 뿌리	451
109		16	갈애와 오취온	451~452
117		71	성스러운 바른 집중	507~508
117		71-72	바른 견해	462~464
117		75	그릇된 생계	490
118		80-81	성자의 네 유형	485~486
123		118-24	붓다의 경이로운 자질	29~36
128		152-54	꼬삼비 분쟁	242~245
128		154-57	화합하여 지내다	246~249
129		169	눈먼 거북이	511
135		203	중생은 업의 주인	455

143		261	아나아타삔디까의 죽음	219~220
147		277-80	라아훌라, 아라한과에 들다	283~286
148		285	잠재성향	457~458
152		302	"비구들이여, 참선하시오."	512
상응부				
1:23		13	엉킴을 풀다	510
1:72		39	세상은 마음에 끌려다니다	457
2:26		61-62	세상의 끝	426~427
3:1		68-70	빠세나디 왕 붓다를 만나다	215~218
3:11		77-79	아라한은 알아보기 어렵다	364~366
3:14-15		82-85	승리와 패배	552~554
3:25		100-02	늙음과 죽음이 닥쳐오다	556~558
4:1		103	무익한 고행	95~96
4:6		106-07	성자는 두려움이 없다	202~203
4:13		110-11	"여래는 연민을 품고 누웠노라."	534~535
4:20		116-17	강압 없이 다스릴 수 있을까?	180~182
4:24		122-24	마아라와의 대화	142~145
4:25		124-27	마아라의 딸들	146~149
6:1		136-38	"담마를 설해야 할까?"	98~101
6:2		139-40	담마를 존숭함	97
6:12		153-54	숭배는 미천한 자를 파멸시킨다	545~546
7:11		172-73	까아시 바아라드와아자	258~262
10:8		210-12	제따 숲의 구입	94~202
12:2	ii	2-4	연기緣起: 항목들	452~454
12:15		17	깟짜야아나에게 바른 견해를 설하시다	466
12:17		18-20	누가 고를 만드는가?	428~429
12:20		25-26	구조적으로 결정되는 연기법	465
12:37		64-65	이 몸은 그대의 것이 아니오	456
12:43		72	고苦의 원인	454~455
12:61		94-95	원숭이를 닮은 마음	473
12:63		98	네 가지 자양분	467~468
12:65		104-06	오래된 길	73~78
15:1		178	윤회에는 시작이 없다	437
16:11		217-22	마하 깟사빠의 탁월함	668~674
16:13		223-25	어떻게 담마는 사라지는가	344~345
17:35-36		258-59	데와닷따가 명성을 얻다	526~527
21:8		281	난다에게 하신 조언	189
21:10		282-84	홀로 머무는 자	355~356
22:2	iii	4	붓다께서는 무엇을 설하시나?	486~487
22:26		27-28	달콤함, 위험함, 벗어남	78~79

22:46		45	세 가지 특상(무상·고·무아)	472
22:47		46-47	자아론과 "내가 있다."	481~482
22:48		47,48	색취온色取蘊	444
22:49		48	아만은 눈 멂	483
22:51		51	바른 견해	471
22:56		59-61	오온五蘊의 분석	442~449
22:59		66-68	무아의 특징에 대한 설법	115~117
22:79		86, 87	오온을 설하시다	441~451
22:81		94-95	빠아릴레이야까에서	250~251
22:83		105	"내가 있다"는 오온에 대한 취착	483
22:87		119-24	왁깔리에게 하신 가르침; 자살	408~413
22:89		130-31	"내가 있다."는 꼐마까의 견해	483~484
22:94		138-39	"여래는 세상과 다투지 않소."	472~473
22:95		142	거품 덩어리 등	468~469
35:1	iv	1	세 가지 특상	472
35:19		19	눈, 귀 등	474
35:28		19-20	불의 설법	150~152
35:43		28	제행무상諸行無常	471~472
35:82		52	왜 "세상"이라 불리는가?	475
35:85		54	공한 세상	476
35:93		67	식識은 내육처와 외육처에 반연攀緣한다	450
35:116		95	세존의 율에서의 "세상"	475
35:145		132	이전의 업과 새로운 업	455
35:155		142	바른 견해	471
35:197		174	네 마리 독사	468
35:197		174	텅 비어있는 마을	469
38:2		252	아라한은 어떤 경지인가?	486
43:1-44		359-73	열반의 다른 이름	522~523
44:2		380-84	사후의 여래	418~420
44:10		400-401	자아가 있습니까?	432~430
45:4	v	4-5	신성한 수레	512~513
45:8		9-10	팔정도의 여덟 항목	468~507
47:9		152-54	"자신을 귀의처로 삼으라."	604~607
47:12		159-61	사아리뿟다의 사자후	588~590
47:13		161-63	사아리뿟다의 죽음	607~609
47:14		163-64	"회중이 텅 빈 것 같구려."	609~610
47:18		167	사념처四念處	94~95
47:19		169	스스로를 보호하고 남을 보호하라	497
47:42		184	사념처의 일어남과 사라짐	503~504
47:43		185	사념처四念處	94~95

48:41		216-17	“늙음의 발에 짓밟히고 있구나!”	558~559
48:57		232-33	다섯 가지 정신적 기능[五根]	93~94
54:9		320-22	비구들의 자살	354~355
56:11		421-24	최초의 설법	108~112
56:11		421	고苦라는 성스러운 진리	438
56:23		433	붓다, 진리를 깨달으시다	382~383
56:27		435	사성제는 참이다	441
56:29		436	사성제를 꿰뚫어 보라	440~441
56:31		437-38	싱사빠 잎 비유	427~428
56:37		442	여명과 같은 바른 견해	462
증지부				
3:33	i	134	업은 어떻게 익는가	456
3:33		135	업의 소멸	458
3:38		145-46	붓다의 어린 시절	41~43
3:47		152	형성된 것과 형성되지 않은 것	471
3:55		159	그릇되게 선택하면	455
3:55		159	열반은 지금 여기에	458
3:61		177	고苦의 원인과 소멸	439~440
3:65		188-93	까알라아마 경	366~372
3:73		219-20	지혜와 삼매	406~407
3:83		230	“학습 계목이 너무 많습니다!”	345~346
3:134		286	세 가지 특상	472
4:21	ii	20-21	담마를 존숭하라	97
4:23		23-24	여래라 불리는 이유	384~385
4:24		25	여래는 아만이 없다	385~387
4:36		37-39	“당신은 무엇이 되실 겁니까?”	391~393
4:46		49-50	세상의 끝	427
4:68		73	숭배는 미천한 자를 파멸시킨다	545~546
4:76		79-80	마지막 말씀	651~652
4:77		80	가늠할 수 없는 네 가지	456
4:129-30		132-33	아아난다의 네 자질	641~642
4:180		168	네 가지 큰 권위	621~623
5:123-24	iii	143-44	간병인의 자질	374~375
5:172-73		203-04	오계五戒	490
5:177		208	금지된 다섯 계율	491
5:196		240-41	보살의 꿈	67~68
6:55		374-75	비파 비유	356~359
6:63		415	의도는 업	456
6:63		415	업의 과보	456
6:63		416	고苦의 과보	474

찾아보기

ㄷ

ㄹ

ㅁ

ㅂ

ㅈ

ㅊ

ㅋ

ㅌ

ㅍ

ㅎ

주요 연표

E. J. 토마스의 《붓다의 일생》(루트리지 & 키건 폴 출간)과 《캠브리지 역사, 인도》 1권 참조.

사건	대략적 시기
붓다의 탄생	*B.C.* 563
출가	534*
깨달음	528*
열반	483*
1차 결집	483*
2차 결집	383*
찬드라 굽따 (산드로코또스)	313
아쇼카 (통치 시작)	274
3차 결집 (빠뜨나에서)	253
아라한 마힌다 실론 도착	243
아쇼카 사망	237
실론에서 삼장三藏을 문자로 옮김	80
실론 연대기의 마지막(디이빠왕사)	*A.C.* 330
실론 연대기의 마지막(마하아왕사)	330
아아짜리야 붓다고사	430

* 별표 표기 시기는 유럽 학자들의 시기 판단에 따랐다.
싱할리의 표기 시기는 61년 후로 되어 있다.

저자 소개

비구 냐아나몰리 *Bhikkhu Ñāṇamoli*

비구 냐아나몰리(1905~1960)의 속명은 오스버트 무어이고 영국태생으로 옥스퍼드 대학을 졸업했다. 1949년 스리랑카 아일랜드 허미티지에서 사미계를 받고, 이듬해 콜롬보의 와지라라마 승원에서 비구계를 받았다. 《청정도론》, 《자비관 수행》, 《붓다의 세 가지 주요 설법》 등을 영역하였다. 그의 번역서들은 철저하고 엄밀한 학자 정신과 철학적으로 단련된 예리하고 섬세한 지성을 보여주고 있다.

비구 냐아나몰리가 엮은 이 책은 빠알리 경전에 있는 풍부한 자료를 독창적으로 편집한 점에서 붓다의 일생에 관한 여러 저서들 가운데 독보적이라 할 수 있다. 출처가 분명한 빠알리 경전의 내용들로 구성된 이 책은 위대한 스승이신 붓다께서 설하신 지혜와 자비의 가르침을 생생하고 온화하고 감동적으로 그려내고 있다. 옛 문헌들을 통해 역사적 사건들과 경전 주제를 유기적으로 연결하여 구성하였다. 더욱이 여러 에피소드를 포함한 것은 해설에 생기를 불어넣고 있다. 이 책의 특색은 붓다의 교리에 관해 별도의 장을 마련한 데 있다고 하겠다. 이 교리의 장은 붓다의 가르침을 널리 알리고자 하는 뚜렷한 의도를 드러내고 있다. 이 책은 고귀한 붓다의 가르침을 바르게 알리고 많은 독자들에게 영감을 주리라 믿는다.

저자 저서목록

스리랑카 불자출판협회BPS

《청정도론The Path of Purification (Visuddhimagga)》, 붓다고사 저. 1956년 번역. 5쇄, 1991.

《자비관 수행The Practice of Loving-kindness》, 빠알리 경전 편역. (Wheel 7) 1958.

《붓다의 세 가지 주요 설법Three Cardinal Discourses of the Buddha》, 번역. 서문 및 주 포함.

《불자 사고의 흐름Passways of Buddhist Thought》, 수필. (Wheel 52/53) 1963.

《호흡에 대한 마음챙김Mindfulness of Breathing (Ānāpānasati)》, 빠알리 경전 편역. 1964.

《사상가의 수첩A Thinker's Notebook》, 사후 출간 논문집. 1972.

영국 빠알리성전협회PTS

《소송경小誦經과 해설》. 〈소송경Khuddakapāṭha〉과 주석서 번역. 1960.

《입문서The Guide》. 《도론導論 Nettipakaraṇa》 번역. 1962.

《삼장三藏 이야기 The Piṭaka Disclosure》. 〈빼따꼬빠데사Peṭakopadesa〉 번역. 1964.

《분석적 통찰의 길The Path of Discrimination》. 《무애해도無礙解道 Paṭisambhidāmagga》 번역. 1982.

《치암癡闇에서 벗어나는 자The Dispeller of Delusion (Sammohavinodanī)》, 2권 번역. 1987, 1991.

위즈덤 출판사

《붓다의 중부경The Middle Length Discourses of The Buddha (Majjhima Nikāya)》, 번역.

스리랑카 불자출판협회BPS Pariyatti Editions

《청정도론Visuddhimagga》, 붓다고사 저. 1956년 번역. BPE 초판 1999.

This translation was possible
by the courtesy of the Buddhist Publication Society
54, Sangharaja Mawatha P.O. BOX61
Kandy, SriLanka

빠알리 경전에 의거하여 엮은

붓다의 일생

초판 1쇄 발행 2022년 12월 30일
3쇄 발행 2024년 2월 20일

편역 비구 냐아나몰리
옮긴이 부희령
펴낸이 하주락·변영섭
펴낸곳 (사)고요한소리
제작 도서출판 씨아이알 02-2275-8603

등록번호 제1-879호 1989. 2. 18.
주소 서울시 종로구 인사동길 47-5 (우 03145)
연락처 전화 02-739-6328 팩스 02-723-9804
부산지부 051-513-6650 대구지부 053-755-6035
대전지부 042-488-1689 광주지부 02-725-3408
홈페이지 www.calmvoice.org
이메일 calmvs@hanmail.net
ISBN 979-11-91224-11-5

값 18,000원